Registrum Matthei Parker, Archiepiscopi Cantuariensis.

[Fo. 1.] [*The coat of arms of Abp. Parker.*]

[Fo. 2.]

REGISTRUM[1] Reverendissimi in Christo Patris et Domini domini Matthei Parker in Archiepiscopum Cantuariensem per Decanum et Capitulum Ecclesie Cathedralis et Metropolitice Christi Cantuariensis predicte vigore et auctoritate licencie Regie eis in hac parte facte primo die mensis Augusti anno Domini millesimo quingentesimo quinquagesimo nono electi, Ac per Reverendos patres Dominos Willelmum Barlowe nuper Bathoniensem et Wellensem Episcopum, nunc electum Cicestrensem Johannem Scory dudum Cicestrensem Episcopum nunc electum Herefordensem, Milonem Coverdale quondam Exoniensem Episcopum et Johannem Hodgeskyn Episcopum suffraganeum Bedfordensem, vigore litterarum Commissionalium Regiarum Patentium eis directorum nono die mensis Decembris tunc proxima sequente confirmati. Nec non per ipsos Reverendos patres auctoritate predicta decimo septimo die ejusdem mensis Decembris consecrati, Anthonio Huse armigero tunc Registrario primario dicti Reverendissimi Patris.

[*Footnote to the title of the Register :—*]

Primo die mensis Junii anno domini 1560, prefatus Anthonius Huse mortem obiit cui successit Johannes Incent in officio Registrariatus predicti.

Dictus Reverendissimus Mattheus Archiepiscopus Cantuariensis xvii° die mensis Maij anno domini 1575 aurora apud Lambebith mortem obiit et diem suum clausit extremum.

---

[1] Cp. the reprint in Haddan's Edition of Bramhall's *Works* (Anglo-Catholic Libr.), iii, 173 and ff.

B

[Fo. 3.]
[*Acts of the Confirmation of the Election of Matthew Parker, Archbishop-Elect of Canterbury: December 9, 1559.*]

Acta habita et facta in Negocio Confirmationis et electionis venerabilis et eximii viri Magistri Matthei Parker Sacre Theologie Professoris in Archiepiscopum Cantuariensem electi, nono die mensis Decembris anno domini Millesimo Quingentesimo Quinquagesimo nono, et Regni felicissimi illustrissime in Christo Principis et Domine nostre domine Elizabethe, Dei gratia Anglie Francie et Hibernie Regine fidei Defensoris etc. anno secundo in ecclesia parrochiali Beate Marie de Archubus Londonie, ecclesie metropolitice Christi Cantuariensis Jurisdictionis immediate, coram Reverendis in Christo patribus, dominis Willelmo quondam Bathoniensi et Wellensi Episcopo nunc electo Cicestrensi, Johanne Scory quondam Cicestrensi Episcopo nunc Herefordensi electo, Milone Coverdale quondam Exoniensi Episcopo et Johanne Bedfordensie Episcopo suffraganeo, mediantibus litteris Commissionalibus patentibus dicte illustrissime domine nostre Regine in hac parte commissariis inter alios, cum hac clausula "Quatenus vos aut ad minus quatuor vestrum, etc.", necnon cum hac adjectione "Supplentes nihilominus, etc.", legitime fulcitis, in presentia mei Francisci Clerke notarii publici in Actorum Scribam in hac parte propter absenciam Magistri Anthonii Huse Registrarii, etc., assumpti prout sequitur, videlicet:—

ACTA CONFIRMATIONIS ELECTIONIS DOMINI MATTHEI PARKER ARCHIEPISCOPI CANTUARIENSIS.

Die et loco predictis inter horas octavam et nonam ante meridiem coram commissariis supranominatis comparuit personaliter Johannes Incent notarius publicus ac presentavit eisdem reverendis dominis Commissariis litteras commissionales patentes Regias, eis in hac parte directas, humiliter supplicando Quatenus onus executionis litterarum Commissionalium patentium hujusmodi in ea assumere, ac juxta earum continentiam procedendum fore in dicto confirmationis negocio decernere dignarentur. Quibus quidem litteris Commissionalibus de Mandato dictorum Commissariorum per eundem Johannem Incent publice perlectis, iidem Commissarii ob Reverentiam et honorem dicte Serenissime domine nostre Regine acceptarunt in se onus litterarum Commissionalium patentium regiarum hujusmodi, et decreverunt procedendum fore juxta vim formam et effectum earundem.

Deinde dictus Johannes Incent exhibuit procuratorium suum

pro Decano et Capitulo Ecclesie Metropolitice Christi Cantuariensis et fecit se partem pro eisdem, ac nomine procuratorio eorundem Decani et Capituli presentavit eisdem Commissariis venerabilem virum Nicholaum Bullingham Legum doctorem, ac e regione dictorum Commissariorum sistebat. Qui exhibuit procuratorium suum pro dicto venerabili et eximio viro Magistro Mattheo Parker Cantuariensi electo, et fecit se partem pro eodem. Et tunc dictus Johannes Incent exhibuit Mandatum citatorium Originale unacum certificatorio in dorso super executione ejusdem, et petiit omnes et singulos citatos publice preconizari. Ac consequenter facta trina publica preconizatione omnium et singulorum Oppositorum ad foras ecclesie parochialis de Archubus predicte, et nullo eorum comparente, nec aliquid in hac parte opponente, objiciente vel excipiente, dictus Johannes Incent accusavit eorum contumacias, et petiit eos et eorum quamlibet reputari contumaces, ac in penam contumaciarum suarum hujusmodi viam ulterius in hac parte opponendi contra dictam electionem, formam ejusdem, aut personam electam precludi. Ad cujus petitionem dicti domini Commissarii pronunciarunt eos Contumaces ac in penam etc. viam ulterius in hac parte opponendi eis et eorum cuilibet precluserunt. Necnon ad petitionem dicti Johannis Incent ad ulteriora in hujusmodi Confirmationis negocio procedendum fore decreverunt, prout in Schedula, per prefatum dominum Willelmum Barlow electum Cicestrensem de consensu Collegarum suorum lecta, plenius continetur.

Qua quidem Schedula sic lecta prefatus Johannes Incent in presentia prefati Magistri Nicholai Bullingham procuratoris domini electi Cantuariensis antedicti dedit Summariam Petitionem in Scriptis, quam petiit admitti; ad cujus petitionem domini Commissarii admiserunt dictam summariam petitionem et assignarunt dicto Incent ad probandum contenta in eadem ad statim. Deinde Incent in subsidium Probationis contentorum in dicta summaria petitione, exhibuit processum electionis de persona dicti venerabilis viri Magistri Matthei Parker per Decanum et capitulum ecclesie Cathedralis et Metropolitice Christi Cantuariensis predicte facte et celebrate. Quo per dominos commissarios viso inspecto et perspecto, iidem domini Commissarii ad petitionem prefati Johannis Incent hujusmodi processum pro lecto habendum fore et censeri voluerunt et decreverunt. Et tunc dictus Incent super hujusmodi summaria petitione produxit Johannem Baker generosum et Willelmum Tolwyn Artium Magistrum in Testes. Quos domini

Commissarii ad ejus petitionem Jurejurando onerarunt de dicendo veritatem quam noverint in hac parte. Quibus per me [Fo. 3ᵛ·] prefatum Franciscum Clarke seorsim et secrete examinatis eorumque dictis et attestationibus ad peticionem dicti Johannis Incent per dominos Commissarios publicatis et per ipsos viris et inspectis, ipsi domini commissarii ad peticionem dicti Incent assignarunt ad proponendum omnia ad statim.

Deinde Incent exhibuit omnia et singula per eum in dicto negocio exhibita et proposita quatenus sibi conducunt, et non aliter neque alio nodo. Et tunc domini ad peticionem Incent assignarunt sibi ad concludendum ad Statim, Dicto Incent concludente cum eisdem Dominis Commissariis secum etiam concludentibus. Qua conclusione sic facta dicti domini Commissarii ad petitionem Incent assignarunt ad audiendum finale decretum sive sentenciam Diffinitivam ad Statim.

Consequenter vero facta alia trina Preconizacione oppositorum sic (ut premittitur) citatorum, et non comparentium nec quicquam in hac parte opponentium, domini Commissarii ad peticionem Incent pronunciarunt eos et eorum quemlibet contumaces ac in penam contumaciarum suarum hujusmodi decreverunt procedendum fore ad prolationem Sentencie diffinitive sive decreti finalis in hac causa ferendi, ipsorum sic citatorum et non comparentium absencia sive contumacio in aliquid non obstante, prout in schedula per memoratum dominum Willelmum Cicestrensem electum de consensu collegarum suorum lecta dilucidius continetur.

Hiis itaque in ordine gestis, ac prestito per Magistrum Nicholaum Bullingham nomine procuratorio prefati domini electi Cantuariensis ac in animam ipsius domini electi Juramento corporali juxta formam descriptam in Statuto parliamenti anno primo regni dicte Domine Regine Elizabethe edito prefati domini Commissarii ad petitionem dicti Incent tulerunt et promulgarunt Sentenciam diffinitivam in Scriptis per prefatum dominum Willelmum electum Cicestrensem de consensu collegarum suorum lectis, pronunciando decernendo ceteraque faciendo prout in eadem continetur. Super quibus tam prefatus Magister Nicholaus Bullingham quam dictus Johannes Incent me eundem Franciscum Clerke sibi unum vel plura publicum vel publica Instrumentum sive Instrumenta conficere ac Testes inferius nominatos testimonium inde perhibere petierunt.

Postremo autem dicti domini Commissarii ad petitionem tam procuratoris prefati domini electi et confirmati quam procuratoris

Decani et Capituli ecclesie metropolitice Christi Cantuariensis predicte decreverunt ipsum Reverendissimum dominum electum et confirmatum consecrandum et benedicendum fore, Curamque Regimen et Administracionem Spiritualium et Temporalium dicti Archiepiscopatus Cantuariensis eidem domino electo et confirmato commiserunt, Ipsumque in realem actualem et corporalem possessionem dicti Archiepiscopatus, Juriumque dignitatum honorum Preeminentium et Pertinentium suorum universorum inducendum et intronizandum fore etiam decreverunt per Decanum et Capitulum Ecclesie Cathedralis et Metropolitice Christi Cantuariensis predicte aut alium quemcunque ad quem de Jure et consuetudine id munus dinoscitur pertinere juxta Ecclesie Christi Cantuarie morem laudabilem, Legibus et statutis modernis hujus incliti Regni Anglie non reclamantem aut adversantem.

[*Letters Patent of the royal assent to the Election: Dec. 6, 1559.*[1]]
LITTERE PATENTES DE ASSENSU REGIO ELECTIONI ADHIBITO.

Elizabeth Dei gracia Anglie Francie et Hibernie Regina fidei defensor etc. Reverendis in Christo patribus Anthonio Landavensio Episcopo, Willelmo Barlo quondam Bathoniensi Episcopo nunc Cicestrensi electo, Joanni Scory quondam Cicestrensi Episcopo nunc electo Herefordensi, Milone Coverdale quondam Exoniensi Episcopo, Joanni[2] Bedfordensi Johanni Thetfordensi Episcopis suffraganeis, Johanni Bale Osserensi Episcopo Salutem. Cum vacante nuper sede Archiepiscopali Cantuariensi per mortem naturalem domini Reginaldi Pole Cardinalis ultimi et immediati Archiepiscopi et pastoris ejusdem, ad humilem petitionem Decani et capituli Ecclesie nostre cathedralis et Metropolitice Christi Cantuariensis eisdem per litteras nostras patentes Licenciam concesserimus alium sibi eligendi in Archiepiscopum et pastorem sedis predicte, Ac iidem decanus et capitulum vigore et obtentu Licencie nostre predicte dilectum nobis in Christo Magistrum Mattheum Parker Sacre Theologie Professorem sibi et ecclesie predicte elegerunt in Archiepiscopum et pastorem, prout per litteras suas patentes sigillo eorum communi sigillatas nobis inde directas plenius liquet et apparet, Nos electionem illam acceptantes, eidem Electioni Regium nostrum assensum adhibuimus pariter et favorem, Et hoc vobis tenore presentium significamus;

---

[1] Printed in abbreviated form in Cardwell, *Documentary Annals*, No. xlix.
[2] Written over "Richardo" crossed out.

Rogantes ac in fide et dilectione quibus nobis tenimini firmiter precipiendo mandantes Quatenus vos aut ad minus quatuor vestrum eundem Mattheum Parker in Archiepiscopum et pastorem ecclesie Cathedralis et Metropolitice Christi Cantuariensis predicte (sicut prefertur) electum electionemque predictam confirmare, et eundem Magistrum Mattheum Parker in Archiepiscopum et pastorem ecclesie predicte consecrare ceteraque omnia et singula peragere que vestro in hac parte incumbunt Officio Pastorali, juxta formam Statutorum in ea parte editorum et provisorum, velitis cum effectu.

Supplentes[1] nihilominus Suprema auctoritate nostra Regia ex mero motu et certa Scientia nostris si quid aut in hiis que juxta mandatum nostrum predictum per vos fient aut in vobis, aut vestrum aliquo, conditione statu facultate vestris ad premissa perficienda desit aut deerit eorum que per Statuta hujus Regni nostri aut per Leges ecclesiasticas in hac parte requiruntur aut necessaria sunt Temporis Ratione et rerum necessitate id postulante.

In cujus rei testimonium has litteras nostras fieri fecimus patentes. Teste me ipsa apud Westmonasterium sexto die Decembris Anno Regni nostro Secundo.[2]

HA: CORDELL.

Wee whose names be heare inscribed thinke in our Judgementes that by this Commission in this forme pennid aswell the Quenes Maiestie may lawfully auctorize the persons within namid to theffecte specified, As the said persons maye exercise the Acte of confirminge and consecreatinge in the same to them committed.

William Maye   Henry Harvy
Robert Weston   Thomas Yale
Edward Leedes   Nicholas Bullingham.

[Fo. 4.]

[*Proxy of the Dean and Chapter of Canterbury: Aug. 3, 1559.*]

PROCURATORIUM DECANI ET CAPITULI CANTUARIENSIS.

Pateat universis per presentes quod nos Decanus et Capitulum ecclesie cathedralis et metropolitice Christi Cantuariensis in domo nostra capitulari capitulariter congregati de unanimi Assensu et

---

[1] Pat. 1 Eliz., pt. 2, m. 1, dated Redgrave, 9 Sept., omits "vos aut ad minus quatuor vestrum," and the clause "Supplentes", etc. (Rymer, xv, 541.)

[2] Enrolled Pat. 2 Eliz., pt. 14, m. 6. (Rymer, xv, p. 549.)

Consensu nostris dilectos nobis in Christo Magistrum Willelmum Darrell clericum in artibus Magistrum ecclesie Cathedralis et Metropolitice Christi Cantuariensis predicte Canonicum et Prebendarium, Anthonium Huse armigerum Johannem Clarke et Johannem Incent notarios publicos conjunctim et divisim nostros viros certos legitimos hac indubitatos procuratores actores factores negociorumque nostrorum gestores et nuncios speciales ad infrascripta nominamus ordinamus fecimus et constituimus per presentes. Damusque et concedimus eisdem procuratoribus nostris conjunctim et eorum cuilibet (ut prefertur) per se divisim et insolido potestatem generalem, et mandatum speciale pro nobis et nominibus nostris venerabilem et eximium virum Magistrum Mattheum Parker sacre Theologie professorem in Archiepiscopum et pastorem dicte ecclesie Cathedralis Metropolitice Christi Cantuariensis per nos electum, seu ejus procuratorem legitimum Temporibus et locis congruis et oportunis adeundi ; Ipsumque ex parte nostra ad consentiendum electioni de persona sua facte et celebrate debita cum instantia petendi et requirendi ; necnon electionem hujusmodi per nos de persona prefati Magistri Matthei Parker (ut prefertur) factam et celebratam excellentissime in Christo Principi et domine nostre Domine Elizabethe Dei gratia Anglie francie et Hibernie Regine fidei Defensori, etc., dicte ecclesie fundatrici et patrone intimandi et notificandi, ac ejus Consensum et assensum regios in ea parte humiliter implorandi ; Ac decretum electionis predicte, et personam per nos (ut premittitur) electam, coram quibuscumque personis Regia auctoritate in hac parte legitime fulcitis presentandi et exhibendi, Dictumque decretum sive processum electionis predicte et personam sic (ut premittitur) electam in debita forma Juris confirmandi et approbandi ; Defectusque (si qui forsan in hac parte intervenerint) debite suppleri petendi, requirendi et impetrandi, agendique et defendendi, ac litem seu lites contestandi, et contestari videndi, articulum sive articulos, libellum sive libellos, seu quascumque summarias Peticiones dandi et proponendi ; Testes litteras et Instrumenta ac alia quecumque probationum genera producendi et exhibendi, Testesque hujusmodi jurari videndi et audiendi, In causa seu causis concludendi et concludi videndi, dictumque confirmationis negocium vsque ad finalem expeditionem ejusdem inclusive prosequendi ; Necnon Administracionem omnium et singulorum spiritualium et Temporalium dicti Archiepiscopatus Cantuariensis eidem electo committi, Ipsumque in realem, actualem et corporalem possessionem ejusdem Archiepiscopatus, Juriumque dignitatum honorum preeminentium et pertinentium suorum universorum inducendum et intronizandum fore decerni petendi requirendi et obtinendi; Et generaliter omnia et singula alia faciendi exercendi et expediendi, que in premissis et circa ea necessaria fuerint seu quomodolibet oportuna; etiam si mandatum de se magis exigant speciale quam superius est expressum.

Promittimusque nos ratum gratum et firmum perpetuo habituros Totum et quicquid dicti procuratores nostri seu eorum aliquis fecerint seu fecerit in premissis vel aliquo premissorum, et in ea parte cautionem exponimus per presentes.

In cujus Rei testimonium sigillum nostrum (quo in presenti vacatione Sedis Archiepiscopalis Cantuariensis predicte utimur) presentibus apponi fecimus. Datum in domo nostra Capitulari tertio die mensis Augusti, anno domini Millesimo quingentesimo quinquagesimo nono.

[*Proxy of the Archbishop-Elect: Dec. 7, 1559.*]

PROCURATORIUM DICTI DOMINI ELECTI.

Pateat universis per presentes, quod ego Mattheus Parker, Sacre Theologie Professor in Archiepiscopum ecclesie Cathedralis Metropolitice Christi Cantuariensis per venerabiles et eximios viros Decanum et Capitulum Ecclesie predicte rite et legitime electus, dilectos mihi in Christo Magistrum Willelmum Mey, decanum ecclesie Cathedralis Divi Pauli Londoniensis et Nicholaum Bullingham Legum doctorem conjunctim et divisim meos veros certos legitimos ac indubitatos procuratores actores factores negociorumque meorum gestores et nuncios speciales ad infrascripta nomino ordino facio et constituo per presentes. Doque et concedo eisdem procuratoribus meis conjunctim et eorum vtrique (ut prefertur) per se divisim et insolido potestatem generalem et mandatum speciale pro me, ac vice loco et nomine meis, coram Reverendis in Christo patribus et dominis dominis Willelmo quondam Bathoniensi et Wellensi Episcopo nunc Cicestrensi electo, Joanne Scory quondam Cicestrensi episcopo nunc electo Herefordensi, Milone Coverdale quondam Exoniensi episcopo et Johanne Bedfordensi episcopo Suffraganeo, serenissime in Christo Principis et Domine nostre, Domine Elizabethe Dei gracia Anglie Francie et Hibernie Regine fidei Defensoris etc. ad Infra-
[Fo. 4ᵛ·] scripta Commissariis cum hac clausula, videlicet "unacum dominis Johanne Thetfordensi suffraganeo et Johanne

Bale Ossorensi episcopo", et etiam hac clausula, "quatenus vos, aut ad minus quatuor vestrum, etc.," necnon et hac adjectione "Supplentes nihilominus, etc.", specialiter et legitime deputatis comparendi, meque a personali comparitione excusandi, ac causam et causas absentie mee hujusmodi allegandi et proponendi ; ac (si opus fuerit) fidem desuper faciendi et jurandi, electionemque de me et persona mea ad dictum Archiepiscopatum Cantuariensem per prefatos Decanum et capitulum ecclesie Cathedralis et Metropolitice Christi Cantuariensis factum et celebratum per eosdem Commissarios regios approbari et confirmari meque in Archiepresulem Cantuariensem predictum recipi et admitti ; atque in realem actualem et corporalem possessionem dicti Archiepiscopatus Cantuariensis Juriumque et pertinentium suorum universorum induci et intronizari petendi requirendi et impetrandi ; decretaque quecunque in hac parte necessaria et opportuna ferri et interponi petendi et obtinendi ; Juramentum insuper tam de fidelitate subjectione et obedientia dicte serenissime domine nostre Regine Elizabethe heredibusque et successoribus suis prestandi et exhibendi, necnon de renunciando recusando refutando omnem et omnimodum auctoritatem potestatem Jurisdictionem et superioritatem forinsecas et extraneas, secundum vim formam et effectum statutorum hujus incliti Regni Anglie in hac parte editorum et provisorum, quam etiam aliud quodcumque Sacramentum licitum et honestum ac de Jure Legibus et Statutis hujus Regni Anglie in hac parte quomodolibet requisitum in animam meam et pro me prestandi subeundi et jurandi ; Et generaliter omnia et singula alia faciendi exercendi exequendi et expediendi que in Premissis aut circa ea necessaria fuerint seu quomolibet oportuna, etiam si mandatum de se exigant magis speciale quam superius est expressum. Promittoque me ratum gratum et firmum perpetuo habiturum totum et quicquid dicti procuratores mei seu eorum aliquis fecerint seu fecerit in Premissis vel aliquo eorundem sub ypotheca et obligatione omnium et singulorum Bonorum meorum tam presentium quam futurorum, et in ea parte cautionem expono per presentes.

In cujus Rei Testimonium sigillum venerabilium virorum Dominorum Decani et Capituli Ecclesie Metropolitice Christi Cantuariensis presentibus affigi procuravi. Et nos Decanus et Capitulum antedicti ad Rogatum dicti constituentis sigillum nostrum hujusmodi presentibus apposuimus. Datum Septimo die mensis Decembris Anno Domini Millesimo Quingentesimo Quinquagesimo nono, Regni felicissimi dicte Serenissime Domine nostre Regine Elizabethe Anno secundo.

[*Citation against Opponents: Dec. 6, 1559.*]

CITATIO CONTRA OPPOSITORES.

Willelmus quondam Bathoniensis et Wellensis episcopus nunc Cicestrensis electus, Johannes Scory quondam Cicestrensis Episcopus nunc electus Herefordensis, Milo Coverdale quondam Exoniensis Episcopus et Johannes Bedfordensis Episcopus mediantibus litteris Commissionalibus patentibus illustrissime in Christo Principis et domine nostre domine Elizabethe Dei gracia Anglie Francie et Hibernie Regine fidei defensoris etc. unacum hac clausula viz.: "unacum dominis Johanne Thetfordensi suffraganeo et Johanne Bale Ossorensi Episcopo" et etiam hac clausula "Quatenus vos, aut ad minus quatuor vestrum, etc.", necnon et hac adjectione "Supplentes nihilominus etc." nobis directis legitime fulciti, Universis et singulis dicte domine nostre Regine Subditis per universum Anglie Regnum ubilibet constitutis Salutem.

Cum vacante nuper sede Archiepiscopali Cantuariensi per mortem naturalem domini Reginaldi Pole Cardinalis ultimi et immediati Archiepiscopi ejusdem, Decanus et Capitulum ecclesie Cathedralis et Metropolitice Christi Canturburiensis predicte pro electione novi et futuri Archiepiscopi et pastoris ejusdem ecclesie (Licencia Regia primitus in ea parte petita et obtenta) celebranda, certum Terminum prefixerint et assignaverint, Atque in hujusmodi electionis negocio, Termino ad id Statuto et assignato rite procedentes, venerabilem virum Magistrum Mattheum Parker Sacre Theologie professorem in eorum et dicte ecclesie Cathedralis et Metropolitice Christi Cantuariensis Archiepresulem eligerint; Cumque dicta serenissima domina nostra Regina ad humilem petitionem dictorum Decani et capituli eidem electioni de persona prefati electi (ut premittitur) facte et celebrate, et persone electe, Regium suum adhibuerit assensum pariter et favorem, prout per easdem litteras suas patentes magno sigillo Anglie sigillatas nobis significaverit, Mandando quatenus personam electam, et electionem hujusmodi confirmare, et eundem Mattheum in Archiepiscopum Canturburiensem consecrare, juxta formam Statuti in ea parte editi et provisi, velimus cum omni celeritate accomoda prout per easdem litteras patentes regias (ad quas habeatur relatio)
[Fo. 5.]   plenius liquet et apparet; Nos vero volentes ejusdem

serenissime domine nostre Regine mandatis pro Officii nostri debito parere ac in hujusmodi confirmacionis negocio juxta Juris et Statutorum hujus incliti Regni Anglie exigentiam procedere, omnes et singulos (si qui essent) Qui contra dictam electionem seu formam ejusdem, personamve electam, dicere vel opponere voluerint ad Diem locum et effectum subscriptos evocandos et citandos fore decrevimus Justicia id poscente.

Vobis igitur conjunctim et divisim committimus et firmiter injungendo mandamus Quatenus citetis seu citari faciatis peremptorie publice altaque et intelligibili voce infra ecclesiam parochialem beate Marie de Archubus Londonie ecclesie Christi Cantuariensis Jurisdictione immediate, Necnon per affixionem Presentium in aliquo Loco convenienti infra ecclesiam parochialem predictam, vel in aliis locis publicis ubi videbitur expediens, omnes et singulos Oppositores (si qui sint) in Specie, alioquin, in genere, In contra dictam electionem formam ejusdem, personamve in hac parte electam, dicere objicere excipere vel opponere voluerint, Quod compareant coram nobis in eadem ecclesia de Archubus die Sabbathi proxima futura, videlicet nono die presentis mensis Decembris inter horas octavam et nonam ante meridiem, ejusdem diei, cum continuatione et Prorogatione dierum extunc sequentium et Locorum si opporteat contra electionem hujusmodi, formam ejusdem et personam in ea parte electam (si sua putaverint interesse) dicturi excepturi et proposituri, facturique ulterius et recepturi quod Justicia in hac parte suadebit et dicti negocii Qualitas et natura de se exigunt et requirunt, Intimantes insuper modo et forma prerecitatis omnibus et singulis Oppositoribus (si qui sint) in Specie alioquin in genere Quibus nos etiam harum Serie sic intimamus Quod sive ipsi sic citati dictis die horis et loco coram nobis comparuerint, et contra dictum electionem formam ejusdem personamve in hac parte electam objicere excipere vel opponere curaverint, sive non, Nos nihilominus in dicto negocio (juxta Juris et Statutorum in ea parte editorum exigentiam) procedemus et procedere intendimus, Ipsorum sic citatorum et non comparentium absencia seu contumacia in aliquo non obstante. Et quid in premissis feceritis nos dictis die horis et loco debite certificetis seu sic certificet ille vestrum qui presens nostrum mandatum fuerit executus prout decet.

In cujus rei testimonium Sigillum venerabilium virorum Dominorum Decani et capituli ecclesie cathedralis et Metropolitice Christi Canturburiensis quo in presente vacatione utuntur, present-

ibus affigi rogavimus.   Datum Londini sexto die mensis Decembris
Anno Domini Millesimo Quingentesimo lix°.

[*Certificate of Execution : Dec. 9, 1559.*]

Nono die mensis Decembris Anno Domini Millesimo Quingentesimo Quinquagesimo nono in ecclesia parochiali beate Marie de Archubus Londonie, ecclesie Christi Cantuariensis Jurisdictionis immediate, coram commissariis regiis retronominatis comparuit personaliter Thomas Willet notarius publicus mandatarius in hac parte legitime deputatus et certificavit se septimo die mensis Decembris jam currentis executum fuisse presens mandatum in ecclesia parochiali de Archubus predicta juxta formam inferius descriptam.   Super quibus fecit fidem.

[*The first Schedule read against Opponents.*]

PRIMA SCHEDULA LECTA CONTRA OPPOSITORES.

In Dei nomine Amen. Nos Willelmus quondam Bathoniensis et Wellensis episcopus nunc electus Cicestrensis, Johannes Scory quondam Cicestrensis episcopus nunc Herefordensis electus, Milo Coverdale quondam Exoniensis episcopus, et Joannes Bedfordensis episcopus, serenissime in Christo Principis et domine nostre Domine Elizabethe Dei gracia Anglie Francie et Hibernie Regine fidei Defensoris, etc., mediantibus litteris suis Regiis commissionalibus patentibus ad infrascripta commissarii cum hac clausula videlicet "unacum Dominis Johanne Thetfordensi suffraganeo et Johanne Bale Ossorensi episcopo", et etiam hac clausula "Quatenus vos aut adminus quatuor vestrum, etc.", Necnon et hac adjectione "Supplentes nihilominus, etc.", Specialiter et legitime deputati In negocio confirmationis electionis de persona venerabilis et eximii viri Magistri Matthei Parker Sacre Theologie professoris in Archiepiscopum Cantuariensem electi facte et celebrate rite et legitime procedentes, Omnes et singulos Oppositores qui contra dictam electionem formam ejusdem aut personam electam dicere excipere vel opponere voluerint, ad comparendum coram nobis istis die hora et loco (si sua putaverint interesse) contra dictam electionem formam ejusdem aut personam electam in debita Juris forma dicturos excepturos et proposituros legitime et peremptorie citatos sepius publice preconizatos, diuque et sufficienter expectatos, et nullo modo comparentes, ad petitionem procuratoris et Decani et capituli Cantuariensium pronunciamus contumaces, ac ipsis et eorum cuilibet in penam contumaciarum suarum hujusmodi viam ulterius opponendi contra dictam electionem formam ejusdem aut personam sic electam hujusmodi precludimus in hiis scriptis ac etiam decernimus ad ulteriora in dicto Confirmationis negocio procedendum fore juxta Juris et Statutorum hujus Regni Anglie exigentia, Ipsorum Contumaciis in aliquo non obstantibus.

[Fo. 5v.]
[*Summary Petition.*]

SUMMARIA PETITIO.

In Dei nomine Amen. Coram vobis Reverendis in Christo Patribus et dominis, dominis Willelmo nuper Bathoniensi et Wellensi episcopo nunc electo Cicestrensi, Johanne Scory quondam Cicestrensi episcopo nunc electo Herefordensi, Milone Coverdale quondam Exoniensi episcopo et Johanne Bedfordensi episcopo, Serenissime in Christo Principis et domine nostre domine Elizabethe Dei gracia Anglie Francie et Hibernie Regine fidei defensoris etc. mediantibus litteris suis regiis Commissionalibus patentibus ad Infrascripta Commissariis cum hac clausula videlicet "unacum dominis Johannis Thetfordensi suffraganeo et Johanne Bale Ossorensi episcopo" et etiam hac clausula "Quatenus vos aut ad minus quatuor vestrum, etc.", necnon et hac adjectione "Supplentes nihilominus, etc." Specialiter et legitime deputatis, Pars venerabilium virorum Decani et Capituli ecclesie Cathedralis et Metropolitice Cantuariensis dicit allegat et in hiis scriptis ad omnem Juris effectum exinde sequi valentem, per viam Summarie Petitionis in jure proponit articulatim prout sequitur.

[1] INPRIMIS quod videlicet Quod Sedes Archiepiscopalis ecclesie Cathedralis et Metropolitice Christi Cantuariensis predicte per Obitum bone memorie domini Reginaldi Cardinalis Poli nuncupati ultimi Archiepiscopi Cantuariensis nuper vacare cepit, et aliquandiu vacavit, pastorisque solatio caruit, hocque fuit et est verum publicum notorium manifestum pariter et famosum, et ponit conjunctim divisim ac de quolibet.

[2] ITEM quod dicta Sede Archiepiscopali Cantuariensi (ut premititur) dudum vacante, ac corpore dicti domini Reginaldi Pole ecclesiastice tradito sepulture, Decanus et Capitulum ecclesie Cathedralis et Metropolitice antedicte capitulariter congregati et Capitulum facientes (Licentia Regia primitus ad id petita et obtenta) certum diem ac domum suam Capitularem Cantuariensem ad electionem futuri Archiepiscopi Cantuariensis celebrandum unanimiter et concorditer prefixerunt, ac omnes et singulos ejus-

dem ecclesie Canonicos et Prebendarios jus voces aut interesse in eadem electione habentes vel habere pretendentes ad diem et Locum predictos in hujusmodi electionis negocio processuros et procedi visuros legitime et peremptorie citari fecerunt, hocque fuit et est verum publicum etc. Et ponit ut supra.

[3] ITEM Quod prefati Decanus et Capitulum die et loco prefixis videlicet primo die mensis Augusti ultimo preterito capitulariter congregati et plenum Capitulum facientes, servatis primitus per eos de jure et dicte ecclesie Consuetudine Servandis, unanimiter et concorditer nullo eorum contradicente ad electionem futuri Archiepiscopi ecclesie memorate per viam seu formam Compromissi procedendum fore decreverunt, illamque viam seu formam unanimiter assumpserunt et elegerunt. Necnon in venerabilem virum Magistrum Nicholaum Wotton utriusque Juris doctorem dicte ecclesie Cathedralis et Metropolitice Christi Cantuariensis Decanum sub certis in processu ejusdem electionis expressatis Legibus et conditionibus compromiserunt, promittentes se illum accepturos in eorum et dicte ecclesie Archiepiscopum quem dictus compromissarius sub legibus et conditionibus predictis duxerit eligendum et providendum. Et ponit ut supra.

[4] ITEM Quod dictus Compromissarius onus Compromissi hujusmodi in se acceptans, matura deliberacione apud se habita, Votum suum in venerabilem et eximium virum Magistrum Mattheum Parker sacre Theologie Professorem direxit ipsumque in Archiepiscopum et pastorem ecclesie Cathedralis et Metropolitice Christi Cantuariensis predicte juxta et secundum potestatem sibi in ea parte concessam et compromissionem predictam elegit, et ecclesie memorate de eodem providebat. Et ponit ut supra.

[5] ITEM quod omnes et singuli dicte ecclesie Canonici et Prebendarii in domo Capitulari predicta tunc presentes plenum Capitulum constituentes, electionem per eundem Magistrum Nicholaum Wotton, Compromissarium antedictum (ut premittitur) factum acceptarunt et approbarunt ac ratam et gratam habuerunt pariter et acceptam. Et ponit ut supra.

[6] ITEM quod electio hujusmodi et persona electa die prenotato in ecclesia Metropolitica Christi Cantuariensi predicta coram clero et populo tunc in Multitudine copiosa ibidem congregata debite publicate et declarate fuerunt. Et ponit ut supra.

[Fo. 6.] [7] ITEM quod dictus Reverendissimus Dominus electus hujusmodi electioni de se et persona sua (ut premittitur) facte et celebrate ad humilem peticionem eorundem

Decani et Capituli consentiit, debitis loco et tempore requisitus et consensum et assensum suos eidem prebuit in scriptis per eum lectis. Et ponit ut supra.

[8] ITEM quod prefatus Magister Mattheus Parker fuit et est vir providus et discretus, litterarum Sacrarum eminente scientia vita et moribus merito commendatus, liber et de legitimo matrimonio procreatus atque in etate legitima et in ordine Sacerdotali constitutus: necnon Deo devotus et ecclesie memorate apprime necessarius, ac dicte domine nostre Regine Regnoque suo et Reipublice fidelis et utilis. Et ponit ut supra.

[9] ITEM quod prefati Decanus et Capitulum hujusmodi electionem et personam electam prefate Serenissime domine nostre Regine per litteras suas patentes sigillo eorum communi et capitulari roboratas pro Officii sui debito, juxta Statutum hujus Regni Anglie, significarunt et intimarunt. Et ponit ut supra.

[10] ITEM quod presentato pro parte decani et Capituli antedicti eidem Regie Sublimitati processu electionis hujusmodi, eadem Benignissima Domina nostra Regina, pro sua Clementia Regia hujusmodi electioni de persona prefati venerabilis viri Magistri Matthei Parker (ut premittitur) facte et celebrate consensum et assensum suos Regios graciose adhibuit et adhibet illamque gratam habet. Hocque fuit et est, etc. Et ponit ut supra.

[11] ITEM quod dicta Serenissima domina nostra Regina Vobis Reverendis patribus antedictis, de assensu et consensu suis Regiis hujusmodi electioni (ut premittitur) adhibitis per litteras suas patentes vobis inscriptas et directas non solum significavit, verumetiam earunden litterarum suarum patentium Serie vobis rogando mandavit Quatenus vos electionem predictam et eundem electum confirmare, ipsumque episcopalibus Insigniis insignire et decorare, Ceteraque peragere que vestris in hac parte incumbunt Officiis Pastoralibus juxta formam Statuti in ea parte editi et provisi et litterarum patentium hujusmodi velitis cum favore. Et ponit ut supra.

[12] ITEM quod premissa omnia et singula fuerunt et sunt vera publica notoria manifesta pariter et famosa atque de et super eisdem laborarunt et in presenti laborant publica vox et fama.

Unde facta fide de Jure in hac parte requisita ad quam faciendum offert se pars dictorum Decani et Capituli prompte et parate pro loco et tempore congruis et opportunis, Petit eadem Pars prefatam electionem et personam electam confirmandas fore decerni, et cum effectu confirmari, juxta Juris et Statutorem hujus Regni

Anglie exigentiam, necnon et litterarium regiarum Commissionalium patentium predictarum vobis in hac parte directarum Seriem, curamque Regimen, et administrationem Archiepiscopatus Cantuariensis eidem electo committi, Ipsumque in realem actualem et Corporalem Possessionem dicti Archiepiscopatus Cantuariensis Juriumque honorum dignitatum Preeminentium et pertinentium suorum universorum inducendum et intronizandum fore decerni, ulteriusque fieri et statui in premissis et ea concernentibus quibuscunque quod Juris fuerit et Rationis, supplendo defectus quoscunque in hac parte intervenientes juxta facultatem vobis concessam. Que proponit et fieri petit Pars ista proponens conjunctim et divisim non arctans se ad omnia et singula Premissa Probandum, nec ad onus superflue probationis de quo protestatur, Sed quatenus probaverit in premissis eatenus obtineat in Petitis, Juris Beneficio et dicte domine nostre Regine gracia Speciali in omnibus semper salvis. Vestrum Officium Domini Judices antedicti humiliter implorando.

[*The Process of Election: Aug. 1, 1559.*]

PROCESSUS ELECTIONIS.

Excellentissime Serenissime et Invictissime in Christo Principi et domine nostre domine Elizabethe Dei gracia Anglie Francie et Hibernie Regine fidei Defensori etc. vestri humiles et devoti subditi, Nicholaus Wotton utriusque juris doctor, Decanus ecclesie Cathedralis et Metropolitice Christi Cantuariensis et ejusdem ecclesie Capitulum omnimodas obedientiam fidem et Subjectionem, graciam perpetuam et felicitatem in eo per quem reges regnant et Principes dominantur.

Ad vestre serenissime regie Majestatis Noticiam deducimus et deduci volumus per presentes Quod vacante nuper sede Archiepiscopali Cantuariensi predicta per obitum bone memorie Reverendissimi in Christo patris et domini, domini Reginaldi Pole Cardinalis ultimi et immediati Archipresulis et pastoris ejusdem, nos Decanus et capitulum antedicti, habita prius Licentia vestre excellentissime Majestatis, ne eadem ecclesia Cathedralis et Metropolitica per suam diutinam vacationem gravia pateretur incommoda, ad electionem futuri Archiepiscopi et pastoris ejusdem procedere volentes, vicesimo secundo die mensis Julii ultimi preteriti in domo nostra capitulari ecclesie memorate capitulariter [Fo. 6ᵛ·] congregati et capitulum ibidem facientes, Diem Martis, videlicet primum diem presentis mensis Augusti ac horas novam et decimam ante meridiem ejusdem diei, ac Domum Capitularem predictam cum continuatione et prorogatione Dierum et horarum extunc sequentium et locorum (si opporteat) in ea parte fienda, nobismetipsis tunc ibidem presentibus et aliis ejusdem ecclesie canonicis et prebendariis absentibus jus voces aut interesse in electione futuri Archiepiscopi ecclesie memorate habentibus seu habere pretendentibus ad electionem futuri Archiepiscopi et pastoris prefate ecclesie (divina favente clementia) celebrandum pro Termino et loco competentibus prefiximus et assignavimus.

Ad quos quidem diem horas et domum capitularem antedicti omnes et singulos canonicos predicte ecclesie jus voces aut interesse in hujusmodi electione et electionis negocio habentes in Specie ceterosque omnes alios et singulos (si qui essent) qui de jure seu de consuetudine in hac parte jus et interesse habere pretenderent in genere, ad procedendum et procedi videndum nobiscum in eodem electionis negocio ac in omnibus et singulis Actis usque ad finalem expedicionem ejusdem, juxta morem antiquum et laudabilem Consuetudinem ecclesie predicte in hac parte ab antiquo usitatum et inconcusse observatum, legitime et peremptorie citandos, et evocandos et movendos fore decrevimus, et in ea parte litteras citatorias fieri in forma efficaci valida et assueta fecimus, Necnon potestatem et mandatum dilecto nobis in Christo Nicholao Simpson in ea parte commisimus, cum intimatione, Quod sive ipsi in hujusmodi Electionis negocio die hora et Loco predictis comparuerint sive non, nos nihilominus in eodem negocio procederemus et procedere intenderemus, ipsorum citatorum absencia sive contumacia in aliquo non obstante.

Quo quidem die Martis videlicet primo die mensis Augusti adveniente, inter horas prius assignatas, nos decanus et capitulum antedicti (Campana ad Capitulum celebrandum primitus pulsata) domum Capitulum ibidem celebrantes in dilecti nobis in Christo Johannis Incent notarii publici ac Testium inferius nominatorum presentiis, Licentiam vestre Serenissime Regie Majestatis supradictam, necnon litteras citatorias, de quibus supra fit mentio, unacum certificatorio super executione eorundem per Nicholaum Simpson mandatarium nostrum antedictum, coram nobis tunc et ibidem introductas et exhibitas publice perlegi fecimus, Quarum quidem Licentie litterarum Citatorium, et certificatorii Tenores de verbo ad verbum sequuntur et sunt tales.

[*Licence to elect: July 8, 1559.*]

Elizabeth Dei gracia Anglie Francie et Hibernie Regina Fidei Defensor, etc., dilectis nobis in Christo Decano et capitulo ecclesie Metropolice Cantuariensis salutem. Ex parte vestra nobis est humilter supplicatum ut, cum ecclesia predicta per mortem naturalem Reverendissimi in Christo Patris et Domini Domini Reginaldi Pole Cardinalis ultimi Archiepiscopi ejusdem jam vacat et pastoris sit solatio destituta, alium vobis eligendi in Archiepiscopum et pastorem Licentiam nostram fundatoriam vobis concedere dignaremur, Nos precibus vestris in hac parte favorabiliter inclinati Licentiam illam vobis duximus concedendam ; Rogantes quod talem vobis eligatis in Archiepiscopum et pastorem qui Deo devotus nobisque et Regno nostris utilis et fidelis existat.

In cujus rei Testimonium has litteras nostras fieri fecimus patentes Teste me ipsa apud Westmonasterium decimo octavo die Julii anno regni nostri primo.

[*Citation by Dean and Chapter: July 2, 1559.*]

Nicholaus Wotton utriusque Juris doctor, Decanus ecclesie Cathedralis et Metropolitice Christi Cantuariensis et ejusdem ecclesie Capitulum Dilecto nobis in Christo Nicholao Simpson clerico salutem. Cum sedes Archiepiscopalis Canturburiensis predicta per obitum Reverendissimi in Christo patris et domini domini Reginaldi Pole Cardinalis ultimi Archiepiscopi ejusdem jam vacat, et Archiepresulis sive Pastoris Solatio destituta existit, Nos Decanus et Capitulum predicti in domo Capitulari ecclesie antedicte die subscripta atque ad effectum infrascriptum (Licentia Regia primitus habita et obitenta) Capitulariter congregati et capitulum facientes, ne Archiepiscopatus predictus sue vacationis diutius deploraret Incommoda, nobismetipsis pro tunc presentibus ac omnibus aliis Canonicis ejusdem ecclesie tunc absentibus Jus et voces in electione futuri Archiepiscopi ejusdem ecclesie habentibus diem Martis videlicet primum Diem proximi sequentis mensis Augusti ac horas nonam et decimam ante meridiem ejusdem dies, et domum Capitularem predictum cum continuatione et prorogatione dierum et horarum extunc sequentium (si opporteat) in ea parte fienda, ad electionem futuri Archiepiscopi prefate ecclesie (Deo favente) celebrandum pro Termino et Loco competentibus prefiximus et assignavimus. Necnon ad diem horas et Locum predictas omnes et singulos ipsius ecclesie Cathedralis et metropolitice Christi Cantuariensis Canonicos et prebendarios tam presentes quam absentes, Jus et voces in hujusmodi electione et

Archiepiscopi Cantuariensis.

electionis negocio habentes, ad faciendum exercendum et expediendum omnia et singula que circa electionem hujusmodi in ea parte necessaria fuerint, seu de Jure aut consuetudine ecclesie predicte vel hujus incliti Regni Anglie Statuto quomodolibet requisita, usque ad finalem ejusdem negocii expeditionem inclusive per citationum litteras sive Schedulas in Stallis Prebendarum suarum, juxta morem preteriti Temporis ac statuta et laudabiles consuetudine ecclesie predicte hactenus ab antiquo in ea parte usitatas et observatas, affigendas et ibidem dimittendas, peremptorie citandos et monendos fore decrevimus Justicia mediante.

Tibi igitur committimus et mandamus Tenore presentium. Quatenus cites seu citari facias peremptorie omnes et singulos prefate ecclesie cathedralis et Metropolitice Christi Cantuariensis Canonicos Prebendatos in Stallis eorum in Choro ejusdem [Fo. 7.] ecclesie (citationum litteris et Schedulis in ipsis Stallis publice affixis et dimissis), Quos nos etiam Tenore presentium sic citamus, Quod compareant, et eorum quilibet compareat, coram nobis predicto primo die mensis Augusti in Domo capitulari predicta et inter horas nonam et decimam ante meridiem ejusdem Diei, cum continuatione et prorogatione Dierum et horarum extunc sequentium (si opporteat) in ea parte fienda, in prefate electionis negocio et in singulis Actis ejusdem, usque ad finalem dicti negocii expeditionem inclusive fiendum legitime processuri et procedi visuri, Ceteraque omnia et singula alia facturi subituri et audituri que hujusmodi electionis natura et qualitas de se exigunt et requirunt.

Intimando nihilominus citatis predictis omnibus et singulis harum serie, Quod sive ipsi juxta effectum Citationis hujusmodi die horis et loco predictis nobiscum comparuerint sive non, Nos tamen eisdem die horis et loco in dicto electionis negocio usque ad finalem expeditionem ejusdem inclusive procedemus, prout de Jure et consuetudine fuerit procedendum, eorum sic citatorum absentiis sive contumaciis in aliquo non obstantibus. Et Quid in premissis feceritis, nos dictis die horis et loco debite certificare cures unacum presentibus.

Datum in Domo nostra Capitulari vicesimo secundo die Mensis Julii Anno Domini Millesimo Quingentesimo Quinquagesimo nono.

[Certificate of Citation: Aug. 1, 1559.]
Venerabilibus et eximiis Viris Magistris Nicholas Wotton Utriusque Juris Doctori Decano Ecclesie Cathedralis et Metropolitice Christi Cantuariensis et ejusdem Ecclesie Capitulo Vester

humilis et devotus Nicholaus Simpson clericus vester ad Infrascripta Mandatarius rite et legitime deputatus omnimodas reverentiam et obedientiam cum obsequii exhibitione tantis viris debiti. Mandatum vestrum Reverendum presentibus annexum xxij° die mensis Julii ultimi preteriti humiliter recepi exequendum, Cujus auctoritate et vigore dicto xxij° die Julii per affixionem dicti vestri mandati in Stallo vestri prefati domini Decani infra Chorum ejusdem ecclesie Cathedralis et Metropolitice atque per affixionem Citationum Schedularum in singulis Stallis Canonicorum et Prebendariorum dicte ecclesie juxta vim formam et effectum Mandati vestri Citatorii hujusmodi publice affixarum et ibidem dimissarum, omnes et singulos Canonicos Prebendas in dicta ecclesia obtinentes in electione futuri Archiepiscopi ejusdem ecclesie Jus vocem et interesse habentes, aut habere pretendentes, peremptorie citari feci, Quod comparerent et eorum Quilibet compareret coram vobis die horis et loco in Mandato vestro reverendo predicto specificatis, unacum continuatione et Prorogatione dierum et horarum (si opporteat) extunc sequentium, vobiscum tunc et ibidem in hujusmodi electione et electionis negocio juxta Juris exigentiam et dicte ecclesie Cathedralis consuetudines processuri et procedi visuri, usque ad finalem expeditionem ejusdem inclusive, Ulteriusque facturi in ea parte quod Tenor et effectus dicti vestri mandati de se exigunt et requirunt. Intimando insuper et intimari feci, eisdem sic citatis quod sive ipsi dictis die horis et loco vobiscum comparuerint sive non vos nihilominus eisdem die horis et loco cum continuatione et prorogatione dierum et horarum hujusmodi extunc sequentium, juxta Juris exigentiam et preteriti Temporis observantiam in hujusmodi electionis negocio procedere intenditis, ipsorum citatorum contumacia absentiaque sive negligentia in aliquo non obstantibus. Et sic mandatum vestrum predictum in forma mihi demandata debite exequi feci et causavi. Nomina vero et cognomina predictorum Canonicorum (ut premittitur) citatorum inferius describuntur.

In cujus Rei testimonium sigillum venerabilis viri Officialis domini Archidiaconi Cantuariensis Presentibus apponi procuravi. Et nos Officialis antedictus ad specialem Rogatum dicti Certificantis sigillum nostrum hujusmodi presentibus apposuimus. Datum quoad sigilli appensionem Primo die mensis Augusti Anno Domini Millesimo Quingentesimo Quinquagesimo nono.

Magister Johannes Milles, Magister Arthurus Sentleger,

Magister Hugo Turnebull, Magister Richardus Fawcet, Magister Radulphus Jackson, Magister Robertus Collins, Magister Johannes Knight, Magister Willelmus Darrell, Magister Thomas Wood, Magister Nicholaus Harpesfeld, Magister Johannes Butler.

Quibus omnibus et singulis Premissis sic gestis et expeditis, omnibus et singulis predicte Ecclesie Canonicis jus et voces in hujusmodi electione et electionis negocio habentibus seu habere pretendentibus legitime et peremptorie ad eosdem Diem horas et locum citatis, ad foras dicte Domus Capitularis publice preconizatis, Comparentibus personaliter una nobiscum dicto Decano, Magistris Johanne Milles, Arthuro Sentleger, Willelmo Darrell, et Johanne Butler prefate ecclesie Cathedralis et Metropolitice Christi Cantuariensis Canonicis et Prebendariis, Nos decanus et Capitulum antedicti sic Capitulariter Congregati prenominatum Johannem Incent notarium publicum in Actorum Scribam electionis predicte assumpsimus, necnon Magistrum Johannem Armerar clericum et Gilbertum Hide generosum in Testes ejusdem electionis negocii et agendorum in eodem personaliter tunc presentes elegimus, et eos rogavimus nobiscum ibidem remanere.

Et mox nos Nicholaus Wotton Decanus antedictus de consensu dictorum Canonicorum et Prebendariorum predictorum tunc presentium in hujusmodi electionis negocio procedentes, omnes et singulos alios Canonicos et Prebendarios ad eosdem Diem horas et locum citatos publice alta voce ut supra preconizatos, diu expectatos et nullo modo comparentes pronunciavimus contumaces, et in penam comtumaciarum suarum hujusmodi ad ulteriora in dicto electionis negocio procedendum fore decrevimus, eorum [Fo. 7ᵛ·] absentia sive contumacia in aliquo non obstante, in scriptis per nos sub hujusmodi verborum tenore lectis.

[*Preconization.*]

In Dei Nomine Amen. Nos Nicholaus Wotton utriusque Juris Doctor, Decanus ecclesie Cathedralis et metropolice Christi Cantuariensis de unanimo assensu et consensu capituli ejusdem ecclesie omnes et singulos Canonicos et Prebendarios ecclesie memorate ad hos diem et locum ad procedendum in negocio electionis futuri Archiepiscopi et pastoris ecclesie cathedralis predicte juxta morem preteriti Temporis in eadem ecclesia usitatum et observatum legitime et peremptorie citatos publice preconizatos diu videlicet in horas locum et Tempus rite assignata expectatos et nullo modo comparentes, pronunciamus contumaces, et in pena

Contumaciarum suarum hujusmodi, et eorum cujuslibet decernimus Jus et potestatem procedendi in hujusmodi electionis negocio ad alios Canonicos comparentes spectare et pertinere, et ad ulteriora in eodem electionis negocio procedendum fore, ipsorum citatorum et non comparentium absentia sive contumacia in aliquo non obstante.

Hiis expeditis Nos Nicholaus Wotton Decanus antedictus de consimilibus consensu assensu et voluntate eorundem Canonicorum et Prebendariorum tunc presentium quasdam monitionem et protestationem in Scriptis simul redactas et conceptas fecimus et publice legebamus tunc et ibidem sub hujusmodi sequente verborum Tenore.

[*Monition.*]

In Dei Nomine Amen. Nos Nicholaus Wotton utriusque Juris Doctor Decanus ecclesie Cathedralis et metropolitice Christi Cantuariensis, vice nostra, ac vice et nomine omnium et singulorum Canonicorum et confratrum nostrorum hic jam presentium, monemus omnes et singulos suspensos excommunicatos et interdictos (si qui forsan inter nos hic jam sint) qui de Jure seu consuetudine aut quavis alia occasione seu causa in presenti electionis negocio interesse non debent, Quod de hac Domo Capitulari statim jam recedant, ac nos et alios de presenti Capitulo, ad quos Jus et potestas elegendi pertinet libere eligere permittant: Protestando omnibus via modo et Juris forma melioribus et efficacioribus quibus melius et efficacius possumus et debemus nomine nostro ac vice et nomine omnium et singulorum Canonicorum Prebendariorum et confratrum nostrorum predictorum hic jam presentium, Quod non est nostra nec eorum voluntas tales admittere Tanquam Jus voces et Interesse in hujusmodi electione habentes, aut procedere vel eligere cum eisdem, Immo volumus et volunt quod voces Talium (si que postmodum reperiantur, quod absit, in hujusmodi electione intervenisse) nulli prestent auxilium nec afferant alicui nocumentum, Sed prorsus pro non receptis et non habitis, nullisque et invalidis penitus et omnino habeantur et censeantur, Canonicos vero omnes presentes, pro pleno Capitulo ecclesie predicte habendos et censendos fore debere pronunciamus et declaramus in hiis scriptis.

Consequenter vero declarato publice per nos Nicholaum Wotton antedictum Decanum Capitulo (Quia propter diversas etc.), expositisque per nos Tribus modis electionis, cunctisque Canonicis tunc presentibus publice percontatis secundum quem modum sive quam viam illarum trium in dicto Capitulo (Quia propter diversas etc.) comprehensarum in hujusmodi electionis negocio procedere voluerint, Nos Decanus et capitulum antedicti de et super forma electionis hujusmodi ac per quam viam sive formam fuerit nobis procedendum ad electionem futuri Archiepiscopi ecclesie Cathedralis et Metropolitice Christi Cantuariensis predicte diligenter tractavimus ; et tandem nobis Decano et Canonicis antedictis (ut prefertur) tunc ibidem Presentibus et capitulum in ea parte facientibus visum est et placuit nobis Decano ac omnibus et singulis supradictis, nullo nostrum discrepante seu contradicente, per viam seu formam compromissi in hujusmodi electionis negocio procedere.

Ac tunc et ibidem in Venerabilem virum Magistrum Nicholaum Wotton Decanum antedictum sub certis expressatis legibus et conditionibus, Ita quod dictus compromissarius priusquam e domo Capitulari predicta recederet, et antequam Capitulum hujusmodi solveretur, unum virum idoneum in Archiepiscopum et pastorem ecclesie memorate eligeret, compromisimus, Promittentes nos bona fide illum acceptaturos in nostrum et dicte ecclesie Archiepiscopum, quem ipse compromissarius sub modo et forma prenotatis duxerit eligendum et providendum.

Hiisque in hunc modum dispositis prefatus Magister Nicholaus Wotton Compromissarius antedictus onus compromissi hujusmodi in se acceptans vota sua in venerabilem virum Magistrum Mattheum Parker Sacre Theologie professorem juxta et secundum potestatem sibi in hac parte factam et concessam ac compromissionem predictam direxit, Ipsumque in Archiepiscopum et pastorem ejusdem ecclesie elegit, et ecclesie predicte de eodem providebat Prout in Schedula Tenorem et formam compromissi electionis et provisionis predictarum continente per eundem Magistrum Nicholaum Wotton publice lecta (cujus tenor de verbo in verbum sequitur) dilucidius continetur.

[*Schedule of Election.*]

In Dei Nomine Amen. Cum vacante super sede Archiepiscopali Cantuariensi per obitum bone memorie Reverendissimi in Christo patris domini Reginaldi Pole Cardinalis ultimi Archiepiscopi et pastoris ejusdem, vocatis et legitime premonitis ad electionem futuri Archipresulis dicte sedis omnibus et singulis qui de Jure vel consuetudine dicte ecclesie ad electionem hujusmodi fuerint evocandi ac omnibus qui debuerint aut potuerint hujusmodi electionis negocio commode interesse, in Domo Capitulari antefate ecclesie, Termino ad dictam electionem celebrandum prefixo

et assignato, presentibus et capitulariter congregatis,
[Fo. 8.] Placuerit Decano omnibusque et singulis ejusdem ecclesie capituli, nemine contradicente vel discrepante, per viam seu formam compromissi, de futuro sedis predicte Archiepiscopo procedere, ac mihi Nicholao Wotton ecclesie Cathedralis et Metropolitice Christi Cantuariensis predicte Decano, jus et vocem in hujusmodi electionis negocio habenti, compromissario in hac parte specialiter et legitime electo plenam et liberam dederint et concesserint potestatem auctoritatem et mandatum speciale die isto antequam ab hac domo Capitulari recederem ac recederent, et capitulo durante, personam habilem et idoneam in Archiepiscopum et pastorem dicte ecclesie et eidem providendi prout de Tenore dicti compromissi manifeste liquet et apparet.

Ego Nicholaus Wotton Decanus antedictus onus compromissi hujusmodi acceptans in venerabilem virum Mattheum Parker, Sacre Theologie professorem vota mea dirigens, virum utique providum et discretum litterarum scientia, vita et moribus merito commendatum, liberum et de legitimo matrimonio procreatum, atque in etate legitima et ordine Sacerdotali constitutum, in Spiritualibus et Temporalibus plurimum circumspectum, scientem volentem et valentem, jura et libertates dicte ecclesie tueri et defendere, vice mei, viceque loco et nomine tocius Capituli ejusdem ecclesie, predictum venerabilem virum Magistrum Mattheum Parker premissorum meritorum suorum intuitu in Archiepiscopum et pastorem ejusdem ecclesie Cathedralis et Metropolitice Christi Cantuariensis infra Tempus mihi ad hoc datum et assignatum eligo in communi, et eidem ecclesie provideo de eodem in hiis scriptis. Deinde nos Decanus et capitulum antedicti prefatam electionem et personam electam, utpote rite factam et celebratam obviis ulnis amplexantes, ac eam ratam gratam et formam habentes, eundem Magistrum Mattheum Parker, electum in Archiepiscopum et pastorem prefate ecclesie, quatenus in nobis fuit aut est, acceptavimus, et electionem hujusmodi approbavimus. Consequenter vero, Nos Decanus et capitulum antedicti prefato Magistro Willelmo Darrell potestatem dedimus et concessimus electionem nostram hujusmodi et personam electam clero et populo palam publicandi declarandi et manifestandi, prout moris est atque in similibus de usu laudabili fieri assolet.

Postremo vero Nos Decanus et Capitulum antedicti domum nostram Capitularem antedictam egredientes et chorum ecclesie memorate intrantes, Hymnum *Te deum laudamus* in Sermone

Anglico per ministros Chori solemniter decantari fecimus. Quo peracto, prefatus Magister Willelmus Darrell juxta potestatem sibi elargitam ministris ejusdem ecclesie ac plebi coadunate electionem nostram hujusmodi et personam electam verbo tenus publicavit et denunciavit ac declaravit.

Que omnia et singula nos Decanus et Capitulum antedicti pro officii nostri debito vestre Serenissime Majestati sub serie in hoc processu inserta duximus significandum, eidem majestati vestre humiliter et obnixe supplicantes, Quatenus electioni nostre hujusmodi sic (ut premittitur) facte et celebrate consensum et assensum vestros regios adhibere, et eandem confirmari facere, et mandare dignetur vestra excellentissima majestas. Ut (Deo optimo maximo Bonorum omnium Largitore favente et opitulante) dictus electus et confirmatus nobis preesse valeat, utiliter pariter et prodesse. Ac nos sub eo et ejus regimine bono possumus Deo in dicta ecclesia militare.

Et ut de premissorum veritate vestre clementissime Majestati abunde constare possit Nos Decanus et Capitulum antedicti presentem electionis nostre processum, signo nomine et cognomine ac Subscriptione Notarii publici subscripti signari et subscribi, nostrique sigilli communis appensione jussimus et fecimus communiri. Actum in Domo nostra Capitulari predicta Primo die mensis Augusti Anno Domini Millesimo Quingentesimo Quinquagesimo nono.

Et ego Johannes Incent Cantuariensis diocesis publicus suprema auctoritate regia Notarius in presenti electionis negocio in Actorum Scribam assumptus et deputatus, Quia omnibus et singulis Actis ejusdem electionis dum sic (ut premittitur) sub anno Domini, mense, die horis et loco predictis agebantur et fiebant unacum Testibus de quibus in presenti Processu fit mentio, presens personaliter interfui, eaque omnia et singula sic fieri vidi, scivi et audivi, atque in notas sumpsi, Ideo hoc presens publicum electionis Decretum, sive processum manu mea propria fideliter scriptum exinde confeci, Atque in hanc publicam et auctenticam formam redegi, Ac nominis et cognominis meorum adjectione subscripsi Necnon Signo meo solito et consueto signavi unacum appensione Sigilli communis dictorum Decani et Capituli in fidem et Testimonium omnium et singulorum Premissorum Rogatus specialiter et requisitus.

[*The consent of the Archbishop Elect: Aug. 6, 1559.*]

INSTRUMENTUM SUPER CONSENSU DOMINI ELECTI.

In Dei Nomine Amen. Presentis Publici Instrumenti Serie, Cunctis evidenter appareat et sit notum, Quod anno Domini Millesimo Quingentesimo Quinquagesimo nono, mensis vero [Fo. 8ᵛ·] Augusti Die sexto in quadam inferiori Cænaculo infra manerium Archiepiscopi Cantuariensis apud Lambehith Wintoniensis diocesis notorie sito et situato in meique notarii publici subscripti ac Testium inferius nominatorum presentiis venerabiles et eximii viri Magistri Willelmus Darrell clericus canonicus et Prebendarius ecclesie Cathedralis et Metropolitice Christi Cantuariensis et Anthonius Huse Armiger realiter exhibuerunt quoddam procuratorium sigillo communi et capitulari (ut apparuit) virorum dominorum Decani et capituli ecclesie Cathedralis et Metropolitice Christi Cantuariensis predicte sigillatum eisdem Magistris Willelmo et Anthonio ac mihi Johanni Incent notario publico subscripto conjunctim et divisim factum et se partem pro eisdem Decano et Capitulo fecerunt ac nomine Procuratorio eorundem presentarunt Venerabili et eximio viro Magistro Mattheo Parker Sacre Theologie Professori tunc et ibidem personaliter presenti processum electionis de ipso et ejus persona in Archiepiscopum et pastorem ecclesie cathedralis et Metropolitice Christi Cantuariensis predicte facte et celebrate in et sub formis Originalibus ejusdem, Eundem Magistrum Mattheum Parker instanter rogarunt et requiserunt Quatenus eidem electioni de ipso et ejus persona (ut premittitur) facte et celebrate consentire dignaretur; dicto electo asserente Quod licet se tanto munere indignum judicaret Tamen ne ipse Divine voluntate resistere ac serenissime Domine Regine Beneplacito (que ipsum licet indignum prefatis Decano et Capitulo commendare dignata est) minime obtemperare videretur, electioni hujusmodi consentiebat, ac consensum et assensum suos eidem prebuit in Scriptis per eum lectis Tenorem qui sequitur de verbo in verbum in se completentibus.

[*Archbishop's consent.*]

In Dei Nomine Amen. Ego Mattheus Parker Sacre Theologie Professor, in ordine Sacerdotali, atque in etate legitima constitutus, ac in et de legitimo matrimonio procreatus, in Archiepiscopum et pastorem ecclesie Cathedralis et Metropolitice Christi Canturburiensis rite et legitime nominatus et electus, Ad consentiendum hujusmodi electioni de me et persona mea in hac parte

Archiepiscopi Cantuariensis.

facte et celebrate ex parte et per partem venerabilium virorum Decani et Capituli ejusdem ecclesie Cathedralis et Metropolitice instanter rogatus et requisitus, Dei Omnipotentis Clementia fretus, electioni hujusmodi de me et persona mea sic (ut premittitur) facte et celebrate, ad honorem Dei omnipotentis patris filii et Spiritus sancti, consentio, eidemque consensum et assensum meos semel atque iterum Rogatus et interpellatus prebeo in hiis Scriptis.

Super quibus omnibus et singulis Premissis tam ipse electus quam prenominati Magistri Willelmus Darrell et Anthonius Huse procuratores antedicti me eundem Notarium Publicum subscriptum sibi unum vel plura publicum seu publica Instrumentum sive Instrumenta conficere, ac Testes inferius nominatos Testimonium exinde perhibere instanter respective rogarunt et requiserunt. Acta fuerunt hec Omnia et singula Premissa prout suprascribuntur et recitantur Sub anno Domini Mense Die et loco predictis, Presentibus tunc et ibidem Richardo Taverner armigero, Johanne Baker generoso, Radulpho Jackson et Andrea Peerson clericis Testibus ad premissa videnda audienda et testificanda rogatis et specialiter requisitis.

Et ego Johannes Incent Cantuariensis diocesis publicus sacra et suprema auctoritate regia Notarius Quia premissis omnibus et singulis dum sic (ut premittitur) sub Anno Domini mense die et loco predictis agebantur et fiebant unacum prenominatis Testibus presens personaliter interfui eaque omnia et singula sic fieri vidi scivi et audivi, atque in notam sumpsi, Ideo hoc presens publicum Instrumentum manu mea propria fideliter scriptum exinde confeci, subscripsi et publicavi Atque in hanc publicam et auctenticam formam redegi, Signoque nomime cognomine et subscriptione meis solitis et consuetis signavi in fidem et Testimonium omnium et singulorum premissorum Rogatus specialiter et requisitus.

[*Depositions of Witnesses.*]

Super libello sive summaria petitione date per partem venerabilium virorum dominorum decani et capituli ecclesie cathedralis et Metropolitice Christi Cantuariensis.

DEPOSITIONES TESTIUM.

Johannes Baker generosus moram trahens in presenti cum venerabili et eximio viro Magistro Mattheo Parker electo Canturburiensi xxxix annorum etatis, oriundus in Parochia Sancti Clementis in Civitate Norwici libere ut dicit conditionis et Testis de et super Libello predicto productus juratus et examinatus, dicit ut sequitur.

[Fo. 9.] Ad primum, secundum tertium quartum quintum sextum et septimum refert se ad processum in hujusmodi causa habitum et factum.

Ad octavum dicit in vim Juramenti seu deponit quod idem Reverendissimus pater Mattheus Parker fuit et est vir providus ac sacrarum litterarum scientia vita et moribus commendatus, ac homo liber et ex legitimo matrimonio procreatus, atque in etate legitima et in ordine Sacerdotali constitutus et dicte Domine nostre Regine fidelis subditus, reddendo causam Scientie sue in hac parte dicit, quod est frater naturalis dicti domini electi, suntque ex unis parentibus procreati et geniti.

Ad nonum decimum et undecimum refert se ad processum hujusmodi.

Ad ultimum dicit quod predeposita per eum sunt vera, etc.

Willelmus Tolwyn Artium Magister ac Rector ecclesie Sancti Antonii in civitate Londonie lxx annorum etatis, ut dicit libere conditionis, etc. Testis, etc.

Ad primum secundum tertium quartum quintum sextum et septimum refert se ad processum hujusmodi.

Ad octavum dicit et deponit Contenta in hujusmodi Articulo esse vera, de ejus certa Scientia, quia dicit quod bene eum novit per hos xxx annos, ac per idem Tempus secum admodum familiaris fuit, et in presenti est. Et etiam dicit quod novit ejus matrem.

Ad nonum, decimum, undecimum et duodecimum refert.

[*Second Schedule against Opponents.*]

SECUNDA SCHEDULA CONTRA OPPOSITORES.

In Dei Nomine Amen. Nos Willelmus quondam Bathoniensis et Wellensis episcopus, etc., etc. [*as in the first schedule*] specialiter et legitime deputati in negocio confirmationis electionis de persona, etc., Magistri Matthei Parker, etc., in Archiepiscopum Cantuariensem electi, etc., procedentes, omnes et singulos Oppositores qui contra dictam electionem, etc., etc., sepius publice preconizatos, etc., et nullo modo comparentes nec contra dictam electionem formam ejusdem aut personam electam, aliquid dicentes excipientes vel opponentes, ad peticionem procuratoris Decani et capituli Cantuariensium pronunciamus contumaces, et in penam contumaciarum suarum hujusmodi decernimus procedendum fore ad prolationem Sententie sive decreti finalis in hac causa ferendi, ipsorum sic citatorum et non comparentium contumaciis in aliquo non obstantibus.

[*Oath acknowledging the Royal Supremacy.*]
JURAMENTUM DE AGNOSCENDO SUPREMAM POTESTATEM REGIAM.

I Matthewe Parker elected Archbusshop of Canto[r] do vtterlie testefie and declare in my conscyence, That the Quenys Highnes ys thonlie Supreme Gouerno[r] of thys Realme and of all other her Highnes Dominions and Contreys, as well in Spirituall or ecclesiasticall thinges or causes, as Temporall, And that no forreine Prince, person, Prelate, State, or Potentate, hath or ought to have any Jurisdiction, Power, Superioritie, Preeminence, or Authoritie ecclesiasticall or Spirituall within thys Realme. And therfore I doe vtterlie renounce and forsake all forreine Jurisdictions, Powers, Superiorities, and Authorities. And do promise that from Hensforth, I shall beare faith and true Allegyaunce to the Quenys Highnes, her Heires and lawfull Successours, and to my Power shall assist and defend all Jurisdictions, Privileges, Pre-
[Fo. 9ᵛ·] eminences and Authorities granted or Belonginge to the Quenys Highnes her Heires and Successours or united and annexed to themperiall Crowne of thys Realme. So helpe me God, and by the contentes of thys Booke.

[*Definitive Sentence.*]
SENTENTIA DIFFINITIVA.

In Dei Nomine Amen.—Auditis visis et intellectis ac plenarie et mature discussis per nos Willelmum quondam Bathoniensem et Wellensem episcopum, nunc Cicestrensem electum, Johannem Scorye quondam Cicestrensem episcopum nunc electum Herefordensem, Milonem Coverdale quondam Exoniensem episcopum et Johannem Bedfordensem episcopum Serenissime in Christo Principis et domine nostre domine Elizabethe Dei gracia Anglie Francie et Hibernie Regine Fidei Defensoris etc. mediantibus litteris suis regiis commissionalibus patentibus ad Infrascripta

Commissarios, cum hac clausula, "unacum Domino Johanne Thetfordensi suffraganeo et Johanne Bale Ossorensi episcopo" et etiam hac clausula, "Quatenus vos aut ad minus quatuor vestrum, etc." Necnon et hac adjectione "Supplentes nihilominus, etc." Specialiter et legitime deputatos Meritis et circumstantiis cujusdem cause sive negocii confirmationis electionis de persona venerabilis et eximii viri Magistri Matthei Parker Sacre Theologie Professoris in Archiepiscopum et pastorem ecclesie Cathedralis et Metropolitice Christi Cantuariensis per obitum bone memorie Domini Reginaldi Pole ultimi Archiepiscopi ibidem vacantis, electi, facte et celebrate quod coram nobis aliquamdiu vertebatur, et in presenti vertitur et pendet indecise. Rimato primitus per nos Toto et integro processu coram nobis in dicto negocio habito et facto atque diligenter recensito, servatisque per nos de Jure et Statutis hujus Regni Anglie Servandis, ad nostri Decreti finalis sive sententie diffinitive confirmationis in hujusmodi negocio ferende prolacionem sic duximus procedendum et procedimus in hunc qui sequitur modum.

Quia per acta exhibita producta et probata coram nobis in hujusmodi confirmationis negocio comperimus et luculenter invenimus, electionem ipsam per Decanum et Capitulum ecclesie Cathedralis et Metropolitice Christi Cantuariensis predicte de prefato venerabile et eximio viro Magistro Mattheo Parker electo hujusmodi viro utique provido et discreto, vita et moribus merito commendato, libero, et de legitimo matrimonio procreato, atque in etate legitima et ordine Sacerdotali constituto, rite et legitime fuisse et esse factam et celebratam, nihilque eidem venerabili viro Magistro Mattheo Parker electo hujusmodi de ecclesiasticis institutis obviasse seu obviare quominus in Archiepiscopum Cantuariensem auctoritate dicte illustrissime domine nostre Regine merito debeat confirmari, Idcirco nos Willelmus nuper Bathoniensis et Wellensis episcopus nunc Cicestrensis electus, Johannes Scory quondam Cicestrensis episcopus nunc electus Herefordensis, Milo Coverdale quondam Exoniensis episcopus, et Johannes Bedfordensis Episcopus, Commissarii regii antedicti attentis premissis et aliis virtutum meritis super quibus prefatus electus Cantuariensis fidedigno commendatur Testimonio, Christi nomine primitus invocato, ac ipsum solum Deum oculis nostris preponentes, de et cum consilio Jurisperitorum, cum quibus in hac parte communicavimus, predictam electionem de eodem venerabili viro Magistro Mattheo Parker (ut prefertur) factam et celebratam, suprema auctoritate dicte Serenissime domine nostre Regine nobis in hac parte commissa confirmamus, Supplentes ex suprema auctoritate Regia ex mero principis motu, ac certa Scientia nobis delegata quicquid in hac electione fuerit defectum, Tum in hiis que juxta mandatum nobis creditum a nobis factum et processum est aut in nobis aut aliquorum nostrorum Conditione statu facultate ad hec perficiendum deest aut deerit, Tum etiam eorum que per statuta hujus Regni Anglie, aut per Leges ecclesiasticas in hac parte requisita sunt, vel necessaria, prout Temporis Ratio et rerum presentium necessitas id postulant, per hanc nostram Sententiam Diffinitivam sive hoc nostrum finale decretum. Quam sive quod ad Petitionem Partium ita petentium ferimus et promulgamus in hiis Scriptis.

[*Order of Ceremonies at the Consecration of Matthew Parker: Dec. 17, 1559.*]

ORDO CEREMONIARUM IN CONSECRATIONE DOMINI MATTHEI PARKER.

Rituum et Ceremoniarum Ordo in Consecratione Reverendissimi Domini Matthei Parker Archiepiscopi Canturburiensis in Capella infra manerium suum de Lambehith die Dominico videlicet decimo Septimo die mensis Decembris Anno Domini Millesimo Quingentesimo Quinquagesimo nono.

[Fo. 10.]

Principio sacellum Tapetibus ad Orientem adornabatur, solum vero panno rubro insternebatur, mensa quoque sacra peragendis necessaria Tapeto pulvinarique ornata ad Orientem sita erat.

Quatuor preterea Cathedre, quatuor episcopis quibus munus consecrandi Archiepiscopi delegabatur ad austrum Orientalis Sacelli partis erant posite.

Scamnum preterea Tapeto pulvinaribusque instratum, cui episcopi genibus flexis inniterentur ante Cathedras ponebatur.

Pari quoque modo Cathedra, scamnumque Tapeto pulvinarique ornatum Archiepiscopo, ad Borealem Orientalis ejusdem Sacelli partis plagam posita erant.

Hiis rebus ita ordine suo instructis mane circiter quintam aut sextam, per Occidentalem portam ingreditur Sacellum Archiepiscopus, toga Talari Coccinea Caputioque indutus, quatuor precedentibus funalibus et quatuor comitatus episcopis, qui ejus Consecrationi inservirent, videlicet Willelmo Barloe quondam Bathoniensi et Wellensi episcopo nunc electo Cicestrensi, Johanne Scory quondam Cicestrensi episcopo nunc Herefordensi electo,

Milone Coverdale quondam Exoniensi episcopo, et Johanne Bedfordensi Suffraganeo; qui omnes postquam sedes sibi paratas ordine singuli suo occupassent, preces continuo matutine per Andream Peerson Archiepiscopi Capellanum clare voce recitabantur. Quibus peractis Johannes Scory de quo supra diximus suggestum conscendit, atque inde assumpto sibi in Thema *Seniores ergo qui in nobis sunt obsecro consenior*, etc., non ineleganter concionabatur.

Finita concione, egrediuntur simul Archiepiscopus, reliquique quatuor episcopi sacellum, se ad sacram Commissionem paraturi; neque mora confestim per Borealem portam ad hunc modum vestiti redeunt, Archiepiscopus nimirum Linteo Superpelliceo (quo vocant) induebatur Cicestrensis electus Capa Serica ad Sacra peragenda paratus utebatur, cui ministrabant operamque suam prebebant duo Archiepiscopi Capellani videlicet Nicholaus Bullingham Lincolniensis et Edmundus Gest Cantuariensis respective Archidiaconi, capis sericis similiter vestiti, Herefordensis electus et Bedfordensis Suffraganeus Linteis superpelliceis induebantur.

Milo vero Coverdallus non nisi Toga Lanea Talari utebatur.

Atque hunc in modum vestiti et instructi ad Commissionem celebrandam perrexerunt, Archiepiscopo genibus flexis ad infimum Sacelli Gradum sedente.

Finito tandem evangelio, Herefordensis electus, Bedfordensis suffraganeus, et Milo Coverdale (de quibus supra) Archiepiscopum coram Cicestrensi electo, apud mensam in Cathedra sedente, hiis verbis adduxerunt, "Reverende in Deo pater, Hunc virum pium pariter atque doctum, Tibi offerimus atque presentamus, ut Archiepiscopus consecratur". Postquam hec dixisset preferebatur illico Regium diploma sive mandatum pro consecratione Archiepiscopi. Quo per Dominum Thomam Yale Legum doctorem perlecto, Sacramentum de regio primatu sive Suprema ejus auctoritate tuenda, juxta Statuta Primo anno Regni serenissime Regine nostre Elizabethe edita et promulgata, ab eodem Archiepiscopo exigebatur, quod cum ille solemniter Tactis corporaliter sacris Evangeliis conceptis verbis prestitisset, Cicestrensis electus populum ad orationem hortatus, ad Letanias decantandas choro respondente se accinxit.

Quibus finitis post questiones aliquot Archiepiscopo per Cicestrensem electum propositas et post orationes et Suffragia quedam juxta formam libri auctoritate Parliamenti editi apud Deum habita, Cicestrensis Herefordensis Suffraganeus Bedfordensis et Milo Coverdallus manibus Archiepiscopo impositis dixerunt Anglice videlicet. "Take the Holie gost and remember that thou stirre vpp the grace of God, which ys in the by Imposicion of Handes, for God hath not given vs the Spirite of Feare, But of Power and Love and Sobreness." Hiis dictis, [Fo. 10ᵛ·] Biblia Sacra illi in manibus tradiderunt, hujusmodi apud eum verba habentes. "Gyve hede vnto thy readinge, exhortacion and Doctrine, thinke vppon thes thinges, conteyned in thys Booke, be diligent in them that the Increase cominge therbye may be manifest vnto all men. Take hede vnto thy Self, and vnto Thy Teachinge, and be diligent in Doinge them, for by doinge thys thou shalt save thy self and them that hear thee through Jesus Christe our Lord." Postquam hec dixissent ad reliqua communionis solemnia pergit Cicestrensis, nullum Archiepiscopo tradens pastorale Bacculum; cum quo communicabant Archiepiscopus et quatuor illi episcopi supra nominati, cum aliis etiam non nullis.

Finitis tandem peractisque Sacris egreditur per Borealem Orientalis Sacelli partis portam Archiepiscopus quatuor illis comitatus episcopis qui eum consecraverant, et confestim eisdem ipsis stipatus episcopis per eandem revertitur portam albo episcopali superpelliceo, Crimeraque (ut vocant) ex nigro Serico indutus, circa collum vero collare quoddam ex preciosis pellibus Sabellinis (vulgo *Sables* vocant) consutum gestabat. Pari quoque modo Cicestrensis et Herefordensis suis Episcopalibus amictibus, Superpelliceo et Crimera, uterque induebatur. Coverdallus vero et Bedfordensis Suffraganeus Togis solummodo talaribus utebantur. Pergens deinde Occidentalem Portam versus, Archiepiscopus Thome Doyle Iconimo, Joanni Baker Thesaurario et Johanni March Computorotulario singulis singulos albos dedit Bacculos, Hoc scilicet modo eos muneribus et Officiis suis ornans.

Hiis itaque hunc ad modum ordine suo (ut jam ante dictum est) peractis, per Occidentalem portam Sacellum egreditur Archiepiscopus Generosioribus quibusque sanguine ex ejus familia eum procedentibus, reliquis vero eum a Tergo sequentibus.

Acta gestaque hec erant omnia et singula in Presentia Reverendorum in Christo patrum Edmundi Grindall Londoniensis episcopi electi Richardi Cockes Eliensis electi, Edwini Sandes Wigornensis electi, Anthonii Huse Armigeri principalis et Primarii Registrarii dicti Archiepiscopi, Thome Argall armigeri Registrarii Curie Prerogative Cantuariensis, Thome Willett et Johannis Incent notariorum publicorum et aliorum nonnullorum.

[*Mandate to the Archdeacon of Canterbury to enthrone the Archbishop: Dec. 31, 1559.*]

MANDATUM DIRECTUM ARCHIDIACONO CANTUARIENSI AD INTRONIZANDUM DICTUM DOMINUM ARCHIEPISCOPUM.

WILLELMUS BARLOWE episcopus Cicestrensis, Johannes Scory episcopus Herefordensis, Milo Coverdale nuper Exoniensis episcopus, et Johannes episcopus Suffraganeus Bedfordensis, illustrissime in Christo Principis et domine nostre Domine Elizabethe Dei gracia, Anglie Francie et Hibernie Regine, fidei Defensoris etc. ad infrascripta mediantibus litteris Commissionalibus patentibus dicte illustrissime domine nostre Regine nobis in hac parte directis Commissarii inter alios cum hac clausula "Quatenus vos aut ad minus quatuor vestrum, etc.", et etiam cum hac adjectione "Supplentes nihilominus, etc.", specialiter et legitime deputati et constituti venerabili vero Magistro Edmundo Gest Archidiacono Cantuariensi salutem in domino sempiternam.

Quum vacante nuper sede Archiepiscopali Cantuariensi per mortem naturalem domini Reginaldi Pole Cardinalis ultimi et immediati Archiepiscopi ejusdem Decanus et Capitulum ecclesie Cathedralis et Metropolitice Christi Cantuariensis (Licencia regia primitus in ea parte petita et obtenta) Reverendissimum in Christo patrem dominum Mattheum Parker sacre Theologie Professorem in eorum et dicte ecclesie Cathedralis episcopum et pastorum elegerint et ecclesie cathedrali predicte providerint de eodem, Quam quidem Electionem et personam sic electam (servatis de Jure et Statutis hujus incliti Regni Anglie in ea parte servandis), Nos auctoritate litterarum Commissionalium patentium dicte illustrissime domine nostre Regine nobis (ut premittitur) directorum rite et legitime confirmavimus, eidem que Curam Regimen et Administracionem dicti Archiepiscopatus Cantuariensis commisimus, necnon munus consecrationis (Adhibitis de ritu et more ecclesie Anglicane Suffragiis et insigniis adhibendis) impendimus, juxta Statuta hujus indite Regni Anglie in hac parte pie et sancte edita et Sancsita, Ipsumque Reverendissimum patrem sic confirmatum et consecratum in realem, actualem et corporalem Possessionem dicti Archiepiscopatus Cantuariensis Juriumque et pertinentium suorum universorum inducendum investiendum installandum et intronizandum fore decrevimus et mandavimus. Tibi igitur harum Serie Juris ordine id exigente firmiter precipiendo mandamus Quatenus prefatum Reverendissimum patrem seu procuratorem suum legitimum (ejus nomine) in realem

[Fo. 11.]

actualem et corporalem possessionem dicti Archiepiscopatus Cantuariensis Juriumque honorum Dignitatum et pertinentium suorum universorum inducas, investias, installas et intronizes, seu sic induci investiti installari intronizari facias cum effectu, Cathedramque sive sedem Archiepiscopalem in eadem ecclesia ei (uti moris est) assignes, et eum in eadem Cathedra sive Sede Archiepiscopali imponas, cum omni honore debito, Adhibitis de more adhibendis, aut ita fieri et imponi cures, prout decet.

In cujus rei Testimonium Sigillum Officialitatis alme Curie Cantuariensis Presentibus apponi fecimus et procuravimus. Datum Londini ultimo die mensis decembris Anno Domini Millesimo Quingentesimo Quinquagesimo nono.

[*Mandate of the Archdeacon to his deputies for the Enthronement: Jan. 1, 1560.*]

ALIUD MANDATUM FACTUM PER DICTUM ARCHIDIACONUM AD EFFECTUM PREDICTUM.

Edmundus Gest Archidiaconus Cantuariensis ad quem Inductio, installatio et intronizatio omnium et singulorum Episcoporum Cantuariensis Provincie de Laudabili Longevaque et legitime prescripta Consuetudine notorie dinoscuntur pertinere venerabilibus viris. . . . . [1] salutem in domino sempiternam.

Quum vacante nuper Sede Archiepiscopali Cantuariensi per mortem naturalem domini Reginaldi Pole ultimi Archiepiscopi ibidem, Decanus et capitulum ecclesie Cathedralis et Metropolitice Christi Cantuariensis (Licencia regia primitus in ea parte petita et obtenta) Reverendissinum in Christo patrem dominum Mattheum Parker Sacre Theologie Professorum in eorum et dicte ecclesie Archiepiscopum et pastorem elegerint, Cumque preterea Reverendi in Christo patres domini Willelmus Barloe Cicestrensis episcopus, Johannes Scorye episcopus Herefordensis, Milo Coverdale quondam Exoniensis episcopus et Johannes Episcopus Suffraganeus Bedfordensis, auctoritate litterarum Commissionalium patentium illustrissime in Christo Principis et domine nostre Domine Elizabethe Dei gracia Anglic Francie et Hibernie Regine fidei defensoris, etc., eis in hac parte directarum sufficienter et legitime fulciti Electionem predictam de persona prefati Reverendissimi patris (ut premittitur) factam et celebratam, et personam sic electam (servatis de Jure et Statutis hujus incliti Regni Anglie in hac parte servandis) confirmaverint, eidemque Reverendissimo in

---

[1] Blank in the Register.

Christo patri Curam Regimen et Administracionem dicti Archiepiscopatus Cantuariensis commiserint, necnon munus consecrationis eidem Reverendissimo patri (adhibitis de ritu et more ecclesie Anglicane Suffragiis et Insigniis adhibendis) impenderint juxta Statuta hujus incliti Regni Anglie in hac parte pie et sancte edita et sancsita, nobisque dederint in mandatis Quatenus nos prefatum Reverendissimum patrem sic confirmatum et consecratum seu procuratorem suum legitimum (ejus nomine) in realem actualem et corporalem possessionem dicti Archiepiscopatus Cantuariensis Juriumque et pertinentium suorum universorum induceremus installeremus et intronizaremus, prout per eorum litteras nobis in ea parte factas et inscriptas plenius liquet et apparet, Quia nos impresentiarum quibusdam arduis et urgentibus negociis adeo sumus impliciti et remorati, Quod executioni Officii nostri hujusmodi vacare non valemus uti optamus, vobis igitur et vestrum cuilibet conjunctim et divisim, de quorum circumspectione et Industria Specialem in domino fiduciam obtinemus, ad inducendum prelibatum Reverendissimum patrem seu procuratorem suum legitimum (ejus nomine) in realem actualem et corporalem Possessionem antedicte ecclesie Cathedralis et Metropolitice Christi Cantuariensis Juriumque et pertinentium suorum universorum, eundemque Reverendissimum patrem seu ejus procuratorem legitimum cum plenitudine Juris Archiepiscopalis installandum et intronizandum, ceteraque omnia et singula faciendi exercendi et expediendi que in hac parte necessaria fuerint seu quolibet requisita vices nostras committimus et plenam Tenore presentium concedimus potestatem. Rogantes ut Totum id quod in premissis feceritis aut vestrum aliquis fecerit dicto Inductionis negocio expedito nobis pro Loco et Tempore congruis et oportunis debite significare velitis, seu sic significet ille vestrum qui hujusmodi negocium fuerit executus.

In cujus Rei Testimonium Sigillum nostrum Presentibus apponi fecimus. Datum primo die mensis Januarii anno domini juxta computacionem ecclesie Anglicane Millesimo Quingentesimo Quinquagesimo nono.

[*Proxy of the Archbishop for his enthronement: Jan. 2, 1560.*]

PROCURATORIUM DOMINI ARCHIEPISCOPI AD PETENDUM ET OBTINENDUM INTRONIZATIONEM.

Universis hasce Procurationis et mandati litteras inspecturis visuris audituris vel lecturis innotescat et palam sit, Quod nos

Archiepiscopi Cantuariensis. 37

Mattheus permissione divina Cantuariensis Archiepiscopus, tocius Anglie Primas et Metropolitanus electus, confirmatus et [Fo. 11ᵛ·] consecratus, dilectos nobis in Christi filios Magistros Edwardum Leades et . . . .[1] Sacellanos familiares et domesticus nostros conjunctim et divisim nostro veros certos et legitimos ac indubitatos procuratores actores factores, negociorumque nostrorum gestores et nuncios speciales ad infrascripta rite vice nomine et loco nostris obeundem nominamus, ordinamus, facimus et constituimus per presentes, damusque et concedimus eisdem procuratoribus nostris conjunctim et eorum utrique (ut prefertur) per se divisim et insolido potestatem generalem et mandatum speciale pro nobis ac vice et nomine nostris, coram Dilectis nobis in Christo filiis Domino Decano et Capitulo ecclesie nostre cathedralis et Metropolitice Christi Cantuariensis eorumve in hac parte vices gerentibus quibuscumque comparendi, et justas causas absentie nostre coram eis proponendi dicendi et profitendi; Nosque eo obtentu a personali comparitione excusandi, ac super veritatem earundem fidem de Jure requisitam faciendi ; ac nos et personam nostram in realem actualem et corporalem possessionem nostri Archiepiscopatus Cantuariensis cum omnibus et singulis suis honoribus Privilegiis Prerogativis Preeminentiis Juribus et pertinentiis suis universis Spiritualibus et Temporalibus juxta et secundum ipsius ecclesie cathedralis et Metropolitice Christi Cantuariensis Statuta Ordinationes et consuetudines (Legibus Statutis et Provisionibus hujus Regni Anglie impresentiarum non repugnantibus) induci investiri installari et intronizari cum plenitudine Juris Archiepiscopalis, Cathedramque sive sedem Archiepiscopalem in Choro ecclesie memorate Archiepiscopo ibidem ab antiquo assignari solitam et consuetam nobis quatenus videbatur expediens assignari et limitari petendi requirendi et obtinendi ; Necnon realem actualem et corporalem possessionem Installacionem et Intronizacionem dicti Archiepiscopatus Cantuariensis vice et nomine nostris nanciscendi et adipiscendi, ac illas sic nactas et adeptas ad usum et commodum nostrum custodiendi et conservandi ac per legitima Juris remedia tuendi et defendendi ; Quodcumque insuper Juramentum licitum et approbatum ac de Jure Consuetudinibus et Statutis dicte ecclesie Cathedralis et Metropolitice Christi Cantuariensis in hac parte quo modolibet requisitum, Quatenus consuetudines ordinaciones et Statuta hujusmodi jure divino ac Legibus et Statutis hujus Regni Anglie non sint contraria vel

---

[1] Blank in the Register.

repugnantia in animam nostram et pro me prestandi subeundi et jurandi; Necnon Juramentum obediencie et quodcumque aliud sacramentum licitum et honestum de Ordinationibus et Statutis ecclesie Cathedralis et Metropolitice Christi Cantuariensis predicte modo premisso qualificatis a Decano et Capitulo Canonicisque et ceteris ministris ejusdem ecclesie Archiepiscopo ibidem exhiberi et prestari solitum et consuetum ab eisdem et eorum quolibet, ac vice et nominibus nostris recipiendi et admittendi; Et generaliter omnia et singula alia faciendi exercendi et expediendi que in Premissis et circa ea de Jure seu consuetudine hactenus usitatis necessaria fuerint seu quomodolibet oportuna, etiam si mandatum de se magis exigant speciale quam superius est expressum. Promittimusque nos gratum ratum et firmum perpetuo habituros totum et quicquid dicti procuratores nostri seu eorum alter fecerint seu fecerit in Premissis vel aliquo Premissorum sub ypotheca et obligatione omnium et singulorum Bonorum nostrorum tan presentium quam futurorum et in ea parte cautionem exponimus per presentes.

In cujus rei Testimonium Sigillum nostrum presentibus apponi fecimus. Datum in manerio nostro de Lambehith Wintoniensis Diocesis secundo Die mensis Januarii anno domini secundum Computacionem ecclesie Anglicane Millesimo Quingentesimo Quinquagesimo nono et nostre Consecrationis Anno Primo.

[Fo. 12.]

LONDONIENSIS.

[*Acts of the Confirmation of the election of Edmund Grindal, Bishop-Elect of London: December 20, 1559.*]

Acta habita et facta in negocio confirmationis electionis venerabilis viri Magistri Edmundi Grindall Sacre Theologie Bacchelauri in Episcopum Londoniensem electi, vicesimo die mensis Decembris anno domini Millesimo Quingentesimo Quinquagesimo nono, et Regni felicissimi illustrissime in Christi Principis et domine nostre domine Elizabethe Dei gracia Anglie Francie et Hibernie Regine fidei defensoris, etc., Anno secundo in ecclesia parochiali beate Marie de Archubus Londonie, ecclesie Christi Cantuariensis Jurisdictionis immediate, coram venerabilibus viris Magistris Nicholas Bullingham et Thoma Yale Legum Doctoribus, et Edwardo Leades in Legibus Licentiato, Reverendissimi in Christo patris et domini domini Matthei permissione divina Cantuariensis Archiepiscopi tocius Anglie Primatis et Metropolitani mediantibus litteris commissionalibus patentibus regiis in hac parte legitime fulciti Commissariis ad infrascripta specialiter deputatis et constitutis, in presentia mei Johannis Incent notarii publici in Actorum Scribam in hac parte propter absenciam Magistri Anthonii Huse registrarii dicti Reverendissimi patris assumpti, prout sequitur, videlicet.

ACTA CONFIRMATIONIS ELECTIONIS DOMINI E. GRINDALL ELECTI LONDONIENSIS.

Die et loco predictis inter horas nonam et undecimam ante meridiem, presentatis coram commissariis supranominatis litteris Commissionalibus dicti Reverendissimi patris eis in hac parte directis, ac per ipsos Commissarios visis perspectis et ponderatis, dicti Commissarii ob reverentiam et honorem tanti Reverendissimi patris assumpserunt in se onus dicte Commissionis, et decreverunt procedendum fore juxta vim formam et effectum earundem, et assumpserunt me Johannem Incent notarium publicum antedictum in Actorum Scribam, etc., Deinde comparuit personaliter Magister Edwardus Biggs, et exhibuit procuratorium suum pro venerabilibus viris Decano et Capitulo Ecclesie Cathedralis Divi Pauli Londoniensis, et fecit se partem pro eisdem, ac nomine procuratorio eorundem Decani et Capituli presentavit eisdem Commissariis venerabilem virum Magistrum Thomam Huicke Legum doctorem, ac e regione eorundem Commissariorum sistebat, qui exhibuit procuratorium suum pro dicto venerabili viro Magistro Edmundo Grindall Londoniensi electo et fecit se partem pro eodem; et tunc Magister Bigges exhibuit Mandatum Citatorium Originale unacum Certificatorio in dorso super executione ejusdem, et petiit omnes et singulos citatos preconizari, etc., etc.

[*The rest of the Acts is in the same form as in the Confirmation of the Election of Archbishop Parker; see pp. 3-5.*]

[Fo. 12ᵛ·]
[*Letters Patent of the Royal Assent: Dec. 18, 1559.*]

LITTERE PATENTES DE ASSENSU REGIO.

Elizabeth Dei Gracia Anglie,etc.,etc., Reverendissimo in Christo patri et domino Mattheo Archiepiscopo Cantuariensis tocius Anglie Primati et Metropolitano Salutem. Cum vacante nuper sede episcopali Londoniensi per legitimam deprivationem ultimi episcopi ejusdem ad humilem petitionem Decani et capituli ecclesie nostre Cathedralis Divi Pauli Londoniensis eisdem per litteras nostras patentes Licenciam concessimus alium sibi eligendi in episcopum, etc., etc. [*As in the Patents of Assent to Archbishop Parker's Election, p. 5, omitting the clause* "Supplentes nihilominus".] Teste me ipsa apud Westmonasterium xviii° die Decembris Anno regni nostri secundo.

[*The Archbishop's Commission to confirm the Elections: Dec. 18, 1559.*]

COMMISSIO AD CONFIRMANDUM ELECTIONES, ETC.

Mattheus permissione divina Cantuariensis Archiepiscopus tocius Anglie Primas et Metropolitanus dilectis nobis in Christo Magistris Nicholao Bullingham et Thome Yale Legum Doctoribus, et Edwardo Leedes in Legibus Licentiato Salutem graciam et benedictionem. Ad examinandum comprobandum et confirmandum vice loco et nomine nostris quascunque electiones de personis quorumcunque in episcopos et pastores ecclesiarum Cathedralium nostre Cantuariensis provincie electorum; Quatenus electiones hujusmodi ad nos de Jure Consuetudine aut Prerogativa Ecclesie nostre Metropolitice Christi Cantuariensis predicte vel regio mandato pertinere dignoscuntur; Ac quatenus easdem electiones rite et recte factas et celebratas fuisse et esse vobis constiterit; Ipsasque electiones et personas quascunque sic electas secundum Juris et Statutorum hujus incliti Regni Anglie exigentiam rite approbandum, Defectusque (si qui forsan in ea parte intervenerint) rite supplendum prout Juris fuerit Equitatis, Alioquin electiones ipsas et quamlibet earundem (si casus exigentia ita exigerit) cassandum infirmandum et annullandum ; Ceteraque omnia et singula alia faciendum exercendum et exequendum que in hac parte necessaria fuerint seu quomodolibet opportuna, Vobis conjunctim et divisim harum serie vices nostras committimus et plenam Tenore presentium concedimus potestatem, Assumpto vobis et vestrum cuilibet sive uni dilecto nobis in Christo Magistro Anthonio Huse Registrario nostro Principali seu ejus deputato in Registrarium et Actorum vestrorum Scribam in hac parte, Juribus nostris Archiepiscopalibus [Fo. 13.] et ceteris emolumentis nobis ac Officiariis et ministris nostris in hac parte competentibus reservatis et semper salvis. In cujus rei Testimonium sigillum quo in similibus ad presens utimur presentibus apponi fecimus. Datum in manerio nostro de Lambeth, Wintoniensi diocese xviii° die mensis Decembris Anno Domini Millesimo Quingentesimo Quinquagesimo nono, Et nostre Consecrationis anno primo.

[*Proxy of the Bishop-Elect for the Confirmation of his Election: Dec. 16, 1559.*]
PROCURATORIUM DOMINI ELECTI AD PETENDUM ELECTIONEM CONFIRMARI.

Pateat universis per presentes Quod ego Edmundus Grindall Sacre Theologie Professor in Episcopum ecclesie Cathedralis Sancti Pauli Londoniensis per venerabiles et eximios viros Decanum et Capitulum ecclesie predicte rite et legitime electus Dilectos mihi in Christo Thomam Huick Legum doctorem Johannem Mullyns et Egidium Bushell Artium magistros conjunctim et divisim meos veros certos et legitimos procuratores actores, etc., ad Infrascripta omnia et singula nomino, etc., per presentes. Doque et concedo eisdem procuratoribus meis, etc., potestatem generalem, etc., pro me, etc., coram Reverendissimo in Christo Patri et domino domino Mattheo permissione Divina Cantuariensi Archiepiscopo totius Anglie Primati et Metropolitano ejusve in sua absencia vicario in Spiritualibus generali seu commissario speciali comparendi, etc., etc. [*As in the form of the Archbishop's proxy, p. 8.*]

In cujus rei testimonium sigillum venerabilis viri Officialis domini Archidiaconi Surriensis presentibus, etc. Et nos Officialis antedictus, etc. Datum Londonie xvi die mensis Decembris anno domini Millesimo Quingentesimo Quinquagesimo nono.

[*Citation of Opponents: Dec. 17, 1559.*]
CITATIO CONTRA OPPOSITORES, ETC.

Mattheus permissione Divina Cantuariensis Archiepiscopus tocius Anglie Primas et Metropolitanus Universis et singulis Rectoribus Vicariis Capellanis Curatis et non curatis clericis et litteratis quibuscunque per Provinciam nostram Cantuariensem ubililet constitutis Salutem in domino sempiternam. Cum vacante nuper Sede episcopali Londonie per destitutionem et deprivationem Edmundi Bonner Legum Doctoris ultimi et immediati episcopi ejusdem Decanus et capitulum ecclesie Cathedralis Divi Pauli Londonie predicte pro electione novi et futuri episcopi, etc., etc. [*As in the Citation, p. 10.*]

[Fo. 13ᵛ·]

In cujus rei Testimonium sigillum quo in Similibus ad presens utimur presentibus apponi fecimus. Datum xvij° die mensis Decembris Anno Domini Millesimo Quingentesimo Quinquagesimo nono et nostre Consecrationis anno primo.

Vicesimo die mensis Decembris Anno Domini Millesimo Quingentesimo Quinquagesimo nono in ecclesia parochiali Beate

Marie de Archubus Londonie coram Magistris Nicholao Bullingham Thoma Yale et Edwardo Leedes Commissariis, etc., in Presentia mei Johannis Incent notarii publici, etc., comparuit personaliter Robertus Haynes Mandatarius, etc., et certificavit se executum fuisse presens mandatum in ecclesia parochiali de Archubus predicta xviii° die presentis mensis Decembris juxta formam retroscriptam. Super quibus fecit fidem.

[*First Schedule against Opponents.*]
PRIMA SCHEDULA CONTRA OPPOSITORES.

In Dei nomine Amen. Nos Nicholaus Bullingham Legum doctor, Reverendissimi in Christo Patris et domini domini Matthei permissione Divina Cantuariensis Archiepiscopi tocius Anglie Primatis et Metropolitani Commissarius inter alios cum hac Clausula "conjunctim et divisim" specialiter deputatus et constitutus In negocio confirmationis electionis de persona venerabilis, etc., Edmundi Grindall, etc., etc. [*As in the first Schedule, p. 12.*]

[*Summary Petition.*]
SUMMARIA PETITIO.

In Dei nomine Amen. Coram Vobis Reverendissimo in Christo patre et domino Domino Mattheo, permissione divina Cantuariensi Archiepiscopo tocius Anglie Primate et Metropolitano vestrove vicario in Spiritualibus generali aut Commissario Speciali
[Fo. 14.] quocumque Pars venerabilium virorum Decani et Capituli Ecclesie Cathedralis divi Londonie dicit, etc. [*As in Summary Petition, p. 13.*]

Imprimis videlicet quod Sedes episcopalis, etc., nuper vacare cepit, etc. [*See p. 13, 1st article.*]

Item quod dicta sede Episcopali Londoniensi (ut premittitur) dudum vacante, Decanus et Capitulum, etc. [*See p 13, 2nd article.*]

Item quod prefati Decanus et Capitulum die et loco prefixis videlicet . . . . . . die mensis . . . . . . ultimi preteriti Capitulariter congregati, etc. [*see p. 14, 3rd article*] venerabilem virum Magistrum Edmundum Grindal Sacre Theologie Bacchelaureum in eorum et dicte ecclesie cathedralis episcopum et pastorem elegerunt et ecclesie memorate providerunt de eodem. Et ponit ut supra.

Item quod Electio hujusmodi et persona electa die prenotato in ecclesia Cathedrali divi Pauli predicta coram clero et populo tunc ibidem in multitudine copiosa congregatis debite publicata et declarata fuerunt. Et ponit ut supra.

Item quod dictus venerabilis vir Magister Edmundus Grindall in Episcopum et pastorem ecclesie Cathedralis Divi Pauli Londonie (ut premittitur) electus hujusmodi electioni de se et persona sua (ut premittitur) facte et celebrate ad humilem petitionem eorundem Decani et Capituli debitis Loco et tempore consentiit, etc. [*See p. 14, article 7.*]

Item quod prefatus Magister Edmundus Grindall fuit et est vir providus, etc. [*See p. 15, article 8.*]

Item quod prefati Decanus et Capitulum hujusmodi electionem, etc. [*See p. 15, article 9.*]

Item quod presentato pro parte Decani et capituli, etc. [*See p. 15, article 10.*]

Item quod dicta serenissima domina nostra, etc. [*See p. 15, article 11.*]

[Fo. 14ᵛ·]

Item quod Premissa omnia et singula fuerunt et sunt vera, etc. [*See p. 15, article 12.*]

[*The Process of Election: July 26, 1559.*]

PROCESSUS ELECTIONIS.[1]

Excellentissime Serenissime et Invictissime in Christo Principi et Domine nostre Elizabethe, etc., vestri humiles et devoti subditi Willelmus Mey Legum Doctor Decanus ecclesie vestre Cathedralis Divi Pauli Londonie ac Willelmus Saxeye clericus senior Canonicus et Prebendarius Prebende de Willesden ac Thesaurarius in eadem ecclesia, et capitulum ejusdem omnimodas obedientiam fidem, etc. Ad vestre Serenissime Regie Majestatis noticiam deducimus, etc., per presentes Quod vacante nuper sede episcopali Londoniensi per destitutionem Edmundi Bonner ultimi episcopi et pastoris ejusdem ex causis in Statuto Parliamenti Regni vestri Anglie tenti apud Westmonasterium anno regni vestri felicissimi primo edito deductis et declaratis, etc., nos, etc., decimo quarto die presentis mensis Julii in domo nostra capitulari ecclesie cathedralis predicte capitulariter etc., congregati diem mercurii videlicet vicesimum sextum diem presentis mensis Julii hora qua capitulum dicte ecclesie celebrari consuevit, etc., etc., ad electionem futuri episcopi, etc., assignavimus. Ad quos quidem diem, etc., omnes et singulos canonicos, etc., ceterosque, etc., qui, etc., interesse habere pretenderent, etc., citandos, etc., decrevimus, etc., necnon potestatem et mandatum

---

[1] For the full form of the passages not transcribed, see Process of Archbishop Parker's Election, pp. 16 and ff.

dilectis nobis in Christo Alexandro Smith clerico subsacriste, Marco Stroud subcamerario, et Rolando Sheppard vergifero prefati Decani conjunctim et divisim in ea parte commisimus cum Intimatione Quod sive ipsi sic citati in hujusmodi electionis [Fo. 14ᵛ·] negocio, etc., etc. Et quia ego Willelmus Mey Decanus antedictus quibusdam arduis et urgentibus negociis per Majestatem vestram regiam mihi demandatis ita detentus et remoratus fui Quod negocio electionis futuri episcopi et pastoris ecclesie vestre cathedralis memorate dicto xxvj^{to} die mensis Julii unacum aliis ejusdem ecclesie Canonicis et Prebendariis personaliter interesse ipsumque negocium in persona mea propria expedire non potui, ideo vices meas prenominato Magistro Willelmo Saxeye ejusdem ecclesie Seniori Canonico in ea parte per litteras commissionales Tenorem subscriptum in se complectentes commisimus.

[*Commission of the Dean of S. Paul's : July 23, 1559.*]

Willelmus Mey Legum doctor Decanus ecclesie Cathedralis [Fo. 15.] Divi Pauli Londoniensis dilecto nobis in Christo Magistro Willelmo Saxeye clerico ecclesie Cathedralis predicte Canonico ac Prebendario Prebende de Willesden in eadem ecclesia Salutem in auctore salutis. Cum nos quibusdam arduis et urgentibus negociis per Regiam Majestatem nobis demandatis impresentiarum ita sumus impliciti et remorati, prout de verisimili erimus infuturum, Quod negocio electionis futuri episcopi et pastoris ecclesie Cathedralis predicte in Domo Capitulari ecclesie Cathedralis Divi Pauli predicte die Mercurii videlicet xxvj^{to} die presentis mensis Julii (Divina favente clementia) celebrando unacum aliis ejusdem ecclesie Canonicis et Prebendariis personaliter interesse Ipsumque negocium in persona nostra propria expedire non possumus neque valemus : Ad interessendum igitur et presidendum vice loco et nomine nostris in hujusmodi electionis negocio, ac in omnibus et singulis actis tam Electionis predicte quam Confirmationis ejusdem expediendum unacum aliis dicte ecclesie Canonicis et Prebendariis Jus et voces in eodem negocio habentibus usque ad finalem expedicionem eorundem negociorum et eorum utriusque inclusive, dictumque electionis negocium de die in diem et de Loco in Locum (si opus fuerit) et casus exigentia id postulaverit continuandum et prorogandum : Ceteraque omnia et singula alia faciendum exercendum expediendum et exequendum que circa Premissa necessaria fuerint seu quomodolibet requisita, et que Nosmetipsi prefatus Decanus facere et exequi possemus vel deberemus, Si in persona nostra propria adessemus, Tibi, de cujus sana doctrina fidelitate et Circumspectionis industria plurimum in Domino confidimus, vices nostras committimus et plenam in Domino Tenore presentium concedimus facultatem, Teque locumtenentem nostrum in hac parte ordinamus deputamus et constituimus per presentes. In cujus Rei testimonium sigillum ad causas ecclesie cathedralis predicte presentibus apponi feci. Datum xxiij⁰ die mensis Julii. Anno domini millesimo quingentesimo quinquagesimo nono.

Quo quidem die mercurii videlicet xxvj⁰ die mensis Julii adveniente hora qua Capitulum dicte ecclesie celebrari consuevit, Nos Willelmus Saxey Thesaurarius Canonicus et Prebendarius antedictus, unacum aliis confratribus Canonicis et Prebendariis ejusdem ecclesie infranominatis, Campana ad Capitulum celebrandum primitus publice pulsata, domum Capitularem predictam ingressi et ibidem Capitulum celebrantes, Cunctipotentis Dei auxilio implorato, ac Hymno *Veni Creator Spiritus* per ministros ecclesie predicte publice dicto et recitato, in dilectorum nobis in Christo Magistri Anthonii Huse clerici Capituli ejusdem ecclesie, Johannis Incent et Willelmi Huse notariorum publicorum ac Testium inferius nominatorum presentiis, acceptantes in nos onus Commissionis prefati venerabilis viri Magistri Willelmi Mey Decani antedicti nobis pro parte sua nobis per eundem Magistrum Anthonium Huse presentate juxta vim formam et effectum ejusdem procedendum fore in hujusmodi electionis negocio decrevimus.

Quibus sic gestis coram nobis Willelmo Saxye Locumtenente antedicto et aliis dicte ecclesie Canonicis Capitulariter congregatis et Capitulum facientibus comparuit personaliter Rolandus Sheppard vergiferus dicti Decani qui exhibuit coram nobis mandatum Citatorium originale alias emanatum et in hoc processu descriptum unacum certificatorio de et super debita executione ejusdem in Scriptis redacto nomina et cognomina omnium et singulorum confratrum nostrorum ejusdem ecclesie Canonicorum et Prebendariorum citatorum complectente Quorum quidem mandati citatorii et certificatorii Tenores de verbo in verbum sequenturet sunt tales.

[*Mandate of the Dean: July 14, 1559.*]

Willelmus Mey, Legum Doctor Decanus ecclesie Cathedralis Divi Pauli Londonie, etc., etc. [*In the same form as the [Fo. 15ᵛ·] citatory mandate of Nicholas Wotton, p. 18.*] Datum xiiijᵗᵒ die mensis Julii Anno domini Millesimo Quingentesimo Quinquagesimo nono.

[*Certificate of Citation: July 23, 1559.*]

Venerabilibus Viris Magistris Willelmo Meye, etc., Alexander Smith, clericus, prefate ecclesie Cathedralis subsacrista, et Marcus Stroud subcamerarius ejusdem ecclesie et Rolandus Sheppard serviens ad virgam Decani vestri ad infrascripta mandatorii, etc. [*Certificate in the same form as that of Nicholas Simpson, p. 20. Sealed with the seal of the Archdeacon of Chichester, 23 July A.D. 1559, followed by the names of those cited.*]

Willelmus Mey, Decanus et Prebendarius Prebende de Wanlokesbarne; Magister Johannes Harpesfeld Canonicus Residentiarius et Stagiarius ac Prebendarius Prebende de Mapesbury; Mr. Thomas Darbishere Prebendarius Prebende de Tottenhall; Magister Nicholaus Harpesfeld Prebendarius Prebende de Harleston, Magister Willelmus Chedsey Prebendarius Prebende de Cheswike; Magister Thomas Collier Prebendarius Prebende de Fynesbury alias Hallywell; Magister Richardus Marshall Prebendarius Prebende de Neasdon; Magister Johannes Weale Prebendarius Prebende de Chamberlaynwood; Magister Robertus Willanton Prebendarius Prebende Sancti Pancrasii; Magister Robertus Cosen Prebendarius de Mora; Magister Edmundus Bonner alias Wimsleye Prebendarius Prebende de Raculvesland; Magister Richardus Smith Prebendarius Prebende de Twifford; Magister Willelmus Musmare Prebendarius Prebende de Consumpta per mare; Magister Johannes Boxall Prebendarius Prebende de Newington; Magister Johannes Sommers Prebendarius Prebende de Cadington minor; Magister [Fo. 16.] Hugo Evans Prebendarius Prebende de Hoxton; Magister Willelmus Saxeye Prebendarius Prebende de Willesden, Magister Petrus Vannes Prebendarius Prebende de Cadington major; Magister Johannes Warner Prebendarius Prebende de Ealdstrete; Magister Tristramus Swadell Prebendarius Prebende de Rugmore; Magister Thomas Byan Prebendarius Prebende de Brandesbury; Magister Elizeus Ambrose Prebendarius Prebende de Iselden; Magister Johannes Standish Prebendarius Prebende de Ealeland; Magister Johannes Morren Prebendarius Prebende de Wildland; Magister Johannes Brabon Prebendarius Prebende de Oxgate; Magister Robertus Stoopes Prebendarius Prebende de Sneatinge; Prebenda de Cantlers alias Kentish Towne; Prebenda de Portpole; Prebenda de Brandeswood; Prebenda de Holborne vacant.

Archiepiscopi Cantuariensis. 47

Deinde nos Locumtenens et Capitulum antedicti litteras patentes Vestre Serenissime Regie Majestatis Sigillo Vestro Magno Decano et Capitulo ecclesie Cathedralis predicte in hac parte directas publice coram nobis perlegi fecimus et Mandavimus, Quarum tenor sequitur in hec Verba.

[*Congé d'Elire: June 22, 1559.*]

LICENCIA ELIGENDI EPISCOPUM LONDONII.

Elizabeth Dei Gracia Anglie Francie et Hibernie Regina, fidei Defensor, etc., dilectis sibi in Christo Decano et capitulo ecclesie Cathedralis Sancti Pauli Londonie Salutem. Ex parte vestra nobis est humiliter supplicatum ut cum ecclesia predicta per privationem et deposicionem legitimam Edmundi Bonner Legum doctoris ultimi episcopi ibidem jam vacet et Pastoris sit solatio destituta, alium vobis eligendi in episcopum et pastorem Licenciam nostram fundatoriam vobis concedere dignaremur, nos precibus vestris in hac parte favorabiliter inclinati licentiam illam vobis duximus concedendam, Rogantes quod talem vobis eligatis in episcopum et pastorem qui Deo devotus nobisque et Regno nostro vtilis et fidelis existat. In cujus Rei Testimonium has litteras nostras fieri fecimus patentes. Teste me ipsa apud Westmonasterium xxij^{do} die Junii anno regni nostri primo.

Quibus omnibus et singulis premissis sic gestis et expeditis, omnibus et singulis predicte ecclesie Canonicis Jus et voces in hujusmodi electioni et electionis negocio habentibus seu habere pretendentibus legitime et peremptorie ad eosdem diem horas et locum citatis ad foras dicte domus Capitularis publice preconizatis, comparentibus personaliter unacum nobis prefato Willelmo Saxey Magistro Hugone Evans dicte ecclesie Cathedralis Canonico et Prebendario Prebende de Hoxton in eadem Magistris Willelmo Meye, Johanne Warner, Johanne Weale et Johanne Sommers per eorum Procuratores respective comparentibus, de quorum quidem procuratorum mandatis nobis et Capitulo predicto satis abunde constari fecerunt; Nos Capitulariter congregati venerabilem virum Magistrum Thomam Huike Legum doctorem in directorem ejusdem electionis ac prenominatum Magistrum Anthonium Huse Johannem Incent et Willelmum Huse in scribas hujus electionis negocii conjunctim et divisim assumpsimus Necnon Edwardum Bigge et Willelmum Babham notarios publicos in Testes ejusdem electionis negocii et agendorum in eodem personaliter tunc presentes rogavimus ibidem nobiscum remanere.

Registrum Matthei Parker

[Fo. 16ᵛ.]

Et mox nos, etc. [*Here follow the sentence of contumacy against those cited, and the order to those present without right or custom to depart, as on pp. 21, 22.*] Lecta per Magistrum Willelmum Saxeye xxvjº die mensis Julii Anno domini 1559.

Consequenter declarato publice per Magistrum Thomam Huick directorem antedictum Capitulo (Quia propter diversas) expositisque per eum luculenter tribus modis electionis, Cunctisque Canonicis ibidem presentibus publice preconizatis, secundum quem modum sive quam viam illarum trium in dicto Capitulo (Quia propter diversas, etc.) comprehensarum in hujusmodi electionis negocio precedere voluerint; Nos Locumtenens et capitulum antedicti de et super forma electionis hujusmodi ac per quam viam sive formam fuerit nobis procedendum ad electionem futuri episcopi et pastoris ecclesie Cathedralis predicte diligenter tractavimus; ac Tandem nobis et omnibus aliis Canonicis supradictis (ut prefatur) tunc ibidem presentibus et Capitulum in ea parte facientibus tam suis quam procuratoriis nominibus visum est et placuit in dicto electionis negocio per viam quasi inspirationis Spiritus Sancti procedere. Ac per illam viam sive formam rite procedentes venerabilem et egregium virum Magistrum Edmundum Grindall Sacre Theologie Bacchelaurum in episcopum et pastorem ecclesie Cathedralis predicte a vestra Majestate pro virtutum suarum dotibus nobis commendatum unanimiter et concorditer nullo tunc contradicente vel discrepante eligimus in communi sub eo qui sequitur verborum Tenore.

[*Schedule of Election.*]

In Dei Nomine Amen. Ego Willelmus Saxeye, clericus, hujus ecclesie cathedralis Divi Pauli Londonie Canonicus ac Prebendarius Prebende de Willesden ac Thesaurarius in eadem necnon venerabilis viri Magistri Willelmi Mey Legum Doctoris ejusdem ecclesie Cathedralis Decani in hac parte Locumtenens specialiter et legitime deputatus de expressis consensu et assensu omnium et singulorum confratrum meorum hic jam presentium venerabilem virum Magistrum Edmundum Grindall Sacre Theologie Bacchelaurum virum utique providum et circumspectum, Litterarum Scientia vita et moribus merito commendatum liberum et de legitimo matrimonio procreatum atque in etate legitima et ordine Sacerdotali constitutum in Spiritualibus et Temporalibus plurimum circumspectum, scientem valentem et volentem Jura et Libertates dicte ecclesie tueri et defendere, in episcopum et pastorem ecclesie Cathedralis predicte per viam quasi Inspirationis de concordibus animis omnium presentium nomino et eligo in communi in hiis Scriptis, Juris ordine rite observato. Lecta per Magistrum Willelmum Saxeye xxvj° die mensis Julii anno domini 1559.

Deinde Nos Locumtenens et Capitulum antedicti prefatos Magistros Willelmum Saxeye et Hugonem Evans necnon Magistros Johannem Lewys et Edwardum Bigge notarios publicos Alme Curie Cantuariensis procuratores generales nostros ad infrascripta procuratores conjunctim et divisim nominavimus fecimus et constituimus, dando et concedendo eisdem procuratoribus nostris conjunctim ut prefertur et divisim et insolido potestatem generalem et mandatum speciale pro nominibus nostris et nominibus omnium tunc presentium non solum electionem nostram hujusmodi antefato Magistro Edmundo Grindall electo intimandi et eum ut electioni hujusmodi de se et persona sua facte et celebrate consentiat vice loco et nominibus nostris requirendi, Verum etiam hujusmodi electionis processum coram quocunque Judice sive ordinario competenti uno vel pluribus potestatem et auctoritatem sufficientes in hac parte habentibus pro loco et Tempore congruis producendi et exhibendi atque in Judicio legitime comparendi, electionemque predictam in auctenticam formam redactam et conceptam ac sigillo nostro ad causas sigillatam et communiter eis presentandi et exhibendi; ac decretum electionis hujusmodi et ipsam electionem prefatique electi personam auctoritate Judicis sive ordinarii hujusmodi in debita Juris forma approbari et confirmari petendi et obtinendi; et generaliter omnia et singula alia faciendi exercendi et expediendi que in premissis et circa ea necessaria fuerint seu quomodolibet oportuna etiamsi mandatum de se magis exigant speciale quam superius est expressum : unacum potestate unum vel plures substitutum sive substitutos loco eorum vel ipsorum cujuslibet cum simili vel qualificata potestate substituendi ac substitutum vel substitutos hujusmodi quum et quando videbitur expediens revocandi et procuratoris officium in eorum quemlibet reassumendi: Promittentes nos ratum gratum et firmum perpetuo habituros totum et quicquid dicti Procuratores nostri aut substitutus vel substituti ab eis fecerint seu eorum aliquis fecerit in Premissis vel eorum aliquo.

Hiis expeditis Nos Locumtenens et capitulum antedicti prefato Magistro Thome Huike directori memorato potestatem dedimus et concessimus electionem hujusmodi et personam electam clero et populo palam publicandi declarandi et manifestandi prout moris est atque in similibus de usu laudabili dicte ecclesie fieri assolet.

Postremo vero Nos Locumtenens et Capitulum antedicti domum Capitularem ecclesie Cathedralis predicte egredientes et Chorum ejusdem ecclesie intrantes Hymnum *(Te Deum laudamus)* in Sermone Anglico per ministros Chori solemniter decantari fecimus. Quo peracto prefatus Magister Thomas Huike juxta potestatem sibi elargitam ministris ejusdem ecclesie ac plebi tunc coadunate electionem nostram hujusmodi et personam electam verbo tenus publicavit denunciavit et declaravit, Quam cuncti presentes applaudentes communi eorum suffragio approbarunt.

[Fo. 17.]

Deinde post meridiem ejusdem diei in edibus solite habitationis Thome Blunt Mercatoris in vico vulgo nuncupato Canwike Strete Civitatis vestre Londonie infra parochiam Beate Marie Botehawe Decanatus de Archubus Londonie ecclesie Christi Cantuariensis Jurisdictionis immediate notorie sitis et situatis in presentiis Magistrorum Johannis Incent et Willelmi Huse notariorum publicorum Scribarum antedictorum necnon Edwardi Bigges et Johannis Fringe litterati et aliorum Testium tunc presentium Nos Willelmus Saxeye Locumtenens ac unus procurator antedictorum onus procurationis nobis facte acceptantes ac nos partem pro Capitulo memorato facientes eundem venerabilem virum Magistrum Edmundum Grindall in eisdem edibus tunc existentem adivimus atque electionem de se et persona sua factam eidem significavimus et intimavimus, deprecando Quatenus dicte electioni consentire atque consensum et assensum suos eidem prebere dignaretur. Qui quidem electus sic per nos requisitus primo et ante omnia vestre Serenissime Majestati que ipsum licet indignum (ut asseruit) Decano et Capitulo ecclesie Cathedralis memorate commendare dignata est, deinde eisdem Decano et Capitulo qui eum eligere non gravabantur gracias agens licet se tanto munere (ut asseruit) obeundo indignum judicabat, cum non sibi solum natus sit [1]ne Dei voluntati[1] sed patrie ac probis et improbis debitor existit et majestatis vestre Beneplacito et Mandato non obtemporare videretur, electioni hujusmodi consensum et assensum suos semel atque iterum rogatus atque

---

[1-1] These three words seem to be misplaced and to follow properly after *existit*.

interpellatus prebuit et exhibuit in Scriptis per eum lectis quorum Tenores sequuntur et sunt tales.

[*Consent of the Bishop-Elect.*]

In Dei Nomine Amen. Ego Edmundus Grindall, etc., etc. [*In the same form as Archbishop Parker's consent, p. 26.*]

Que Omnia et Singula Nos Willelmus Meye et Willelmus Saxeye (ut premittitur) qualificati pro Officii nostri debito vestre Serenissime Majestati respective et successive sub serie in hoc processu inserta duximus significandum eidem Majestati vestre humiliter et obnixe supplicantes, Quatenus, etc., etc. Et ut de premissorum veritate, etc. [*See the form announcing Parker's election, p. 25.*] Actum in domo nostra Capitulari xxvj° die mensis Julii Anno Domini Millesimo Quingentesimo Quinquagesimo nono et regni vestri serenissimi anno primo.

Et ego Anthonius Huse Londoniensis diocesis publicus auctoritate legitima notarius decani et Capituli ecclesie Cathedralis Divi Pauli Londonie Registrarius et ejusdem Capituli Clericus juratus ac in presenti electionis negocio in Actorum Scribam unacum prenominatis Willelmo Huse et Johanne Incent notariis publicis assumptus et deputatus Quia omnibus et singulis actis, etc., etc. Ideo hoc presens publicum electionis decretum sive Processum in hiis tribus Pergameni foliis manu aliena mihi satis nota (me interim alienis occupato negociis) exinde fieri feci atque in hanc publicam et auctenticam formam, etc. [*See Incent's notarial attestation, p. 25.*]

Et ego Johannes Incent, etc. [*Notarial attestation in the same form.*]

[Fo. 17ᵛ·]

Et ego Willelmus Huse, etc. [*Notarial attestation in the same form.*]

[*Second Schedule against Opponents.*]

SECUNDA SCHEDULA CONTRA OPPOSITORES.

In Dei nomine Amen. Nos Nicholaus Bullingham Legum Doctor Reverendissimi in Christo Patris et Domini Matthei permissione Divina Cantuariensis Archiepiscopi tocius Anglie Primatis et Metropolitani Commissarius inter alios cum hac clausula "conjunctim et divisim" specialiter deputatus et constitutus in negocio confirmationis electionis de persona, etc., Magistri Edmundi Grindall, etc., etc. [*In the same form as the Second Schedule, p. 28.*]

[*Oath of the Bishop-Elect.*]
JURAMENTUM DOMINI ELECTI.
[*In the same words as Parker's Oath, p. 29.*]

[*Definitive Sentence.*]
SENTENCIA DIFFINITIVA.

In Dei nomine Amen. Auditis visis et intellectis ac plenarie et mature discussis per nos Nicholaum Bullingham Legum Doctorem, etc., Cantuariensis Archiepiscopi, etc., Commissarium, etc., meritis et circumstanciis, etc., etc. [*See the Sentence,* [Fo. 18.] *p. 29.*] predictam electionem de eodem venerabili viro, etc., auctoritate dicti Reverendissimi patris nobis in hac parte commissa confirmamus, defectusque quoscunque in hoc electionis negocio intervenientes (si qui forsan sint) quantum in nobis est et de Jure poterimus supplentes et supplemus per hanc nostram sentenciam diffinitivam sive hoc nostrum finale decretum quam sive quod ad petitionem partium ita petentium ferimus et promulgamus in hiis scriptis.

[*Consecration of Edmund Grindal, Bishop of London, Dec. 21, 1559.*]
CONSECRATIO DOMINI EDMUNDI GRINDALL EPISCOPI LONDONIENSIS.

Vicesimo primo die mensis Decembris Anno domini Millesimo Quingentesimo Quinquagesimo nono in Capella Reverendissimi in Christo Patris et domini Domini Matthei permissione divina Cantuariensis Archiepiscopi tocius Anglie Primatis et Metropolitani infra Manerium suum de Lambehith, dicta Capella ita ornata ut in Actis Consecrationis dicti Reverendissimi patris describitur, precibus matutinis peractis habitaque concione per Magistrum Alexandrum Nowell Capellanum dicti Reverendissimi patris acceptantem in Thema *Attendite vobis et universo gregi vestro, etc.*, dictus Reverendissimus pater Capa indutus ad sacram communionem peragendam processit. Cui ministrabant operamque suam prebebant Magistri Nicholaus Bullingham Lincolniensis et Edmundus Gest Cantuariensis respective Archidiaconi similiter capis induti. Finito tandem Evangelio prefatus Reverendissimus Pater, assistentibus ei in hac parte Reverendis patribus Willelmo Barlowe Cicestrensi et Johanne Scory Herefordensi respective episcopis, necnon Johanne Hodgeskin Bedfordensi suffraganeo superpelliceis amicti auctoritate et virtute litterarum regiarum

Archiepiscopi Cantuariensis. 53

patentium sibi inscriptarum munus Consecrationis Reverendo patri domino Edmundo Grindall Sacre Theologie Bacchelauro in episcopum et pastorem ecclesie Cathedralis divi Pauli Londoniensis electo et confirmato (Ceremoniis et Ritubus in Actis Consecrationis dicti Reverendissimi patris expressis adhibitis) impendebat, et eum episcopalibus Insigniis decoravit. Presentibus tunc et ibidem eximiis viris Magistro Anthonio Huse Armigero Registrario primario, Thoma Argall Armigero Curie Prerogative Canturburiensis Registrario, Thoma Doile, Johanne March et Johanne Baker generosis cum multis aliis.

[*Mandate to enthrone, directed to the Archdeacon of Canterbury, Dec. 21, 1559.*]

MANDATUM ARCHIDIACONO CANTUARIENSI DIRECTUM AD INTRONIZANDUM DICTUM CONSECRATUM.

MATTHEUS permissione divina Cantuariensis Archiepiscopus tocius Anglie Primas et Metropolitanus, dilecto nobis in Christo Magistro Edmundo Geste Archidiacono nostro Cantuariensi salutem graciam et benedictionem. Quum vacante nuper sede episcopali Londoniensis, etc., Decanus, etc., venerabilem confratrum nostrum dominum Edmundum Grindall, etc., eligerint, etc. Quam [Fo. 18v.] quidem, etc., etc. [*In the words* (mutatis mutandis) *of the mandate, p. 34.*] Tibi igitur firmiter precipiendo mandamus Quatenus prefatum venerabilem confratrum nostrum seu procuratorem suum, etc., in realem, etc., possessionem dicti Episcopatus Londoniensis Juriumque, etc., inducas installes intronizes, etc., Cathedram episcopalem in eadem ecclesia ei etc. assignes et eum in nomine Domini nostri imponas prout decet, Juribus et consuetudinibus nostris Archiepiscopalibus et ecclesie nostre Metropolitice Christi Cantuariensis necnon ecclesie Cathedralis divi Pauli Londoniensis predicte dignitate et honore in omnibus semper salvis. In cujus Rei Testimonium Sigillum nostrum presentibus apponi fecimus. Datum in manerio nostro de Lambehith xxj° die mensis Decembro Anno Domini Millesimo Quingentesimo Quinquagesimo nono, et nostre consecrationis primo.

[Fo. 19.]

ELIENSIS.

[*Acts of the Confirmation of the Election of Richard Cox, S.T.P., Bishop-Elect of Ely, December 20, 1559, 2 Elizabeth, in the Church of S. Mary-le-Bow, London, before Masters Nicholas Bulling-*

ham, Thomas Yale, and Edward Leades, Commissaries of the Archbishop, done in the presence of John Incent, public notary, scribe of the Acts, in the absence of Master Anthony Huse, the Archbishop's Registrar.]
Acta habita et facta, etc. [*see the preamble to the Acts, p. 38*].

ACTA CONFIRMATIONIS ELECTIONIS DOMINI RICARDI COXE ELECTI ELIENSIS.

[*In the same form as in the Acts of the Confirmation of the Election of Bishop Grindall; see p. 39. Master Thomas Willett, Proctor for the Dean and Chapter of Ely. Master Edward Gascoyne, Proctor for Richard Coxe, Bishop-Elect.*]

[Fo. 19ᵛ·]
LITTERE PATENTES DE ASSENSU REGIO.

[*Letters Patent of the Royal assent, in the same form as at p. 39; dated at Westminster, 18 December, 2 Elizabeth, 1559.*]

PROCURATORIUM CAPITULI ELIENSIS.

[*Proxy of the Chapter of Ely, addressed to Master Thomas Willett. In the same form*, mutatis mutandis, *as that of the Chapter of Canterbury, p. 6. Sealed with the seal of the Archdeacon of Chichester because the chapter seal is not at hand. August 3, 1559.*]

[Fo. 20.]
PROCURATORIUM DOMINI ELECTI.

[*Proxy of Richard Coxe, elect of Ely, addressed to Master Edward Gascoyne In the same form as that of Bishop Grindall, p. 41. Sealed with the seal of the Archdeacon of Chichester; dated December 12, 1559.*]

CITATIO CONTRA OPPOSITORES.

[*Citation of Opponents. In the same form as on p. 41, the see being declared vacant by the removal and deprivation of Thomas Thurbie, LL.D., the last Bishop of Ely. Dated December 17, 1559. Certificate of the execution of the mandate made by Robert Haynes in S. Mary-le-Bow, London, December 20, 1559.*]

[Fo. 20ᵛ·]
PRIMA SCHEDULA CONTRA OPPOSITORES.

[Fo. 21.]
SUMMARIA PETITIO.

[*These are in the same forms as the first schedule and summary petition and articles on p. 42.*]

[Fo. 21v.]

[*Certificate to the Crown of the Election: July 28, 1559.*]

CERTIFICATORIUM ELECTIONIS.

Excellentissime et illustrissime in Christo Principi et Domine nostre domine Elizabethe Dei gracia Anglie Francie et Hibernie Regine Fidei Defensori, etc., vestri humiles subditi et fideles subjecti Andreas Pearne Sacre Theologie Professor ac Decanus ecclesie cathedralis sancte et individue Trinitatis Civitatis vestre Eliensis et ejusdem canonici Prebendarii omnes et singuli Capitulum in hac parte facientes quicquid possunt cum devotis orationum Suffragiis obsequii et honoris. Celsitudini vestre regie innotescimus per presentes, Quod vacante nuper Ecclesia Cathedrali Eliensi predicta per legitimam remotionem Thome Thurlbie ultimi et immediati episcopi ibidem, Nos Decanus et Capitulum predicti, ne ecclesia cathedralis predicta totusque grex ejusdem diocesis episcopi et pastoris solatio diutius destituatur, de Licentia vestra Regia speciali nobis in hac parte concessa quam vicesimo secundo die mensis Julii jam instantis reverentia et honore debitis recepimus, ad novi et futuri episcopi et pastoris debitam electionem, vocatis de Jure vocandis, Spiritus sancti gracia primitus invocata, juxta Juris exigentiam processimus. Ac tandem nos in domo nostra Capitulari dicte ecclesie Cathedralis Eliensis, die (communi nostra assensu et consensu) ad hoc prefixo et assignato, viz., xxviij⁰ die mensis Julii Anno Domini 1559 jam instante ad effectum suprascriptum capitulariter congregati et existentes, nullo nostrorum contradicente seu reclamante, venerabilem virum Magistrum Ricardum Coxe Sacre Theologie professorem, virum omnium virtutum et doctrine genere decoratum et insignitum et Regno vestro inclitissimo fidelem, in nostrum et dicte vestre Cathedralis Ecclesie Eliensis Episcopum et Pastorem per viam Compromissi unanimiter elegimus.

Quocirca celsitudini vestre humillime supplicamus Quatenus hujusmodi electionem nostram graciose approbare, eidemque electioni nostre auctoritatem assensum pariter et consensum vestrum regium impartiri, ceteraque facere et expedire que in hac parte de Jure et consuetudine hujus incliti Regni vestri requiruntur fieri consueverunt ac necessaria existunt dignetur vestra regia Majestas cum favore. In cujus rei testimonium sigillum nostrum commune presentibus apposuimus. Datum xxviij⁰ die mensis Julii Anno Domini Millesimo Quingentesimo Quinquagesimo Nono.

[*The consent of the Bishop-Elect: Dec. 10, 1559.*]

INSTRUMENTUM SUPER CONSENSU DOMINI ELECTI.

In Dei Nomine Amen. Presentis publici Instrumenti serie cunctis evidenter appareat et sit notum Quod anno domini Millesimo Quingentesimo Quinquagesimo nono mensis vero Decembris die Decimo in quodam alto deambulatorio infra Edes Domini Episcopi Eliensis in vico nuncupato Holborne in Suburbiis Civitatis Londonie notorie sitas et situatas in meique notarii publici subscripti ac testium inferius nominatorum presentiis, constitutus personaliter Providus et circumspectus vir Magister Edwardus Gascoyne in Legibus Bacchelaurus, Procurator (ut asseruit) venerabilium virorum Decani et capituli ecclesie Cathedralis Eliensis (de cujus procurationis mandato mihi eidem notario publico satis abunde constari fecit) nomine procuratorio eorundem Decani et capituli realiter exhibuit et presentavit venerabili et eximio viro Magistro Richardo Coxe Sacre Theologie Professori tunc et ibidem personaliter presenti Processum Electionis, etc., etc.

[*The rest in the same form as the Instrument on p. 26,* mutatis mutandis, *including the words of the Bishop's consent. Witnesses, Henry Moune and George Raynes, gentlemen. Certified by John Incent, public notary.*]

[Fo. 22.]

SECUNDA SCHEDULA CONTRA OPPOSITORES.
JURAMENTUM DOMINI ELECTI.
SENTENCIA DIFFINITIVA (pronounced by Nicholas Bullingham).

[*These are in the same forms as on pp. 51, 52.*]

[*Consecration of the Bishop: Dec. 21, 1559.*]

CONSECRATIO DOMINI RICARDI COXE ELECTI ET CONFIRMATI ELIENSIS.

Vicesimo primo die mensis Decembris Anno Domini Millesimo quingentesimo quinquagesimo nono in Capella Reverendissimi in Christo patris, etc.

[*As in the consecration of the Bishop of London, on p. 52.*]

[Fo. 23.]
HEREFORDENSIS.

[*Acts of the Confirmation of the election of Mr. John Scorye to the See of Hereford, December 20, 1559, in the Church of St. Mary-le-Bow, London, before Master Nicholas Bullingham and Thomas Yale, doctors of law, and Edward Leeds, licentiate in laws, Commissaries of the Archbishop, in the presence of John Incent, public notary, scribe of the acts, in the absence of Anthony Huse, the Archbishop's Registrar.*]

Acta habita et facta, etc. [*See the preamble to the Acts p. 38.*]

ACTA CONFIRMATIONIS ELECTIONIS DOMINI JOHANNIS SCORY EPISCOPI HEREFORDENSIS.

[*The Acts are in the same form as in the Confirmation of Bishop Grindal, p. 39. Master William Sage, proctor for the Dean and Chapter of Hereford. Master Walter Jones, Bachelor of Laws, proctor for the Bishop-Elect.*]

LITTERE PATENTES DE ASSENSU REGIO.

[*Letters Patent of the royal assent, in the usual form (see p. 39).*] "Sede vacante per mortem Johannis Parfey † ultimi episcopi." *Dated Westminster, December 18, 2 Elizabeth, 1559.*]

PROCURATORIUM CAPITULI HEREFORDENSIS.

[*Proxy of the Dean and Chapter of Hereford, addressed to Master Walter Sage, public notary; in the same form as at p. 6. Sealed with the seal of the Archdeacon of Chichester, dated August 3, 1559.*]

[Fo. 24.]

[*Appointment of the Proctor of the Bishop-Elect: Dec. 19, 1559.*]

CONSTITUTIO PROCURATORIS DOMINI ELECTI AD PETENDUM ELECTIONEM CONFIRMARI.

Decimo nono die mensis Decembris Anno Domini 1559 in Edibus Magistri Anthony Huse Armigeri in Occidentali Angulo vici nuncupati "Pater Noster Rowe" infra parochiam Sancti Martini prope Ludgate Civitatis et Diocesis Londinie notorie sitis et situatis in presentia mei Johannis Incent notarii publici constitutus personaliter venerabilis vir Magister Johannes Scory electus Herefordensis constituit Magistrum Walterum Jones in Legibus Bacchelaureum suum procuratorem ad comparendum vice et nomine suis coram Reverendissimo domino Archiepiscopo Cantuariensi vel ejus Commissario, etc., et ad petendum Electionem de ipso et ejus persona in Episcopum et pastorem ecclesie cathedralis Herefordensis per Decanum et Capitulum ejusdem ecclesie factam et celebratam approbari et confirmari, ac se in episcopum Herefordensem predictum recipi et admitti ac in realem actualem et corporalem possessionem dicti episcopatus Juriumque et pertinentium suorum universorum inducendum et intronizandum fore decerni similiter petendum et obtinendum, necnon Juramentum quodcumque licitum et honestum ac de Jure legibus et Statutis hujus incliti Regni Anglie in hac parte quomodolibet requisitum in animam ipsius constituentis prestandum et jurandum : Ceteraque omnia et singula alia faciendum, etc., que in et circa dicte confirmationis negocium necessaria fuerint seu quomodolibet oportuna, et que ipsemet dictus constituens facere posset vel deberet si presens personaliter adesset. Et promisit de Rato, etc. Presentibus tunc et ibidem venerabili viro Magistro Thoma Yonge electo Menevensi, Johanne Thomas et Marcelino Owtred litteratis Testibus, etc. Super quibus requisivit, etc.

CITATIO CONTRA OPPOSITORES.

[*Citation of Opponents: in the same form as on p. 41, the see being declared vacant by the death of Robert Parfeye, last Bishop. Dated December 18, 1559.*]

[Fo. 24ᵛ·]

Certificate of the execution of the mandate, made by Robert Haynes, in St. Mary-le-Bow, London, December 20, 1559.]

[Fo. 25.]

PRIMA SCHEDULA CONTRA OPPOSITORES.
SUMMARIA PETITIO.

[*In the same forms as the first Schedule and Summary Petition with its articles, as at p. 42.*]

[Fo. 25ᵛ·]
[*Process of Election, July 16, 1559.*]

PROCESSUS ELECTIONIS.

In Dei nomine Amen. Per presens publicum Instrumentum cunctis evidenter appareat Quod vacante jampridem ecclesia Cathedrali Herefordensi per mortem naturalem domini Roberti

Parfeye ultimi episcopi et pastoris ibidem et pastoris solatio destituta, Licentiaque ab illustrissima et invictissima Principe et domina nostra Elizabetha Dei gracia Anglie Francie et Hibernie Regina fidei defensore, etc., dicte ecclesie fundatrice et patrona alium in episcopum et pastorem dicte ecclesie eligendi prius habita et obtenta ac Decano et capitulo dicte ecclesie concessa, venerabiles viri Magistri Edmundus Daniell Decanus, Willelmus Lewson Thesaurarius, Edwardus Baskervile Cancellarius, Willelmus Wilbram et Rogerus Strottye Canonici Prebendati ejusdem ecclesie cathedralis in domo capitulari dicte ecclesie vicesimo octavo die mensis Junii A° domini Millesimo Quingentesimo quinquagesimo nono, et Regni dicte illustrissime domine nostre Regine Anno Primo ad effectum infrascriptum capitulariter congregati ac capitulum ibidem facientes in presentia domini Thome Yatton clerici Notarii publici diem Saboti, viz : decimum quintum diem mensis Julii proximum extunc sequentem ac horam nonam ante meridiem ejusdem diei cum continuatione et prorogatione dierum et locorum, etc.,[1] ad futuri episcopi et pastoris dicte ecclesie electionem celebrandum, etc., assignarunt.

Ad quos quidem diem, etc., Canonicos, etc., etc., citandos, etc., decreverunt. Eosdemque sic citandos et monendos in stallis Prebendarum suarum in Choro predicte ecclesie cathedralis per citationes in schedulis ibidem juxta morem et consuetudinem ipsius ecclesie Cathedralis ab antiquo vsitatas publice assignandis et dimittendis Johanni Hodges dicte ecclesie Cathedralis vergifero nuncio suo in hac parte legitime deputato potestatem commiserunt. Tenor vero citationis hujusmodi sequitur in hec verba.

[*Citation of Dean and Chapter: June 28, 1559.*]

Decanus et Capitulum Ecclesie Cathedralis Herefordensis, Dilecto nobis in Christo Johanni Hodges vergifero nostro jurato nostro nuncio in hac parte legitime deputato salutem. Quum sedes Episcopalis ecclesie Cathedralis Herefordensis per mortem naturalem domini Roberti Parfeye, etc., vacari dinoscitur : Nos Decanus et Capitulum antedicti ne ipsa ecclesia Cathedralis per diutinam vacationem in Spiritualibus et Temporalibus gravia pateretur incommoda, ad futuri Episcopi electionem (habita prius ad hoc Serenissime regie Magistratus licentia) procedere volentes

---

[1] In similar wording to the Process of the election of Archbishop Parker, p. 16.

in domo capitulari dicte ecclesie Cathedralis die mense et anno domini infrascriptis capitulariter congregati et capitulum ibidem facientes tam nobismetipsis tunc presentibus quam aliis quibuscunque aut voces aut interesse in electioni futuri episcopi hujusmodi habentibus seu habere pretendentibus decimum quintum diem mensis Julii proximum sequentem inter horas nonam et undecimam ante meridiem ejusdem die cum continuatione et prorogatione dierum et horarum extunc sequentium (si oporteat) fienda et habenda ad dictum domum capitularem ad electionem futuri episcopi hujusmodi prefiximus et assignamus.

Premissa itaque Canonicis et confratribus nostris absentibus nota essa cupientes eosdem omnes et singulos per publici edicti nostri in Stallis Prebendarum suarum in choro dicte ecclesie Cathedralis affixionem ejusque ibidem dimissionem ad diem locum atque effectum infrascriptum vocandos monendos et citandos fore decrevimus, Justicia id poscente. Tibi igitur committimus et mandamus Quatenus venerabiles viros Magistros Johan-
[Fo. 26.] nem Parfey precentorem ac Canonicum et Prebendarium Prebende Moreton parva, Johannem Glasard Archidiaconum Herefordensis ac canonicum et prebendarium de Eywittington, Richardum Sperchford Archidiaconum Salopie ac canonicum et Prebendarium Prebende de Pyon parva, Petrum Vannes Canonicum et Prebendarium de Cublington, Galfridum Downes Canonicum et Prebendarium prebende de Moreton et Haddon, Richardum Thurkettill Canonicum et Prebendarium Prebende de Morton Magna, Willelmum Goldinge Canonicum et Prebendarium Prebende de Putteston minori, Henricum Morgan Canonicum et Prebendarium Prebende de Hampton, Willelmum Jevans Canonicum et Prebendarium Prebende de Preston, Gilbertum Coren Canonicum et Prebendarium Prebende de Gorivall, Robertum Paternoster Canonicum et Prebendarium Prebende de Hundreton, Nicholaum Smith Canonicum et Prebendarium Prebende de Bolingham Superiori, Ricardum Cornewell Canonicum et Prebendarium Prebende de Inkborowe, Franciscum Bawdwyn Canonicum et Prebendarium Prebende de Huntington, Johannem Willyams Canonicum et Prebendarium Prebende de Wythyngton parva, Johannem Cutbert Canonicum et Prebendarium Prebende de Prato minori, Thomam Arden Canonicum et Prebendarium Prebende de Bartonsham, Johannem Mind Canonicum et Prebendarium Prebende de Nonyngton, Symonem Gilbert Canonicum et Prebendarium Prebende de Wellington, Nicholaum Ayland

Canonicum et Prebendarium Prebende de Prato majori, Nathanyell Harford Canonicum et Prebendarium Prebende de Putteston majori, Thomam Lewys Canonicum et Prebendarium Prebende de Hyndon jam absentes juxta modum et formam inferius descriptos cites seu citari facias peremptorie, quod antedictis die hora et loco compareant et intersint, ac eorum quilibet compareat et intersit, una nobiscum de et super electione futuri Episcopi et pastoris dicte ecclesie tractaturi ac in ipso electionis negocio debito modo usque ad finalem expeditionem ejusdem inclusive cum continuatione et prorogatione dierum et horarum extunc sequentium si opporteat processuri et procedi visuri : Intimando eisdem et eorum cuilibet Quod, sive dictis die hora et loco [comparere] voluerint sive non, nos nihilominus in hujusmodi electionis negocio (Deo favente) quatęnus jura permittunt procedemus, eorum absencia sive contumacia in aliquo non obstante, nec iterato vocabuntur etsi hujusmodi Terminum ulterius prorogari contigerit. Et quid in premissis feceris nos dictis die hora et loco debite certifices personaliter vel per tuas litteras patentes unacum presentibus auctentice sigillatis. Datum in domo nostra capitulari xxviii die mensis Junii anno domini millesimo Quingentesimo Quinquagesimo nono.

Quo quidem die Sabbathi videlicet xv⁰ die Mensis Julii adveniente, dicti Magistri Willelmus Wilbram, Rogerus Struttye, Nicholaus Smith et Thomas Lewys Canonici prebendati supradicti in dicta domo capitulari congregati hora nona ante meridiem ejusdem diei ad effectum infrascriptum et plenum Capitulum facientes ad electionem futuri Episcopi et Pastoris dicte ecclesie Cathedralis procedentes, venerabilem virum Magistrum Rogerum Struttye Canonicum et dicti Capituli Presidentem in directorem processus et negocii electionis hujusmodi futuri : Ac me Jacobum Yayden Notarium publicum ad fideliter conscribendum et in Acta resarcendum decreta et Processus dicte electionis et super hiis publicum vel publica Instrumentum sive Instrumenta conficiendum, necnon providos viros dominum Thomam Yatton, Johannem Browne et Thomam Pember clericos in Testes dicti electionis negocii assumpserunt quos una secum in dicta domo Capitulari remanere fecerunt atque rogarunt. Deinde lecta erat Licencia dicte illustrissime Domine nostre Regine Cujus tenor talis est.

[*Congé d'eliré : June 22, 1559.*]

Elizabeth Dei gracia, etc. [*In the same form*, mutatis mutandis, *as at p. 47.*]

Teste me ipsa apud Westmonasterium xxij^{do} die Junii anno regni nostri primo per breve de privato sigillo.

Et consequenter tunc ibidem comparuit personaliter Johannes Hodges dictorum Decani et Capituli ad infrascripta Mandatarius et certificavit se peremptorie citasse omnes et singulos dicte ecclesie Cathedralis Canonicos et Prebendarios per publice Citationis edictum in stallis prebendarum suarum in Choro [Fo. 26$^{v.}$] dicte ecclesie affixum et ibidem dimissum juxta Consuetudinem et preteriti Temporis morem in dicta ecclesia usitatas et observatas et secundum vim formam et effectum mandati superius relati sibi facti, ad comparendum dictis die hora et Loco, unacum ceteris Canonicis tunc presentibus in dicto electionis negocio usque ad finalem expeditionem ejusdem inclusive, processuros et procedi visuros. Super quibus tactis Sacrosanctis Dei Evangeliis fidem fecit.

Et incontinenter tunc ibidem lectis nominibus prefatorum Canonicorum et Prebendariorum tunc ibidem presentium, Preconizatisque consequenter ad ostium dicte domus Capitularis ceteris canonicis dicte ecclesie, ac omnibus et singulis aliis Jus voces aut interesse in dicto electionis negocio habentibus seu habere quovismodo pretendentibus, nullo alio comparente, nec aliquod jus vel Interesse in ea parte allegante, dictus Magister Rogerus Struttye Canonicus et Presidens antedictus vice sua ac vice nomine et mandato tocius capituli predicti, eidem tunc vive vocis oraculo facto, omnes et singulos citatos monitos preconizatos ac non comparentes pronunciavit contumaces in Scriptis sub eo qui sequitur verborum tenore.

[*Preconization.*]

In Dei nomine Amen. Ego Rogerus Struttye, etc. [*A somewhat shorter form of Sentence of Contumacy, as at p. 21.*]

Et subsequenter idem Magister Rogerus Struttye, etc., de expressis consensu et assensu omnium, etc., quasdam monitiones et protestationes in scriptis redactas fecit legit, etc., sub eo qui sequitur verborum tenore. [*Monition that intruders should depart; in similar form to that given in p. 22.*]

Quibus sic factis prefatus venerabilis vir Magister Rogerus Struttye canonicus et presidens antedictus, de consensu et assensu expressis omnium et singulorum Canonicorum suorum tunc ibidem presentium et de eorum voluntate et mandato expressis sibi tunc factis, Constitutionem illam generalis Concilii (Quia propter, etc.) dilucide explanavit et tres eligendi formas in eadem descriptis explicuit et declaravit. Deinde habitis tunc ibidem inter memoratos Magistrum Rogerum Struttye Canonicum et Presidentem et confratres sive concanonicos Tractatu et communicatione per quam viam sive formam in hujusmodi electionis negocio eis foret tutius procedendum, Tandem placuit omnibus nemine contradicente reclamante aut dissentiente per viam seu formam compromissi ad futuri episcopi electionem procedere, Illamque viam sive formam simul et unanimiter assumpserunt, atque in venerabiles viros Magistros Willelmum Wilbram, Nicholaum Smith, et Thomam Lewys, Canonicos et Prebendarios antedictos statim habito prius aliquo tractatu compromiserunt; Totumque et omne Jus nominandi eligendi seu preficiendi eis et dicte ecclesie futurum Episcopum et pastorem sibi ea vice qualitercunque competentem seu competiturum in eosdem venerabiles viros transtulerunt dederunt et concesserunt: Ita quod iidem compromissarii virum habilem et idoneum ante decimum septimum diem mensis Julii instantis eis et dicte ecclesie nominarent et eligerent in communi et providerent de eodem: Promittentesque promiserunt se et eorum quemlibet illum quem dicti venerabiles viri compromissarii virtute compromissi hujusmodi et infra Tempus predictum nominarent et eligerent in suum et dicte Ecclesie Cathedralis episcopum et pastorem omnimodo recipere et acceptare velle, ac eidem tanquam Episcopo et pastori animarum suarum quatenus teneantur parere et obedire absque contradictione seu reclamatione quacunque.

Post hec dicto decimo quinto die mensis Julii hora quasi undecima Canonicis predictis in dicto domo capitulari presentibus iidem venerabiles viri Magistri Willelmus Wilbram, Nicholaus Smith et Thomas Lewys ad dictorum canonicorum requisitionem et instantiam onus compromissi hujusmodi et protestatis prelibate sibi concesse in se acceptantes et juxta potestatem concessam procedentes in venerabilem virum Magistrum Johannem Scorye virum utique providum et discretum convenerunt eumque in episcopum et pastorem dicte Herefordensis ecclesie eligendum consenserunt.

 Et deinde prefatus Magister Nicholaus Smithe vice sua
[Fo. 27.] ac Collegarum suorum deque expressis consensu et
  mandato eorundem, ac vice et nomine tocius capituli, eundem venerabilem virum in episcopum et pastorem dicte

ecclesie Cathedralis nominavit et in communi elegit atque eis et dicte ecclesie providit de eodem in Scriptis Tenore hujusmodi.

[*Schedule of Election.*]

In Dei nomine Amen. Cum vacante nuper Ecclesia Cathedrali Herefordensi et pastoris sive episcopi solatio destituta Canonici dicte ecclesie in domo capitulari ejusdem capitulariter congregati ac ad electionem futuri episcopi sive Pastoris procedentes, habito inter eos maturo ac diligenter tractatu per quam viam ad hujusmodi electionem potissimum procedendum foret, Tandem per viam sive formam Compromissi ad electionem hujusmodi procedere decreverunt, et subsequenter in nos tres videlicet Willelmum Wilbram, Nicholaum Smith et Thomam Lewys negotium illud electionis compromiserunt plenam et liberam nobis dederunt et concesserunt potestatem, quamcunque personam habilem et idoneam in futurum episcopum dicte ecclesie pro hac vice eligendi et eis et dicte ecclesie providendi de eodem : Unde nos compromissarii antedicti, onus compromissi hujusmodi ex superabundanti in nos acceptantes ac juxta potestatem nobis attributam procedentes post diversos tractatus et diligentes Inquisitiones de qualitatibus diversarum personarum finaliter divina favente gracia in venerabilem virum Magistrum Johannem Scory virum utique providum discretum in spiritualibus et temporalibus circumspectum, Juraque hujus ecclesie defendere valentem, convenimus, vota nostra direximus, eumque in episcopum et pastorem dicte ecclesie Cathedralis consensuimus eligendum. Et idcirco ego Nicholaus Smith vice mea et Collegarum meorum, ac de expressis consensu et mandato eorundem viceque et nomine tocius Capituli eundem venerabilem virum in episcopum et pastorem dicte ecclesie Cathedralis Herefordensis nomino et eligo et eidem ecclesie provideo de eodem in hiis scriptis.

Quam quidem electionem sic factam prefati Presidens et Canonici tunc ibidem presentes approbarunt et ratam ac gratam habuerunt pariter et acceptam. Et tunc ibidem prefati Presidens et Capitulum unanimi consensu dilectos sibi in Christo providos viros Magistros Robertum Paternoster dicte ecclesie canonicum, Davidem Lewys et Davidem Gibbons Legum doctores, Willelmum Saye et Johannem Lewys notarios publicos Londini commorantes conjunctim et eorum quemlibet per se divisim et insolido, Ita quod non sit melior Conditio occupans, suos procuratores actores factores negociorumque infrascriptorum gestores et nuncios speciales nominarunt ordinarunt et constituerunt: Dantes et concedentes eisdem procuratoribus suis conjunctim (ut prefertur) et divisim potestatem generalem et mandatum speciale pro ipsis et eorum nominibus prefatum venerabilem virum Magistrum Johannem Scorye electum seu ejus procuratorem legitimum Temporibus congruis et opportunis adeundi, Ipsumque ex parte eorum ad consentiendum electioni de persona sua facte et celebrate debita cum instancia petendi obtinendi et impetrandi, necnon electionem hujusmodi sic per eos factam et celebratam dicte excellentissime Principi et domine nostre domine Regine intimandi et notificandi, ejusque assensum et consensum regine in ea parte implorandi, ac decretum et processum electionis hujusmodi et personam per eos sic (ut prefertur) electam cuicunque Archiepiscopo sive episcopo regio arbitrio deputando et assignando aliove Judici in ea parte competenti presentandi et exhibendi, suamque paternitatem de qualitatibus et circumstanciis dicte Electionis ac omnibus et singulis hujusmodi electionis decretum sive formam electumque et eligentes tangentibus sive concernentibus debite instruendi et informandi, et dictam electionem confirmari petendi et obtinendi, Ac de et super premissis omnibus et singulis in animas eorum fidem faciendi et jurandi agendi defendendi litem contestandi articulum sive articulos, etc., etc. [*The rest is in the terms of the appointment of the proxy of the Dean and Chapter of Canterbury, p. 7.*]

Post hec dicti presidens et capitulum a dicto domo capitulari ad ecclesiam cathedralem digressi Prefatus Magister Nicholaus Smith Canonicus dictam electionem sic (ut prefertur) factam et celebratam de mandato ceterorum Canonicorum clero et populo ibidem copiose congregatis in Lingua materna publicavit et declaravit. Et mox cunctis applaudentibus et approbantibus prefati Presidens et Canonici Psalmum illud *Te Deum laudamus* cum orationibus solitis et consuetis decantarunt.

Super quibus omnibus et singulis iidem presidens et canonici me Jacobum Yayden notarium publicum subscriptum sibi unum vel plura publicum seu publica instrumentum sive Instrumenta conficere ac Testes subscriptos Testimonium perhibere instanter rogarunt et requisiverunt.

In quorum omnium et singulorum fidem et testimonium hoc presens decretum sive processum electionis inde fieri, et signo ac nomine meis solitis et consuetis signari, Sigillique communis et capitularis dictorum decani et capituli appensione

[Fo. 27ᵛ·]

iidem Presidens et Capitulum communiri curaverunt atque fecerunt. Datum quoad Sigillacionem Presentium in Domo Capitulari predicta decimo sexto die mensis Julii predicti Anno domini Millesimo Quingentesimo Quinquagesimo Nono Regnique dicte illustrissime domine nostre Regine anno primo.

Et ego Jacobus Yayden Herefordensis diocesis Notarius publicus in presenti electionis negocio per venerabiles viros Presidentem et capitulum antedictum in Notarium et scribam assumptus, Quia premissis omnibus et singulis dum sic (ut premittitur) per eosdem venerabiles viros sub annis domini Regnique illustrissime domine nostre Regine mense diebus horis et locis predictis agebantur et fiebant unacum supranominatis Testibus presens personaliter interfui eaque omnia et singula sic fieri vidi et audivi, Ideo hoc presens publicum instrumentum verum totum et integrum hujusmodi electionis Processum et decretum in se continens confeci scripsi publicavi atque in hanc publicam formam de mandato dictorum venerabilium virorum redegi, Signoque nomine et cognomine meis solitis et consuetis unacum sigilli communis prefatorum Decani et Capituli appensione signavi, in fidem et Testimonium omnium et singulorum Premissorum rogatus specialiter et requisitus, et[1] constat mihi eidem notario publico de Interlineatione illius dicti *domo* in lj linea secunde pagine et de Rasura illius dicti *Canonici* in lxv[ta] linea ejusdem pagine a capite istius Instrumenti numeranda, quas approbo et omni vitio et sinistra Machinatione carere volo ego notarius memoratus.

[*The consent of the Bishop-Elect: Dec. 19, 1559.*]

INSTRUMENTUM SUPER CONSENSU DOMINI ELECTI.

In Dei nomine Amen. Presentis publici Instrumentis Serie cunctis et evidenter appareat et sit notum Quod anno domini Millesimo Quingentesimo Quinquagesimo nono Mensis vero Decembris die decimo nono in edibus solite habitationis Magistri Willelmi Saye notarii publici in vico vulgariter nuncupato "Pater noster rewe" civitatis Londone notorie situato et sito in meique notarii publici subscripti et Testium inferius nominatorum presentiis Constitutus personaliter dictus Willelmus Saye Procurator (ut asseruit), etc., exhibuit, etc., venerabili, etc., Joanni Scorye, etc., processum electionis de ipso, etc., eundemque, etc., requisivit

---

[1] This interlineation and erasure are not copied into the Register.

quatenus eidem electioni, etc., consentire dignaretur. [*For full form see p. 26.*] Qui quidem Magister Johannes Scory sic requisitus et interpellatus electioni predicte eidem per prefatum Magistrum Willelmum Say ostense et per eum considerate consentiebat, ac consensum et assensum suos eidem prebuit in Scriptis per eum lectis tenore qui sequitur, de verbo in verbum in se complectens.

In Dei nomine Amen. Ego Johannes Scory sacre Theologie professor in episcopum et pastorem ecclesie Cathedralis Herefordensis electus ad consentiendum electioni hujusmodi de me facte et celebrate per partem Presidentis et capituli Ecclesie Cathedralis predicte et ceterorum Canonicorum prebendatorum ejusdem ecclesie sepius et instanter requisitus, in honore sancte et individue Trinitatis Patris et filii et Spiritus Sancti predicte electioni de me in hac parte facte consentio et consensum meum prebeo in hiis Scriptis. Super quibus, etc. Willelmo Aylward alias Conscyence et Thoma Say litteratis Testibus ad Premissa, etc.

[*Certified by Robert Say, public notary of the London diocese.*]

[Fo. 28.]

SECUNDA SCHEDULA CONTRA OPPOSITORES.
JURAMENTUM DOMINI ELECTI HEREFORDENSIS.
SENTENCIA DIFFINITIVA.

[*These are in the forms as on pp. 51, 52.*]

[Fo. 28ᵛ.]

BANGORENSIS.

[*Acts of the Confirmation of the Election of Master Roland Merrick, Doctor of Laws, to the See of Bangor, December 20, 1559, 2 Elizabeth, in the Church of St. Mary-le-Bow, London, before Masters Nicholas Bullingham and Thomas Yale, Doctors of Law, and Edward Leeds, Licentiate in Laws, Commissaries of the Archbishop, in the presence of John Incent, Public Notary, Scribe of the Acts in the absence of Anthony Huse the Archbishop's Registrar.*]

Acta habita et facta, etc. [*As in the preamble to the Acts, p. 38.*]

ACTA CONFIRMATIONIS ELECTIONIS DOMINI ROLANDI MERRICKE EPISCOPI BANGORENSIS.

[*In the same form as in the Acts of the Confirmation of Bishop Grindall, p. 39. Master Edward Bigges, proctor for the Dean and Chapter of Hereford; Master Walter Jones, proctor for the Bishop-Elect.*]

[Fo. 29.]

LITTERE PATENTES DE ASSENSU REGIO.

[*Letters Patent of the royal assent, in the usual form (see p. 39).* "Sede vacante per mortem Willelmi Glyn ultimi Episcopi." *Tested at Westminster December 18, 2 Elizabeth, 1559.*]

[*Proxy of the Chapter of Bangor: December 2, 1559.*]

PROCURATORIUM CAPITULI BANGORENSIS.

Pateat universis per presentes Quod nos Robertus Evance Decanus et Capitulum Ecclesie Cathedralis Bangorensis modo per mortem naturalem domini Willelmi Glyn ultimi et immediati episcopi et pastoris ibidem vacantis dilectos nobis in Christo providos viros Magistrum Georgium Constantine in Legibus Bacchelaureum, Mauricium Powell clericum et Magistros Johannem Lewes et Edwardum Bigges Notarios publicos Curieque Cantuariensis procuratores generales, ac Hugonem Thomas litteratum conjunctim et eorum quemlibet per se divisim et insolido, ita quod non sit melior conditio occupantis, Sed quod unus illorum inceperit id ipsorum quilibet libere prosequi valeat mediare pariter et finire, nostros veros et legitimos procuratores actores factores, negociorum que nostrorum gestores, et nuncios speciales ad infrascripta nominamus ordinamus facimus et constituimus per presentes. Damusque et tenore presentium concedimus eisdem Procuratoribus nostris conjunctim (ut premittitur) divisim ac insolido potestatem generalem et mandatum speciale pro nobis ac vice et nomine nostris electionem de venerabili viro Magistro Rowlando Merricke Legum doctore in episcopum et pastorem dicte ecclesie cathedralis Bangoriensis per nos rite et legitime celebratam eidem Magistro Rolando Merricke electo nostro intimandi notificandi exhibendi et presentandi, Ipsumque electum quoties eisdem Procuratoribus nostris vel eorum alicui expedire videbitur humiliter et cum instancia debita supplicandi et requirendi, ut ipse electioni de se (ut prefertur) per nos facte consentire ac suum consensum et assensum eidem prebere dignetur, necnon alia omnia et singula faciendi exercendi et expediendi, que in premissis et circa ea necessaria fuerint seu quolibet opportuna, Licet mandatum exigant magis speciale quam superius est expressum. Promittimusque nos ratum gratum et firmum perpetuo habituros totum et quicquid procuratores nostri antedicti fecerint seu aliquis eorum fecerit in premissis vel eorum aliquo sub ypotheca et obligatione omnium et singulorum Bonorum nostrorum et in ea parte cautionem exponimus per presentes.

In cujus rei Testimonium Sigillum nostrum commune presentibus apposuimus. Datum in domo nostra Capitulari secundo die mensis Decembris Anno domini Millesimo Quingentesimo Quinquagesimo nono, et regni excellentissime in Christo Principis et domine nostre domine Elizabethe Dei gratia Anglie Francie et Hibernie regine fidei defensoris, etc., anno secundo.

PROCURATORIUM DOMINI ELECTI AD PETENDUM ELECTIONEM CONFIRMARI.

[*Proxy of Roland Merrick, elect of Bangor, appointing, as proctor, Walter Jones, B.L. (In the same form as that of Bp. Grindall, p. 41.) Sealed with the seal of the Archdeacon of Brecknock, September 17, 1559.*]

[Fc. 29ᵛ·]

CITATIO CONTRA OPPOSITORES.

[*Citation of Opponents (for form see p. 41) with certificate of the execution of the mandate by Robert Haynes in St. Mary-le-Bow, London, 19 December, A.D. 1559.*]

[Fo. 30.]

PRIMA SCHEDULA CONTRA OPPOSITORES.

SUMMARIA PETITIO *(with the articles).*

[*In the usual forms (see p. 42).*]

[Fo. 30ᵛ·]
[*Certificate to the Crown of the Election: Dec. 1, 1559.*]

CERTIFICATORIUM ELECTIONIS.

Illustrissime et invictissime in Christo principi ac domine nostre Elizabethe Dei gracia Anglie Francie et Hibernie Regine Fidei Defensori, etc., vestri humiles et devotissimi oratores Robertus Evance Decanus et Capitulum ecclesie vestre Cathedralis Bangorensis omnimodam obedientiam et reverentiam tante excellentissime Principi debitas et condignas cum omni subjectionis honore.

[Fo. 31.] Majestati vestre Regie Tenore presentium innotescimus et significamus Quod vacante nuper (per mortem naturalem domini Willelmi Glyn ultimi episcopi et pastoris Bangoriensis) ecclesia vestra Cathedrali Bangorensi et concessa nobis a majestate vestra regia alium nobis et dicte ecclesie in episcopum eligendi licentia, nos prefati Decanus et Capitulum die veneris proximo post festum Sancti Andree apostoli, primo videlicet die mensis Decembris anno domini Millesimo Quingentesimo quinquagesimo nono et regni vestri felicissimi anno secundo in Domo Capitulari dicte ecclesie Capitulariter congregati, ac ad electionem novi et futuri episcopi ibidem procedentes, venerabilem virum Magistrum Rolandum Merrike Legum doctorem virum utique providum et discretum in Spiritualibus et Temporalibus valde circumspectum vitaque et moribus merito commendatum nobis et dicte ecclesie in episcopum per viam compromissi rite elegimus. Hinc est Quod eundem ad dictam electionem nostram de eo factam vestre regie celsitudini presentamus, devotis precibus supplicando, Quatenus predicte electioni regium et patronalem assensum liberaliter impendentes litteras vestras super hoc cuicumque Archiepiscopo vel episcopo seu aliter secundum vestrum regium Arbitrium pro confirmatione dicte electionis et ceteris in ea parte requisitis in forma consueta dirigere graciose dignemini cum favore. Et sic vestram regiam celsitudinem diu conservet in prosperis altissimus.

In cujus rei Testimonium sigillum nostrum commune presentibus apposuimus. Datum in domo nostra Capitulari die mense et anno supradictis Robertus Evans Decanus, Thomas Bulkeley Precentor, Jo. Hughes succentor ibidem, Thomas Davyes Cancellarius, Willelmus Robertes Thesaurarius, Willelmus Robertes Archidiaconus Myrionith ac Canonicus, Johannes Gwyn Canonicus, Willelmus Powell Canonicus.

[*The consent of the Bishop-Elect: Dec. 14, 1559.*]

INSTRUMENTUM SUPER CONSENSU DOMINI ELECTI BANGORENSIS.

[*Notarial instrument in the usual form (see p. 66), setting forth that on December 14, 1559, in St. Paul's Cathedral, London, Master Edward Bigges, Proctor for the Dean and chapter of Bangor, intimated to Master Roland Merrick his election to the See of Bangor, giving the latter's acceptance in the usual words. Witnesses: William Guy and James Showcante, clerks; John Incent, framer of the instrument.*]

[Fo. 31ᵛ·]
SECUNDA SCHEDULA CONTRA OPPOSITORES.
JURAMENTUM DOMINI ELECTI BANGORENSIS.
SENTENTIA DIFFINITIVA.

[*Second Schedule against Opponents, oath of the Bishop-Elect, and definitive sentence pronounced by Dr. Nicholas Bullingham; in the ordinary forms as in the case of Bishop Grindall, p. 51.*]

[*Acts of Consecration: Dec. 21, 1559.*]
CONSECRATIO DOMINI ROLANDI MERICKE EPISCOPI BANGORENSIS.

Vicesimo primo die mensis Decembris Anno domini Millesimo Quingentesimo Quinquagesimo nono in capella Reverendissimi, etc., Matthei, etc., Archiepiscopi, etc., infra manerium suum de Lambehith, eadem capella, etc. [*Consecration described in the same words as that of Grindall, p. 52, and witnessed by the same persons.*]

[Fo. 32ᵛ·]
WIGORNIENSIS.

[*Acts of the Confirmation of the Election of Master Edwin Sandes, S.T.P., to the See of Worcester, December 20, 1559, 2 Elizabeth, in the Church of St. Mary-le-Bow, London, before Masters Nicholas Bullingham and Thomas Yale and Edward Leeds, the Archbishop's Commissaries, in the presence of John Incent, etc.*]

Acta habita et facta, etc. [*See the preamble to the Acts, p. 38.*]

ACTA CONFIRMATIONIS ELECTIONIS DOMINI EDWINI SANDES EPISCOPI WIGORNIENSIS.

[*In the same form as the Acts of the Confirmation of Bishop Grindall, p. 39. Master Edward Bigges, proctor for the Dean and Chapter of Worcester; Master Thomas Bentham, proctor for the Bishop-Elect.*]

[Fo. 33.]
LITTERE PATENTES DE ASSENSU REGIO.

[*Letters Patent of the royal assent in the ordinary form*, "sede vacante per mortem ultimi episcopi".[1] *Westminster, December 18, 1559, 2 Elizabeth.*]

---

[1] Error. See certificate to Queen below.

[Fo. 33-33ᵛ·]
PROCURATORIUM CAPITULI WIGORNIENSIS.

[*Proxy of the Dean and Chapter of Worcester, appointing their proctor, Edward Bigges, public notary, to announce the election to the Archbishop, etc., and to commit the Spiritualities and Temporalities, etc., to the Bishop-Elect (in a similar form,* mutatis mutandis, *as at p. 6), dated December 4, 1559.*]

PROCURATORIUM DOMINI ELECTI AD PETENDUM ELECTIONEM
CONFIRMARI.

[*Proxy of the Bishop-Elect, appointing his proctor, Master Thomas Bentham, S.T.P., for the Confirmation of the Election (in the usual form, see p. 41), sealed with the seal of the Dean and Chapter of Canterbury, used in the vacancies of the Metropolitical See, December 18, 1559.*]

[Fo. 34.]
CITATIO CONTRA OPPOSITORES.

[*Citation of Opponents, in the usual form (see p. 41), with certificate of the execution of the mandate by Robert Haynes, in St. Mary-le-Bow, London, December 20, 1559.*]

[Fo. 34ᵛ·-35.]
PRIMA SCHEDULA CONTRA OPPOSITORES.
SUMMARIA PETITIO (*with the articles*).
[*In the usual forms (see p. 42).*]

[Fo. 35ᵛ·]
CERTIFICATORIUM ELECTIONIS FACTUM DOMINE REGINE.

[*Certificate addressed to the Queen by Richard Hall, A.M., Vice-Dean of Worcester and the Chapter, of the election to the See of Worcester (vacant by the deprivation of Richard Pates, last Bishop), of Edwin Sandes, S.T.P., and asking her assent (in a similar form to that on p. 69). Dated the Chapter house, Worcester, November 25, 1559.*]

[Fo. 35ᵛ·-38.]
ALIUD CERTIFICATORIUM CONTINENS TOTUM PROCESSUM
ELECTIONIS PREDICTI.

[*A lengthy certificate, containing the whole process of election, addressed to Master Nicholas Wotton, Dean of Canterbury*

[Fo. 36ᵛ·] *and the Chapter* (sede vacante), *by Richard Hall, A.M., Vice-Dean of St. Mary's Cathedral, Worcester. The See of Worcester being vacant by the deprivation of Richard Pates, and the Queen having granted her* congé d'elire *(quoted in the usual form as on p. 47), dated Westminster, November 13, 1 Elizabeth, the Dean, Chapter and Canons of Worcester, assembled in the Chapter house on Thursday, November 23, A.D. 1559, appointed the election of the new Bishop to take place on Saturday, November 25, at 9 o'clock before noon in the Chapter house, and issued their citatory mandate for the citation of the Canons and others having voice in the election (in a similar form to that on p. 18), addressed by Seth Holland, A.M., Dean, and the Chapter, to Roger Foliat,* litteratus, *who is to cite them personally or by fixing the citatory letters on the doors of the Chapter house, and dated on November 23. On which Saturday, November 25th, between nine and ten o'clock before noon, after the chanting in the Cathedral Choir of the suffrages "O God the Father of Heaven, haue marcy vppon vs miserable Synners, etc.," the bell of the Chapter house being sounded, Richard Hall the Vice-Dean, Master Leonard Lingham, Thomas Bastard, William Turnbull, Robert Shawe, Thomas Ardren, and William Northfolke, Canons and Prebendaries of the Cathedral, the Dean being detained by ill health, assembled in the Chapter house, and having invoked the Holy Spirit, the cause of their meeting being declared by the Vice-Dean, taking William Warmstry, public notary and Registrar of the diocese, as principal scribe of the Acts, and Henry Hymbleton and Robert Perrot, priests, as witnesses, the said Canons chose Richard Hall, Vice-Dean, as President of the Chapter. The Queen's licence being read, Roger Foliat appeared with the citatory mandate and the names of those cited, viz., Masters Seth Holland, Dean, Richard Hall, Vice-Dean, Leonard Lingham, Edmund Daniell, Thomas Bastard, William Turnbull, Robert Shawe, Thomas Ardren, and William Northfolk, personally within the Cathedral precincts, and Masters Henry Joliff and Arthur Dudley, canons and prebendaries, and others having interest and voice in the election by letters affixed on the Chapter house doors, and swore to his*

[Fo. 37.] *performance of the citations. The citatory mandate and its execution and the Schedule above mentioned being read by the Scribe, after the preconization of the absent canons, Vice-Dean Hall pronounced sentence of contumacy against Seth Holland, the Dean, and Canons Edmund Daniell, Henry Joliffe, and Arthur Dudley (in a form almost similar to those on p. 48,*

etc.), *and read the admonition for the peremptory withdrawal of those present without right (for a similar form see p. 48). Then the constitution of the general council* (Quia propter) *being read and explained by the above named William Turnbull, the President and Canons, "inspired by the grace of the Holy Spirit as we firmly believe," elected Edwin Sandes, S.T.P., to the Episcopal See. And then they appointed Masters John Lewes and William Saye, public notaries and proctors general of Canterbury, and Walter Bradford, their proxies, to announce the election to the Queen, and to have it confirmed by the Dean and Chapter of Canterbury. Then returning to the Choir they solemnly chanted the* Te Deum,
[Fo. 38.] *and Richard Hall, Vice-Dean, announced the election in English to the clergy and people.*

Certificate of the process by William Warmestrye, public notary and registrar of the Diocese.]

[*The assent of the Bishop-Elect: Dec. 10, 1559.*]

INSTRUMENTUM SUPER CONSENSU DOMINI ELECTI.

[*Public instrument announcing that on December 10, 1559, in a room (*cubiculum*) in the Palace of the Bishop of London on the west side of the Cathedral, Walter Bradford, proxy for the Dean and Chapter of Worcester, announced to Edward Sandes his election to the See of Worcester, and notifying the latter's acceptance in the usual words.*]

[Fo. 38ᵛ·]

[*Certificates of Peter Johnson, of the London Diocese, public notary, and of John Incent as to the truth of the process of election, etc. (For similar forms see p. 26, etc.).*]

SECUNDA SCHEDULA CONTRA OPPOSITORES.
JURAMENTUM DOMINI ELECTI WIGORNIENSIS.
SENTENTIA DIFFINITIVA.

[*Second Schedule against Opponents, Oath of the Bishop-Elect, and Definitive Sentence pronounced by Dr. Nicholas Bullingham, in the ordinary forms (see the Acts of the Confirmation of Bishop Grindall, pp. 51, 52).*]

CONSECRATIO DOMINI EDWINI SANDES EPISCOPI WIGOR-
NIENSIS.
[*Consecration in Lambeth Chapel, December 21, 1559, described in the same words as on p. 52. Witnesses, the same.*]

[Fo. 39ᵛ·]

CICESTRENSIS.

[*Acts of the Confirmation of the election of William Barlowe, late Bishop of Bath and Wells, to the See of Chichester, December 20, 1559, 2 Elizabeth, in the Church of St. Mary-le-Bow, London, before Masters Nicholas Bullingham, Thomas Yale, Doctors of Law, and Edward Leeds, licentiate in laws, the Archbishop's commissaries, in the presence of John Incent, etc.*]

Acta habita et facta, etc. [*See the preamble to the Acts, p. 38.*]

ACTA CONFIRMATIONIS ELECTIONIS DOMINI WILLELMI BARLO ELECTI CICESTRENSIS.

[*In the same form as in the Acts of the Confirmation of Bishop Grindall, see p. 39. Master Edward Bigges, proctor for the Dean and Chapter of Chichester; Master Walter Jones, Batchelor of Laws, proctor for the Bishop-Elect.*]

[Fo. 40.]

LITTERE PATENTES DE ASSENSU REGIO.

[*Letters Patent of the royal assent in the usual form (see p. 39), the See being vacant by the death of John Christopherson, last Bishop. Westminster, December 18, 1559, 2 Elizabeth.*]

PROCURATORIUM CAPITULI CICESTRENSIS.

[*Proxy of the Chapter of Chichester appointing their proctors, Master Edward Bigges, Thomas Willett, William Saye, Robert Allen, John Incent, Christopher Smith, Christopher Clarke and William Babham, public notaries, empowering them, together or singly, to announce the election to William Barloo, S.T.P., etc. (in a similar form as on p. 8). Dated December 18, 1559.*]

[Fo. 40]

PROCURATORIUM DOMINI ELECTI CICESTRENSIS.

[*Proxy of the Bishop-Elect, appointing his proctor, Walter Jones, for the Confirmation of his Election, etc. (in the usual form, see p. 41).*]

Sealed with the seal of the Official of the Archdeacon of Brecknock, December 18, 1559, 2 Elizabeth.]

[Fo. 41.]
CITATIO CONTRA OPPOSITORES.

[*Citation of Opponents (for form see p. 41) dated December 17, with certificate of the execution of the mandate December 20, in the church of St. Mary-le-Bow, London, by Robert Haynes.*]

[Fo. 41v, 42, 42v.]
PRIMA SCHEDULA CONTRA OPPOSITORES.
SUMMARIA PETITIO (*with the articles*).[1]
SECUNDA SCHEDULA CONTRA OPPOSITORES.
JURAMENTUM DOMINI ELECTI CICESTRENSIS.
SENTENTIA DIFFINITIVA.
[*The above are in the usual forms (see pp. 42, 43, 51, 52).*]

[Fo. 43.]
SARUM.

[*Acts of the Confirmation of the Election of Master John Jewell, S.T.P., to the See of Salisbury, January 18, 1559/60, 2 Elizabeth, in the Church of St. Mary-le-Bow, London, before Thomas Yale, Doctor of Laws, vicar-general and commissary of the Archbishop of Canterbury, in the presence of John Incent, etc. (see p. 38).*]

Acta habita et facta, etc. [*see the preamble to the Acts, p. 38*].

ACTA CONFIRMATIONIS ELECTIONIS DOMINI JOHANNIS JUWELL EPISCOPI SARUM.

[*In the same form as in the Acts of the Confirmation of Bishop Grindall; see p. 39. Master Edward Bigges, proctor for the Dean and Chapter of Salisbury; Master Thomas Wellett, proctor for the Bishop-Elect.*]

[Fo. 43v.]
[*Letters Patent of the Royal Assent, Dec. 27, 1559.*]
LITTERE PATENTES DE ASSENSU REGIO.

Elizabeth Dei gratia, etc. Omnibus Archiepiscopis episcopis et aliis quibuscumque quorum in hac parte intererit salutem; vacante nuper Episcopatu Sarum per mortem ultimi episcopi

---

[1] The date of the election is left blank in the articles.

ibidem, Decanus et Capitulum ibidem licentia primitus a nobis, etc., obtenta, Dominum Johannem Jewell S.T.P. in eorum pastorem et episcopum canonice eligerunt et nominaverunt, sicuti per eorum litteras in ea parte, quas vobis mittimus presentibus interclusas plenius liquet. Cui quidem electioni et persone sic electe humilibus eorum mediantibus supplicationibus nostrum regium adhibuimus favorem pariter et assensum, et eundem electum apud vos recommendatum habemus. Quocirca vobis mandamus quod cetera omnia per vos ad confirmacionem et consecrationem ejusdem in dicto episcopatu fieri consueverunt secundum leges et statuta Regni nostri Anglie in hac parte edita et provisa cum favore et diligentia facere velitis. In cujus rei testimonium has litteras fieri fecimus patentes. Teste me ipsa apud Westmonasterium xxvij die Decembris anno regni nostri secundo. Per breve de privato sigillo et de data predicta Auctoritate Parliamenti. F. Cordell.

[Fo. 44.]

PROCURATORIUM CAPITULI SARUM.

[*Proxy of the Dean and Chapter of Sarum appointing as their proctor, Edward Bigge, to announce the election to John Jewell, etc., in the usual form (see p. 6). Sealed with the seal of the Archdeacon of Chichester, dated January 16, 1559.*]

PROCURATORIUM DOMINI ELECTI SARUM AD PETENDUM ELECTIONEM CONFIRMARI.

[*Proxy of the Bishop-Elect, in the usual form (see p. 41), for the Confirmation of the Election, appointing as his proctor Thomas Willett, public notary. Sealed with the seal of the Archdeacon of Chichester, dated January 7, 1559.*]

[Fo. 44ᵛ.]

CITATIO CONTRA OPPOSITORES.

[*Citation of Opponents (for form, see p. 41), the date of the Confirmation of the Election to be Thursday, 18 January, between 8 and 9 o'clock before noon, dated January 13, 1559.*]

[Fo. 45.]

Et executum fuit hujusmodi mandatum die dominica, viz., xiiii^{to} Januarii anno domini 1559 per Robertum Haynes litteratum in ecclesia parochiali beate Marie de Archubus Londonie juxta omnem vim et effectum retroscripti mandati : super quibus fecit fidem.

[Fo. 45-45ᵛ·]
PRIMA SCHEDULA CONTRA OPPOSITORES.
SUMMARIA PETITIO *(with the articles)*.
[*In the usual forms (see p. 42).*]

[Fo. 46.]
[*Certificate of the Election: Aug. 21, 1559.*]

CERTICATORIUM ELECTIONIS.

Excellentissime et illustrissime in Christo Principi et domine nostre domine Elizabethe, Dei gratia Anglie Francie et Hibernie Regine fidei Defensori, etc. Vestri humiles et devoti Subditi Presidens Capituli ecclesie vestre Cathedralis beate Marie Sarum et ejusdem ecclesie Capitulum omnimodas reverenciam et obedientiam tante illustrissime Principi debitas, cum omni felicitatis successu. Regie vestre Celsitudini tenore presentium intimamus et significamus, Quod die decimo mensis Augusti jam currentis litteras vestras regias de *Congé d'elire* vestro magno sigillo Anglie ac etiam litteras commendaticias privato sigillo illustrissime Majestatis vestre sigillatas et consignatas ac nobis directas in domo nostra capitulari cum ea qua fideles decet subditos reverentia recepimus. Juxtaque dictarum vestre Celsitudinis litterarum tenorem tunc et ibidem ad electionem futuri episcopi et pastoris in dicta vestra ecclesia cathedrali que jam dudum per mortem recolende memorie Johannis Capon Sacre Theologie professoris ultimi pastoris ejusdem viduata et pastoris solatio destituta fuit procedendum fore decrevimus, omnes ejusdem ecclesie Canonicos et Prebendarios ac alios in ea parte interesse habentes citandos et vocandos ad diem vicesimum primum ejusdem mensis Augusti sua suffragia et voces daturos curavimus.

Quo quidem xxjº Augusti adveniente, Invocato prius divino auxilio, ac precibus Deo optimo maximo suppliciter ante omnia per nos fusis, in Domo nostra Capitulari congregati, et plenum Capitulum facientes ad electionem predictam Canonice juxta Leges ecclesiasticas ac statuta hujus vestri Regni Anglie faciendam processimus. Ac post tractatum diligentem inter nos habitum qua via de futuro episcopo et pastore providere deberemus, Tandem unanimi assensu et consensu omnes et singuli nullo prorsus discrepante subito et repente quasi Spiritus Sancti gracia cooperante ac eo (ut credimus) inspirante direximus oculos nostre intentionis sive voces nostras in venerabilem et egregium virum Magistrum Johannem Juell Sacre Theologie Professorem, virum utique providum et discretum, ac penes nos Clerum et populum suis meritis exigentibus merito commendatum, de legitimo matrimonio natum, in etate legitima et ordine Sacerdotali constitutum, vita moribus et litterarum Scientia merito commendatum in Spiritualibus et Temporalibus plurimum circumspectum scientem et valentem Jura libertates et Privilegia ecclesie Cathedralis Sarum et Episcopatus ejusdem laudabiliter defendere et tueri, in nostrum et dicte ecclesie vestre Cathedralis Sarum Pastorem et Episcopum nominavimus et elegimus. Quam electionem sic factam Clero et populo statim in loco publico et usitato publicandam curavimus. Ceteraque in ea parte de Jure quovismodo necessaria fecimus in presentia Tabellionis et notarii publici ac aliorum fidedignorum, prout ex Serie et tenore Instrumenti publici quod super tota dicta electione faciendum curavimus plenius liquet et apparet.

Que omnia et singula juxta Statuta Parliamenti, etc., vestre regie majestati significamus, humiliter supplicantes quatenus hujusmodi electioni regium vestrum consensum atque assensum impartiri, necnon Archiepiscopo cuicunque sive aliis episcopis pro hujusmodi electi confirmatione cum omni favore canonice facienda scribere dignemini. In cujus rei testimonium sigillum nostrum commune presentibus apponi fecimus. Datum in Domo nostra Capitulari ecclesie Cathedralis Sarum predicte xxj° die mensis Augusti Anno Domini Millesimo Quingentesimo quinquagesimo nono.

SECUNDA SCHEDULA CONTRA OPPOSITORES.
[Fo. 46 ·]
JURAMENTUM DOMINI ELECTI SARUM.
SENTENTIA DIFFINITIVA.

[*The Second Schedule against Opponents, the Oath of the Bishop-Elect, and the Definitive Sentence pronounced by Dr. Thomas Yale, are in the usual forms (see pp. 51, 52).*]

[*Consecration of John Jewell, Bishop of Salisbury: Jan. 21, 1559/60.*]

CONSECRATIO DOMINI JOHANNIS JUELL EPISCOPI SARUM.

Die dominica videlicet xxj° die mensis Januarii Anno domini juxta computacionem ecclesie Anglicane Millesimo Quingentesimo Quinquagesimo nono in Capella reverendissimi in Christo patris et domini domini Matthei permissione divina Cantuariensis Archiepiscopi tocius Anglie Primatis et Metropolitani infra manerium suum de Lambehith Idem Reverendissimus pater vigore et auctoritate litterarum patentium serenissime domine nostre regine Elizabethe sibi factarum et directarum assistentibus sibi Reverendis patribus dominis Edmundo Londoniensi et Richardo Eliensi respective episcopis, necnon Johanne episcopo Suffraganeo sedis Bedfordensis, munus consecrationis Reverendo patri domino Johanni Juell sacre Theologie professori Sarum episcopo electo et confirmato impendebat juxta morem et formam circa consecrationem ipsius reverendissimi patris die dominica xvij⁰ die mensis Decembris ultimo preterito in capella sua predicta usitata, habita prius concione per Magistrum Andream Pireson Sacellanum dicti Reverendissimi patris accepto pro themate *Sic luceat lux vestra coram hominibus*, etc. Actum in presentia mei Johannis Incent notarii publici deputati Magistri Anthonii Huse Registrarii dicti Reverendissimi Patris. Presentibus tunc et ibidem Magistro Alexandro Nowell Sacre Theologie Professore, Thoma Doile, et Johanne Baker et Roberto Willet generosis et multis aliis testibus, etc.

[Fo. 47.]

LINCOLNIENSIS.

[*Confirmation of the Election of Master Nicholas Bullingham, Doctor of Laws, to the See of Lincoln, January 18, 1559/60, 2 Elizabeth, in the Church of St. Mary-le-Bow, London, before Dr. Thomas Yale, vicar-general and commissary of the Archbishop, in the presence of John Incent, etc. (see p. 38).*]

Acta habita et facta, etc. [*see p. 38*].

CONFIRMATIO ELECTIONIS DOMINI NICHOLAI BULLINGHAM EPISCOPI LINCOLNIENSIS.

[*As in the Acts, p. 39. Master Edward Bigges, proctor for the Dean and Chapter of Lincoln; Master Robert Weston, Doctor of Laws, proctor for the Bishop-Elect.*]

[Fo. 47ᵛ·]

LITTERE PATENTES DE ASSENSU REGIO.

[*Letters Patent of the royal assent addressed to the Archbishop of Canterbury (for form see p. 39), Westminster, January 12, 1559/60, 2 Elizabeth.*]

PROCURATORIUM CAPITULI LINCOLNIENSIS.

[*Proxy of Roger Bromhall, sub-dean and president of the Chapter (the Dean being absent), and of the Chapter of the Cathedral Church of*

St. Mary of Lincoln, appointing Masters Robert Weston and Thomas Huicke, Doctors of Law, William Sage, Edward Bigges, and John Incent, public notary, and Thomas Harrys, litteratus, *their proctors to present the process of the Bishop's election to the Queen and to obtain her consent. Dated at their chapter-house, September 17, 1559, 2 Elizabeth.*]

[Fo. 48.]
PROCURATORIUM DOMINI ELECTI LINCOLNIENSIS.

[*Proxy of the Bishop-Elect (in the usual form), appointing Robert Weston his proctor in the Confirmation of his Election. Sealed with the seal of the Archdeacon of Chichester, January 12, 1559/60.*]

CITATIO CONTRA OPPOSITORES.

[*Citation of Opponents (for form see p. 41) to the Confirmation of the Election of Nicholas Bullingham to the See of Lincoln, vacant by the deprivation of John Watson, last Bishop, being appointed for Thursday, January 18, between the hours of 8 and 9 before noon. Dated January 13, 1559/60. With certificate of the execution of the mandate on 18 January, in the church of St. Mary-le-Bow, London.*]

[Fo. 48ᵛ·]
PRIMA SCHEDULA CONTRA OPPOSITORES.

[Fo. 49.]
SUMMARIA PETITIO (*with the articles*).[1]

[Fo. 49ᵛ·]
SECUNDA SCHEDULA CONTRA OPPOSITORES.

[Fo. 50.]
JURAMENTUM DOMINI ELECTI LINCOLNIENSIS.
SENTENTIA DIFFINITIVA.
[*For these see pp. 42, 51.*]

CONSECRATIO DOMINI NICHOLAI BULLINGHAM LINCOLNIENSIS EPISCOPI.

[*The Consecration (described as on p. 79) of Nicholas Bullingham, Bishop of Lincoln, took place on 21 January 1559/60, in the chapel at Lambeth, the Archbishop being assisted by the Bishops of London and Ely and the Suffragan of Bedford. Sermon and witnesses as at p. 79.*]

---

[1] The date of the election at Lincoln is left blank in the articles, as it is in most of the subsequent cases.

MENEVENSIS.

[*Acts of the Confirmation of the Election of Master Thomas Young, Professor of Laws, to the See of St. David's, January 18, 1559/60, 2 Elizabeth, before Dr. Thomas Yale, commissary of the Archbishop of Canterbury, in the presence of John Incent, etc. (see p. 38).*]

Acta habita et facta [*Preamble to the Acts as on p. 38*].

ACTA CONFIRMATIONIS ELECTIONIS DOMINI THOME YOUNGE EPISCOPI MENEVENSIS.

[*As in the Acts, p. 39. Master Edward Bigges, proctor for the Vice-Dean and Chapter of St. David's. Master Walter Jones, Bachelor of Laws, proctor for the Bishop-Elect.*]

[Fo. 51.]
LITTERE PATENTES DE ASSENSU REGIO.

[*Letters Patent of the royal assent in the usual form (see p. 39). Westminster, January 9, 1559/60, 2 Elizabeth.*]

[Fo. 51v.]
PROCURATORIUM CAPITULI MENEVENSIS.

[*Proxy of the President and Chapter of St. David's, Jan. 10, 1559/60, appointing Walter Jones and Edward Bigges, their proctors, to announce the election of Thomas Young to the Queen and to obtain her consent. In the usual form, but ending thus:—*]

Et quia sigillum nostrum commune ad manus non habemus, Ideo sigillum regium quo utuntur venerabiles viri Richardus Davyes Sacre Theologie Professor, Thomas Younge et Rolandus Merike Legum professores, et Richardus Pates Jurisperitus dicte serenissime domine nostre Regine visitatores ad visitandum tam in capite quam in membris Civitatem et diocesim Menevensen Bangorensem Assavensem, etc., in sua antedicta regia visitatione presentibus apponi procuravimus nomine capitulari. Et nos visitatores antedicti ad specialem rogationem dictorum presidentis et capituli dictum regium sigillum quo in dicta visitatione utimur presentibus apposuimus. Datum decimo die Januarii anno domini Millesimo Quingentesimo Quinquagesimo nono et regni dicte illustrissime domine nostre Regine anno secundo.

[Fo. 52.]
PROCURATORIUM DOMINI ELECTI MENEVENSIS.

[*Proxy of the Bishop-Elect (in the usual form, see p. 41) appointing as his proctor Master Walter Jones for the Confirmation of his*

Election, etc. Sealed with the seal of the Archdeacon of Brecknock, February (? January) 10, 1559/60.]

CITATIO CONTRA OPPOSITORES.

[*Citation of Opponents (in the form on p. 41) to the Confirmation of the Election being appointed for Thursday, January 18, between 8 and 9 o'clock before noon. Dated January 13, 1559/60, with certificate of the execution of the mandate by Robert Haynes, January 18, in the church of St. Mary-le-Bow, London.*]

[Fo. 52ᵛ.]
PRIMA SCHEDULA CONTRA OPPOSITORES.

[Fo. 53.]
SUMMARIA PETITIO [*with the articles. In the usual forms (see p. 42).*]

[Fo. 53ᵛ.]
CERTIFICATORIUM ELECTIONIS.

[*Certificate of the Election addressed by the President and the Chapter of St. David's to the Queen announcing that the See being vacant by the deprivation of Henry Morgan, the last Bishop, they, meeting in the chapter-house December 6, 1559, elected "per viam compromissi", Master Thomas Younge to the Bishopric, and asking for confirmation of the election. Dated as above said (in the same form as on p. 69), the names of the Cathedral dignitaries being omitted.*]

[Fo. 54.]
INSTRUMENTUM SUPER CONSENSU DOMINI ELECTI.

[*Notarial instrument by John Incent that on January 9, 1559/60, in St. Paul's, London, Walter Jones, proctor for the Dean and Chapter of St. David's, asked Master Thomas Young to accept his election to the See, with the words of acceptance in the usual form.*]

SECUNDA SCHEDULA CONTRA OPPOSITORES.

[Fo. 54ᵛ.]
JURAMENTUM DOMINI ELECTI MENEVENSIS.
DECRETUM FINALE.

[*Second Schedule against Opponents, Oath of the Bishop-Elect, and the definitive sentence of the final decree pronounced by Dr. Thomas Yale, in the usual forms.*]

CONSECRATIO DOMINI THOME YONGE EPISCOPI MENEVENSIS.

[*The Consecration (described as at f. 79) took place January 21, 1559/60, in the chapel at Lambeth, the Archbishop being assisted by the Bishops of London and Ely and the Suffragan of Bedford. Sermon and witnesses as at p. 79.]*

[Fo. 55.]
ASSAPHENSIS.
[*Confirmation of the Election of Master Richard Davys to the See of St. Asaph, January 18, 1559/60, in the church of St. Mary-le-Bow, London, before Dr. Thomas Yale, commissary, etc., of the Archbishop, in the presence of John Incent, etc. (see p. 38).*]
    Acta habita et facta, etc. [*see p. 38*].

CONFIRMATIO ELECTIONIS DOMINI RICARDI DAVIS EPISCOPI ASSAPHENSIS ELECTI.
    [*As in the Acts, p. 39. Master Edward Bigges, proctor for the President and Chapter of St. Asaph. Master Walter Jones, proctor for the Bishop-Elect.*]

[Fo. 55ᵛ.] LITTERE PATENTES DE ASSENSU REGIS.
    [*Letters Patent of the royal assent, in the usual form (see p. 39). Westminster, "uno (?nono) Januarii", 2 Elizabeth.*]

[Fo. 56.] PROCURATORIUM CAPITULI ASSAPHENSIS.
    [*Proxy of the Dean and Chapter of St. Asaph (in the form as on p. 8, mutatis mutandis) appointing Edward Bigges, George Harryson, Thomas Willett, and John Incent their proctors to announce his election to Richard Davyes and to obtain his consent and the assent of the Queen, etc., and for the enthronement of the Bishop. Sealed with the seal of the Archdeacon of Brecon, November 29, 1559.*]

PROCURATORIUM DOMINI ELECTI ASSAPHENSI.
    [*Proxy (for form see p. 41) of the Bishop-Elect appointing Walter Jones his proctor for matters relating to the Confirmation of his Election, etc. Sealed with the seal of the Archdeacon of Chichester, December 13, 1559.*]

[Fo. 56ᵛ.] CITATIO CONTRA OPPOSITORES.
    [*Citation of Opponents (in the usual form), the Confirmation of the Election being appointed for January 18, between the hours of 9 and 10 o'clock before noon. Dated Lambeth, January 13, 1559/60, with certificate of the execution of the mandate, January 18, by Robert Haynes, in the church of St. Mary-le-Bow.*]

[Fos. 57-58.]
PRIMA SCHEDULA CONTRA OPPOSITORES.
SUMMARIA PETITIO [*with the articles. For forms see p. 42.*]
[Fo. 58.]
CERTIFICATORIUM ELECTIONIS.

[*Certificate of the Election (for form see p. 69) addressed by the President and Chapter of St. Asaph to the Queen, announcing that the See being vacant by the deprivation of Thomas Goldwell, last Bishop, they being met in their chapter-house on Dec. 4, 1559, chose "per viam conpromissi" Master Richard Davyes to be Bishop, and asking for the Confirmation of the Election. Dated as above-said, the canons names being appended—Hugh Puleston, Maurice Birkinshaw, John Price, Morice Thomas, John Powell.*]

INSTRUMENTUM SUPER CONSENSU DOMINI ELECTI.

[*Notarial instrument by William Babham, public notary of the London diocese, that on December 26, 1559, John Incent, proctor for the Dean and Chapter of St. Asaph, in a chamber in the rectory of the parish church of Holborne, London, announced to Richard Davyes, S.T.P., his election to the Bishopric, with the words of the latter's acceptance in the usual form.*]

[Fo. 58ᵛ.]
SECUNDA SCHEDULA CONTRA OPPOSITORES.
JURAMENTUM DOMINI ELECTI ASSAPHENSIS.

[Fo. 59.]
SENTENTIA DIFFINITIVA.

[*Second Schedule against Opponents, oath of the Bishop-Elect, and the definitive sentence pronounced by Dr. Thomas Yale in the usual form.*]

CONSECRATIO DOMINI RICARDI DAVIS EPISCOPI ASSAPHENSIS.

[*The Consecration (described as at p. 79) took place January 21, 1559/60, in the chapel at Lambeth, the Archbishop being assisted by the Bishops of London and Ely and the Suffragan of Bedford. Sermon and witnesses as at p. 79.*]

ROFFENSIS.

[*Confirmation of the Election of Edmund Gest, S.T.P., to the See of Rochester, March 23, 1559/60, in the church of St. Mary-le-Bow,*

London, before Dr. Thomas Yale, commissary, etc., of the Archbishop, in the presence of John Incent, etc. (see p. 38).]
Acta habita et facta, etc. [*see p. 38*].

ACTA CONFIRMATIONIS ELECTIONIS DOMINI ELECTI
ROFFENSIS.

[*As in the Acts, p. 39. Mr. George Harryson, public notary, proctor for the Dean and Chapter of Rochester. Robert Cole, clerk, rector of St. Mary-le-Bow, London, proctor for the Bishop-Elect. William Goter, John Browne and Roger Fynard, litterati, being witnesses.*]

[Fo. 60.]
LITTERE PATENTES DE ASSENSU REGIO.

[*Letters Patent of the Royal assent (for form see p. 39). Westminster, March 21, 1559/60, 2 Elizabeth.*]

[Fo. 60ᵛ·]
PROCURATORIUM CAPITULI ROFFENSIS.

[*Proxy of the Dean and Chapter of Rochester (for form see p. 6), appointing Dr. Thomas Huike, John Riddisdall, clerk, canon and prebendary of Rochester, and George Harrison, public notary, to announce the election of Edmund Geste to him and to the Queen and Archbishop, and to procure the confirmation of the election, etc. Sealed with the seal of the Archdeacon of Chichester, March 1, 1559/60.*]

PROCURATORIUM DOMINI ELECTI ROFFENSIS.

[*Proxy (for form see p. 41) of the Bishop-Elect appointing Robert Cole, clerk, his proctor for matters relating to the confirmation of his election. Sealed with the seal of the Archdeacon of Chichester, March 20, 1559/60.*]

[Fo. 61.]
CITATIO CONTRA OPPOSITORES.

[*Citation of Opponents, in the usual form, the confirmation of the election being appointed for Saturday, March 23, between 8 and 9 o'clock before noon. Dated Lambeth, March 19, 1559/60. The execution of the mandate on the 22nd of March, by Robert Walker mandatarius, being certified on the 23rd March in the house of Dr. Thomas Yale, in Paternoster Row, in the parish of St. Faith's, London.*]

[Fo. 61ᵛ·]
PRIMA SCHEDULA CONTRA OPPOSITORES.

[Fo. 62.]

SUMMARIA PETITIO [*with the articles. For forms see pp. 41, 42.*]

[Fo. 62v.]

[*Certificate of the Election: February 12, 1559/60.*]

CERTIFICATORIUM ELECTIONIS.

Excellentissime in Christo Principi et domini nostre Domine Elizabethe Dei gracia Anglie Francie et Hibernie regine fidei defensori, etc., fundatrici nostre vestri humiles et obedientes subditi et oratores vestri Walterus Philipps decanus ecclesie vestre fundatorie Christi et Beate Marie virginis Roffensis et ejusdem ecclesie Capitulum obedientiam tante potentissime principi condignam cum honore. Mandatum vestrum regium sive breve de Coungelyer (*sic*) pro electione novi et futuri episcopi et pastoris dicte vestre ecclesie Cathedralis Roffensis per mortem naturalem [Mauritii Griffith][1] ultimi episcopi ejusdem jam vacantis cum ea que decuit reverentia nuper recepimus exequendum, sub eo qui sequitur verborum tenore.

Elizabeth, etc. ["Congé d'Elire", *in the usual form; dated Westminster, January 22, 1559/60, 2 Elizabeth.*]

Cujus quidem mandati sive licentia regie nostre vigore pariter et auctoritate. Nos decanus et Capituli antedicti, in domo nostra Capitulari dicte nostre ecclesie Cathedralis Roffensis Capitulariter congregati die Lune videlicet xxix° die mensis Januarii ultimo preterito venerabilem virum Magistrum Edmundum Gest in Sacra Theologia Bacchelaurum in Episcopum et pastorem dicte vestre ecclesie Cathedralis Roffensis nominavimus et elegimus in communi prout in quodam nostro Instrumento sive processu electionis dicti episcopi sigillo nostro Capitulari sigillato ac reverendissimo in Christo patri ac domino domino Mattheo permissione divina Cantuariensi Archiepiscopo tocius Anglie primati et Metropolitano exhibito ac cum eo remanenti plenius liquet et apparet. In cujus rei Testimonium sigillum nostrum Capitulare presentibus apposuimus: datum in domo nostra Capitulari xij° die mensis Februarii anno domini juxta cursum ecclesie Anglicane 1559 et vestri regni felicissimi anno secundo.

---

[1] The name is given in the citation of opponents, f. 61.

[Fo. 63.]
Instrumentum super Consensu Domini Electi Roffensis.

[*Public instrument by John Incent announcing that on February 9, 1559/60, in the chapel at Lambeth, John Riddesdale, Canon and Prebendary of Rochester, as proctor for the Dean and Chapter, presented the process of election to that See to Edmund Gest, with the latter's consent, recorded in the usual terms. Witnesses: Dr. Thomas Yale and Richard Hendry, litteratus.*]

[Fo. 63v.]
Secunda Schedula contra Oppositores.
Juramentum Domini Electi.
Sentencia Diffinitiva.

[*Second Schedule against Opponents, Oath of the Bishop-Elect, and definitive sentence pronounced by Dr. Thos. Yale, in the usual forms.*]

[*Consecration of Edmund Gest, Bishop of Rochester: March 24, 1559/60.*]

Consecratio domini Edmundi Gest Episcopi Roffensis.

Die dominica videlicet vicesimo quarto die mensis Martii anno domini Millesimo Quingentesimo quinquagesimo nono et Regni illustrissime in Christo Principis et domine nostre domine Elizabethe Dei gracia, etc., anno secundo in Capella reverendissimi in Christo patris et domini domini Matthei permissione divina Cantuariensis Archiepiscopi tocius Anglie primatis et Metropolitani infra Manerium suum de Lambehith sue et ecclesie sue Christi Cantuariensis Jurisdictionis immediate, Idem reverendissimus pater, assistentibus sibi reverendis patribus dominus Nicholao Lincolnensi et Johanne Sarisburiensi respective Episcopis, vigore litterarum patentium dicte Illustrissime domine nostre Regine sigillo suo magno sigillato eidem reverendissimo patri in hac parte directarum, munus consecrationis venerabili viro domino Edmundo Gest in Episcopum et pastorem ecclesie cathedralis Roffensis electo et confirmato impendebat, adhibitis ceremoniis consuetis, ac prestito Juramento solito, juxta formam descriptam in Actis consecrationis ipsius reverendissimi patris. Acta in presentia mei Johannis Incent notarii publici deputati Magistri Anthonii Huse registrarii dicti reverendissimi patris, Presentibus tunc et ibidem Magistro Thome Yale legum doctore, Thoma Doile et Johanne Baker generosis, Andrea Pierson clerico et multis aliis Testibus, etc.

[Fo. 64.]
LICHFELDENSIS.

[*Acts of the Confirmation of the Election of Master Thomas Bentham to the See of Coventry and Lichfield, March 23, 1559/60, 2 Elizabeth, in the Church of St. Mary-le-Bow, London, before Dr. Thomas Yale, the Archbishop's commissary, in the presence of John Incent, etc. (see p. 38).*]

Acta habita et facta, etc. [*see p. 38*].

CONFIRMATIO ELECTIONIS DOMINI THOME BENTHAM
EPISCOPI COVENTRENSIS ET LICHFELDENSIS.

[*As in the Acts, p. 39. Master George Harryson, public notary, proctor for the President and Chapter of Lichfield; Robert Cole, rector of St. Mary-le-Bow, London, proctor for the Bishop-Elect. Witnesses: William Goter, John Browne, and Roger Fynerd, litterati.*]

[Fo. 64ᵛ·]
LITTERE PATENTES DE ASSENSU REGIO.

[*Letters Patent of the royal assent, in the usual form (see p. 39). Westminster, February 20, 1559/60, 2 Elizabeth.*]

[Fo. 65.]
PROCURATORIUM DOMINI ELECTI LICHFELDENSIS.

[*Proxy of the Bishop-Elect (for form see p. 41), appointing Robert Cole, clerk, his proctor in matters relating to his Confirmation, etc. Sealed with the seal of the Archdeacon of Chichester, March 20, 1559/60.*]

[Fo. 65.]
CITATIO CONTRA OPPOSITORES.

[*Citation of Opponents in the usual form, the Confirmation of the Election being appointed for Saturday, March 23, between the hours of 8 and 10 before noon. Dated Lambeth, March 20, 1559/60. The execution of this mandate on the 23rd March, being certified by Robert Walker,* Mandatarius, *on the 22nd March, in the house of Dr. Thomas Yale in Paternoster Rowe, in the parish of St. Faith, London.*]

[Fo. 65ᵛ·]
PRIMA SCHEDULA CONTRA OPPOSITORES.

[Fo. 66.]
SUMMARIA PETITIO [*with the articles. For forms, see p. 24.*]

[Fo. 66ᵛ·]
[*The Process of Election : Jan. 15, 1559/60.*]
PROCESSUS ELECTIONIS EPISCOPI LICHFELDENSIS.
[*A long account, in the usual terms, giving the process of election, addressed to Archbishop Parker by Richard Walker, the President, and the Chapter, certifying that the See of Coventry and Lichfield, being vacant by the lawful deprivation of Ralph Baynes, last Bishop, of "good memory". Meeting in chapter on Saturday, January 6, 1559/60, they appointed, in the presence of John Dyotte, public notary, Monday, January 15, at 9 o'clock before noon, for the date of the election, and issued their citatory mandate to the canons and others having voice in the election (in a similar form to that on p. 18, etc.), addressed by the President and Chapter to William Smith, succentor of the Cathedral, who is to summon them personally, if to be found, or by setting the citation in their stalls in the choir, and dated 6 January. On the said Monday, 15 January, "the divine office, vulgarly called the morning prayer and the communion", being celebrated and sung solemnly in the Cathedral choir, at the ringing of the bell to summon the Chapter, Richard Walker, the President, and the Chapter, viz., Masters Arthur Dudleye Prebendary of Colwich, Thomas Bolt Prebendary of Stotfeld, canons residentiary, Henry Hilton Prebendary of Ruiton, Henry Wilshawe Prebendary of Dorset, and Thomas Chedulton Prebendary of Parva Pipa, canons of the said Cathedral, entered the chapter house, where the word of God being expounded by Master Thomas Bycley, S.T.B.,* "sub Themate Christus videns turbam minime confectus est erga eos, etc., nono Mathei", *and the help of the Holy Spirit being invoked, the Queen's licence (quoted in the usual form, see p. 47), dated Westminster, December 27, 1559, 2 Elizabeth, being read, William Smith, the succentor, showed the above mentioned citatory letters with the certificate of their execution: and the preconization for the absentees being made at the door of the chapter house by Matthew Smith, their contumacy was declared (in a form very similar to that on p. 47). Then the President and Chapter appointed Richard Walker, Prebendary of Pipa Minor, as director of the election, and Master John Dyot as scribe of the acts, and Master Thomas Bycley, S.T.B., Henry Greffcocke, public notary, and George Bagshawe and John Hurleston, litterati, as witnesses; Richard Walker read the admonition for the withdrawal of those present without right (see p. 48 for a similar form), and then expounded the "famous constitution"* Quia propter, *etc.; after which the Chapter, choosing to proceed by way of com-*

promise, appointed Thomas Bolt canon residentiary, as arbitrator or provisor, who announced his choice as follows :—

[Fo. 68.]

In Dei nomine Amen. Cum nuper vacante ecclesia Cathedrali Lichfeldensi et episcopatu Lichfeldensi et Coventrensi per deprivationem bone memorie domini Radulphi Bayne ultimi ejusdem ecclesie et episcopatus episcopi et pastoris, placuit presidenti ac omnibus et singulis Canonicis et prebendariis dicte ecclesie Cathedralis personaliter comparentibus, Jus et vocem in electionis negocio et electione novi et futuri episcopi sive pastoris habentibus Capitulumque (ut supra) facientibus, et propter electionem hujusmodi in domo capitulari ibidem congregatis, per formam compromissi provisionis sive arbitrii ad electionem novi sive futuri episcopi fore procedendum. Sicque Presidens et Capitulum antedicti in me prefatum Thomam Bolt Canonicum residentiarium antedictum in compromissarium arbitratorem sive provisorem consenserunt et me ad hoc eligerunt et assumpserunt cum potestate videlicet nominandi eligendi et providendi quamcumque personam idoneam voluerim in episcopum et pastorem dicte ecclesie cathedralis ac diocesis Lichfeldensis et Coventrensis. Idcirco Ego Thomas Bolt nomine meo ac totius capituli predicti vice mea ac tocius Capituli hujusmodi venerabilem virum Magistrum Thomam Bentham, etc. [*see form of compromise, p. 24*], cui nihil obviat quominus in episcopum et pastorem prelibate ecclesie cathedralis ac episcopatus Lichfeldensis et Coventrensis eligi debeat vice et nomine meis et dictorum Compromittentium Presidentis et Capituli in episcopum patrem et pastorem prefate ecclesie Cathedralis Lichfeldensis ac episcopatus Lichfeldensis et Coventrensis nomino et eligo in communi ipsisque ecclesie Cathedrali ac episcopatui Lichfeldensi et Coventrensi provido de eodem in hiis Scriptis.

The election over, Master Richard Walker announced the result in English to the clergy and people, the vicars choral and the other ministers of the Cathedral Church having been called together, and the Te Deum *was solemnly sung in the choir. Immediately afterwards the President and Chapter returning to the chapter house appointed Master Robert Weston and Henry Harvey, Doctors of Law, and George Harryson, public notary, their proctors to obtain the consent of the Bishop-Elect, and to carry through other business of the Confirmation of the Election.*

[Fo. 68ᵛ·]
With certificate of the process by John Dyott, public notary of the Sarum Diocese.]

INSTRUMENTUM SUPER CONSENSU EPISCOPI LICHFELDENSIS
FACTE ELECTIONI.

[*Public Instrument certified by Edward Bigges, public notary of the Norwich Diocese, announcing that on January 23, 1 Elizabeth, in a room in the Bishop of London's house, Dr. Robert Watson, for the President and Chapter of Lichfield, announced the election to Thomas Bentham, and giving the words of the latter's acceptance.*]

[Fo. 69.]
SECUNDA SCHEDULA CONTRA OPPOSITORES.
JURAMENTUM PRESTITUM PER DOMINUM ELECTUM LICH-
FELDENSEM.

[Fo. 69ᵛ·]
SENTENCIA DIFFINITIVA.

[*Second Schedule against Opponents, the Oath of the Bishop-Elect, and the definitive sentence, pronounced by Dr. Thomas Yale, in the usual forms.*]

CONSECRATIO DOMINI THOME BENTHAM EPISCOPI LICH-
FIELDENSIS.

[*Consecration (described in the same words as that of Edm. Gest, p. 88) at Lambeth in the chapel, Sunday, March 24, 1559/60, the Bishops of Lincoln and Salisbury assisting the Archbishop, Dr. Thomas Yale, Thomas Doile, John Baker, gentlemen, and Andrew Pierson, clerk, witnesses.*]

[Fo. 70.]
BATHONIENSIS ET WELLENSIS.

[*Confirmation of the Election of Gilbert Berkeley to the See of Bath and Wells, March 23, 1559/60, in the Church of St. Mary-le-Bow, London, before Dr. Thomas Yale, Commissary of the Archbishop, in the presence of John Incent, etc. (see p. 38).*]

Acta habita et facta, etc. [*see p. 38*].

CONFIRMATIO ELECTIONIS DOMINI GILBERTI BERKELEY
EPISCOPI BATHONIENSIS ET WELLENSIS.

[*As in the Acts, p. 39. Mr. George Harrison, public notary, proctor for the Dean and Chapter of Wells; Mr. Robert Cole, Rector of St. Mary-le-Bow, London, proctor for the Bishop-Elect. William Goter, John Browne and Roger Fynerd, witnesses.*]

Archiepiscopi Cantuariensis.

[Fo. 70ᵛ·]

LITTERE PATENTES DE ASSENSU REGIO.

[*Letters Patent of the royal assent in the usual form (see p. 39), Westminster, March 20, 1559/60, 2 Elizabeth.*]

PROCURATORIUM CAPITULI WELLENSIS.

[*Proxy of the President and Chapter of Wells (for form see p. 6) appointing Master George Harryson their proctor to obtain consent of Gilbert Barkleye to his election as Bishop and the royal assent to the election, etc. Sealed with the seal of the Archdeacon of Chichester, March 20, 1559/60.*]

[Fo. 71.]

PROCURATORIUM DOMINI ELECTI WELLENSIS.

[*Proxy of Gilbert Barkley, Bishop-Elect of Bath and Wells (for form see f. 14), appointing Robert Cole, clerk, his proctor in matters relating to the Confirmation of his Election, etc. Sealed with the seal of the Archdeacon of Chichester, March 20, 1559/60.*]

[Fo. 71ᵛ·]

CITATIO CONTRA OPPOSITORES.

[*Citation of Opponents in the usual form, the Confirmation of Election being appointed for Saturday, March 23, between the hours of eight and nine before noon. Dated Lambeth, March 20, 1559/60. The execution of this mandate on the 22nd March being certified by Robert Walker* mandatarius *in Doctor Yale's house, Paternoster Row, on March 23.*]

[Fo. 72.]

PRIMA SCHEDULA CONTRA OPPOSITORES.
SUMMARIA PETITIO [*with the articles. For forms see p. 42.*]

[Fo. 73.]

[*Certificate of the Election: Jan. 30, 1559/60.*]

CERTIFICATORIUM ELECTIONIS.

Excellentissime et serenissime in Christo Principi et Domine nostre Domine Elizabethe Dei gracia Anglie Francie et Hibernie regine fidei defensori, etc., vestre Majestatis humiles et devoti oratores, Willelmus Bowman in legibus Baccallauerus Subdecanus et canonicus residentiarius ecclesie vestre Cathedralis Sancti Andree Wellensis et ipsius Ecclesie Capituli venerabili viro decano ecclesie predicte in remotis agente Presidens et Capitulum ejusdem, obedientiam et honorem tante excellentissime Principi debitas et condignas cum omni Subjectione. Vestre regie Majestate tenore presentium innotescimus et significamus quod vacante nuper ecclesia vestra cathedrali predicta per deprivationem domini Gilberti Bourne Sacre Theologie Baccalaurei ejusdem ecclesie episcopi, petitaque et obtenta a regia majestate vestra dicte ecclesie cathedralis patrona et fundatrici optime merita licentia alium in nostrum et dicte ecclesie vestre Cathedralis episcopum et pastorem eligendi, quam nos xx⁰ die instantis mensis Januarii recepimus et deosculati sumus cum omni humilitate reverentia et obedientia. Nosque Willelmus Bowman subdecanus et Presidens Capituli ecclesie vestre predicte et capitulum ejusdem, auctoritate pariter et vigore licencie nostre predicte xxix⁰ die mensis instantis Januarii superiis specificati in domo Capitulari dicte ecclesie Wellensis capitulariter ad effectum infrascriptum congregati et plenum Capitulum ibidem facientes omnibus et singulis de jure sive consuetudine in ea parte interesse habentes seu habere debentes legitime citatis et monitis ad novi et futuri episcopi ipsius ecclesie electionem rite et legitime procedentes solemnitatibus in ea parte de jure et consuetudine dicte ecclesie requisitis prius legitime observatis Spiritus Sancti gracia (ut creditur) inspirati, nullo nostrum reclamante vel contradicente, venerabilem et egregium virum Magistrum Gilbertum Barkley concorditer et unico spiritu unico contextu temporis et una voce nominavimus et eligimus in nostrum et dicte ecclesie vestre cathedralis episcopum et pastorem, humiliter supplicantes et devote Quatenus Electioni hujusmodi per nos de ipso venerabili viro celebrate assensum vestrum regium dignemini exhibere. In cujus rei testimonium sigillum nostrum commune presentibus apponi fecimus. Datum in domo nostra capitulari quoad sigillacionem penultimo die mensis Januarii Anno domini secundum computacionem ecclesie Anglicane Millesimo Quingentesimo Quinquagesimo nono, regnique vestri felicissimi anno secundo.

INSTRUMENTUM SUPER CONSENSU DOMINI ELECTIONI.

[*Public Instrument certified by John Incent that on February 4, 1559/60, in an upper chamber in the dwelling house of Matthew Feld, citizen of London, situate in St. Lawrence Lane, in the City of London, Master Thomas Huicke, proctor for the President and Chapter of Bath and Wells, presented to Master Gilbert Barkley his election to that See, with Barkley's acceptance in the usual words.*]

[Fo. 73ᵛ·]

SECUNDA SCHEDULA CONTRA OPPOSITORES.

[Fo. 74.]
JURAMENTUM DOMINI ELECTI WELLENSIS.
DECRETUM FINALE.

[*Second Schedule against Opponents, Oath of the Bishop-Elect of Bath and Wells, final decree or sentence, pronounced by Dr. Thomas Yale, in the usual forms.*]

CONSECRATIO DOMINI GILBERTI BERKELEY EPISCOPI BATHONIENSIS ET WELLENSIS.

[*Consecration (for description see p. 88) in the Chapel at Lambeth, Sunday, March 24, 1559/60, the Bishops of Lincoln and Salisbury assisting the Archbishop. Witnesses as on p. 88.*]

[Fo. 74ᵛ·]
EXONIENSIS.

[*Acts of the Confirmation of the Election of Master William Alley, S.T.P., to the See of Exeter, June 13, 1560, 2 Elizabeth, in the Church of St. Mary-le-Bow, London, before Dr. Thomas Yale, the Archbishop's Commissary, in the presence of John Incent, chief registrar of the Archbishop.*]

Acta habita et facta, etc. [*see p. 38.*]

CONFIRMATIO ELECTIONIS DOMINI WILLELMI ALLEY EPISCOPI EXONIENSIS.

[*As in the Acts, p. 39. Master Edward Bigges, public notary, proctor for the Dean and Chapter of Exeter; Master William Awbreye, LL.D., proctor for the Bishop-Elect; with Lancelot Broughton,* litteratus, *witnesses of the proceedings.*]

[Fo. 75.]
LITTERE PATENTES DE ASSENSU REGIO.

[*Letters Patent of the royal assent (for form, see p. 39). Westminster, June 8, 1560, 2 Elizabeth.*]

[Fo. 75ᵛ·]
PROCURATORIUM CAPITULI EXONIENSIS.

[*Proxy of the Dean and Chapter of the Cathedral of St. Peter, Exeter (form similar to that on p. 6), appointing Master Thomas Huicke, William Awbrey, doctors of laws, George Harryson and Edward Bigges, public notaries, their proctors to obtain the consent of William Alley, S.T.P., to his election to the See and the assent of the Queen, and to announce the election to the Archbishop for its confirmation, etc. Sealed with the seal of the Archdeacon of Chichester, June 1, 1560.*]

[Fo. 76.]
PROCURATORIUM DOMINI ELECTI EXONIENSIS.
[*Proxy of the Bishop-Elect (for form, see p. 41), appointing Master William Aubrey, LL.D., his proctor in matters concerning his Confirmation, etc. Sealed with the seal of the Archdeacon of Chichester, June 12, 1560.*]

CITATIO CONTRA OPPOSITORES.
[*Citation of Opponents in the usual form, the Confirmation of the Election being appointed for Thursday, June 13, between the hours of eight and nine before noon. Dated, Lambeth, June 10, 1560, the execution of the mandate, etc., June 12, being certified by Robert Walker on the 13th, in the Church of St. Mary-le-Bow, London.*]

[Fo. 76v.]
PRIMA SCHEDULA CONTRA OPPOSITORES.

[Fo. 77.]
SUMMARIA PETITIO [*with the articles. For forms, see p. 42.*]

[Fo. 77v.]
[*Process of the Election: May 20, 1560.*]
PROCESSUS ELECTIONIS.

Serenissime et excellentissime in Christo Principi et domine nostre Domine Elizabethe Dei gracia Anglie Francie et Hibernie regine fidei defensori, etc., vestres humiles et devoti oratores Willelmus Leuison ecclesie Cathedralis Exoniensis Cancellarius Capitulique ecclesie predicte presidens et ejusdem ecclesie Capitulum Salutem in eo qui dat salutem regibus cum omni humilitate reverentia obedientia et honore. Vestre sublimitati notum facimus per presentes Quod oblata nobis septimo die instantis mensis Maij anni regni vestri secundo pro electione novi et futuri episcopi et pastoris aliumque nobis in episcopum et pastorem ecclesie Cathedralis Exoniensis eligendi licentia vestra fundatoria vestro magno sigillo Anglie sigillata cujus tenor sequitur in hec verba.

[*Congé d'Elire: April 27, 1560.*]

Elizabeth, etc. Ex parte vestra nobis est humiliter supplicatum ut cum ecclesia predicta per deprivationem [Jacobi Turberville][1] ultimi episcopi ejusdem jam vacet, etc., etc. [*the rest being in the usual form*]. Teste me ipsa apud Westmonasterium xxvij° die Aprilis anno regni nostri secundo.

---

[1] Name supplied from the Archbishop's Citation against Opponents.

[Fo. 78.]

Nos eandem omni qua poterimus reverentia et honore amplectantes, Rogatumque vestre serenissime regie majestatis (ne sedes illa episcopatus Exoniensis ex diutina vacatione ejusdem graviora pateretur incommoda) perimplere cupientes, Convocatis nobis in domo nostra Capitulari, die mense et anno predictis, Canonicis et Prebendariis ipsius ecclesie Cathedralis confratribus nostris tunc presentibus ac plenum Capitulum in ea parte facientibus, perlectaque vestra licentia supradicta per Johannem Germyn, notarium publicum et in hoc negocio Registrarium principalem per nos assumptum, ad procedendum electioni hujusmodi diem Lune videlicet vicesimum diem instantis mensis Maij anno domini Millesimo Quingentesimo sexagesimo jam currente cum continuatione et prorogatione terminorum temporum et dierum tunc sequentium (si necesse fuerit) ac negocium illud electionis usque ad finalem expedicionem ejusdem terminandum et finiendum in domo nostra Capitulari in qua electiones nostre ab antiquo fieri et celebrari consueverunt, inter horas nonam et undecimam ante meridiem ejusdem diei (favente Domino) in presentia dicti Johannis Germyn notarii ac Registrarii prefiximus limitavimus et assignavimus.

Statimque nos Presidens et capitulum de et cum consensu confratrum nostrorum presentium omnes et singulos ipsius ecclesie cathedralis Canonicos et Prebendarios confratres nostros pro tunc absentes, jus ac voces in ipsa electione habentes, qui ad hujusmodi electionem, ac ad diem locum terminum actusque ac cetera in hoc electionis negocio tractanda et concludenda una nobiscum et ceteris Canonicis ac Prebendariis confratribus nostris pro novo episcopo et pastore eligendo tractaturos, modoque debito processuros convocari vel interesse deberent, per citationes et moniciones Canonicas in ostio domus nostre Capitularis ac etiam in singulis eorundem Canonicorum et Prebendariorum stallis, juxta antiquam dicte Cathedralis ecclesie consuetudinem ac morem affixas, ad diem et locum prerecitatos citandos et monendos fore decrevimus et mandavimus: Intimantes expresse eisdem omnibus et singulis confratribus nostris absentibus, vel die et loco prefixis et assignatis ad interessendum minime curantibus per eandem nostram citationem ac monitionem canonicam, Quod, sive venerint sive non, nos in ipsius electionis negocio ad finalem expedicionem ejusdem procedemus, eorundem absentia et contumacia non obstantibus, et quod ulterius vocari non deberent, etiamsi contigerit eundem terminum prorogari. Cujus citationis tenor sequitur et est talis.

H

[*Citation of Dean and Chapter: May 17, 1560.*]

Presidens Capituli ecclesie Cathedralis divi Petri Exoniensis et ejusdem ecclesie Capitulum universis et singulis ecclesie Cathedralis predicte Canonicis et Prebendariis salutem in domino. Cum Jacobus nuper Exoniensis episcopus ab episcopatu antedicto honore dignitateque suis ceterisque juribus episcopatui predicto spectantibus et pertinentibus legitime deprivatus sit, nobisque ex parte serenissime domine nostre Elizabethe Dei gracia Anglie Francie et Hibernie regine, fidei defensoris, etc., per literas suas patentes sub magno suo sigillo Anglie sigillatos alium Deo devotum sibi ac inclito huic regno Anglie utilem et fidelem, ne sedes illa episcopalis pastoris solatio diutius sit destituta, in episcopum et pastorem eligere rogatum et licentiatum sit : Nos juxta nostri officii debitum premissa in omnibus perimplere cupientes, Vos et quemlibet vestrum jus voces locave in Capitulo ecclesie Cathedralis predicte habentes, seu in electione predicta (ut premittitur) fienda et celebranda quovismodo habere pretendentes, auctoritate nobis in hac parte commissa per presentes peremptorie monemus et citamus quod vos et vestrum quilibet vicesimo die instantis mensis Maii in domo capitulari predicta inter horas nonam et undecimam ante meridiem ejusdem diei unacum nobis pro electione novi et futuri pontificis ibidem fiendum et celebrandum person-
[Fo 78v.] aliter intersitis personalemque ibidem adhibeatis presentiam super electione predicta tractaturi et processuri procedique visuri, Consensum quoque vestrum et assensum in premissis prout vobis visum fuerit prebituri, ulteriusque facturi et recepturi quod justum fuerit in hac parte et rationi consonum : Intimantes uobis quod advenientibus die et tempore prerecitatis ad electionem antedictam juxta tenorem litterarum dicte serenissime domine nostre regine nobis in hac parte directarum et per nos omni cum humilitate receptarum ac penes nos remanentium vestra absentia non obstante procedere intendimus et procedemus. Datum in domo nostra Capitulari ecclesie Cathedralis Exoniensis septimo die mensis Maii Anno domini Millesimo Quingentesimo Sexagesimo.

Quo die Lune videlicet vicesimo mensis Maii assignato, adveniente, convenientibus una nobiscum Willelmo Levyson ecclesie Cathedralis Exoniensis Cancellario tunc capituli dicte ecclesie Presidente, hora capitulari ante meridiem ejusdem diei in domo nostra capitulari predicta pro electione hujusmodi celebranda venerabili

Archiepiscopi Cantuariensis. 99

viro magistro Richardo Tremaine artium magistro dicte ecclesie Cathedralis Thesaurario, Richardo Gamon Sacre Theologie Professore, Willelmo Marwood et Roberto Fissher clericis dicte ecclesie Cathedralis Canonicis et Prebendariis confratribus nostris in ordine Sacerdotali constitutis tunc presentibus, ac insimul capitulariter congregatis plenumque Capitulum facientibus ac locis suis sedentibus, exposito primitus verbo Dei, ac Spiritus Sancti gracia humiliter invocata, Canonicisque et Prebendariis antedictis una nobiscum presidente antedicto tunc interessentibus, factaque fide per mandatarium nostrum venerabiles viros Magistros Gregorium Doddes Sacre Theologie Bacchalaureum ecclesie cathedrale predicte Decanum, Richardum Petre dicte ecclesie Precentorem, Georgium Carewe Archidiaconum Exoniensem, Thomam Kent Archidiaconum Totton, Georgium Squire Archidiaconum Barum, Georgium Harvy Archidiaconum Cornubie, Thomam Nutcoumbe dicte ecclesie subdecanum, Georgium Verneye, Joannem Kennall, Willelmum Evance, Georgium Mason, Robertum Brocke, Nicholaum Wotton, Walterum Wright, Humfridum Stanley et Johannem Harpesfeld ecclesie cathedralis predicte canonicos et Prebendarios confratres nostros ad conparendum in domo nostra capitulari predicta una nobiscum in episcopo [*sic*] electionis negocio processuros et tractaturos predictum diem lune xx^{um} videlicet diem instantis mensis Maii ad hoc habentes peremptorie citatos extitisse, eosdem Canonicos antedictos per eorum nomina ac cognomina in ordine (ut premittitur) expresso publice et aperta voce ad ostium domus capitulari dicte ecclesie, jus vocesque in hujusmodi electione habentes evocari et preconizari fecimus. Quibus sic per nostrum in ea parte mandatarium preconizatis ad ostium domus nostre capitularis pro tunc apertum vice ac nomine Magistrorum Gregorii Doddes ipsius ecclesie Decani, ac vice et nomine Magistri Georgii Carewe Archidiaconi Exoniensis, comparuerunt Magistri Richardus Tremayne ecclesie cathedralis predicte Thesaurarius et Willelmus Fissher clericus ipsius ecclesie canonici exhibentes procuratoria sua pro eisdem auctentice sigillata et penes non [nos] remanentia.

Ceteris vero confratribus nostris (ut premittitur) sepius preconizatis, diutiusque expectatis et nullo modo comparentibus, sed a nobis presidente capituli et canonicis die et loco predictis quoad actum electionis antedicte se penitus absentantibus, aut ad ibidem interessendum minime curantibus, nos Willelmus Levison Presidens capituli antedicti de consensu et assensu Magistri Richardi Tremayne Thesaurarii, Richardi Gamon, Willelmi Marwood et Roberti

H 2

Fissher confratrum nostrorum Canonicorum et Prebendariorum presentium, ad electionem novi episcopi dicteque ecclesie cathedralis pastoris ceterorum Canonicorum et Prebendariorum confratrum nostrorum negligentia et contumacia non obstante, decrevimus tunc esse procedendum.

 Perlectaque denuo licencia regia supradicta, ac aliis dicte serenissime domine nostre regine litteris attendentibus magistrum Willelmum Alley sacre Theologie professorem virum utique providum discretum humilem mansuetum in rebus agendis circumspectum piumque, in ordine Sacerdotali ac etate legitima [Fo. 79.] constitutum, litterarum scientia vita et moribus ac aliis virtutibus preditum, nobis multipliciter commendatum, Talemque esse†, cui nihil obstare dinoscitur quo minus in episcopum ecclesie cathedralis predicte sedisque episcopalis pastorem per nos eligi debeat et assumi, Nos capituli predicti Presidens de consensu et assensu confratrum nostrorum Magistrorum Richardi Tremayne, etc., Canonicorum, etc., presentium, accedentibus etiam consensu Magistrorum Gregorii Doddes ecclesie predicte Decani et Georgii Carewe per eorum procuratores comparentium, quoad electionem hanc finiendum et canonice terminandum, concorditer unanimiter unaque voce plenum capitulum facientes ac in unum compromittentes Ipsum Magistrum Willelmum Alleye in episcopum nostrum et ecclesie Cathedralis Exoniensis predicte, ejusdemque sedis episcopalis pastorem nominavimus et eligimus; vocesque nostros consensumque et assensum ut in episcopum et pastorem sedis episcopalis Exoniensis assumi et intronizari valeat ad omnem Juris effectum qui exinde sequi poterit aut potest eidem damus et concedimus, ac in eundem consentimus, per hoc nostrorum finale electionis decretum, manibus nostris propriis unacum nominibus et cognominibus nostris subscriptum; Rogantes sepiusque et instanter requirentes eundem Magistrum Willelmum Alley electioni hujusmodi de se facte consentire.

 Que omnia per nos acta in hoc negocio vestre regie majestati juxta tenorem brevis vestri nobis directi ac juxta nostri officii debitum significamus, humillime supplicantes Quatenus [ut] ad ipsius Magistri Willelmi Alleye per nos in episcopum et pastorem Exoniensen electi confirmationem procedatur, graciose ac de benignitate vestra regia concedere dignemini, ut tam nobis quam ecclesie Cathedrali predicte sub vestra regia majestate vestro presidio preesse valeat ac prodesse deoque fideliter militare.

 Et ut premissa vestre serenissime majestate veracius innotescant, huic presenti electioni per manus dicti Johannis Germyn notarii publici Registrariique principalis Exoniensis, qui cum testibus subscriptis premissis omnibus et singulis (ut premittitur) personaliter interfuit, electionemque hanc nostram in formam publicam ex nostro mandato scripsit sigillum nostrum commune apposuimus, manuque ac subscribi et signari curavimus. Vestram regiam majestatem conservet altissimus.

Acta fuerunt hec omnia et singula prout suprascribuntur et recitantur sub anno domini mense die et loco predictis, In presentia mei Johannis Germyn notarii antedicti, presentibus tunc ibidem Magistris Richardo Henson, Willelmo Herne clericis, Olivero Manwaryng, et Johanne Rider notario publico testibus ad premissa vocatis specialiter et rogatis ; per me Willelmum Leuyson capituli presidentem, per me Richardum Tremayne Thesaurarium, per me Richardum Gammon, per me Willelmum Marwood, per me Robertum Fissher, per me Gregorium Doddes decanum.

Et ego Johannes Germyn Exoniensis diocesis publicus auctoritate sufficiente notarius Quia prefate electioni de magistro Willelmo Alley in domo capitulari ecclesie Cathedralis Exoniensis (ut premittitur) facte, ceterisque premissis omnibus et singulis ibidem actis habitis et factis unacum Presidente capituli Canonicisque supradictis testibusque quoque hic nominatis die mense et anno prerecitatis presens personaliter interfui, eaque omnia et singula prout ibidem tunc agebantur et fiebant vidi et audivi atque in notam sumpsi : Ideo hoc presens decretum ex mandato Presidentis capituli ecclesie Cathedralis predicte et dicti ecclesie capituli per me fideliter scriptum ac eorum communi sigillo sigillatum manu mea propria subscripsi publicavi et in hanc formam publicam redegi, signoque et nomine meis solitis et consuetis signavi in fidem et testimonium omnium et singulorum premissorum rogatus ad hoc specialiter et requisitus.

Et ego Willelmus Alleye huic electioni consensum meum prebeo. Per me Willelmum Alleye.

[Fo. 79ᵛ·]
SECUNDA SCHEDULA CONTRA OPPOSITORES.
JURAMENTUM DOMINI ELECTI EXONIENSIS.
SENTENCIA DIFFINITIVA.

[*Second Schedule against Opponents, Oath of the Bishop-Elect of Exeter, Definitive Sentence pronounced by Dr. Thomas Yale, in the usual forms.*]

[Fo. 80.]
CONSECRATIO DOMINI WILLELMI ALLEY EPISCOPI EXONIENSIS.

[*Consecration (described as at p. 88) of William Alley, Bishop of Exeter, in the Chapel at Lambeth, on Sunday, July 14th, 1560, the Archbishop being assisted by Edmund, Bishop of London, and Gilbert, Bishop of Bath and Wells. In the presence of John Incent, public notary, and John Hardyman, S.T.P., Dr. Thomas Yale, Andrew Pierson, S.T.B., witnesses.*]

NORWICENSIS.

[*Acts of the Confirmation of the Election of Master John Parkhurst, S.T.B., to the See of Norwich, August 26, 1560, 2 Elizabeth, in the Church of St. Mary-le-Bow, London, before Dr. Thomas Yale, the Archbishop's Commissary, in the presence of John Incent, public notary and principal registrar of the Archbishop.*]

Acta habita et facta, etc. [*see p. 38*].

[Fo. 80ᵛ·]
CONFIRMATIO ELECTIONIS DOMINI JOHANNIS PARKHURST EPISCOPI NORWICENSIS.

[*As in the Acts, p. 39.* Edward Orwell, litteratus, *proctor for the Dean and Chapter of Norwich.* Master Thomas Huike, *proctor for the Bishop-Elect.* Robert Walker, John Gibbons, litterati, *being witnesses.*]

[Fo. 81.]
LITTERE PATENTES DE ASSENSU REGIO.

[*Letters Patent of the royal assent (for form see p. 39). Westminster, July 10, 1560, 2 Elizabeth.*]

PROCURATORIUM CAPITULI NORWICENSIS.

[*Proxy of the Dean and Chapter of Norwich (for form, see p. 6) appointing Anthony Huse, Esq., William Saye, Edward Bigg, George Harryson, public notaries of the Court of Canterbury, and Edward Orwell, their proctors, to gain the assent of John Parkhurst to his election, and to announce it to the Queen and Archbishop, etc. Sealed with the seal of the Archdeacon of Chichester, April 20, 1560.*]

[Fo. 81ᵛ·]
PROCURATORIUM DOMINI ELECTI NORWICENSIS

[*Proxy of the Bishop-Elect of Norwich (in the usual form, see p. 41) appointing Thomas Huike, doctor of laws, his proctor in matters relating to the Confirmation of his Election. Sealed with the seal of the Archdeacon of Chichester, August 23, 1560.*]

[Fo. 82.]

CITATIO CONTRA OPPOSITORES.

[*Citation of Opponents in the usual form, the Confirmation of the Election of John Parkhurst to the See of Norwich, vacant by the death of John Hopkins†, the last Bishop, being appointed for Monday, August 26, between the hours of eight and nine before noon. Dated Lambeth, August 21, 1560. The execution of the mandate on Saturday, August 24, being certified by Robert Walker on August 26 in the Church of St. Mary-le-Bow.*]

[Fo. 82ᵛ.-83ᵛ.]

PRIMA SCHEDULA CONTRA OPPOSITORES.
SUMMARIA PETITIO [*with the articles*].
SECUNDA SCHEDULA CONTRA OPPOSITORES.
JURAMENTUM DOMINI ELECTI NORWICENSIS.
SENTENCIA DIFFINITIVA.

[*The First Schedule against Opponents, the Summary Petition, the Second Schedule against Opponents, the Oath of the Bishop-Elect, and the Definitive Sentence pronounced by Dr. Thomas Yale, in the usual forms.*]

[Fo. 84.]

CONSECRATIO DOMINI JOHANNIS PARKEHURST EPISCOPI NORWICENSIS.

[*Consecration (described as at p. 88) of John Parkhurst, Bishop of Norwich, on Sunday, September 1, 1560, in the Chapel at Lambeth, the Archbishop being assisted by Gilbert, Bishop of Bath and Wells, and William, Bishop of Exeter,* "adhibitis ceremoniis de usu moderno ecclesie Anglicane adhibendis". *In the presence of Edward Orwell, deputy of Master John Incent, chief registrar; Doctors Thomas Yale and Thomas Huike, and Andrew Pierson, clerk, being witnesses.*]

[Fo. 84ᵛ.]

WINTONIENSIS.

[*Acts of the Confirmation of the Election of Master Robert Horne, S.T.P., to the See of Winchester, February 13, 1560/1, in the Church of St. Mary-le-Bow, London, before Dr. Thomas Yale, the Archbishop's Commissary, in the presence of John Incent, public notary and principal registrar of the Archbishop.*]

Acta habita et facta, etc. [*see p. 38*].

CONFIRMATIO ELECTIONIS DOMINI ROBERTI HORNE EPIS-
COPI WINTONIENSIS.
[*As in the Acts, p. 39. Master William Saye, public notary, proctor for the Dean and Chapter of Winchester. Master John Mullyns, Archdeacon of London, proctor for the Bishop-Elect. John Monstevinge, gentleman, Anthony Burton, clerk, Thomas Walker and Thomas Saye, litterati, being witnesses.*]

[Fo. 85.]
LITTERE PATENTES DE ASSENSU REGIO.
[*Letters Patent of the royal assent in the usual form (see p. 39). Westminster, February 12, 1560/1, 3 Elizabeth.*]

[Fo. 85ᵛ·]
PROCURATORIUM CAPITULI WINTONIENSIS.
[*Proxy of the Dean and Chapter of Winchester (for form see p. 6) appointing Masters John Watson, A.M., and William Overton, canons and prebendaries of the Cathedral Church of the Holy Trinity, Winchester, William Saye and John Incent, public notaries of the Court of Canterbury, as their proctors for obtaining the assent of Robert Horne to his election, and to announce it to the Queen, etc. Dated in the Chapter House, Winchester, December 11, 1560.*]

[Fo. 86.]
PROCURATORIUM DOMINI ELECTI WINTONIENSIS.
[*Proxy of the Bishop-Elect of Winchester (for form see p. 41), appointing John Mullyns Archdeacon of London, and Thomas Wattes Archdeacon of Middlesex, and Anthony Burton, clerk, together or separately, his proctors in matters relating to the Confirmation of his Election. Sealed with the seal of the Archdeacon of Chichester, February 14, 1560/1.*]

CITATIO CONTRA OPPOSITORES.
[*Citation of Opponents (in the usual form), the Confirmation of the Election of Robert Horne to the See of Winchester, vacant by the deprivation of John Whyte, the last Bishop, being appointed for Saturday, February 14, 1560/1.*]

Decimo quinto die Februarii 1560 in ecclesia parrochiali Beate Marie de Archubus Londonie ecclesie Christi Cantuariensis Juris-diccionis immediate coram venerabili viro Magistro Thoma Yale legum doctore Reverendissimi domini Archiepiscopi Can-
[Fo. 86ᵛ·] tuariensis vicario generali, comparuit personaliter Rober-tus Walker Bedellus Curie Cantuariensis et Mandatarius, etc., et certificavit se hesterna die post meridiem executum fuisse hoc

mandatum per affixionem ejusdem in valvis ecclesie parrochialis predicte tempore divinorum ibidem celebratorum anteaque et postea dimisso juxta vim formam et effectum hujus mandati: super quibus fecit fidem.

PRIMA SCHEDULA CONTRA OPPOSITORES.
[Fo. 87-88.]
SUMMARIO PETITIO [*with the articles*].
SECUNDA SCHEDULA CONTRA OPPOSITORES.
JURAMENTUM DOMINI ELECTI WINTONIENSIS.
SENTENTIA DIFFINITIVA.

[*The First Schedule against Opponents, the Summary Petition, the Second Schedule against Opponents, the Oath of the Bishop-Elect, and the Definitive Sentence pronounced by Dr. Thomas Yale, in the usual forms.*]

CONSECRATIO DOMINI ROBERTI HORNE EPISCOPI WINTONIENSIS.

[*Consecration (see p. 88) of Robert Horne, Bishop of Winchester, on Sunday, February 16, 1560/1, in the chapel at Lambeth, the Archbishop being assisted by Thomas Young, Bishop of St. David's, Elect of York, Edmund, Bishop of London, and Thomas, Bishop of Coventry and Lichfield,* "adhibitis ceremoniis de more ecclesie Anglicane usitatis". *John Incent, principal registrar, Doctor Thomas Yale, Edward Leeds, Licentiate in Laws, Andrew Pierson S.T.B., and Richard Beseleye S.T.B., being witnesses.*]

[Fo. 88ᵛ.]
[*Presentation granted to the Archbishop of Canterbury on the Consecration of the Bishop of Winchester.*]
ADVOCATIO CONCESSA DOMINO ARCHIEPISCOPO CANTUARIENSI INTUITU CONSECRATIONIS EPISCOPI WINTONIENSIS.

Omnibus Christi fidelibus ad quos hoc presens scriptum pervenerit Robertus permissione divina Wintoniensis episcopus salutem in Domino sempiternam. Cum tam de antiqua laudabili longeuaque et legitime prescripta consuetudine hactenus inconcusse usitata et observata quam etiam de singulari prerogativa ecclesie Metropolitice Christi Cantuariensis fuerit et sit usitatum et observatum, Quod Archiepiscopus Cantuariensis pro tempore existens cuilibet Suffraganeorum in episcopum alicujus ecclesie Cathedralis sue Cantuariensis provincie electo statim post confirmationem suam unum clericum idoneum nominare et presentare possit, Cui idem electus confirmatus tenebitur quam primum facultas se obtulerit in sua ecclesia cathedrali de aliqua dignitate Canonicatu et Prebenda vel de alio competenti Beneficio ecclesiastico providere, Ac interim dictum clericum ad hujusmodi dignitatem canonicatum et prebendam seu beneficium hujusmodi sic promovandum acceptare et admittere, necnon sibi pensionem annuam quinque librarum constituere tantisper solvendam et impendendam quousque eidem clerico de dignitate canonicatu et Prebenda vel de alio competente Beneficio hujusmodi sufficienter fuerit cautum et provisum: Sciatis igitur nos Robertum episcopum Wintoniensem antedictum, Jura Libertates consuetudines et Prerogativam ecclesie Metropolitice Christi Cantuariensis pro posse nostro adimplere volentes, dedisse concessisse et hoc presenti scripto nostro confirmasse Reverendissimo in Christo Patri et Domino Mattheo permissione divina Cantuariensi Archiepiscopo tocius Anglie Primati et Metropolitano consecratori meo, primam et proximam advocationem nominationem et liberam dispositionem cujuscunque dignitatis Canonicatus et Prebende in ecclesia nostra Cathedrali Wintoniensi predicta vel alterius cujuscunque beneficii ecclesiastici infra diocesim nostram Wintoniensen nostrorum patronatus et collationis cum illam per mortem resignacionem cessionem dimissionem permutacionem vel alio quocumque modo primo et proximo post datum presentium vacare contigerit, habendum tenendum et gaudendum prefato reverendissimo patri executoribus et assignatis suis dictas advocacionem nominacionem et liberam dispositionem cujuscunque dignitatis Canonicatus et prebende vel alterius Beneficii ecclesiastici predicti sic (ut prefertur) primo et proximo vacaturi pro unica vice et proxima vacatione ejusdem tantum. Ita quod bene liceat et licebit prefato Reverendissimo patri executoribus et assignatis suis ad libitum suum auctoritate presentium quamcumque personam idoneam ad dictam dignitatem Canonicatum et Prebendam vel aliud quodcumque beneficium ecclesiasticum hujusmodi semel duntaxat et non ultra cum primo et proximo (ut prefertur) post datum presentium vacare contigerit nominare et presentare: Ac literas nominationis et presentationis de eisdem dignitate canonicatu et prebenda vel alio Beneficio ecclesiastico hujusmodi (ut premittitur) primo et proximo vacaturi cuicumque persone idonee facere et concedere: Ac omnia et singula facere exercere et perimplere que in premissis seu eorum aliquo necessaria fuerint seu quomodolibet opportuna, adeo plene libere et integre, ac in tam amplis modo et forma prout nos prefatus episcopus faceremus et perimpleremus si hec presens nostra concessio sive confirmatio facta non fuisset. Ita quod pro prima et proxima vice tantum non liceat neque licebit nobis dictos canonicatum et Prebendam vel aliud beneficium hujusmodi sic (ut predictum est) primo et proximo vacaturum alicui alii persone conferre quam illi soli persone sic per dictum reverendissimum patrem vel ejus deputatum nobis nominande et presentande. In cujus rei Testimonium sigillum nostrum presentibus apponi fecimus datum   die mensis   anno domini juxta computacionem ecclesie Anglicane Millesimo Quingentesimo Sexagesimo, et nostre consecrationis anno primo.[1]

[Fo. 89.]

PETRIBURGENSIS.

[*Acts of the Confirmation of the Election of Edmund Scambler, S.T.B., to the See of Peterborough, February 15, A.D. 1560/61, in St. Mary-le-Bow, London, before Dr. Thomas Yale, the Archbishop's Commissary, and in the presence of John Incent, etc.*]

Acta habita et facta [*see p. 39*].

CONFIRMATIO ELECTIONIS DOMINI EDMUNDI SCHAMBLER EPISCOPI PETRIBURGENSIS.

Die et loco predictis inter horas secundam et tertiam post meridiem ejusdem diei, comparuit personaliter Magister Willelmus Saye notarius publicus et exhibuit et presentavit dicto Magistro Yale litteras patentes regias eidem Reverendissimo patri domino Mattheo Archiepiscopo Cantuariensi in hac parte directas. Quibus per me Johannem Incent Registrarium antedictum de mandato dicti commissarii publice lectis, dictus commissarius ob honorem et reverenciam prefate serenissime domine nostre regine decrevit procedendum fore juxta vim formam et effectum earundum. Deinde, etc., etc. [*The rest of the proceedings as in the Acts, p. 39.*]

[*Master William Saye, proctor for the Dean and Chapter of Peterborough, and Master Anthony Burton, clerk, proctor for the Bishop-Elect. Witnesses, John Mountstevinge, gentleman, Anthony Burton, clerk, Thomas Walker, and Thomas Saye, litterati.*]

[Fo. 89v.]

LITERE PATENTES DE ASSENSU REGIO.

[*Letters Patent of the royal assent, in the usual form (see p. 39). Westminster, February 4, 1560/1, 3 Elizabeth.*]

---

[1] Blanks in the register.

PROCURATORIUM CAPITULI PETRIBURGENSIS.

[*Proxy of the Dean and Chapter of Peterborough (for form see p. 6) appointing Masters John Mountstevinge and William Saye, their proctors, for obtaining the consent of Edmund Scambler to his Election, and for announcing it to the Queen, etc. Sealed with the seal of the Archdeacon of Chichester, February 11, 1560/1.*]

[Fo. 90.]
PROCURATORIUM DOMINI ELECTI PETRIBURGENSIS.

[*Proxy of the Bishop-Elect of Peterborough (for form see p. 41) appointing Anthony Burton, clerk, and John Mullyns, Archdeacon of London, his proctors in matters relating to the Confirmation of his Election. Sealed with the seal of the Archdeacon of Chichester, February 13, 1560/1.*]

[Fo. 90$^{v.}$]
CITATIO CONTRA OPPOSITORES.

[*Citation of Opponents (in the usual form), the Confirmation of the Election of Edmund Scambler to the See of Peterborough, vacant by the deprivation of David Pole,[1] last Bishop, being appointed for Saturday, February 15, between the hours of one and two in the afternoon. Dated Lambehith, February 12, 1560/1. With certificate by Robert Walker, beadle of the Court of Canterbury, on February 25, of his performance of the mandate in the afternoon of the day before (as on p. 104).*]

[Fo. 91, 92.]
PRIMA SCHEDULA CONTRA OPPOSITORES.
SUMMARIA PETITIO [*with the articles*].
SECUNDA SCHEDULA CONTRA OPPOSITORES.
JURAMENTUM DOMINI ELECTI.
SENTENTIA DIFFINITIVA.

[*The First Schedule against Opponents, the Summary Petition, the Second Schedule against Opponents, the Oath of the Bishop-Elect, and the Definitive Sentence pronounced by Dr. Thomas Yale, in the usual forms.*]

[Fo. 92$^{v.}$]
CONSECRATIO DOMINI EDMUNDI SHAMBLER EPISCOPI PETRIBURGENSIS.

[*Consecration of Edmund Scambler, Bishop of Peterborough, on Sunday, February 16, 1560/1, at Lambeth, the assistant Bishops,*

---

[1] Written also "Poole."

ceremonies, and witnesses as at the consecration of Bishop Horne (see p. 105.]

[Fo. 93.]

EBORACENSIS.

[*Acts of the Confirmation of Thomas Young, late Bishop of St. David's, to the See of York, Tuesday, February 25, 1560/1, in the Archbishop's Chapel, at Lambeth.*]

Acta habita et facta circa negocium confirmationis electionis facte de persona Reverendissimi in Christo Patris domini Thome Younge nuper Menevensis Episcopi in Archiepiscopum et pastorem ecclesie Cathedralis et Metropolitice Eboracensis electi et postulati, in Capella Reverendissimi in Christo patris et domini domini Matthei permissione divina Cantuariensis Archiepiscopi tocius Anglie Primatis et Metropolitani infra manerium suum de Lambehith Jurisdictionis immediate die Martis, videlicet xxv⁰ die mensis Februarii anno domini juxta computacionem Ecclesie Anglicane Millesimo quingentesimo Sexagesimo, coram eodem Reverendissimo domino Archiepiscopo Cantuariensis, necnon reverendis patribus dominis Edmundo Londoniensi et Thoma Coventrensi et Lichfeldensi respective episcopis, auctoritate Parliamenti Anglie, mediantibus litteris commissionalibus patentibus illustrissime in Christo Principis et domine nostre domine Elizabethe, etc., regine, etc., eis in hac parte directis legitime fulcitis. In presentia mei Johannis Incent notarii publici, etc.

CONFIRMATIONIS ELECTIONIS DOMINI THOME YONGE, ARCHIEPISCOPI EBORACENSIS.

Dictis die et loco inter horas septimam et octavam ante meridiem ejusdem diei, comparuit personaliter Magister Georgius Harrison notarius publicus alme Curie Cantuariensis de Archubus Londonie Procuratorum generalium unus, ac ex parte dicte serenissime domine nostre regine presentavit eidem reverendissimo patri domino Mattheo Archiepiscopo Cantuariensi et aliis reverendis patribus prenominatis litteras commissionales patentes sepefate domine nostre regine magno sigillo suo Anglie (ut apparuit) sigillatas, eis in hac parte directas. Quibus per me Johannem Incent Registrarium antedictum publice perlectis, dictus Reverendissimus pater dominus Archiepiscopus Cantuariensis et College sue hujusmodi ob reverentiam et honorem dicte domine regine acceptarunt in se onus executionis dictarum litterarum, etc.

[*The rest of the proceedings as in the Acts, p. 29*, mutatis mutandis. *Master Harryson, proctor for the Dean and Chapter of York, none for the Archbishop-Elect, who was present in person. Dr. Thomas Yale, Robert Willet, and Francis Aldridge, gentlemen, being witnesses.*]

[Fo. 93ᵛ·]

LITTERE PATENTES DE ASSENSU REGIO.

[*Letters Patent of the royal assent in the usual form (p. 39) addressed to the Archbishop of Canterbury and the Bishops of London and of Coventry and Lichfield. Westminster, February 19, 1560/1, 3 Elizabeth.*]

PROCURATORIUM CAPITULI EBORACENSIS.

[*Proxy of Nicholas Wotton, Dean, and of the Chapter of York (for form, see p. 6), appointing Masters Thomas Clarke and George Harryson, public notaries, their proctors, to obtain the consent of Thomas Young to his Election, etc. Sealed with the seal of the Archdeacon of Chichester, February 6, 1560/1.*]

[Fo. 94.]

CITATIO CONTRA OPPOSITORES.

[*Citation of Opponents (in the usual form) issued by the Archbishop of Canterbury and the Bishops of London and of Coventry and Lichfield. Dated February 2, 1560/1.*]

[Fo. 94ᵛ·]

Vicesimo quinto die mensis Februarii anno domini 1560 in Capella Reverendissimi domini Archiepiscopi Cantuariensis apud Lambehith ecclesie Christi Cantuariensis Jurisdictionis immediate coram reverendissimo in Christo Patre domino Mattheo Archiepiscopo Cantuariensi et Edmundo Londoniensi ac Thoma Coventrensi et Lichfeldensi respective episcopis retronominatis, comparuit personaliter Robertus Haynes Mandatarius, etc., et certificavit se executum fuisse hoc presens mandatum per affixionem ejusdem in magno ostio Boriali Ecclesie Cathedralis divi Pauli Londonie xxiij⁰ die presentis mensis Februarii juxta tenorem ejusdem mandati: super quibus fecit fidem.

PRIMA SCHEDULA CONTRA OPPOSITORES.

[Fo. 95.]

SUMMARIA PETITIO [*with the articles*].

[Fo. 95ᵛ·]

SECUNDA SCHEDULA CONTRA OPPOSITORES.

JURAMENTUM PRESTITUM PER DOMINUM ELECTUM EBORACENSIS.

[*The First Schedule against Opponents, the Summary Petition, the Second Schedule against Opponents, the Oath of the Archbishop-Elect, in the usual forms.*]

[Fo. 96.]
[*Definitive Sentence.*]

SENTENCIA DEFFINITIVA.

In Dei Nomine Amen. Auditis visis et intellectis ac plenarie et mature discussis per nos Mattheum permissione divina Cantuariensem Archiepiscopum totius Anglie Primatem et Metropolitanum, Edmundum Londoniensem et Thomam Coventrensem et Lichfeldensem respective episcopos auctoritate Parliamenti hujus Regni Anglie, mediantibus litteris commissionalibus patentibus illustrissime in Christo Principis et domine nostre domine Elizabethe, etc., regine, etc., nobis in hac parte directis ad infrascripta rite et legittime fulcitos, meritis et circumstanciis cujusdam cause sive negocii confirmationis electionis de persona venerabilis confratris nostri domini Thome Younge nuper Menevensis episcopi in Archiepiscopum ecclesie Cathedralis et Metropolitice Eboracensis electi, etc., etc. [*The rest of the definitive sentence being in the usual form.*]

MANDATUM DIRECTUM ARCHIDIACONO EBORACENSI AD INTRONIZANDUM DOMINUM ARCHIEPISCOPUM.

[*Mandate of the Archbishop of Canterbury, and the Bishops of London and of Coventry and Lichfield, addressed to Master John Stokes, S.T.B., Archdeacon of York (for form, see p. 53). The See of York being vacant by the deprivation and removal of Nicholas Heath, the last Archbishop, he is to enthrone Thomas Younge, late Bishop of St. David's, elected to the Metropolitical See by the Dean and Chapter of York, and confirmed by them, and to place him or his proxy in full possession of the See. Sealed with the Archbishop's seal, February 27, 1560/1.*]

[Fo. 96v, 97.]

ASSAPHENSIS.

[*Acts of the Confirmation of the Election of Thomas Davyes, LL.D., to the See of St. Asaph, vacant by the translation of Richard Davyes, the last Bishop, to the See of St. David's, in the Church of St. Mary-le-Bow, London, Saturday, May 17, 1561, before Dr. Thomas Yale, the Archbishop's Commissary, and in the presence of John Incent.*]

Acta habita et facta, etc. [*see p. 39*].

CONFIRMATIO ELECTIONIS DOMINI THOME DAVIS EPISCOPI ASSAPHENSIS.

Die et loco predictis inter horas septimam et octavam ante meridiem ejusdem diei introducto per Robertum Haynes Mandatarium, etc., mandato citatorio originali alias contra oppositores, etc., emanato, una cum certificatione in dorso super executione ejusdem, dominus continuavit certificatorium in statu quo nunc est usque in diem veneris proximum videlicet xxiii^{tium} diem presentis mensis Maii inter horas septimam et octavam ante meridiem, etc.

Quo quidem die veneris videlicet xxiii° die mensis Maii Anno 1561 adveniente inter horas vii^{am} et viii^{am} ante meridiem ejusdem diei in ecclesia parrochiali beate Marie de Archubus predicta ac coram prefato Magistro Thoma Yale in presentia mei Johannis Incent supranominati comparuit, etc., etc.

[*The rest of the proceedings as in the Acts, p. 39. Edward Orwell, public notary, proctor for the Dean and Chapter of St. Asaph, and Master John Powell, a canon of the Cathedral of St. Asaph, proctor for the Bishop-Elect. Robert Haynes and Lancelot Broughton, witnesses.*]

[Fo. 97^{v}.]
LITTERE PATENTES DE ASSENSU REGIO.

[*Letters Patent of the royal assent addressed to the Archbishop of Canterbury (for form see p. 39). Westminster, May 14, 1561, 3 Elizabeth.*]

PROCURATORIUM CAPITULI ASSAPHENSIS.

[*Proxy of the Dean and Chapter of St. Asaph (for form see p. 6) appointing John Powell, clerk, and Edward Orwell, public notary, their proctors to obtain the assent of Thomas Davys to his Election, the consent of the Queen, and the Confirmation of the Election before the Archbishop, etc. Sealed with the seal of the Archdeacon of Chichester, May 5, 1561.*]

[Fo. 98.]
PROCURATORIUM DOMINI ELECTI ASSAPHENSIS.

[*Proxy of the Bishop-Elect of St. Asaph appointing John Powell, prebendary of the Cathedral of St. Asaph, his proctor in the matters of the Confirmation of his Election (for form see p. 41, except that the clause relating to his Oath is shortened thus:—*

Juramentum preterea quodcumque licitum et honestum ac de Jure legibus et statutis hujus Regni Anglie in ea parte quomodolibet requisitum in animam meam et pro me prestandi subeundi et jurandi). *Sealed with the seal of the Archdeacon of Chichester, May 13, 1561.*]

CITATIO CONTRA OPPOSITORES.

[*Citation of Opponents (in the usual form) summoned for the Confirmation of Election on Saturday, May 17. Dated May 1, 1561. Certified as executed on Sunday, May 11, in the Church of St. Mary-le-Bow, by Robert Haynes,* mandatarius, *on Saturday, May 17.*]

[Fo. 98ᵛ.]

PRIMA SCHEDULA CONTRA OPPOSITORES.

[Fo. 99.]

SUMMARIA PETITIO [*with the articles*].

[*The First Schedule against Opponents and the Summary Petition in the usual forms.*]

[Fo. 99ᵛ.]

[*The consent of the Bishop-Elect.*]

CONSENSUS DOMINI ELECTI ASSAPHENSIS.

In Dei Nomine Amen. Ego Thomas Davies legum doctor in episcopum et pastorem ecclesie Cathedralis Assaphensis rite et canonice electus, atque ad consentiendum hujusmodi electioni de me et persona mea in ea parte facte et celebrate ex parte et per partem venerabilium virorum Decani et Capituli ecclesie Cathedralis Assaphensis predicte instanter requisitus, Dei omnipotentis fretus clementia, electioni predicte de me et persona mea (ut prefertur) facte et celebrate ad honorem Dei omnipotentis Patris filii et Spiritus sancti consentio ac consensum et assensum meos semel atque iterum rogatus et interpellatus praebeo in hiis scriptis.

Per me Thomam Davies.

Lecta fuit per supranominatum Magistrum Thomam Davies in Edibus solite habitationis Magistri Thome Yale legum doctoris, infra parochiam Sancti Georgii civitatis et diocesis Londonie situatis xxjº die mensis Maii Anno domini 1561 ad petitionem Magistri Johannis Powell clerici procuratoris decani et capituli Assaphensis (ut asseruit) in hac parte sufficienter constituti, in presentia mea Johannis Incent notarii publici Registrarii Primarii Reverendissimi domini Archiepiscopi Cantuariensis, etc., Presentibus tunc et ibidem dicto Magistro Thome Yale legum Doctore, et Davide Trevore litterato testibus, etc.

[Fo. 100.]

SECUNDA SCHEDULA CONTRA OPPOSITORES.
JURAMENTUM DOMINI ELECTI ASSAPHENSIS.

SENTENTIA DIFFINITIVA.
[*Second Schedule against Opponents, Oath of the Bishop-Elect, and Definitive Sentence pronounced by Dr. Thomas Yale, in the usual forms.*]

CONSECRATIO DOMINI THOME DAVIS EPISCOPI ASSAPHENSIS.
[Fo. 100ᵛ.]
[*The Consecration of Thomas Davis, Bishop of St. Asaph, on Monday, May 26, 1561, in the Chapel of the Archbishop's manor of Croydon, the assistants being Richard, Bishop of St. David's, and Edmund, Bishop of Rochester,* "adhibitis de ritu et more Ecclesie Anglicane Insigniis et ceremoniis", *in the presence of Edward Orwell, public notary, surrogate of John Incent; Dr. Thomas Yale, George Harrison, public notary, and Peter Johnson, principal Registrar of the Bishop of London, witnesses.*]

MENEVENSIS.

[*Acts of the Confirmation of the Election of Richard Davies, S.T.P., late Bishop of St. Asaph, to the See of St. David's, in the church of St. Mary-le-Bow, London, May 21, 1561, before Dr. Thomas Yale, the Archbishop's Commissary, and in the presence of John Incent.*]

Acta habita et facta, etc. [*see p. 38*].

[Fo. 101.]
CONFIRMATIO ELECTIONIS DOMINI RICARDI DAVIS EPISCOPI MENEVENSIS.

[*(For the Proceedings see p. 39.) Master Gilbert Potter, public notary, proctor for the Precentor and Chapter of St. David's. Master John Powell, clerk, prebendary of St. Asaph, proctor for the Bishop-Elect. Witnesses, Robert Haines, Thomas Blakmore, David Trevord.*]

[Fo. 101ᵛ.]
LITTERE PATENTES DE ASSENSU REGIO.
[*Letters Patent of the royal assent (for form see p. 39). Westminster, May 17, 1561, 3 Elizabeth.*]

PROCURATORIUM CAPITULI MENEVENSIS.
[*Proxy of the Precentor and Chapter of St. David's appointing Master Gilbert Potter, their proctor, to obtain the Confirmation of the Election of Richard Davis from the Archbishop. (In the same form*

as the Bishop's proxy below, mutatis mutandis). *Sealed with the seal of the Vicar General of the Consistory of Bangor, May 1, 1561.*]

PROCURATORIUM DOMINI ELECTI MENEVENSIS.
[*Proxy of the Bishop-Elect of St. David's appointing Master Hugh Evans, Dean of St. Asaph, and John Powell, Prebendary of St. Asaph, his proctors in matters of the Confirmation of his Election (for form see p. 112). Dated May 19, 1561.*]
[Fo. 102.]

CITATIO CONTRA OPPOSITORES.
[*Citation of Opponents (in the usual form), the day appointed for the Confirmation of the Election of Richard Davys to the See of St. David's, vacant by the translation of Bishop Young to the See of York, being Wednesday May 21, between the hours of two and*
[Fo. 102v.] *three in the afternoon. Dated May 1, 1561. Certified on May 21, 1561, in St. Mary-le-Bow, by Robert Haynes, as having been executed on May 19.*]

PRIMA SCHEDULA CONTRA OPPOSITORES.
[Fo. 103.]

SUMMARIA PETITIO [*with the articles*].
[*First Schedule against Opponents, Summary Petition, in the usual forms.*]

CONSENSUS DOMINI ELECTI MENEVENSIS ADHIBITA ELECTIONI.
[*Consent of the Bishop-Elect in the same words as on p. 113.*]
Lecta fuit hujusmodi schedula per supranominatum reverendum patrem dominum Richardum Davys electum Menevensem ad petitionem Gilberti Potter notarii publici procuratoris precentoris et capituli ecclesie Menevensis in hoc parte sufficienter constituti, de cujus procurationis mandato mihi notario publico subscripto sufficienter constabat, in quodam Basso conclaui infra Edes strenui viri Mauritij Barkley militis in vico vulgo nuncupato Flete Strete, civitatis et diocesis Londonie notorie situatas xxj die mensis Maij anno domini 1561 in presentia mea Johannis Incent notarii publici Registrarii primarii Reverendissimi domini Archiepiscopi Cantuariensis, presentibus tunc et ibidem venerabilibus viris magistris Thoma Davys electo Assaphensi, Thomas Yale Legum doctore et Johanne Powell clerico. Testibus, etc.

SECUNDA SCHEDULA CONTRA OPPOSITORES.
[Fo. 104.]

JURAMENTUM PRESTITUM PER DOMINUM ELECTUM MENEVENSEM.

SENTENTIA DIFFINITIVA.

[*The Second Schedule against Opponents, the Oath of the Bishop-Elect, and the Definitive Sentence pronounced by Dr. Thomas Yale, in the usual forms.*]

[Fo. 104ᵛ·]

[*Presentation granted by the Bishop of St. David's to the Archbishop: May 27, 1561.*]

ADVOCATIO CONCESSA PER EPISCOPUM MENEVENSEM DOMINO ARCHIEPISCOPO CANTUARIENSI.

Omnibus Christi fidelibus, etc., Richardus, etc., Menevensis Episcopus, etc. Cum tam de antiqua, etc., consuetudine, etc., quam etiam de singulari prerogativa ecclesie Metropolitice Christi Cantuariensis fuerit et sit usitatum et observatum Quod Archiepiscopus Cantuariensis, etc., etc. [*For full form see grant of presentation p. 105*]. Sciatis igitur nos prefatum Richardum Episcopum Menevensem antedictum Jura, etc., ecclesie, etc., Cantuariensis pro posse nostro adimplere volentes, dedisse concessisse et hoc presenti scripto nostro confirmasse Reverendissimo in Christo patri et domino domino Mattheo permissione divina Cantuariensi Archiepiscopo, etc., advocationem nominacionem, presentacionem, liberam dispositionem et jus patronatus Prebende de Llan Byster, sive Precentorie in ecclesia Collegiata de Breknoke nostrorum patronatus et diocesis cum illam per mortem resignationem cessionem, dimissionem, permutationem, aut alio quocunque modo post datum presentium vacuerit : Habendum tenendum, etc., pro unica vice tantum, Ita quod bene liceat, etc., ac omnia alia et singula facere, etc., prout nos prefatus episcopus faceremus et perimpleremus si hec presens nostra concessio sive confirmatio inde facta non fuisset. Et si contingat hanc nostram donationem sive concessionem ratione forsan alicujus prioris donationis sive concessionis inde facte per predecessores nostros seu quovis alio modo suum debitum non sortiri effectum, Tunc et in eo casu volumus et concedimus pro nobis et successoribus nostris Quod hec nostra donatio et concessio sese extendat ad secundam, ac etiam in casu simili ad tertiam vel quartam vacationem Prebende vel Precentorie predicte donec et quousque aliqua una persona idonea presentata per dictum Reverendissimum patrem executores aut assignatos suos loci ordinaria pro tempore existenti dicta Prebenda de Llan Byster sive Precentoria pro unica vice plene et libere gavisus fuerit. In cujus rei testimonium sigillum nostrum Presentibus apposui fecimus. Datum xxvijᵒ die mensis Maii anno domini Millesimo

Quingentesimo sexagesimo primo et nostre Translationis anno primo.

GLOCESTRENSIS.

[*Acts of the Confirmation of the Election of Richard Cheyney, S.T.B., to the See of Gloucester, April 18, 1562, in the Church of St. Mary-le-Bow, London, before Dr. Thomas Yale, the Archbishop's Commissary, and in the presence of John Incent.*]
    Acta habita et facta, etc. [*see p. 38*].

[Fo. 105.]

CONFIRMATIO ELECTIONIS DOMINI RICARDI CHEYNEY EPISCOPI GLOCESTRENSIS.

    [*For the Proceedings see p. 39. Master John Tailor, alias Barker, public notary, proctor for the Dean and Chapter of Gloucester; Master Richard Stevenson, A.M., proctor for the Bishop-Elect; Edward Orwell, public notary, and William Walker, litteratus, witnesses.*]

[Fo. 105ᵛ.]
        LITTERE PATENTES DE CONSENSU REGIO.
    [*Letters Patent of the royal assent (for form see p. 39). Westminster, April 15, 1562, 4 Elizabeth.*]

PROCURATORIUM CAPITULI GLOCESTRENSIS AD PETENDUM ELECTIONEM CONFIRMARI.

    [*Proxy of the Dean and Chapter of Gloucester (for form see p. 6) appointing Masters John Woodward, A.M., Christofer Yaxeley, clerk, Prebendary of Gloucester Cathedral, and John Taylor alias Barker, public notary, their proctors for the Confirmation of the Election. Sealed with the seal of the Archdeacon of Chichester, April 14, 1562.*]

[Fo. 106.]
        PROCURATORIUM DOMINI ELECTI GLOCESTRENSIS.
    [*Proxy of the Bishop-Elect of Gloucester appointing Richard Stevenson, A.M., and T. C.,*[1] *his proctors for the Confirmation of his Election (for form see p. 41). Signed with the seal of the Archdeacon of Chichester, April 14, 1562.*]

[Fo. 106ᵛ.]
        CITATIO CONTRA OPPOSITORES.
    [*Citation of Opponents (in the usual form), the Confirmation of the Election of Richard Cheyney to the See of Gloucester, vacant by the*

---

[1] *Sic* in Register.

death of James Brokes, last Bishop, being appointed for Saturday, April 18, between the hours of seven and eight before noon. Dated April 13, 1562.]

[Fo. 107.]
CERTIFICATORIUM SUPER EXECUTIONE DICTE CITATIONIS.

[Certificate on April 18, in St. Mary-le-Bow, by Robert Heynes, that he had executed the mandate in St. Mary's Church on April 16.]

[Fo. 107^v.]
PRIMA SCHEDULA CONTRA OPPOSITORES.
SUMMARIA PETITIO [with the articles].
[First Schedule against Opponents and Summary Petition, in the usual forms.]

[Fo. 108.]
INSTRUMENTUM SUPER CONSENSU DOMINI ELECTI ADHIBITO ELECTIONI.

[Public instrument (for form see p. 56) setting forth that on March 20, 1561/2, Masters John Wodward and Christopher Yaxley canons of the Cathedral of the Holy Trinity, Gloucester, proctors of the Dean and Chapter there, in the house of Master Richard Chenye, situated within the cloister of the Collegiate Church of St. Peter Westminster, informed the said Mr. R. Chenye of his Election to the See of Gloucester, and that the Bishop-Elect gave his assent in writing. Witnesses, John Barker alias Taylor, public notary, George Lloyd, gentleman, Thomas Cowcher and Thomas Hall, litterati. The instrument was drawn up by John Incent, then also present.]

SECUNDA SCHEDULA CONTRA OPPOSITORES.

[Fo. 108^v.]
JURAMENTUM PRESTITUM PER DOMINUM ELECTUM.
SENTENCIA DIFFINITIVA.

[Second Schedule against Opponents, Oath of the Bishop-Elect, Definitive Sentence pronounced by Dr. Thomas Yale, in the usual forms.]

[Fo. 109.]
CONSECRATIO DOMINI RICARDI CHEYNEY EPISCOPI GLOCESTRENSIS.

[Consecration of Richard Cheyney, Bishop of Gloucester, in the Archbishop's chapel at Lambeth, Sunday April 19, 1562. Edmund, Bishop of London, and Edmund, Bishop of Rochester, being the Archbishop's assistants "adhibitis ceremoniis de usu moderno ecclesie

Anglicane." *John Incent, Master William Drury, LL.D., and Andrew Peerson, clerk, witnesses.*]

LANDAVENSIS.

[*Acts of the Confirmation of the Election of Hugh Jones, LL.B., to the See of Llandaff, May 4, 1566, in the Church of St. Mary-le-Bow, London, before Dr. Thomas Yale, Vicar General of the Archbishop, in the presence of John Incent.*]
Acta habita et facta, etc. [*see p. 38*].

CONFIRMATIO ELECTIONIS DOMINI HUGONIS JONES EPISCOPI LANDAVENSIS.

[*Proceedings as at p. 39. Master William Evans, L.B., proctor for the president and chapter of the cathedral of Llandaff, John James, clerk, proctor for the Archbishop-Elect. Witnesses, Thomas Cole, Rector of St. Mary-le-Bow, London, John Williams, public notary, Robert Walker, and Thomas Blackemore.*]

[Fo. 110.]
LITTERE PATENTES DE ASSENSU REGIO.

[*Letters Patent of the royal assent (for form see p. 39). Westminster, May 2, 1566, 8 Elizabeth.*]

PROCURATORIUM CAPITULI LANDAVENSIS.

[*Proxy of the President and Chapter of Llandaff appointing Master William Evans, L.B., and John Lewes, public notary of the Court of Canterbury, their proctors for the Confirmation of the Election (for form see p. 6). Sealed with the seal of the Archdeacon of Surrey, April 20, 1566.*]

[Fo. 110ᵛ.]
PROCURATORIUM DOMINI ELECTI LANDAVENSIS.

[*Proxy of the Bishop-Elect of Llandaff appointing John James and Thomas Jones, clerks, his proctors, for the Confirmation of his Election (for form see p. 41). Dated May 1, 1566.*]

CITATIO CONTRA OPPOSITORES.

[*Citation of Opponents (in the usual form), Saturday, May 4, between the hours of 7 and 8 before noon, being the date appointed for the Confirmation of the Election of Hugh Jones to the See of Llandaff, vacant by the death of Anthony Kytchin, last Bishop.*
[Fo. 111.] *Dated May 2, 1566. Certificate of execution of the mandate on the 3rd May by Robert Walker, mandatarius, in the Church of St. Mary-le-Bow, before Dr. Thomas Yale, May 4, 1566.*]

PRIMA SCHEDULA CONTRA OPPOSITORES.
[Fo. 111ᵛ·]
SUMMARIA PETITIO [*with the articles*].
[*The First Schedule against Opponents, and the Summary Petition, in the usual forms.*]

[*Process of Election: April 17, 1567.*]
[Fo. 112-113ᵛ·]
PROCESSUS ELECTIONIS.

[*A lengthy certificate of the process of Election addressed to the Queen by William Evans, L.B., Treasurer of the cathedral and president of the chapter of Llandaff, and the chapter; setting forth that having received on April 10, 1566, 8 Elizabeth, her Majesty's Congé d'Elire (quoted in the usual form), dated Westminster, March 7, 1566, 8 Elizabeth, they accordingly met in the Chapter House on the foresaid day, and the said licence being read by Henry Mathewe, public notary and principal Registrar of this matter, they appointed Wednesday, April 17, with prorogation if necessary, for the election of the new bishop in the Chapter House between 9 and 11 before noon, the Canons then absent being cited by notices or citations fixed to the door of the Chapter House and in their stalls (in the form of the citation to the Canons of Exeter, p. 98, except that the See is declared vacant by death of the last Bishop, and dated April 10). On which day, Wednesday, 17 April, William Evans, the Treasurer and president of the chapter, Morgan Nicholas, clerk, precentor of the cathedral, Robert Jones, A.M., Master Ludowic Jones, LL.B., William Thomas, Hugh Lewes, Lodowic Jones, clerks, Canons of the Cathedral, met in Chapter, the Word of God being expounded and the Holy Spirit invoked, Master Giles Langley, LL.B., Archdeacon of Llandaff, John Lloyd, LL.D., Hugh Jones, LL.B., William Blethyn, LL.D., Thomas Williams, clerk, Chancellor of the cathedral, and John Morgan, clerk, Canons and Prebendaries, having been already duly cited, were ordered to be preconized at the door of the Chapter House, whereon Master William Evans, Treasurer of the cathedral, appeared as proxy for Archdeacon Langley, and William Thomas for William Blethyn, and the Election proceeded in spite of the absence or contumacy of the other Canons. The royal licence being again read, as well as other royal letters touching Master Hugh Jones, they unanimously elected the latter, whose election they pray the Queen graciously to confirm. Testified by Master Henry Mathew, with Master John Singer, Miles Griffith clerks, John Rees, Philip John Morgan gentlemen, John*

Thomas and Ludowic Dawkyn. Signed by William Evans, president of the Chapter, Morgan Nicholas, precentor, Robert Jones, Ludovic Jones, William Thomas, Hugh Lewis, Ludovic Jones, prebendaries, Giles Langley, Archdeacon of Llandaff, and William Blethin, prebendary.]

Et Ego Henricus Matthew Landawensis diocesis publicus auctoritate sufficiente notarius, quia prefate electioni de Magistro Hugone Jones in domo capitulari ecclesie Cathedralis Landavensis (ut premittitur) facte ceterisque premissis omnibus et singularibus ibidem actis habitis et factis unacum presidente capituli canonicisque supradictis testibusque hic nominatis die mense et anno prerecitatis presens personaliter interfui eaque omnia et singula prout ibidem tunc agebantur et fiebant vidi et audivi atque in notam sumpsi, Ideo hoc presens decretum ex mandato presidentis capituli ecclesie cathedralis predicte et dicte ecclesie capituli per me fideliter scriptum ac eorum sigillo communi sigillatum manu mea propria scripsi publicavi ac in hanc formam publicam redegi, Signoque et nomine meis solitis et consuetis signavi, In fidem et testimonium omnium et singulorum premissorum Rogatus ad hoc specialiter et requisitus.

Et ego Hugo Jones huic electioni consensum meum prebeo.

Per me Hugonem Jones.

SECUNDA SCHEDULA CONTRA OPPOSITORES.
JURAMENTUM DOMINI ELECTI LANDAVENSIS.
SENTENTIA DIFFINITIVA.

[*Second Schedule against Opponents, Oath of the Bishop, and Definitive Sentence pronounced by Dr. Thomas Yale, in the usual forms.*]

[Fo. 114ᵛ·]
[*Consecration of the Bishop of Llandaff: May 5, 1566.*]
CONSECRATIO DOMINI HUGONIS JONES EPISCOPI LANDAVENSIS.

Die dominica quinto die mensis Maii anno domini Millesimo Quingentesimo Sexagesimo sexto in Capella Reverendissimi in Christo patris et domini domini Matthei Archiepiscopi Cantuariensis infra manerium suum de Lambehith, Idem Reverendissimus pater vigore et auctoritate litterarum commissionalium patentium domine nostre Regine Elizabethe sibi directarum, assistentibus sibi Reverendis patribus dominis Edmundo Londoniensi et Edmundo Roffensi respective Episcopis, munus consecrationis venerabili viro domino Hugoni Jones in Legibus Bacchalaurio in Episcopum et Pastorem ecclesie cathedralis Landavensis electo et confirmato, prestito primitus per eundem Magistrum Jones Juramento de Renunciando omnimode foranee potestati ac de Recognoscendo regiam supremam potestatem in causis ecclesiasticis et temporalibus, etc., juxta formam statuti, etc., adhibitisque ceremoniis de more ecclesie Anglicane nunc in ea parte usitatis, impendebat ac eum Episcopalibus insigniis decoravit. Acta in presentia mea Johannis Incent notarii publici Registrarii primarii dicti Reverendissimi patris, presentibus tunc et ibidem venerabilibus viris Magistris Johannes Pory et Nicholao Robinson Sacre Theologie Professoribus, David Lewis, Johanne Gibbons, Thoma Yale et Willelmo Drury Legum doctoribus et multis aliis in numero copioso congregatis, Testibus, etc.

MANDATUM DIRECTUM ARCHIDIACONO CANTUARIENSI AD INSTALLANDUM DICTUM EPISCOPUM.

[*Mandate from the Archbishop to Edmund Gest, Bishop of Rochester, and commendatory of the Archdeaconry of Canterbury, to install and enthrone Hugh Jones in the See of Llandaff. (In the form of mandate on p. 52). May 5, 1566.*]

ALIUD MANDATUM FACTUM PER DICTUM ARCHIDIACONUM AD EUNDEM EFFECTUM.

[*Commission by Edmund Gest, Bishop of Rochester, etc., to Giles Langley, Archdeacon of Llandaff, and William Evans, treasurer of the Cathedral of Llandaff, to install Hugh Jones as Bishop (for form see p. 35). Sealed with the seal of the Archbishop's Court of Canterbury, May 6, 1566.*]

[Fo. 115.]

BANGORIENSIS.

[*Acts of the Confirmation of the Election of Nicholas Robinson, S.T.P., to the See of Bangor, October 5, 1566, in the Church of St. Mary-le-Bow, London, before Dr. Thomas Yale, Vicar General of the Archbishop, and in the presence of John Incent.*]

Acta habita et facta, etc. [*see p. 38*].

CONFIRMATIO ELECTIONIS DOMINI NICHOLAI ROBINSON EPISCOPI BANGORIENSIS.

[*Proceedings as at p. 39. Thomas Ethell, LL.D., proctor for the Dean and Chapter of Bangor, Roland Thomas, M.A., proctor for the Bishop-Elect. Witnesses, Hugh Yale, Robert Walker, John Woodshaw, litterati.*]

[Fo. 116.]
LITTERE PATENTES DE ASSENSU REGIO.
[*Letters Patent of the royal assent (for form see p. 39). Dated at St. Albans, September 15, 1566, 8 Elizabeth.*]
PROCURATORIUM CAPITULI BANGORENSIS.
[*Proxy of the Dean and Chapter of Bangor appointing Thomas Ithell, LL.D., and John Gwyn, LL.D., their proctors for the Confirmation of the Election. (For form see p. 6.) Sealed with the seal of the Archdeacon of Middlesex, October 1, 1566.*]
[Fo. 116ᵛ·]
PROCURATORIUM DOMINI ELECTI BANGORIENSIS.
[*Proxy of the Bishop-Elect of Bangor appointing Roland Thomas, A.M., and Thomas Bickeley, clerk, his proctors for the Confirmation of his Election. Sealed as above, October 1, 1564.*]
CITATIO CONTRA OPPOSITORES.
[*Citation of Opponents (in the usual form), Saturday, October 5, between 1 and 3 in the afternoon, being appointed for the Confirmation of the Election of Nicholas Robinson to the See of Bangor, vacant by the death of Roland Mericke, last Bishop. Dated October* [Fo. 117.] *3, 1566. With certificate by Robert Walker, mandatarius, of execution of the mandate on Oct. 4, in St. Mary-le-Bow, before Dr. Yale, October 5.*]

PRIMA SCHEDULA CONTRA OPPOSITORES.
SUMMARIA PETITIO [*with the articles*].
[Fo. 118.]
CONSENSUS DOMINI ELECTI.
SECUNDA SCHEDULA CONTRA OPPOSITORES.
JURAMENTUM PRESTITUM PER DOMINUM ELECTUM BANGORIENSEM.
SENTENCIA DIFFINITIVA.
[*First Schedule against Opponents, the Summary Petition, the consent of the Bishop-Elect (signed " Nicolaus Bangor' electus"), the Second Schedule against Opponents, the Oath of the Bishop-Elect. The Definitive Sentence pronounced by Dr. Thomas Yale, all in the usual forms.*]
[Fo. 118ᵛ·]
CONSECRATIO DOMINI NICOLAI ROBINSON EPISCOPI BANGORIENSIS.
[*Consecration (described as at p. 121) of Nicholas Robinson, Bishop of Bangor, in Lambeth Chapel, on Sunday, October 20, 1566,*

the assistants of the Archbishop being Nicholas, Bishop of Lincoln, and Edmund, Bishop of Rochester; in the presence of John Incent, and John Pory, S.T.P., Doctors Thomas Yale, and William Drury, Andrew Pierson and Thomas Bickeley, Bachelors in Theology, chaplains of the Archbishop.]

MANDATUM DIRECTUM ARCHIDIACONO CANTUARIENSI AD INSTALLANDUM DICTUM EPISCOPUM.

[*Mandate from the Archbishop to Edmund Gest, Bishop of Rochester and Commendatory of the Archdeaconry of Canterbury, to install Nicholas Robinson in the See of Bangor (for form see p. 52). Lambeth, October 20, 1566.*]

[Fo. 119.]

ADVOCATIO CONCESSA DOMINO ARCHIEPISCOPO PER EPISCOPUM BANGORIENSEM.

[*Grant by Nicholas, Bishop of Bangor, to the Archbishop of Canterbury of the presentation to the parish church of Llanvorog in the deanery of Diffrencloid, co. Denbigh, for one vacancy, and when next void, whether by death, resignation, exchange, etc. (See similar grants pp. 105 and 116.) Dated Bangor, May 12, 1567.*]

[Fo. 119^v.]

OXONIENSIS.

[*Acts of the Confirmation of the Election of Hugh Curen to the See of Oxford, October 14, 1567, in the Church of St. Mary-le-Bow, London, before Dr. Thomas Yale, Vicar General of the Archbishop, in the presence of John Incent.*]

Acta habita et facta, etc. [*see p. 38*].

CONFIRMATIO ELECTIONIS DOMINI HUGONIS CUREN EPISCOPI OXONIENSIS.

[*Proceedings as at p. 39. Master Robert Say, public notary, proctor for the Dean and Chapter of Christ Church, Oxford, and Master William Saye, proctor for the Bishop-Elect. Hugh Yale, Robert Walker, John Woodshawe, litterati, being witnesses.*]

[Fo. 120.]
[*Letters Patent of the Royal Assent: Oct. 8. 1567.*]

LITTERE PATENTES DE CONSENSU REGIO.

Elizabeth Dei gracia Anglie Frauncie et Hibernie Regina fidei defensoris, etc., Reverendissimo in Christo patri domino Mattheo divina permissione Cantuariensi Archiepiscopo ac tocius

Anglie Primati et Metropolitano salutem. Cum ecclesia nostra Cathedralis Christi Oxoniensis per mortem bone memorie domini Roberti Kinge ejusdem ecclesie dudum Episcopi jam per aliquod tempus vacaverit Decanus et Capitulum ecclesie nostre predicte prius licentia a nobis per eos alium eligendi in eorum Episcopum et pastorem petita pariter et obtenta Reverendum in Christo patrem dominum Hugonem Curen in ipsorum Episcopum ac pastorem Canonice eligerunt et nominaverunt, sicuti per eorum literas quas vobis mittimus presentibus inclusas plenius liquet, Vobis igitur significamus quod dicte quidem electioni et persone sic electe humilibus eorum meditantibus supplicationibus nostrum Regium adhibemus favorem pariter et assensum, et eundem electum apud vos recommendatum habemus. Quocirca vobis mandamus quod cetera omnia que per vos ad confirmationem et consecrationem ejusdem in dicto Episcopatu fieri consueverunt secundum leges et statuta Regni nostri Anglie hac in parte edita et provisa cum favore et diligentia facere velitis. In cujus rei testimonium has litteras nostras fieri fecimus patentes. Teste me ipsa apud Westmonasterium octavo die Octobris anno regni nostri nono. Per breve de privato sigillo, etc. HA. CORDELL.

PROCURATORIUM DECANI ET CAPITULI OXONIENSIS AD PETENDUM ELECTIONEM CONFIRMARI.

[*Proxy of the Dean and Chapter of Oxford appointing Master William Saye, public notary and of the Court of Canterbury general proctor, and Master Robert Say, public notary, together or separately, their proctors for the Confirmation of the Election (for form see p. 6). Sealed with the seal of the Archdeacon of Chichester, October 1, 1567.*]

[Fo. 120ᵛ·]

PROCURATORIUM DOMINI ELECTI OXONIENSIS.

[*Proxy of the Bishop-Elect of Oxford appointing Masters William Saye and Robert Saye his proctors in the Confirmation of his Election (for form see p. 41). Sealed with the seal of the Archdeacon of Chichester, and dated October 9, 1567.*]

CITATIO CONTRA OPPOSITORES.

[*Citation of Opponents (in the usual form), Tuesday, October 14, between the hours of 8 and 9 before noon, being apppointed for the Confirmation of the Election. Dated October 10, 1567.*

[Fo. 121.] *Certificate of the execution of the mandate on October 12 by Robert Walker, mandatarius, in the Church of St. Mary-le-Bow, before Dr. Thomas Yale, October 14, 1567.*]

Registrum Matthei Parker

PRIMA SCHEDULA CONTRA OPPOSITORES.
[Fo. 121ᵛ·]
SUMMARIA PETITIO [*with the articles*].
[*The First Schedule against Opponents and the Summary Petition, in the usual forms. To the latter is added:*—Lecta per Magistrum Thomas Yale antedictum xiiii⁰ Octobris, 1567.]
[Fo. 122.]
[*Certificate of the Election, Sept. 7, 1567.*]
CERTIFICATORIUM ELECTIONIS.
Illustrissime in Christo Principi ac domine nostre Elizabethe Dei gracia Anglie Fraucie et Hibernie Regine fidei defensori, etc. Vestri humiles subditi Thomas Cowper Sacre Theologie Professor Decanus ecclesie Cathedralis Christi Oxoniensis et ejusdem ecclesie Capitulum omnimodam reverentiam et obedientiam cum omni subjectionis honore. Tenore presentium vestra noverit celsitudo quod die veneris videlicet vicesimo sexto die mensis Septembris instantis vigore licentie vestre fundatorie, sub Litteris vestris patentibus in hac parte directis, pro electione episcopi et pastoris in locum ultimi Episcopi Oxoniensis jam mortui, Nos in domo nostra Capitulari ad eum effectum congregati Reverendum in Christo patrem dominum Hugonem Curen in Episcopum et pastorem diocesis Oxoniensis predicte unanimi assensu et consensu nostris nominavimus et elegimus; humiliter supplicantes quatenus huic nostre electioni vestrum regium consensum prebere ceteraque facere que vestre regie Majestati in hac parte incumbunt graciose dignemini. In cujus rei testimonium sigillum nostrum commune presentibus duximus apponendum et apposuimus. Datum quoad sigillacionem vicesimo septimo die mensis Septembris anno domini millesimo quingentesimo sexagesimo septimo et felicissimi Regni vestri anno nono.

SECUNDA SCHEDULA CONTRA OPPOSITORES.
JURAMENTUM PRESTITUM PER DOMINUM ELECTUM.
SENTENCIA DIFFINITIVA.
[*Second Schedule against Opponents, Oath of the Bishop-Elect and Definitive Sentence pronounced by Dr. Thomas Yale, in the usual forms.*]
[Fo. 122ᵛ·] MANDATUM AD INDUCENDUM.
[*Mandate addressed by the Archbishop to Edmund Gest, Bishop of Rochester and Commendatory of the Archdeaconry of Canterbury, to install Hugh Curen in the Cathedral of Oxford (for form, see p. 53), Lambeth, October 15, 1567.*]

[*Note.*—*The date and place of consecration of Hugh Curen is not given, but in the mandate above, the Archbishop says he has consecrated him* "adhibitis de ritu et more ecclesie Anglicane suffragiis et insigniis adhibendis". *In point of fact he was consecrated to Dublin, Sept. 8, 1555, by Bishop Bonner and two others, during the vacancy of the See of Canterbury.*]

[*Consecration of Richard Rogers, Suffragan Bishop of Dover: May 15, 1569.*]
CONSECRATIO DOMINI RICHARDI ROGERS EPISCOPI SUFFRAGANEI SEDIS DOVORIENSIS.

Die dominica videlicet decimo quinto die mensis Maii anno domini 1569 et regni illustrissime in Christo principis et domine nostre domine Elizabethe Dei gracia Anglie Francie et Hibernie Regine fidei defensoris anno xi⁰ in capella reverendissimi in Christo patris et domini domini Matthaei permissione divina Cantuariensis Archiepiscopi tocius Anglie Primatis et metropolitani infra manerium suum de Lambehith, sue et ecclesie sue Christi Cantuariensis Jurisdictionis immediate, Idem Reverendissimus pater assistentibus sibi Reverendis patribus dominis Edmundo Londoniensi et Edmundo Roffensi respective episcopis vigore literarum patentium dicte illustrissime domine nostre Regine sigillo suo magno sigillatarum eidem Reverendissimo patri in hac parte directarum, munus consecrationis venerabili viro Richardo Rogers Sacre Theologie Bacchelaureo in Episcopum suffraganeum sedis Dovoriensis nominato impendebat, ac ipsum Richardum Rogers adhibitis ceremoniis consuetis ac prestito juramento solito juxta formam Statuti Parliamenti Episcopum Suffraganeum dicte Sedis Dovoriensis Cantuariensis diocesis consecravit et Episcopalibus insigniis decoravit. Acta in presentia mei Johannis Incent notarii publici Registrarii primarii dicti Reverendissimi patris, presentibus tunc et ibidem venerabilibus viris Magistris Gabriele Goodman decano ecclesie Sancti Petri Westmonasterii, Thoma Yale et Willelmo Drury Legum doctoribus, Andrea Pierson et Willelmo Kinge Artium Magistris Sacellanis dicti Reverendissimi patris, et multis aliis testibus.

[*Letters Patent of the Queen for the Consecration of Richard Rogers: May 12, 1569.*]
LITTERE PATENTES REGIE MAJESTATIS PRO CONSECRATIONE DOMINI RICHARDI ROGERS EPISCOPI SUFFRAGANEI SEDIS DOVORIENSIS.

Elizabeth Dei gracia Anglie Francie et Hibernie Regina fidei defensor, etc., Reverendissimo in Christo patri et predilecto ac fideli subdito nostro Mattheo Cantuariensi Archiepiscopo Salutem. Significavit nobis vestra paternitas per litteras vestras vestro sigillo magno munitas quod diocesis vestra Cantuariensis Episcopi suffraganei solatio qui vestre solicitudinis partem sustinere consuevit destituta existit: Et ea propter discretos viros Richardum Rogers Sacre theologie Bacchalaureum et Johannem Butler Clericum Canonicum et Prebendarium in ecclesia nostra Cathedrali et metropolitica Christi Cantuariensis ordine Sacerdotali rite insignitos de legitimo matrimonio natos ac in etate legitima constitutos bonorum scientia preditos providos discretos et circumspectos et ad Episcopalem Suffraganei dignitatem idoneos nobis presentavit, humiliter et devote supplicans quatenus nos alterum ipsorum sic presentatorum ad aliquam sedem Episcopi Suffraganei infra provinciam Cantuariensem existentem nominare Ipsique sic nominato stilum titulum nomen et dignitatem hujusmodi sedis donare dignaremur. Unde nos ex gracia nostra speciali [Fo. 123.] ex certa scientia et mero motu nostris prefatum discretum virum Richardum Rogers alterum ex dictis presentatis in Episcopum Suffraganeum Sedis Dovoriensis Cantuariensis diocesis antedictos nominamus eique stilum titulum nomen et dignitatem ejusdem sedis episcopi suffraganei damus conferimus et confirmamus, Atque hec tenore presentium vobis significamus: requirentes vos quatenus eundem Richardum sic per nos nominatum in episcopum suffraganeum dicte Sedis Dovoriensis consecretis eique munus consecrationis et benedictionem et omnia alia episcopalia insignia conferatis ceteraque omnia et singula que vestro in hac parte incumbunt officio pastorali juxta modum et formam Statuti Parliamenti in xxvj^{to} anno felicissime memorie principis et patris nostri Henrici Octavi nuper Anglie regis editi et provisi ac primo regni nostri anno renovati peragere velitis cum effectu. In cujus rei testimonium has litteras nostras fieri fecimus patentes. Teste me ipsa apud Westmonasterium duodecimo die Maii anno regni nostri undecimo. Per breve de privato Sigillo et de dato predicto. ———— HA. CORDELL.

[*Letters Testimonial from the Archbishop of the Consecration of Richard Rogers, Suffragan of Dover: May 20, 1569.*]

LITTERE TESTIMONIALES SUPER CONSECRATIONE DOMINI RICHARDI ROGERS IN EPISCOPUM SUFFRAGANEUM SEDIS DOVORIENSIS.

Universis et singulis Christi fidelibus ad quos presentes litere testimoniales pervenerint aut quos infrascripta tangunt seu tangere poterunt quomodolibet infuturo Mattheus providentia divina Cantuariensis Archiepiscopus tocius Anglie primas et metropolitanus salutem in domino sempiternam ac fidem indubiam presentibus adhibere. Ad universitatis vestrae noticiam deducimus et deduci volumus per presentes Quod xv^{to} die mensis Maij anno domini 1569 regnique illustrissime in Christo Principis et domine nostre domine Elizabethe Dei gracia Anglie Francie et Hibernie Regine fidei defensoris, etc., anno undecimo et nostre consecrationis anno decimo In Capella manerii nostri de Lambehith nostre et ecclesie nostre Christi Cantuariensis Jurisdictionis immediate Nos Mattheus Archiepiscopus Cantuariensis antedictus literas patentes dicte domine nostre Regine magno sigillo Anglie roboratas cum ea qua decuit reverentia et honore humiliter recepimus in hec verba. *Elizabeth, etc.* Quarum quidam Literarum regiarum patentium vigore pariter et auctoritate Nos Mattheus Archiepiscopus memoratus die et loco predictis, assistentibus nobis venerabilibus confratribus nostris dominis Edmundo Londoniensi et Edmundo Roffensi Dei gratia respective episcopis ecclesie nostre Christi Cantuariensis suffraganeis, venerabili viro Magistro Richardo Rogers sacre theologie Bacchelaureo in ipsis literis patentibus regiis specialiter nominato munus consecrationis juxta morem et ritum Ecclesie Anglicane in ea parte salubriter editos et in similibus usitatos impendimus Ipsumque Richardum Rogers, prestito primitus per eum juramento de renunciando omnimode foranee potestati ac de recognoscendo supremam potestatem Regiam in causis ecclesiasticis et temporalibus juxta formam Statuti Parliamenti hujus Regni Anglie in ea parti editi et provisi, ac adhibitis ceremoniis de usu moderno ecclesie Anglicane adhibendis, in Episcopum Suffraganeum Sedis Dovoriensis nostre Cantuariensis diocesis rite consecravimus Ipsumque episcopalibus insigniis decoravimus. In quorum premissorum fidem et testimonium has patentes literas nostras testimoniales in ea parte fieri ac sigilli nostri appensione communiri fecimus. Datum quoad sigilli nostri hujusmodi appensionem vicesimo die mensis Maij Anno Domini regnique dicte domine nostre Regine suprascriptis.

CICESTRENSIS.

[*Acts of the Confirmation of the Election of Richard Curteys, S.T.P., to the See of Chichester, on Wednesday, April 26, 1570, and 12 Elizabeth, in the Church of St. Mary-le-Bow, London, before Dr.*

Thomas Yale, the Archbishop's vicar-general, and in the presence of John Incent.]
Acta habita et facta, etc. [*see p. 38.*]

Confirmatio Electionis Domini Ricardi Curteys Episcopi Cicestrensis.

[*Proceedings as at p. 39. Master Henry Worley, LL.D., proctor for the Dean and Chapter of Chichester, there being no proctor for the Bishop-Elect, who was present in person. Witnesses: Master John Hamonde and William Constantine, Doctors of Law; Thomas Willet, William Babham, Christopher Rochell, public notaries; Hugh Yale, Robert Walker, and Anthony Barker,* litterati.]

[Fo. 123ᵛ·]
Littere Patentes de Assensu Regio.

[*Letters Patent of the royal assent (for form see p. 39). Westminster, April 22, 1570, 12 Elizabeth.*]

[*Proxy of the Dean and Chapter of Chichester: April 15, 1570.*]
Procuratorium Capituli Cicestrensis.

Pateat universis per presentes, Quod nos Decanus Ecclesie Cathedralis Cicestrensis et capitulum ejusdem, celebrata prius legittima electione secundum juris ordinem de venerabili viro Richardo Coortesse Sacre Theologie Professore in Episcopum Ecclesie nostre predicte, ordinavimus et constituimus omnium nostrorum confratrum capitulariter congregatorum pleno consensu dilectos nobis in Christo Thomam Willowghbye precentorem ecclesie Cathedralis Cicestrensis predicte, Thomam Drant prebendarium de Fyrles, Henricum Worley prebendarium de Sydlesham ac Johannem Igulden prebendarium de Somerley in eadem Ecclesia Cathedrali necnon Willelmum Say Christoferum Smithe et Willelmum Babham notarios conjunctim et eorum utrumque per se divisim et insolido, Ita quod non sit melior conditio occupantis nec deterior subsequentis sed quod unus eorum inceperit id ipsorum uterque sive alter libere prosequi valeat mediare pariter et finire, nostros veros certos legittimos ac indubitatos procuratores actores factores negociorumque nostrorum gestores et nuncios speciales ad infrascripta omnia et singula nominamus ordinamus facimus et constituimus. Damusque et tenore presentium concedimus eisdem procuratoribus nostris conjunctim ut prefertur et divisim potestatem generalem et mandatum speciale pro nobis et

nominibus nostris ac vice tocius capituli nostri decretum electionis nostre hujusmodi dicto electo seu ejus in hac parte procuratori cuicunque legittimo exhibendi et presentandi, electionem hujusmodi de eo factam eidem intimandi, ipsumque suppliciter et cum instancia quocies eis seu eorum alteri visum fuerit expedire quod ipse electioni de se facte consentire et consensum suum expresse prebere dignetur rogandi et requirendi: Negociumque electionis predicte coram Serenissima in Christo Principe et domina nostra domina Elizabetha Dei gracia Anglie, etc., certificandi, etc.: Necnon negocium confirmacionis electionis predicte coram Reverendissimo in Christo Patre et domino domino Mattheo permissione divina Cantuariensis Archiepiscopo, etc., aut ejus officiali seu vicario in spiritualibus generali quocunque usque ad finalem expedicionem ejusdem nomine nostro prosequendi, ac confirmacionem in ea parte petendi et obtinendi provocandi et appellandi: provocaciones et appellaciones notificandi et
[Fo. 124.] intimandi: alium seu alios procuratorem seu procuratores loco suo et eorum cujuslibet substituendi, substitutum sive substitutos hujusmodi revocandi procuratorisque officium in se et eorum quemlibet reassumendi quociens eis et eorum alicui videbitur expedire: Et generaliter omnia alia et singula faciendi exercendi et expediendi usque ad finalem expedicionem negocii confirmacionis hujusmodi que in premissis vel circa ea necessaria fuerint seu quomodolibet opportuna, licet Mandatum, etc., Promittentes, etc. [*In the usual form.*]

In cujus rei testimonium sigillum nostrum capitulare presentibus apponi fecimus. Datum in domo nostra capitulari quoad sigilli nostri appensionem xv^{to} die Aprilis anno domini Millesimo Quingentesimo lxx^{mo}.

Citatio contra Oppositores.

[*Citation of Opponents (in the usual form), Wednesday, April 26, between the hours of 8 and 9 before noon, being appointed for the Confirmation of the Election of Richard Corteys to the See of Chichester, vacant by the death of William Barlow, the last bishop thereof. Dated April 21, 1570.*]

Prima Schedula contra Oppositores.
Summaria Petitio (*with the articles*).
[*First Schedule against Opponents, and Summary Petition in the usual forms.*]

[Fo. 124ᵛ·]
Instrumentum super Consensu Domini Electi.

[*Public instrument made by John Incent, notifying that on April 24, 1570, in the library¹ of the house of Dr. Thomas Yale, the Archbishop's vicar-general, situated in the parish of St. Gregory, in the city of London, Henry Worley, canon of Chichester, proctor for the Dean and Chapter of Chichester, declared the election to Master Richard Curtesse, who gave his assent in writing (see p. 113). Witnesses: Master Thomas Yale, George Harrison, and Christopher Rochel, public notaries.*]

[Fo. 125.]
Secunda Schedula contra Oppositores.
Juramentum Prestitum per Dominum Electum.
Sententia Diffinitiva.

[*Second Schedule against Opponents, Oath of the Bishop-Elect, Definitive Sentence pronounced by Dr. Thomas Yale, all in the usual forms.*]

[Fo. 125ᵛ·]
[*Summons of the Bishops to the Consecration of the Bishop of Chichester: May 10, 1570.*]

Vocatio Episcoporum ad Consecrationem Episcopi Cicestrensis.

Mattheus permissione divina Cantuariensis Archiepiscopus tocius Anglie primas et metropolitanus venerabili confratri nostro domino Edmundo eadem permissione divina Londoniensi episcopo salutem et fraternam in domino charitatem. Cum nos venerabilem virum dominum Ricardum Curtis S.T.P. in Episcopum et pastorem ecclesie cathedralis Cicestrensis electum et confirmatum die dominica videlicet vicesimo primo die presentis mensis Maij in ecclesia nostra Cathedrali et Metropolitica Christi Cantuariensis vigore et auctoritate literarum patencium Illustrissime in Christo principis et domine nostre Elizabethe Dei gracia Anglie Francie et Hibernie Regine fidei Defensoris, etc., nobis in hac parte juxta formam statuti parliamenti hujus incliti regni Anglie in ea parte editi ac provisi factarum et directarum (annuente Domino) statuerimus et proposuerimus consecrare, Fraternitati vestre tenore presentium firmiter precipiendo mandamus Quatenus premissa

---
¹ In quodam alta Libraria.

venerabilibus Fratribus nostris dominis Roberto Wintoniensi et Edmundo Roffensi respective Episcopis ex parte nostra cum ea que fieri poterit matura celeritate significetis et denuncietis seu sic significari et denunciari faciatis cum effectu, Ac insuper moneatis et citetis seu sic moneri et citari faciatis peremptorie prefatos confratres nostros et eorum utrumque quos nos etiam tenore presentium sic monemus et citamus Quod ipsi et eorum uterque una nobiscum die et Loco predictis ad Dei gloriam ecclesie utilitatem et dicti consecrandi solacium eidem consecrationi personaliter intersint et uterque eorum intersit sub pena contemptus.

Preterea vestram fraternitatem tenore presentium sic monemus et citamus quatenus eisdem die et loco eidem consecrationi una nobiscum etiam intersitis sub pena predicta. Et quod in premissis feceritis nos dictis die et loco vel citra per literas vestras patentes sigillo autentice sigillatas debite certificetis unacum presentibus. In cujus rei testimonium sigillum nostrum presentibus apponi fecimus. Datum in palacio nostro Cantuarie decimo die mensis Maii anno domini Millesimo Quingentesimo Septuagesimo et nostre consecrationis anno undecimo.

[*Consecration of Richard Curtis, Bishop of Chichester, May 21, 1570.*]

CONSECRATIO DOMINI RICARDI CURTIS EPISCOPI CICESTRENSIS.

ORDO CONSECRATIONIS REVERENDI IN CHRISTO PATRIS Domini Richardi Curteys Sacre Theologie professoris in Episcopum Cicestrensis in Choro Ecclesie Cathedralis et Metropolitice Christi Cantuariensis celebrate die dominica, viz.: vicesimo primo die mensis Maij anno domini Millesimo Quingentesimo Septuagesimo.

In primis orientalis pars dicti chori sacre communionis ministracioni destinata Tapetibus adornabatur: ac solum sub pedibus panno sternabatur, mensa vero sacris peragendis ornata in dicta orientali parte Chori sita erat. Cathedra preterea Reverendissimo domino Archiepiscopo Cantuariensi et ceteris episcopis munus consecrandi obeuntibus in dicta orientali parte chori a† Scanna Tapeto pulvinaribusque strata tam ad Borealem et australem partes dicti Chori quibus Episcopi genibus flexis inniterentur quam etiam aliud Scannum ante Cathedras cui episcopus consecrandus etiam inniteretur respective posite fuerunt.

Hiis ita in ordine instructis Reverendissimus in Christo Pater dominus Mattheus Archiepiscopus Cantuariensis Precedentibus eum Decano Prebendariis ceterisque dicte ecclesie Christi Cantuariensis Ministris ac comitantibus eum Reverendissimo patre domino Edmundo nuper Londoniensi episcopo modo in Archiepiscopum Eboracensensem electo necnon reverendis patribus dominis Roberto Wintoniensi et Edmundo Roffensi respective Episcopis [et] domino electo, per navem ecclesie Cantuariensis predicte transiens Chorum ejusdem ecclesie ingrediebatur ac Stallum Decani ibidem occupavit, ceteris vero Episcopis in Stallis Prebendariorum ibidem sedentibus. Et tunc decantatus extitit per ministros Chori psalmis sive hymnis organis sonantibus.

Quo finito Prefatus Reverendissimus pater ceterique episcopi Decanus Prebendarii et alii ministri prerecitati ad Domum Capitularem ipsius ecclesie Christi Cantuariensis se contulerunt ubi venerabilis vir Magister Thomas Godwin Sacre Theologie professor Decanus ecclesie memorate suggestum consendens assumpto pro Themate [*blank*] eleganter concionabatur.

Finita concione prefatus Reverendissimus dominus Archiepiscopus Cantuariensis reliquique Episcopi Decanus Prebendarii et ceteri ministri Ecclesie ad Chorum revertebantur. Dictusque Reverendissimus dominus Cantuariensis superpellicio Linteo indutus ad sacram communionem celebrandum perexit Reliqui vero Episcopi prenominati ad Scanna predicta superpelliciis Linteis similiter induti genua flexerunt.

Finito tandem Evangelio Reverendi patres domini Robertus Wintoniensis et Edmundus Roffensis Episcopi prefatum dominum Ricardum Curteys Cicestrensem electum et confirmatum coram prefato Reverendissimo domino Archiepiscopo Cantuariensi ante mensam in Cathedra sedenti adduxerunt et hiis verbis presentaverunt "Reverendissime in Christo Pater hunc virum pium et doctum tibi offerimus et presentamus ut episcopus consecretur". Hiis verbis ita dictis Presentatisque per me Johannem Incent notarium publicum dicti reverendissimi domini Archiepiscopi Cantuariensis Registrarium principalem literis patentibus regiis magno sigillo Anglie sigillatis eidem Reverendissimo patri pro munere consecrationis prefato domino electo et confirmato Cicestrensi impendendo directis, et per Magistrum Thomam Yale Legum doctorem ejusdem Reverendissimi domini Cantuariensis vicarium in spiritualibus generalem publice perlectis, dictus Dominus Electus Cicestrensis Juramentum Prestitit ad sancta Dei evangelia per eum corporaliter tacta primo de Renuntiando omnimode foranee potestati, etc., ac de Recognoscendo supremam potestatem Regiam in causis ecclesiasticis et temporalibus juxta formam Statuti Parliamenti hujus regni Anglie in ea parte editi et provisi, Deinde de legittima obedientia et reverentia dicto Reverendissimo Patri domino Archiepiscopo Cantuariensi et successoribus suis [Fo. 126.] ac eidem Sedi Cantuariensi prestandis et exhibendis.

Quo quidem Juramento solemniter prestito, dictisque et finitis Letaniis, post aliquot questiones per dominum Archiepiscopum Cantuariensem eidem electo Cicestrensi propositas et interrogatas, et suffragia quedam juxta formam Libri publicarum precum ad Deum habita, dictus Reverendissimus Dominus Mattheus Cantuariensis Edmundus Eboracensis electus Robertus Wintoniensis et Edmundus Roffensis respective Episcopi manibus dicto electo Cicestrensi impositis dixerunt anglice ut sequitur videlicet, "Take the holly goste and remember that thou stirre upp the grace of god whiche ys in the by imposition of handes. For god hath not given vs the spirite of Feare but of powre and Love and Sobernes."

Hiis dictis Bibliam Sacram illi in manibus tradiderunt hujusmodi ad eum verba habentes, "Gyve heede vnto thy readinge exhortacion and doctrine. Thinck vppon theise thinges conteyned in this Booke, be diligent in them that the Increase coming by them may be manifest vnto all men. Take hede vnto thy self and vnto thy teachings and be diligent in dooinge them. For by dooinge this, Thowe shalt save thy self and them that here the thorough Jhesus Christ our Lord."

Postquam hec dixissent ad reliqua communionis solemnia perexit dictus Reverendissimus Cantuariensis, cum quo communicabant Reverendissimus dominus electus Eboracensis ac dominus Cicestrensis necnon prefatus domini Wintoniensis et Roffensis Episcopi Decanusque et quidam Prebendorum dicte Ecclesie Christi Cantuariensis. Et tunc finitis peractisque sacris dictus Reverendissimus Cantuariensis ceterique Episcopi Decanus et Prebendarii per Australem Sacelli portam exierunt.

Et confestim eisdem ipsis Episcopis stipatus per eandem revertebatur portam ac per medium Chori primo, deinde per navem Ecclesie Christi Cantuariensis predicte, precedentibus eum decano prebendariis et ministris ipsius Ecclesie sequentibus nonnullis claris et strenuis viris Comitatus Kantie famulisque suis et aliis in multitudine magna, ad aulam suam magnam infra Palacium Archiepiscopale Cantuariense similiter se contulit et ibidem mensis undique stratis cum copiosissima multitudine convivarum lautissime prandebat.

Acta et gesta fuerunt hoc omnia et singula in presentiis egregiorum virorum Edwardi Isaack vicecomitis Kancie Rogeri Manwood et Willelmi Lovelace servientibus ad legem Thome Yale Willelmi Drewry Willelmi Constantine Johannis Hamond et Henrici Worley Legum doctorum, Walteri Jones in Legibus Bacchelaurei, mei prefati Johannis Incent Registrarii principalis antedicti Laurencii Argall Registrarii Curie Prerogative Cantuariensis Georgii Harrison et Petri Johnson procuratorum generalium Curie Cantuariensis de Archubus et aliorum multorum generosorum et ceterorum in multitudine copiosa congregatorum. Que omnia et singula prefatus Reverendissimus Pater dominus Cantuariensis tam in Registro suo principali quam etiam in Registro Decani et Capituli Ecclesie Christi Cantuariensis predicte ad perpetuam rei geste memoriam Registranda et inactitanda fore voluit et decrevit.

[*Letters Patent of royal assent: April 22, 1570.*]

Tenor vero Literarum patentium Regiarum de quibus supra fit mentio sequitur in hec verba. Elizabetha Dei gracia, etc. [*Repetition of the Letters of the royal assent, p. 130.*]

ADVOCATIO CONCESSA DOMINO ARCHIEPISCOPO.

[*Grant by Richard, Bishop of Chichester, to the Archbishop of Canterbury of the right of presentation to the Canonry and Prebend of Gates in Chichester Cathedral, for the term of twenty-one years from its next vacancy. Dated May 22, 1570. For form of the grant see p. 105.*]

[Fo. 126v.]

EBORACENSIS.

[*Acts of the Confirmation of the Election of Edmund Grindall, late Bishop of London, to the See of York, Monday, May 22, 1570, in the Choir of Canterbury Cathedral, before Matthew, Archbishop of Canterbury, Robert, Bishop of Winchester, and Edmund, Bishop of Rochester, in the presence of John Incent, the Archbishop's Registrar.*]

Acta habita et facta, etc. [*see p. 38.*]

Acta Confirmationis Electionis Domini Edmundi Grindall Archiepiscopi Eboracensis.

Dictis die hora et loco inter horas octavam et nonam ante meridiem ejusdem diei Prefatus Reverendissimus in Christo dominus Mattheus Archiepiscopus Cantuariensis palacium suum egressus ad Chorum dicte ecclesie Cathedralis et Metropolitice Christi Cantuariensis, comitantibus eum dicto Reverendissimo patre domino Edmundo Grindall Eboracensi electo ac Reverendis patribus dominus Roberto Wintoniensi Edmundo Roffensi et Ricardo Cicestrensi respective episcopis precedentibus eum Decano Prebendariis et aliis ministris ejusdem, sese contulit ac Stallum decani ibidem occupavit. Ceteri vero Episcopi in Stallis Prebendariorum ibidem sedebant. Et tunc decantatus extitit per ministros Chori psalmis sive hymnis organis, sonantibus. Quo finito prefatus Reverendissimus dominus Cantuariensis necnon Reverendi patres domini Robertus Wintoniensis et Edmundus Roffensis respective Episcopi Cathedras ad orientalem partem dicti chori positas respective occuparunt. Et tunc presentatis eis per me prefatum Registrarium Literis patentibus dicte illustrissime domine nostre Regine Magno sigillo Anglie sigillatis eis in hac parte directis ac per venerabilem virum Magistrum Thomam Yale Legum doctorem dicti Reverendissimi patris domini Archiepiscopi Cantuariensis vicarium in spiritualibus generalem de mandato eorundem Reverendissimi ac Reverendorum patrum publice perlectis, iidem Reverendissimus dominus Cantuariensis necnon Reverendi domini Wintoniensis et Roffensis ob honorem et reverentiam prefate illustrissime domine nostre Regine onus executionis dictarum literarum Patencium in se acceptarunt, etc. Deinde, etc. [*The rest of the proceedings as at p. 39. Proctor for the Dean and Chapter of York, Walter Jones, B.L. Witnesses: Thomas Godwin, Dean of Canterbury; Doctors Thomas Yale, William Dreurye, John Hamonde, William Constantine, and Henry Worley; Andrew Pierson, ...[1] Bongey, and Thomas Lawse, canons and prebendaries of Christchurch, Canterbury; and George Harrison and Peter Johnson, public notaries of the Court of Arches, London, general proctors.*]

Tenores vero tam literarum patentium Regie Majestatis quam etiam tocius processus in dicto confirmationis negocio habiti et facti et superius mentionati sequuntur et sunt tales.

---

[1] Blank in original.

[Fo. 127.]

LITTERE PATENTES DE ASSENSU REGIO.

[*Letters Patent of the royal assent (for form see p. 39). Dated at Gorhambury, May 16, 1570, 12 Elizabeth.*]

[*Proxy of the Chapter of York: April 11, 1570.*]

PROCURATORIUM CAPITULI EBORACENSIS.

Pateat Universis per presentes Quod nos Mattheus Hutton sacre Theologie Proffessor Decanus Ecclesie Cathedralis et Metropolitice Sancti Petri Eboracensis et Capitulum ejusdem ecclesie venerabiles viros ac dilectos nobis in Christo Richardum Maisters in Medicinis Doctorem Walterum Jones in Legibus Bacchelaureum et Thomam Lakin artium Magistrum conjunctim et eorum quemlibet per se divisim et insolido, ita quod non sit melior conditio occupantis nec deterior subsequentis sed quod unus eorum, etc. procuratores, etc., nostros speciales et generales ad infrascripta omnia et singula nominamus, etc. Damusque pariter et concedimus eisdem procuratoribus, etc., potestatem generalem, etc., pro nobis et vice et nominibus nostris coram Reverendo in Christo Patre et Domino Domino Edmundo Dei gratia Londoniensis Episcopo in Archiepiscopum ecclesie Cathedralis et Metropolitice Sancti Petri Eboracensis electo comparendi et interessendi: Litterasque nostras certificatoriales sive decretum de et super electione ejusdem Reverendi in Christo Patris et domini domini Edmundi permissione divina Londoniensis Episcopi in Archiepiscopum et pastorem ecclesie Cathedralis et Metropolitice Sancti Petri Eboracensis predicte per nos unanimiter factas et confectas sigilloque nostro communi sigillatas eidem reverendo in Christo patri et domino domino Edmundo permissione divina Londoniensi Episcopo realiter presentandi exhibendi et ostendendi: Ipsiusque Reverendi in Christo Patris electioni predicte de se in Archiepiscopum et pastorem dicte ecclesie Cathedralis et Metropolitice Sancti
[Fo. 127ᵛ·] Petri Eboracensis ut premittitur facte consensum adhibendi petendi requirendi et obtinendi: Necnon inde et super premissis omnibus et singulis agendi defendendi excipiendi replicandi, Litem contestandi ac juramentum tam de Calumnia quam de veritate dicendi et quodlibet aliud genus liciti Sacramenti in animas nostras prestandi ponendi et articulandi, Posicionibus articulis et interrogatoriis respondendi, Contraria et defectus contra quoscumque opponentes si qui fuerint objiciendi et probandi; Testes litteras et

Archiepiscopi Cantuariensis. 139

Instrumenta ac alia quecumque probacionum genera producendi et exhibendi, ac contra nos electum seu electionem predictam producta et exhibita aut producenda et exhibenda reprobandi : Ac omnia alia et singula faciendi gerendi exercendi et expediendi que in premissis et ipsum electum concernentia et concernere valentia necessaria fuerint seu quomodolibet opportuna, etiam si mandatum etc. [*The rest in the usual form.*] In cujus rei testimonium sigillum nostrum commune presentibus est appensum. Datum Eboraco in domo nostra Capitulari undecimo die Aprilis Anno domini Millesimo Quingentesimo Septuagesimo.

[*Citation of Opponents : May 14, 1570.*]

CITATIO CONTRA OPPOSITORES.

Mattheus permissione divina Cantuariensis Archiepiscopus, etc., Robertus Wintoniensis et Edmundus Roffensis respective Episcopi auctoritate parliamenti hujus incliti Regni Anglie mediantibus Literis commissionalibus patentibus serenissime in Christo principis et domine nostre Elizabethe, etc., nobis in hac parte directis commissarii legittime deputati universis et singulis dicte domine Regine subditis per universum Anglie regnum ubilibet constitutis salutem graciam et benedictionem. etc. [*The rest of the citation is in the usual form, Monday, the 22 May, between the hours of 8 and 9 in the forenoon, in Canterbury Cathedral, being the date and place appointed for the Confirmation of the Election of Bishop Grindall to the See of York, vacant by the death of Thomas Young, the last Archbishop. Dated May 14, 1570.*]

[1] Executum fuit presens hoc mandatum per Michaelem Schaller in Choro ecclesie cathedralis Divi Pauli Londonie, decimo septimo Maii Anno Domini 1570.

[Fo. 128.]

PRIMA SCHEDULA CONTRA OPPOSITORES.

SUMMARIA PETITIO (*with the articles*).

[*First Schedule against Opponents, and the Summary Petitions, in the usual forms.*]

[*Certificate of Election : April 11, 1570.*]

CERTIFICATORIUM ELECTIONIS.

Reverendo in Christo Patri et domino domino Edmundo permissione divina Londoniensi Episcopo vestri humiles et devoti

---

[1] Written in the margin.

Mattheus Hutton sacre Theologie Professor Decanus ecclesie Cathedralis et Metropolitice Beati Petri Eboracensis et capitulum ejusdem ecclesie omnimodam reverentiam et obedientiam tanto reverendo patri debitas cum honore. Literas illustrissime in Christo Principis et domine nostre domine Elizabethe Dei gracia, etc., de Licencia eligendi Archiepiscopum et pastorem dicte ecclesie jam per mortem naturalem ultimi Archiepiscopi [Fo. 128ᵛ·] ibidem Pastoris solacio destitute sigillo magno suo Anglie sigillatas nobisque directas cum ea qua decuit reverencia obediencia et honore nuper recepimus. Quarum quidem literarum honorabilium vigore pariter et auctoritate Nos Decanus et capitulum antedicti nono die jam instantis Mensis Aprilis in domo nostra capitulari hora etiam capitulari consueta capitulariter congregati et capitulum facientes, Statuimus et assignavimus diem Martis videlicet undecimum diem mensis ejusdem Aprilis et dictam domum capitularem inter horas septimam et nonam ante meridiem ejusdem diei pro electione futuri Archiepiscopi nostris celebranda. Ad quos diem horas et locum fecimus omnes et singulos ejusdem ecclesie canonicos absentes necnon omnes alios jus vocem et interesse in dicto electionis negocio habentes seu habere pretendentes juxta consuetudinem dicte ecclesie moneri ad interessendum in eodem electionis negocio.

Quo quidem undecimo die instantis mensis Aprilis veniente hymno de Spiritu Sancto decantato nos dicti Decanus et capitulum in domo nostra capitulari inter horas septimam et nonam ante meridiem ejusdem diei capitulariter congregati et capitulum ut supra facientes, omnibus et singulis canonicis dicte ecclesie absentibus ac omnibus aliis jus vocem et interesse in dicta electione et electionis negocio habentibus seu habere pretendentibus legittime monitis preconizatis diucius expectatis et nullo modo comparentibus ac provide in contumacia constitutis et sic debite pronunciatis, observatis omnibus et singulis aliis de jure in hac parte observandis, Paternitatem vestram Reverendam unanimiter elegimus in nostrum et dicte ecclesie Cathedralis Metropolitice Beati Petri Eboracensis Archiepiscopum et pastorem ac de electione hujusmodi eidem regie majestati prout ex officio debito tenemur significavimus et certificavimus: Rogantes igitur et obnixe petentes et requirentes eandem Paternitatem vestram reverendam ut electioni nostre de persona vestra ut premittitur facte et celebrate consentire ac consensum et assensum vestros eidem prebere dignaretur. In quorum omnium et singulorum premissorum fidem robur atque testimonium sigillum nostrum commune presentibus est appensum. Datum in domo nostra capitulari eodem undecimo die Aprilis post dictam electionem peractam anno domini millesimo Quingentesimo Septuagesimo regnique felicissimi dicte domine Regine Anno duodecimo.

[*Instrument on the consent of the Archbishop-Elect: April 17-20, 1570.*]
INSTRUMENTUM SUPER CONSENSU DOMINI ELECTI EBORACENSIS.

In Dei nomine Amen. Presentis publici Instrumenti serie cunctis appareat evidenter et sit notum Quod anno Incarnationis dominice Millesimo Quingentesimo Septuagesimo Regnique illustrissime in Christo Principis et domine nostre domine Elizabethe Dei gracia, etc., anno duodecimo mensis vero Aprilis die decimo septimo, In quodam interiori conclava infra palacium Reverendi patris domini Episcopi Londoniensis notorie scituata in nostrorum notariorum publicorum subscriptorum ac testium inferius nominatorum presentiis constituti personaliter venerabiles viri Magistri Walterus Jones in legibus Baccalaureus et Thomas Lakyn in artibus Magister Ecclesie Cathedralis et Metropolitice Sancti Petri Eboracensis canonici et Prebendarii exhibuerunt quoddam procuratorium sigillo communi ut apparuit Decani et Capituli Ecclesie Cathedralis et Metropolitice Eboracensis predicte sub cera flava sigillatum Cuidam Richardo Maistere in medicinis doctori et eisdem Waltero Joanes et Thome Lakyn conjunctim et divisim factum et fecerunt se partem pro eisdem Decano et Capitulo ac nomine procuratorio eorundem presentarunt Reverendo in
[Fo. 128v.] Christo Patri domino Edmundo Gryndall Londoniensi Episcopo tunc et ibidem personaliter presenti quasdam litteras testimoniales sive certificatorias sigillo communi eorundem Decani et Capituli (ut apparuit) ac sub cera flava sigillatas de et super electione dicti Reverendi Patris in Archiepiscopum et pastorem Ecclesie Cathedralis et Metropolitice Sancti Petri Eboracensis predicte facta et celebrata, eundemque reverendum Patrem instanter rogarunt et requiserunt Quatenus eidem Electioni de ipso et ejus persona ut premittitur facte et celebrate consentire ac consensum et assensum suos eidem prebere dignaretur; Dicto Reverendo domino electo asserente se velle deliberare supra petitione eorum usque ad et in diem Jovis proximum futurum ex certis justis et legittimis causis eum ut asseruit specialiter moventibus.

Quo quidem die Jovis adveniente videlicet vicesimo die mensis Aprilis anno domini Regnique regie majestatis et loco predictis ac inter horas decimam et undecimam ante meridiem ejusdem diei iidem Magistri Walteri Joanes et Thomas Lakyn procuratores antedicti ex parte dictorum Decani et Capituli eundem reverendum dominum electum denuo instanter et instantissime rogarunt quatenus electioni predicte de persona sua ut prefertur facte consentire non gravaretur, asserentes dictum Reverendum patrem a Serenissima domina nostra Regina dicto Decano et Capitulo fuisse per literas suas commendatum eosdemque decanum et capitulum meritorum suorum intuitu animis benevolis gratanter eum eligisse et etiam dicentes quod si plena et absoluta potestas eligendi eisdem Decano et Capitulo sine ulla commendatione aut mandato regio aut cujuslibet alterius data et attributa fuisset ipsum Reverendum patrem sponte ante omnes eligere voluissent, Sicque ut asseruerunt venerabilis vir Magister Mattheus Hutton Sacre Theologie professor Decanus ejusdem ecclesie Cathedralis et Metropolitice Eboracensis in pleno Capitulo ac vice et nomine tocius Capituli ejusdem Ecclesie palam et publice protestatus fuit. Quare itterum atque itterum petierunt et interpellarunt quatenus electioni predicte consensum et assensum suum prebere dignaretur. Qui quidem Reverendus Pater dominus electus antedictus sic requisitus et interpellatus, primo et ante omnia gratias agens dicte serenissime domine nostre Regine que ipsum licet indignum ut asseruit dictis Decano et capitulo commendare dignata est, Deinde eisdem Decano et Capitulo qui eum tam gratis animis amice eligerunt Licet se tanto munere indignum judicaret ut sepius antehac fuerit protestatus: Tamen ne ipse divine voluntati et dicte domine Regine beneplacito minime obtemperari videretur, Deum obnixe precatus ut suo sancto spiritu et gracia speciali illi in omnibus adesse velit ad illustrandum nominis sui gloriam et ecclesie utilitatem procurandam, Electioni predicte de ipso et ejus persona ut premittitur facte et celebrate consentiebat in scriptis per eum lectis tenorem sequentem de verbo in verbum in se complectentibus.

[*Assent of the Archbishop-Elect.*]

In Dei nomine Amen. Ego Edmundus permissione divina Londoniensis Episcopus in Archiepiscopum et pastorem Ecclesie Cathedralis et Metropolitice Eboracensis rite et legittime nominatus et electus, etc., etc. [*For form of consent see p. 51.*]

[Fo. 129.]

Super quibus omnibus et singulis premissis tam ipse reverendus dominus electus quam prenominati Procuratores nos notarios publicos subscriptos sibi unum vel plura publicum sive publica Instrumentum sive instrumenta conficere ac testes inferius nominatos testimonium inde perhibere instanter rogarunt et requiserunt.

Acta fuerunt hac omnia et singula premissa prout supra scribuntur et recitantur sub anno domini regnique regie Majestatis mensisque respective diebus et loci predictis, Presentibus tunc et ibidem dicto decimo septimo die Aprilis venerabilibus viris Magistris Henrico Harvey, Thoma Yale, et Thoma Huick Legum doctoribus, Johanne Scott et Roberto Sandwith generosis ac etiam presentibus tunc et ibidem dicto vicesimo die Aprilis prefato venerabili Magistro Thoma Yale Legum doctore ac Ricardo Radclyf et Roberto Sandwith generosis necnon Johanne Freenge Literato Testibus ad premissa vocatis specialiter et requisitis.

[*Certified by George Harryson, public notary of the Diocese of York; John Incent, public notary of the Diocese of Canterbury; and Peter Johnson, public notary of the Diocese of London.*]

SECUNDA SCHEDULA CONTRA OPPOSITORES.

JURAMENTUM PRESTITUM PER DOMINUM ELECTUM EBORACENSEM.

[Fo. 129ᵛ·]

SENTENCIA DIFFINITIVA.

[*Second Schedule against Opponents, Oath taken by the Archbishop-Elect, Definitive Sentence (pronounced by the Archbishop and the Bishops of Winchester and Rochester), in the usual forms.*]

MANDATUM DIRECTUM ARCHIDIACONO EBORACENSI AD INSTALLANDUM DICTUM ARCHIEPISCOPUM.

[*Mandate issued by the Archbishop and the Bishops of Winchester and Rochester, to install Archbishop Grindall in his Cathedral; addressed to the Archdeacon of York.*[1] *Dated Canterbury, May 22, 1570. (For form see p. 53.)*]

---

[1] Name blank in the Register.

[Fo. 130.]
LONDONIENSIS.

[*Acts of the Confirmation of the Election of Edwin Sandes, late Bishop of Worcester, to the See of London, in the Church of St. Mary-le-Bow, London, Thursday, July 13, 1570, before Master Thomas Watts, S.T.P., Commissary of the Archbishop, and in the presence of Thomas Blackmore, public notary, deputy of John Incent, principal registrar.*]

Acta habita et facta, etc. [*see p. 38.*]

Acta Confirmationis Electionis Domini Edmundi Sandes Episcopi Londoniensis.

[*Proceedings as at p. 39. Master George Harrison, public notary, proctor for the Dean and Chapter of St. Paul's, London; and Master William Palmer, S.T.B., proctor for Bishop Sandes. Witnesses: Thomas Huick, LL.D., Thomas Willett, and Richard Windover, public notaries; William Lancaster, gentleman; John Atherton, clerk; John Frende, John Staunton, John Manne, Simon Smithe, and William Langfurth, literati.*]

[*Commission to confirm the Election: July 10, 1570.*]

Commissio ad Confirmandum Electionem.

Mattheus providentia divina Cantuariensis Archiepiscopus tocius Anglie Primas et Metropolitanus dilectis nobis in Christo Magistris Thome Wattes Sacre Theologie professori Henrico Jones Roberto Forth et Johanni Hamonde legum doctoribus salutem graciam et benedictionem. Ad examinandum discutiendum approbandum et confirmandum electionem de persona venerabilis confratris nostri domini Edwini Wigorniensis Episcopi in Episcopum et pastorem ecclesie cathedralis divi Pauli Londoniensis electi et postulati factam et celebratam, ipsamque electionem et personam sic electam secundum Juris et Statutorum hujus regni Anglie exigenciam ac juxta tenorem mandati regii nobis in hac parte facti et directi quatenus eandem electionem rite et legittime factam et celebratam fuisse et esse vobis aut alicui vestrum constiterit legittime comprobandum, defectusque (si qui forsan in ea parte intervenerint) rite supplendum prout juris fuerit et equitatis, Alioquin electionem predictam si casus ita exigerit cassandum infirmandum et annullandum; Ceteraque omnia et singula alia faciendum exercendum et expediendum et e[xe]quendum que in hac parte necessaria fuerint seu quomodolibet oportuna: Vobis et cuilibet vestrum conjunctim et divisim committimus vices nostras et plenam in Domino tenore presentium concedimus potestatem, juribus nostris Archiepiscopalibus et ceteris emolumentis nobis ac officiariis et ministris nostris in hac parte competentibus semper salvis et reservatis. In cujus rei testimonium sigillum nostrum presentibus apponi fecimus. Datum decimo die mensis Julii anno domini Millesimo Quingentesimo Septuagesimo.

JOHANNES INCENT, REGISTRARIUS.

[Fo. 130^{v.}]

LITTERE PATENTES DE ASSENSU REGIO.

[*Letters Patent of the royal assent (for form see p. 39). Dated Westminster, July 1, 1570, 12 Elizabeth.*]

PROCURATORIUM DOMINI ELECTI LONDONIENSIS.

[*Proxy (for form see p. 39) of Edwin Sandes, Bishop of Worcester, appointing Masters John Hamonde, LL.D., and William Palmer, A.M., "preacher of the word of God", his proctors in matters relating to the Confirmation of his Election. Sealed with the seal of the Archdeacon of Chichester, July 10, 1570.*]

PROCURATORIUM CAPITULI LONDONIENSIS.

[*Proxy of Alexander Nowell, Dean of St. Paul's, and of the Chapter of St. Paul's, appointing John Mullins and Thomas Wattes, canons residentiary of the said Cathedral; James Calfehill, Archdeacon of Colchester and Prebendary of St. Pancras; Thomas Wylson, Canon of Worcester; and George Harrison, public notary of the Court of Arches, their proctors to announce the Election to Bishop Sandes, and to the Queen, for obtaining the Confirmation thereof by the Archbishop of Canterbury (for similar form see p. 23). Dated in the Chapter House, June 2, 1570.*]

[Fo. 131.]

CITATIO CONTRA OPPOSITORES.

[*Citation of Opponents (in the usual form), Thursday, July 13, between the hours of 10 and 11 before noon, being appointed for the Confirmation of the Election of Edwin Sandes, late Bishop of Worcester, to the See of London, vacant by the translation of Bishop Grindall to York; dated July 10, 1570.*

[Fo. 131^{v.}]

With the Certificate of its execution by . . . Smith on July 10, in the Church of St. Mary-le-Bow, July 13, 1570.]

L

Prima Schedula contra Oppositores.
Summaria Petitio.

[*The first Schedule against Opponents, and the Summary Petition (with the articles), in the usual forms.*]

[Fo. 132.]
[*Consent of the Bishop-Elect: June 25, 1570.*]
Consensus Domini Electi Londoniensis.

Edwinus permissione divina ad sedem Episcopalem Londoniensem per translacionem Reverendi Confratris nostri domini Edmundi nuper Episcopi ibidem a dicta Sede ad sedem Archiepiscopalem Eboracensis vacantem rite et canonice electus venerabilibus viris Decano et capitulo ecclesie cathedralis divi Pauli Londoniensis salutem graciam et benedictionem. Noveritis nos Edwinum episcopum electum ad sedem episcopalem antedictam electionem vestram de persona nostra ad prefatam sedem episcopalem Londoniensem per vos rite et canonice ut prefertur factam nobisque nuperime exhibitam et traditam grate vicesimo quinto die mensis Junii anno domini millesimo Quingentesimo Septuagesimo acceptasse assensumque nostrum hujusmodi electioni vestre de persona nostra sic ut premittitur facte realiter prebuisse et prebere per presentes. In cujus rei testimonium Sigillum nostrum quo in officio nostro Episcopatus Wigorniensis nuper utebamur presentibus apponi fecimus. Datum in edibus nostris apud Hartlebury Wigorniensis diocesis die et anno prescriptis.

Secunda Schedula contra Oppositores.

[*Second Schedule against Opponents (in the usual form).*]

[*Oath taken by the Bishop-Elect.*]
Juramentum Prestitum per Dominum Electum Londoniensem.

I, William Palmer, Bacheler of Dyvynytie, Proctour for the Reverend Father in God Edwin Sandes, elected Busshoppe of London, doo vtterly testifie, etc. [*the rest of the Oath in the usual form*]. By me William Palmer, Proctour for the Reverend Father in God, Edwin Sandes.

Sententia Diffinitiva.

[*Definitive Sentence, pronounced by Thomas Watts, the Archbishop's Commissary, in the usual form.*]

[Fo. 132ᵛ·]

Lecta et lata fuit hujusmodi sententia diffinitiva per prefatum Magistrum Thomam Wattes Commissarium antedictum in Ecclesia de Archubus Londonie decimo tercio die mensis Julii anno domini Millesimo Quingentesimo Septuagesimo in presentia mei Thome Blackemore notarii publici Deputati Magistri Johannis Incent registrarii, etc. Presentibus tunc ibidem Magistro Thoma Huyck Legum doctore Thoma Willett et Richardo Windover notariis publicis Willelmo Lancaster generoso Johanne Atherton clerico, Johanne Frend, Johanne Staunton, Johanne Manne, Simone Smithe et Willelmo Langeforthe litteratis testibus, etc.

Nos Thomas Wattes Commissarius antedictus auctoritate nobis in hac parte concessa et commissa committimus supradicto domino electo et modo per nos confirmato curam et regimen Episcopatus Londoniensis ac administracionem spiritualium et temporalium ejusdem Episcopatus Londoniensis et decernimus eundem Reverendem patrem modo confirmatum installandum fore per Archidiaconum Cantuariensem vel ejus deputatum in dicto Episcopatu Londoniensi cum suis juribus universis.

MANDATUM ARCHIDIACONO ROFFENSI AD INSTALLANDUM DICTUM EPISCOPUM.

[*Mandate issued by the Archbishop to Edmund Geste, Bishop of Rochester, Commendatory of the Archdeaconry of Canterbury, to install Bishop Sandes in the Cathedral of St. Paul's. Dated . . . .[1] day of . . . .[1] A.D. 1570 (for form see p. 53).*]

ALIUD MANDATUM FACTUM PER ARCHIDIACONUM ROFFENSEM.

[*Mandate issued by Bishop Geste to Masters William Palmer and . . . . .[2] to induct Bishop Sandes in the Cathedral of St. Paul's, London. Dated 20th of . . . . . , 1570. (For form see p. 35.)*]

[Fo. 133.]

WIGORNIENSIS.

[*Acts of the Confirmation of the Election of Nicholas Bullingham, late Bishop of Lincoln, to the See of Worcester, Friday, January 26, 1570/1, 13 Elizabeth, in the Church of St. Mary-le-Bow, London,*

---

[1] Day and month blank in Register.
[2] Second name blank in Register.

before Dr. Thomas Yale, the Archbishop's commissary, in the presence of John Incent, principal Registrar.]
    Acta habita et facta, etc. [*see p. 38.*]

ACTA CONFIRMATIONIS ELECTIONIS DOMINI NICHOLAI BULLINGHAM EPISCOPI WIGORNIENSIS.

[*Proceedings as at p. 39. Master William Fluyd, LL.B., proctor for Dean and Chapter of Worcester; and John Flower,* [Fo. 133ᵛ·] *S.T.B., proctor for the Bishop-Elect. Witnesses: Masters John Clerk, John Lewes, William Saye, George Harrison, Thomas Willet, Christopher Rochell.*]

LITTERE PATENTES DE ASSENSU REGIO.

[*Letters Patent of the royal assent (for form see p. 39). Dated Westminster, January 17, 1570/1, 13 Elizabeth.*]

PROCURATORIUM CAPITULI LINCOLNIENSIS [WIGORNIENSIS].

[*Proxy (for form see p. 130) of the Dean and Chapter of Worcester, appointing John Flower, S.T.B., and William Fluid, LL.B., their proctors to announce the election to Bishop Bullingham and to the Queen, and for its Confirmation by the Archbishop. Sealed with the seal of the Archdeacon of Carlisle, January 18, 1570/1.*]

PROCURATORIUM DOMINI ELECTI.

[*Proxy (for form see p. 112) of Nicholas Bullingham, appointing John Flower and . . . .[1] his proctors in matters of the Confirmation of his Election. Sealed with the seal of the Archdeacon of Chichester, and dated as above.*]

[Fo. 134.]
    CITATIO CONTRA OPPOSITORES.

[*Citation of Opponents (in the usual form), Friday, January 26, between the hours of 7 and 9 before noon, being appointed for the Confirmation of the Election of Nicholas Bullingham, late Bishop of Lincoln, to the See of Worcester, vacant by the translation of Edmund Sandes to London. Dated Lambeth, January 22, 1570/1. Certified by . . . . . Walker, mandatarius, on January 26, as executed on January 23, in the Church of St. Mary-le-Bow.*]

PRIMA SCHEDULA CONTRA OPPOSITORES.

[Fo. 134ᵛ·]
SUMMARIA PETITIO *(with the articles)*.
CONSENSUS DOMINI ELECTI.

---

[1] Blank in Register.

[Fo. 135.]

SECUNDA SCHEDULA CONTRA OPPOSITORES.
JURAMENTUM DOMINI ELECTI.

[*First Schedule against Opponents, Summary Petition, Consent of the Bishop-Elect, Second Schedule against Opponents, Oath of the Bishop-Elect, in the usual form. After the Oath is added:—*]

Lectum per Magistrum Johannem Flower nomine procuratorio supradicti domini electi vicesimo sexto die Januarii anno domini Millesimo Quingentesimo Septuagesimo.

SENTENTIA DIFFINITIVA.

[*Definitive Sentence (in the usual form).*]

Lecta fuit hujusmodi Sentencia deffinitiva per prefatum Magistrum Thomam Yale in Ecclesia Beate Marie de Arcubus Londonie vicesimo sexto die Januarii anno domini Millesimo Quingentesimo Septuagesimo, etc.

MANDATUM DIRECTUM ARCHIDIACONO CANTUARIENSI AD INSTALLANDUM DICTUM DOMINUM ELECTUM ET CONFIRMATUM.

[*Mandate issued by the Archbishop to Edmund Geste, Bishop of Rochester, and Commendatory of the Archdeaconry of Canterbury, to install Nicholas Bullingham in the Cathedral of Worcester. Dated January 26, 1570/1. (For a similar form see p. 53.)*]

[Fo. 135ᵛ.]

LINCOLNIENSIS.

[*Acts of the Confirmation of the Election of Thomas Cowper, S.T.P., to the See of St. Mary, Lincoln, Friday, February 23, 1570/1, 13 Elizabeth, in the Church of St. Mary-le-Bow, London, before Dr. Thomas Yale, the Archbishop's Commissary, and in the presence of John Incent, principal Registrar.*]

Acta habita et facta, etc. [*see p. 38.*]

ACTA CONFIRMATIONIS ELECTIONIS DOMINI THOME COWPER EPISCOPI LINCOLNIENSIS.

[*Proceedings as at p. 39. Master George Harrison, general proctor of the Court of Arches, proctor for the Dean and Chapter of Lincoln, and John Flower, clerk, A.M., proctor for the Bishop-Elect. Witnesses: Masters John Trevor, Robert Walker, Richard Edwardes, George Gilbert, and Thomas Rodman, literati.*]

[Fo. 136.]
LITTERE PATENTES DE ASSENSU REGIO.
[*Letters Patent of the royal assent (for form see p. 39). Dated Westminster, February 19, 1570/1, 13 Elizabeth.*]

PROCURATORIUM CAPITULI LINCOLNIENSIS.
[*Proxy of the President and Chapter of Lincoln, appointing Masters John Flower, clerk, and George Harrison, proctors, to announce the Election to the Bishop-Elect, and to the Queen, etc. (for form see p. 130). Dated in their Chapter-house, Feb. 24, 1570/1.*]

PROCURATORIUM DOMINI ELECTI.
[*Proxy of the Bishop-Elect appointing John Flower, clerk, A.M., and . . . . . . his proctors in matters of the Confirmation of his Election (for form see p. 112). Sealed with the seal of the Archdeacon of Chichester, February 21, 1570/1.*]

[Fo. 136ᵛ·]
CITATIO CONTRA OPPOSITORES.
[*Citation of Opponents (in the usual form), Friday, February 23, between the hours of 1 and 2 in the afternoon, being appointed for the Confirmation of the Election of Thomas Cowper to the See of Lincoln, vacant by translation of Nicholas Bullingham, the last Bishop, to the See of Worcester. Dated February 20, 1570/1.*]

PRIMA SCHEDULA CONTRA OPPOSITORES.
SUMMARIA PETITIO.
[*First Schedule against Opponents, and Summary Petition, with the articles, in the usual forms.*]

[Fo. 137.]
CONSENSUS DOMINI ELECTI.
[*Consent of the Bishop-Elect in the usual form; after it is added:—*] Ego sic electus consentio
Thomas Cooperus.

Lectum per prefatum magistrum Thomam Cooper in edibus solite habitationis Humfridi Toye civis Londoniensis xxj° die Februarii Anno 1570. Ad petitionem Magistri Georgii Harrison exhibentis procuratorium suum pro presidente et capitulo ecclesie Cathedralis Lincolniensis et faćientis se partem pro eisdem in presentia mei Johannis Incent notarii publici presentibus tunc ibidem Magistro Johanne Griffithe legum doctore prenominato Humfrido Toye et Roberto Bonde literato, Testibus, etc. Super quibus tam dictus dominus electus quam Magister Georgius Harrison requiserunt et eorum uterque respective requisivit, etc.

[Fo. 137ᵛ·]

SECUNDA SCHEDULA CONTRA OPPOSITORES.
JURAMENTUM DOMINI ELECTI.

[*Second Schedule against Opponents, Oath of the Bishop-Elect, (in the usual forms). After the last is written:—*]

Per me Johannem Flower, procuratorem
supradicti domini electi.

SENTENTIA DIFFINITIVA.

[*Definitive Sentence (in the usual form).*]

Lecta fuit hujusmodi sentencia diffinitiva per prefatum magistrum Thomam Yale legum doctorem vicarium in spiritualibus generalem antedictum vicesimo tercio die mensis Februarii anno domini millesimo Quingentesimo Septuagesimo in ecclesia parochiali beate Marie de Archibus Londonie ad peticionem Magistri Georgii Harrison procuratoris Capituli Lincolniensis et Magistri Johannis Flower procuratoris supradicti domini electi in presencia mei Johannis Incent notarii publici Registrarii, etc., presentibus tunc ibidem Roberto Walker, Ricardo Edwardes, Johanne Trevour, et Johanne Gilbert, testibus, etc.

MANDATUM DIRECTUM ARCHIDIACONO CANTUARIENSI AD
INSTALLANDUM DICTUM EPISCOPUM.

[*Mandate issued by the Archbishop to install Thomas Cowper in the Cathedral of St. Mary, Lincoln, addressed to Edmund Geste, Bishop of Rochester, and commendatory of the Archdeaconry of Canterbury. Dated February¹, 1570/1 (for form see p. 53).*]

[Fo. 138.]

ADVOCATIO PREBENDE DE MILTON ECCLESIA IN ECCLESIA
CATHEDRALI LINCOLNIENSIS.

[*Grant by Thomas, Bishop of Lincoln, to the Archbishop of Canterbury, of the right of presentation to the Canonry and Prebend of Milton Church in Lincoln Cathedral, on the next vacancy, for 21 years. Dated April 18, 1571 (for form see p. 105).*]

[*Consecration of Thomas Cowper: Feb. 24, 1570/1.*]

Die Sabbathi, festo videlicet Sancti Mathie Apostoli, videlicet xxiiijᵗᵒ die mensis Februarii Anno domini juxta computacionem Ecclesie Anglicane Millesimo Quingentesimo Septuagesimo et con-

---

¹ Day left blank.

secrationis Reverendissimi domini Matthei Archiepiscopi Cantuariensis, etc., anno duodecimo, In capella reverendissimi infra manerium suum de Lambhith, Idem reverendissimus dominus vigore et auctoritate Literarum commissionalium patentium serenissime domine nostre Regine Elizabethe, etc., sibi in hac parte directarum assistentibus sibi Reverendis patribus dominis Roberto Wintoniensi et Nicholao Wigorniensi respective Episcopis munus consecracionis venerabilo viro Magistro Thome Cowper sacre theologie professori in Episcopum et pastorem ecclesie cathedralis beate Marie Lincolniensis electo et confirmato prestitis per eundem Magistrum Thomam Cooper juramentis solitis et consuetis et adhibitis ceremoniis de usu moderno Ecclesie Anglicane adhibendis impendebat. In presentia mei Johannis Incent notarii publici registrarii primarii dicti reverendissimi patris necnon venerabilium virorum Magistrorum Thome Yale legum doctoris dicti Reverendissimi Patris vicarii, etc., Magistri Laurencii Humfrey sacre theologie professoris, Magistri Roberti Bisshoppe, Legum Doctoris, Johannis Marchel, Roberti Willett et aliorum quam plurimorum testium.

EXONIENSIS.

[*Acts of the Confirmation of the Election of William Bradbridge, S.T.P., to the See of Exeter, Thursday, March 15, 1570/1, 13 Elizabeth, in the Church of St. Mary-le-Bow, London, before Dr. Thomas Yale, the Archbishop's vicar-general, in the presence of John Incent, the Archbishop's Registrar.*]

Acta habita et facta, etc. [*see p. 38*].

ACTA CONFIRMATIONIS ELECTIONIS DOMINI W. BRADBRIDGE EPISCOPI EXONIENSIS.

[*Proceedings as at p. 39. Master William Say, general proctor of the Court of Arches, proctor for the Dean and Chapter of Exeter; Master John Bacter, clerk, proctor for the Bishop-Elect. Names of the witnesses blank.*]

LITTERE PATENTES DE ASSENSU REGIO.

[*Letters Patent of the royal assent (for form see p. 39). Dated at Westminster, February 26, 13 Elizabeth. By privy seal.*]

PROCURATORIUM CAPITULI EXONIENSIS.

[*Proxy of the Dean and Chapter of Exeter appointing Dr. Thomas Yale, Richard Tremayne, S.T.D., Robert Fyssher, Arch-*

Archiepiscopi Cantuariensis. 153

deacon of Exeter, and William Saye, gentleman, general proctor of the Court of Arches, their proctors to present the Certificate of Election to the Bishop-Elect, etc. (for form see p. 130). Dated March 1, 1570/1.]

[Fo. 139.]

PROCURATORIUM DOMINI ELECTI.

[*Proxy of the Bishop-Elect appointing John Bacter, A.M., and . . . ., proctors in matters concerning the Confirmation of his Election. Dated Feb. 25, 1570/1 (for form see p. 112).*]

CITATIO CONTRA OPPOSITORES.

[*Citation (in the usual form) of Opponents, Thursday, March 15, between the hours of 1 and 2 in the afternoon being appointed for the election of William Bradbridge, S.T.P., to the See of Exeter, vacant by the death of William Alley, last Bishop. Dated February 21, 1570/1.*]

[Fo. 139ᵛ·]

[*Certificate of the execution of the citation : March 7, 1570/1.*]

CERTIFICATORIUM SUPER EXECUTIONE DICTE CITATIONIS.

Reverendissimo in Christo patri et domino domino Mattheo providentia divina Cantuariensi Archiepiscopo tocius Anglie primate et Metropolitano vicariove in spiritualibus generali vester humilis et devotus Robertus Walker Literatus vester ad infrascriptum mandatarius legitime deputatus omnimodam reverenciam et obedienciam debitam et condignam cum honore. Mandatum vestrum Reverendissimum retroscriptum nuper cum ea qua decuit reverentia infra ecclesiam parochialem beate Marie de Archubus Londonie quinto die presentis mensis Martii juxta vim formam et effectum ejusdem humiliter sum executus. In cujus rei testimonium sigillum venerabilis viri domini Archidiaconi Cicestrensis presentibus apponi fecimus. ¹Datum septimo.¹ Archidiaconus antedictus ad specialem rogatum dicti certificantis sigillum nostrum apponi fecimus. Datum septimo die mensis Marcii Anno domini juxta computacionem ecclesie Anglicane Millesimo Quingentesimo Septuagesimo.

PRIMA SCHEDULA CONTRA OPPOSITORES.
SUMMARIA PETITIO.

---

¹⁻¹ Written in error and repeated below.

[Fo. 140.]
CONSENSUS DOMINI ELECTI.
SECUNDA SCHEDULA CONTRA OPPOSITORES.
JURAMENTUM DOMINI ELECTI.
SENTENCIA DIFFINITIVA.

[*The first Schedule against Opponents, Summary Petition, Consent of the Bishop-Elect, Second Schedule against Opponents, Oath of the Bishop-Elect, Definitive Sentence, all in the usual forms. After the last is added:—*]

[Fo. 140ᵛ·]
Lectum per prefatum Magistrum Thomam Yale vicarium in spiritualibus generalem antedictum xvᵗᵒ die mensis Martii anno domini Millesimo Quingentesimo Septuagesimo in ecclesia parochiali beate Marie de Archubus Londonie in presentia mea Johannis Incent notarii publici registrarii principalis dicti Reverendissimi patris presentibus tunc et ibidem Roberto Walker, Ricardo Rolande . . . . . .¹ et Thoma Rodman literatis testibus.

MANDATUM AD INTALLANDUM DICTUM EPISCOPUM
EXONIENSEM.

[*Mandate issued by the Archbishop of Canterbury to Edmund Geste, Bishop of Rochester, and Commendatory of the Archdeaconry of Canterbury to install Bishop Bradbridge in his Cathedral at Exeter. Dated March 18, 1570/1.*]

CONSECRATIO DICTI EPISCOPI EXONIENSIS.

[*On Sunday, March 18, 1570/1, William Bradbridge was consecrated in the Chapel at Lambeth, Robert, Bishop of Winchester, and Nicholas, Bishop of Lincoln, assisting the Archbishop; in the presence of John Incent, Registrar of the Archbishop, Dr. Thomas Yale, Robert Busshoppe, LL.D., Francis Barnand, Alderman of the City of London, John Igulden, and John Machet, the Archbishop's Chaplains. (Consecration described as at p. 151.)*]

ADVOCATIO FACTA ARCHIEPISCOPO.

[*Grant by William Bradbridge, Bishop of Exeter, to the Archbishop of the next presentation to the Archdeaconry of Totton, in the Cathedral of St. Peter, Exeter, on its next vacancy, for the term of 21 years. Dated October 17, 1571, and 13 Elizabeth (for form see p. 105).*]

---

¹ Blank in original.

[Fo. 141.]

SARUM.

[*Acts of the Confirmation of the Election of Edmund Geste, late Bishop of Rochester, to the See of Salisbury, Monday, December 24, 1571, in the Church of St. Mary-le-Bow, London, before Dr. Thomas Yale, the Archbishop's vicar-general, in the presence of John Incent, principal Registrar.*]

Acta habita et facta, etc. [*see p. 38*].

CONFIRMATIO ELECTIONIS DOMINI EDMUNDI GESTE EPISCOPI SARUM.

[*Proceedings as at p. 39. Richard Chaundler, S.T.B., Archdeacon of Salisbury, proctor for the Dean and Chapter, and Thomas Mackfelde, clerk, proctor for Bishop Geste. Witnesses: John Mitchel, public notary, Richard Edwards, William Cotton and Robert Walker, literati.*]

[Fo. 141ᵛ·]

[*Citation of Opponents in the usual form, Monday, December 24, between the hours of 8 and 9 before noon, being appointed for the Confirmation of the Election of Edmund Geste, late Bishop of Rochester, to the See of Sarum, vacant by the death of John Jewell, last Bishop. Dated Lambeth, December 21, 1571.*

Certified on the 24th, before Dr. Yale, as having been executed by Robert Walker, mandatarius, *on December 22.*]

[Fo. 142.]

[*Proxy*[1] *of Bishop Geste (for form see p. 112) appointing Thomas Mackfeld, and another,*[2] *his proctors in matters concerning the Confirmation of his Election. Dated December 20, 1571.*]

[*The first Schedule against Opponents and the Summary Petition in the usual forms.*]

[Fo. 142ᵛ·]

PROCESSUS ELECTIONIS EPISCOPI SARUM.

[*A long Certificate addressed to the Archbishop of Canterbury by James Proctor, canon residentiary of the Cathedral of St. Mary of Salisbury, in the place of the Dean : announcing that after the death of John Jewell, last Bishop, having obtained the Queen's congé d'élire (quoted in the usual form), dated Westminster, December 5, 1571, 14 Elizabeth, the said* locum tenens *of the Dean and the*

---

[1] Marginal headings omitted in Register.   [2] Name blank.

Chapter of Salisbury assembled in Chapter, on Monday, December 10, 1571, and appointed Saturday, December 15, between the hours of 7 and 9 before noon, for the election, with prorogation of days and hours if necessary ; on which day (the 10th) the Chapter assembled in the Chapter House, decreed that the canons, etc., and all persons having voice in the Election, should be cited by notice in their stalls with the warning that proceedings should continue in their absence, as appeared in the citatory letters to the Dean and other dignitaries, of which the tenor is as follows :—]

[Fo. 143.]
[*Citation of Dean and Chapter.*]

Tenore cujusdam decreti editi per nos locumtenentem domini decani et capitulum Ecclesie Cathedralis Sarum isto decimo die mensis Decembris Anno Domini Millesimo Quingentesimo Septuagesimo primo in domo Capitulari Ecclesie Cathedralis predicte capitulariter congregatos ac capitulum facientes, Nos locumtenens antedictus auctoritate predicta te venerabilem virum magistrum Edmundum Freake Decanum dicte ecclesie Cathedralis Sarisburiensis admonemus Sedem episcopalem Sarisburiensis antedicte per mortem bone memorie domini Johannis Jewell jam vacare ; ac proinde te eundem Decanum per presentes peremptorie citamus quod personaliter compareris coram nobis aut presidenti capituli quocunque et capitulo antedicto in prefata domo capitulari congregandis et capitulum facientibus die Sabbathi videlicet decimo quinto die mensis instantis Decembris inter horas vij^{am} et nonam ante meridiem ejusdem diei de electione Episcopi futuri tractaturus ac aliquem virum providum et idoneum in Episcopum Sarisburiensem unacum ceteris canonicis et prebendariis qui tunc ibi aderint electurus, ulterius facturus et recepturus quod hujusmodi negocii natura et qualitas de se exigunt et requirunt : Intimantes insuper tibi Decano antedicto quod sive dictis die et horis et loco comparueris sive non Nos Locumtenens et capitulum predicti in hujusmodi electionis negocio usque ad finalem expeditionem ejusdem procedemus tua absentia sive contumacia non obstante.

[*On Saturday, December 15, between the hours of 7 and 9, the hymn, "Come Holye Gost Eternall God", etc., being solemnly sung in the Cathedral Choir, and the bell being rung for the gathering of the Chapter, James Proctor aforesaid, Masters John Cocell of Stratton, John Bolde of North Alton, John James of Stratford, Robert Modye of the Major Part of the Altar, Jerome Barnabe of Netherhaven, and John Garbrande of Chesingburye and Chute, Canons respectively and*

Prebendaries of the Cathedral, entered the Chapter-House and formed a Chapter, making William Blacker, public clerk, their chapter scribe, and taking Thomas Curteys and John Sheparde, priests, as witnesses of the election; the Queen's licence being again exhibited and read by William Blacker and the said Thomas Curteys, Subcommunarius *of the Cathedral, to whom, by reason of his office, the execution of mandates and citations against the Cathedral dignitaries belonged, having made oath that he had executed the citations by fixing them in their stalls according to the custom of the Cathedral, the absent Dean and dignitaries were ordered to be preconized; which, being done, and Master Edmund Freake, Dean and Prebendary of Haytesbury, Masters George Carewe, Precentor and Prebendary of Netherbury* in ecclesia, *Thomas White, Chancellor and Prebendary of Bucklesworth, Thomas Lancaster, Treasurer and Prebendary of Calne, Richard Chaundler, Archdeacon of Salisbury and Prebendary of Yetminster with Grymstone, Henry Rylye of Gillingham Major, John Cotterell of Fordyngton with Writhlington, Giles Lawrence, Archdeacon of Wilts, Leonard Bylson of King's Taynton, Robert Ryve of Bitton, Adam Squier of Earl's Winterborne, John Jeffreye of Husbourne with Burbage, Bazar Pernsone of Alton Pancras, William Manwood of Wilford and Wodforde, John Baron of South Grauntham, Simon Harbyn of Netherburye* in terra, *Guido Janetta of Highworth, Stephen Cheston of Beminster* prima, *John Billing of Horton, Thomas Burbanck of Bemynster* secunda, *William Cole of Durnford, Arthur Sall of Bedminster and Ratclyff, William Overton of Yatesbury, William Bennett of Warminster, Anthony Brasyer of Preston, Henry Harvye of Torleton, Christopher Rookes of Gillingham minor, Ezechiell Taylor of Ruscombe, Richard Bennett of Yetminster* secunda, *John Fox of Shipton, David Yale of Lyme with Halstock, William Merick of the Lesser Part of the Altar, John Watkins of Busshopeston, and Adrian Hawthorne of Ulscombe, respectively Canons and Prebendaries not appearing, the proceedings were as follows:—*]

[*Preconization.*]

Nos Locumtenens et capitulum antedicti monuimus palam publice et expresse primo secundo et tercio peremptorie omnes et singulos excommunicatos suspensos et interdictos ac alios quoscunque (si qui forsan fuerint inter nos qui de jure vel consuetudine in instanti electionis negocio celebrando interesse non deberent) quod ab hujusmodi domo nostra Capitulari atque dicto nostro Capitulo statim et sine mora recederent: Nosque et alios Canonicos hic capitulariter congregatos jus voces et interesse in hujusmodi Electionis negocio habentes Ad quos solum et insolidum jus interesse et potestas eligendi nobis episcopum Pastorem et Prelatum de jure et consuetudine pertinent et pertinet, libere eligere permittant: protestati quoque sumus ut supra, Quod non erat nostra voluntas aut intencio talem vel tales, si qui sint aut si aliquis talis sit, quovismodo tamquam jus et voces in hujusmodi electione habentem admittere aut procedere vel eligere simul cum eisdem: immo volumus et vult quilibet nostrum ne nobis fiat prejudicium quod voces talium si qui postmodum (quod absit) reperiantur in hujusmodi Electione interesse ulli prestent suffragium nec afferant alicui nocumentum Sed prorsus pro non receptis et non habitis proque nullis omnino et invalidis penitus habeantur.

Et deinde lecta constitutione generalis consilii (Quia propter, etc.), ac modis et formis eadem contentis coram nobis prefatis locumtenenti et capitulo per supranominatos Magistrum Johannem James in Legibus Bacchalaurium publice tunc ibidem expositis et declaratis nos prefatos Locumtenens et capitulum in hujusmodi electionis negocio per viam Scrutinii procedendum fore unanimiter decrevimus et similiter elegimus predictos Magistros [Fo. 143ᵛ·] Johannem Bolde, Johannem James et Johannem Garbrande in scrutatores. Ac nobis prefatis locumtenenti et ceteris canonicis et prebendariis interessentibus semotis iidem scrutatores unacum notario publico et testibus predictis soli primum vota sua propria emiserunt. Deinde vota et suffragia omnium ceterorum canonicorum et prebendariorum in eodem capitulo interessencium secrete et sigillatim receperunt. Atque hiis actis, nos prefatus locumtenens et capitulum decrevimus hujusmodi scrutinium publicandum fore: quo publicato collacione facta apparuit Reverendum in Christo Patrem et dominum dominum Edmundum permissione divina jam Roffensem Episcopum virum utique providum et discretum vita et moribus comendatum ordinibus et aetate legitimis constitutum per nos Locumtenentem et ceteros canonicos et prebendarios omnes et singulos in hujusmodi electionis negocio interessentes unanimiter et concorditer electum fuisse et esse in episcopum et pastorem Sedis episcopalis et episcopatus Sarisburiensis antedicte.

[*Scrutiny.*]

Scrutinii predicti forma est talis, viz: Ego Johannes Bolde nomino et eligo reverendum in Christo patrem Edmundum jam permissione divina Roffensem episcopum in Episcopum Sarisburiensem. Ego Johannes James nomino et eligo Reverendum in Christo patrem Edmundum Episcopum Roffensem in Episcopum Sarisburiensem. Ego Johannes Garbrande nomine et eligo Reverendum in Christo patrem Edmundum Roffensem Episcopum in Episcopum Sarisburiensem. Ego Jacobus Proctor eligo et nomino reverendum in Christo patrem Edmundum Roffensem Episcopum in Episcopum Sarisburiensem. Ego Johannes Colcellus nomino et eligo dominum Edmundum Roffensem Episcopum in Episcopum Sarisburiensis. Ego Jeronimus Barnabe nomino et eligo dominum Edmundum Roffensem Episcopum in Episcopum Sarisburiensis. Ego Robertus Modye eligo et nomino Edmundum Episcopum Roffensem in Episcopum Sarisburiensis.

Quam electionem sic legittime factam Nos Locumtenens et Capitulum antedicti decrevimus publicandam et declarandam fore in choro dicte ecclesie Cathedralis per prenominatos Magistros Johannem Barnabe et Johannem Garbrande seu eorum alterum. Quibus publicatione et declaratione in lingua Anglica per eundem Magistrum Johannem Garbrande vice et nomine nostris in dicto choro factis ac hympno, viz : *Wee prayse the O godd wee knowledge the to be the lorde*, etc., solenniter decantato, Nos Locumtenens et Capitulum memorati tunc ibidem dilectos nobis in Christo venerabiles viros prenominatos Magistrum Edmundum Freake Sacre Theologie professorem decanum dicte ecclesie Cathedralis Sarisburiensis et Ricardum Chandler Artium Magistrum Archidiaconum Sarisburiensem ac Canonicum Residentiarium ejusdem ecclesie Cathedralis conjunctim et eorum utrumque per se divisim et insolido, Ita quod non sit, etc., nostros veros, etc., procuratores actores, etc., nominavimus, etc., Dantes, etc., eisdem, etc., potestatem, etc., electionem de persona prefati Reverendi patris et domini domini Edmundi, etc., ac ipsius formam, etc., eidem electo, etc., notificandi, etc., etc., atque prefatam electionem, etc., etc., domine Elizabeth, etc., presentandi, etc., etc.

(For terms of their appointment see form of appointments of proctors, p. 130.)

Tenor autem commissionis nostre prefati Jacobi Proctor locumtenentis decani predicti licet fuerimus senior canonicus et prebendarius dicte Ecclesie Cathedralis Sarisburiensis in predicta electione presens et ea racione per statuta et laudabiles consuetudines ejusdem ecclesie Cathedralis presidens fuerimus Capituli antedicti, sequitur et est talis.

[*Commission: Sept. 4, 1561.*]

Edmundus Freake Sacre Theologie Professor Decanus Ecclesie Cathedralis beate Marie Sarisburiensis dilecto nobis in Christo Magistro Jacobo Proctor dicte ecclesie Cathedralis Canonico[1] residentiario salutem. Ad convocandum et congregandum ac convocari et congregari faciendum Capitulum ipsius ecclesie quociens opus fuerit Ac de et super omnibus et singulis causis et negociis tam divini cultus in dicta Ecclesia Cathedrali quam statutorum ordinacionum et consuetudinum laudabilium ejusdem observandum, morumque et excessuum Canonicorum et ceterorum ipsius ecclesie ministrorum necnon quorumcunque aliorum infra jurisdictionem peculiarem ejusdem ecclesie commorantium et delinquentium correctionem reformationemque respective concernentibus et tangentibus ; Errata quoque in dicta Ecclesia Cathedrali atque excessiva delicta hujusmodi debito corrigendum et reformandum ; Testamenta insuper et ultimas voluntates quorumcunque infra parochias vicos et leta in quibus Jurisdictio per decanum Sarisburiensem temporibus retroactis exercebatur probandum approbandum et insumandum ; Administraciones eciam bonorum tam testamentorum quam ab intestato infra parochias vicos et leta predicta decedentium quatenus hujusmodi Testamentorum probacio approbacio et insumacio Administracionumque commissio per nos prefatum decanum aut per predecessores nostros temporibus elapsis fiebat ac fieri et committi potuit committendum, calculumque et raciocinium ac alia in ea parte neccessaria expediendum ; Quascumque insuper causas lites et negocia que citra legum et statutorum hujus regni Anglie offensam ad cognicionem nostram sive deputati nostri pro tempore existentis hactenus pertinuerunt et pertinent examinandum et decidendum ; Ceteraque omnia et singula in premissis seu circa ea necessaria aut quomodolibet oportuna vice et nomine nostris exequendum et expediendum, Tibi, de cujus sana doctrina viteque et morum integritate plurimum confidimus, vices nostras committimus Teque quoad premissa locum nostrum tenentem ac Surrogatum officialemque et deputatum nostrum specialem et generalem ordinamus proficimus et deputamus per presentes cum cujuslibet cohercionis canonice que decreveris in hac parte exequendi potestate ad nostrum beneplacitum tantummodo duraturas. In cujus rei testimonium sigillum nostrum presentibus apposuimus. Datum Sarisburiensi vicesimo

---

[1] "Canonicus" in Register.

quarto die mensis Septembris Anno domini Millesimo Quingentesimo lxj^{mo} per me Edmundum Freake.

In quorum omnium et singulorum premissorum fidem et testimonium nos antedicti locum-tenens et capitulum presens nostrum electionis Decretum sive processum signo nomine cognomine atque subscriptione dicti Willelmi Blacker Notarii publici signari et subscribi atque sigilli nostri communis appensione loco subscripcionum nostrorum fecimus communiri. Datum et acta fuerunt hec omnia et singula prout supra scribuntur et recitantur, sub Anno Domini mensis diebus et locis supra specificatis presentibus testibus ad ea (ut premittitur) testificanda vocatis specialiter et rogatis.

Et ego Willelmus Blacker Sarisburiensis diocesis Notarius publicus in Actorum Scribam in hac parte legitime assumptus Quia premissis omnibus et singulis demum sic ut premittitur sub anno Domini mensis diebus et locis suprarecitatis agebantur et fiebant unacum prenominatis Testibus Locumtenente Canonicisque Capitulariter congregatis presens personaliter interfui eademque omnia et singula sic fieri vidi scivi et audivi ac in notam protho-collarem sumpsi ; Ideo hoc presens publicum Instrumentum dicte electionis decretum in se continens in hiis duabus pergameni peciis manu aliena, me interim aliter legitime impedito, fideliter scriptum exinde confeci subscripsi et publicavi et in hanc publicam et autenticam formam redegi ; Signoque nomine et cognomine et subscripcione meis solitis et consuetis, sigilli quoque communis dicte Ecclesie Cathedralis Sarisburiensis appensione loco subscripcionum eorundem Locumtenentis et Capituli signavi in fidem et Testimonium omnium et singulorum premissorum vocatus specialiter et requisitus.

[Fo. 144.]
[*Letters Patent of the royal assent.*]

(*For form, see p. 39.*) *Dated Westminster, December 22, 1571, 14 Elizabeth.*

[*Assent of the Bishop-Elect.*]

In Dei nomine Amen. Ego Edmundus permissione divina Roffensis Episcopus in Episcopum et pastorem Ecclesie Cathedralis Sarisburiensis rite et legitime nominatus et electus atque ad consentiendum hujusmodi electioni de me et persona mea in hac parte facte et celebrate ex parte et per partem venerabilium virorum Decani et Capituli ejusdem Ecclesie Cathedralis Sarisburiensis instanter rogatus et requisitus Dei omnipotentis clementia fretus electioni hujusmodi de me et persona mea sic (ut premittitur) facte et celebrate ad honorem Dei omnipotentis patris filii et spiritus sancti consensi eidemque consensum et assensum meos semel atque iterum rogatus et interpellatus prebeo in hiis scriptis.   EDM. ROFFEN.

SECOND SCHEDULE AGAINST OPPONENTS.
OATH OF THE BISHOP-ELECT.
DEFINITIVE SENTENCE.
[*These are in the usual forms.*]

[*The Archbishop's mandate to install, directed to the Archdeacon of Sarum, the Archdeaconry of Canterbury being vacant.*]

Mattheus premissione divina Cantuariensis Archiepiscopus tocius Anglie primas et Metropolitanus ad quem Inductio installatio intronizatio omnium et singulorum Episcoporum nostre Cantuariensis provincie quociens Archidiaconatus Cantuariensis vacare contigerit de singulari prerogativa nostra et Ecclesie nostre Cathedralis et Metropolitice Christi Cantuariensis longenque † legitimeque prescripta consuetudine notorie dinoscitur pertinere, venerabilibus et egregiis viris Magistro Ricardo Chaundeler Archidiacono Sarisburiensis Necnon Ecclesie beate Marie Sarisburiensis Canonico Residentiario, etc. Cum vacante nuper Sede Episcopali Sarisburiensis, etc., etc.

[*For the rest of the form, see p. 53.*]

Datum in manerio nostro de Lambeth xxiiij[to] die mensis Decembris anno domini 1571 et nostre consecrationis anno xiij°.

[Fo. 144[v.]]

ROFFENSIS.

[*Acts of the Confirmation of the Election of Edmund Freake, S.T.D., to the See of Rochester, Monday, March 3, 1571/2, 14 Elizabeth, in the Church of St. Mary-le-Bow, London, before Dr. Thomas Yale, the Archbishop's vicar-general, and in the presence of John Incent, the Archbishop's Registrar.*]

Acta habita et facta, etc. [*see p. 38*].

CONFIRMATIONIS ELECTIONIS DOMINI EDMUNDI FREKE
EPISCOPI ROFFENSIS.

[*Proceedings as at p. 39. Master George Harrison, public notary of the Court of Arches, proctor for the President and Chapter of Rochester; Master William Kinge, S.T.B., proctor for the Bishop-Elect. Witnesses: Masters John Lewis, Francis Clerke, Christofer Smith, notaries.*]

[*Proxy of the President and Chapter of Rochester, appointing Masters . . . . Jonson and George Harrison, their proctors, to present the Certificate of the Election to the Bishop-Elect, etc. (for similar form, see p. 130). Sealed with the seal of the Archdeacon of Carlisle, February 26, 1571/2.*]

[Fo. 145.]

[*Proxy of the Bishop-Elect, appointing William Kinge, S.T.B., and . . . ., proctors in matters concerning the Confirmation of his Election. Sealed with the seal of the Archdeacon of Carlisle, March 1, 1571/2 (for form see p. 112).*]

[*Citation of Opponents in the usual form, Monday, March 3, between the hours of 8 and 9 o'clock before noon, being appointed for the Confirmation of the Election of Edmund Freake, S.T.D., to the See of Rochester, vacant by the translation of Edmund Geste to Salisbury.* "Datum ultimo die mensis Februarii Anno Domini juxta computatione Ecclesie Anglicane, 1571, et nostre consecrationis anno xiiij^{to}."

[Fo. 145^v]

Certified on March —, 1571, before Dr. Thos. Yale, in the Church of St. Mary-le-Bow, as having been executed on March 1, by Robert Walker, Mandatarius.]

FIRST SCHEDULE AGAINST OPPONENTS.

SUMMARY PETITION (*with the articles*).

[*These are in the usual forms.*]

VACATIONES.

[Fo. 146.]

[*Vacancies of the Episcopal Sees of the Province of Canterbury during the time of Archbishop Parker.*]

Hic inferius registrantur et inactitantur vacationes diversarum Sedium Episcopalium Cantuariensis provincie contingentes tempore Reverendissimi in Christo Patris et Domini Domini Matthei permissione divina Cantuariensis Archiepiscopi tocius Anglie Primatis et Metropolitani.

LONDONIENSIS.

[*Vacancy of the See of London: 1559.*]
VACATIO SEDIS EPISCOPALIS LONDONIENSIS PER DEPRIVA-
TIONEM DOMINI EDMUNDI BONNER ULTIMI EPISCOPI
LONDONIENSIS VACANTIS ANNO DOMINI 1559.

[*Institutions to Benefices of the London Diocese.*]
INSTITUTIONES BENEFICIORUM ECCLESIASTICORUM LONDONI-
ENSIS DIOCESIS EXPEDITE TEMPORE VACATIONIS SEDIS
PREDICTE.

[*Institution to the vicarage of Braughing.*]
BRAUGHYN VICARIE INSTITUTIO.

Decimo quarto die mensis Decembris Anno Domini 1559 apud Lambehith Reverendissimus admisit Richardum Coton clericum ad vicariam perpetuam ecclesie parochialis de Braughyn Londoniensis diocesis per liberam resignationem Nicholai Aspenall clerici ultimi vicarii ibidem vacantem ad quam per Silvestrum Taverner generosum dicte vicarie perpetue ratione cujusdam advocationis jurispatronatus ejusdem per Dominam Margaretam Dudley viduam eidem Silvestro et cuidam Willelmo Overton generoso conjunctim et divisim in hac parte facte et concesse verum et indubitatum hac vice (ut dicitur) patronum domino presentatus extitit Ipsumque vicarium perpetuum ejusdem instituit, etc., cum suis juribus et pertinentiis universis, Curam, etc., ei in Domino commisit, juribus suis Archiepiscopalibus et ecclesie Christi Cantuariensis necnon ecclesie Cathedralis divi Pauli Londoniensis dignitatibus et honoribus in omnibus semper salvis. Et recepto ab eodem Richardo Coton juramento de legitima obedientia, etc., et juxta formam Statuti, etc., et de continuo residendo, etc., et acceptata cura, etc. Scriptum fuit Archidiacono Middlesexe seu ejus officiali necnon universis et singulis, etc., ad inducendum, etc.

[Fo. 146ᵛ·]
ELIENSIS.
[*Vacancy of the See of Ely: 1559.*]
VACATIO SEDIS EPISCOPALIS ELIENSIS PER DEPRIVATIONEM
DOMINI THOME THURLBY DUDUM EPISCOPI IBIDEM VACAN-
TIS ANNO DOMINI 1559.

[*Institutions in London to Benefices in the Diocese of Ely.*]
INSTITUTIONES BENEFICIORUM DIOCESIS ELIENSIS LONDINI EX-
PEDITE TEMPORE VACATIONIS SEDIS PREDICTE.

[*Institution of John Ebden to a Prebend in the Cathedral Church of Ely.*]
PREBENDE IN ECCLESIA CATHEDRALI ELIENSI INSTITUTIO.

Decimo nono die mensis Decembris Anno Domini 1559 apud Lambehith Reverendissimus admisit Johannem Ebden clericum Sacre Theologie Bacchalaureum ad Canonicatum et Prebendam Septimi Stalli ex parte Australi in ecclesia Cathedrali Eliensi per liberam et spontaneam resignationem Johannis Bycherdike ultimi Canonici Prebendarii ibidem vacantes: Ad quos per serenissimam in Christo principem et Dominam nostram Dominam Elizabetham Dei gratia Anglie, Francie et Hibernie reginam fidei defensorem et dictorum Canonicatus et Prebende veram et indubitatam (ut dicitur) patronam domino presentatus extitit: Ipsumque Canonicum et Prebendarium ibidem instituit, etc., cum suis Juribus et pertinenciis universis: Stallum in Choro et locum in capitulo eidem Johanni assignavit, juribus suis Archiepiscopalibus et ecclesie Christi Cantuariensis necnon ecclesie Cathedralis Eliensis predicte dignitatibus et honoribus in omnibus semper salvis. Et recepto ab eodem Johanne Ebden juramento de legitima obedientia, etc., et juxta formam statuti, etc., et de observando statuta et laudabiles consuetudines ecclesie Cathedralis Eliensis predicte. Scriptum fuit decano et capitulo ecclesie Cathedralis Eliensis predicte seu eorum vicegerenti ad inducendum, etc.

[*Institution of John Pory to a Prebend in the Cathedral Church of Ely.*]
PREBENDE IN ECCLESIA CATHEDRALI ELIENSIS INSTITUTIO.

Vicesimo primo die Decembris predicto apud Lambehith Reverendus admisit Magistrum Johannem Pory Sacre Theologie professorem ad canonicatum et Prebendam in ecclesia Cathedrali Eliensis quos Magister Johannes Yonge nuper habuit et possidebat per deprivationem ejusdem Johannis Yonge vacantes ad quos per serenissimam, etc., dominam Eliezbetham, Dei gratia, etc., etc., dictorum Canonicatus et Prebende jure prerogative corone sue regie ratione vacationis Sedis Episcopalis Eliensis predicte hac vice patronam domino presentatus extitit, ipsumque, etc. [*In the same form as the institution above.*]

WIGORNIENSIS.

[*Vacancy of the See of Worcester: 1559.*]
VACATIO SEDIS EPISCOPALIS WIGORNIENSIS PER DEPRIVATIONEM DOMINI RICHARDI PATES ULTIMI EPISCOPI IBIDEM VACANTIS ANNO DOMINI 1559.[1]

[Fo. 147.]
CICESTRENSIS.

[*Vacancy of the See of Chichester: 1559.*]
VACATIO SEDIS EPISCOPALIS CICESTRENSIS PER OBITUM BONE MEMORIE DOMINI JOHANNIS CHRISTOFERSON SACRE THEOLOGIE PROFESSORIS ANNO DOMINI 1559.

[*Institutions in London to Benefices in the Chichester Diocese.*]
INSTITUTIONES BENEFICIORUM DIOCESIS CICESTRENSIS LONDINI EXPEDITE TEMPORE VACATIONIS SEDIS PREDICTE.

Dec. 18, 1556. Jac. Hilman, cl.   Eastbourne V.P.   Aug. Curtys, cl. mort.

   Patr. Joh. Smyth, cl. prepos., Oriel Coll., Oxon., et Thesaur. Cicestren. Script. Archd. Lewensi, ad induc.

[*Wills proved at London during the Vacancy.*]
TESTAMENTA APPROBATA LONDINI TEMPORE VACATIONIS SEDIS CICESTRENSIS PREDICTE.

TESTAMENTUM HENRICI WINCHESTER.—In the name of God, Amen. In the year of our Lord God, a thowsand fyve hundred fyftie and nyne, the xij[th] day of October, I, Henry Wynchester, of the parryshe of Worth, in the countie of Sussex, and in the diocese of Chichester, being sike in bodye but of perfect memory, thankes be unto God, do ordeyne and make my last will and testament in manner and fourme followinge. Furst, I bequeath my soule unto Almighty God our hevenly Father, my Savior and Redemer, and my bodie to be buried in the church yard of Worth aforesayd. Item, I give to Thomas my sonne xx*li.* in monye or mony worthe, my best fetherbed, a bolstar, a payer of blankettes, a coverlet, iiij payer of shetes, twoe pewter platters, two pewtar dishes, a pewtar pott, a salt seller, and a candlesticke. Item, I will that the sayd Thomas shall have thoes parcells followinge, That ys to say, a great

---

   [1] This heading is crossed out in the Register and no entries are made relating to the vacancy.

caudron, a gret treast, an yron pott, ij gret spyttes, a payer of cobyrons, a querne to grynd malte, a table, a fourme with the benches, and twoe great chestes, which thinges after hys life shall alwaies remaine as standerdes of the howse. Item, I will that Alice my wyfe shall have Oke mead, lying in the parryshe of Charlewood, so longe as she remayne wydowe, payinge yerely to mye supervisor of thys my will xiij*s*. iiij*d*. to thonlie use of my sonne. But yf she marrye that then she shall have it no longer, but only the third fote according to the custome of thys realme. And also I will that the same shalbe lett out by my oversears to the most profitt that can be for thuse of my heires. Furthermore I will that yf my sonne Thomas do dy without heires lawfully begotten, that then the same meade called Oke mead shall remaine unto Alice my daughter, and to her heires forever. Item, I give to Joane my daughter xx*li*. in money or money worth, a [Fo. 147ᵛ·] brasse pot, a kettill, two pewtar platters, ij pewtar dyshes, iiij paier of shetes, a paier of blankettes, a coverlitt, a boulstar, a candlesticke, and a chest. Item, I geve to Alyce my daughter xx*li*. in money or money worth, a brasse pott, a ketell, ij pewtar platters, ij pewtar disshes, iiij paire of shetes, a pair of blanketes, a coverlet, a bolstar, a candlestick, and a chest. Item, I give to Elizabeth my daughter xx*li*. in money or money worth, a brasse pott, a kettell, ij pewtar platters, ij pewtar dishes, iiij pairs of shetes, a pair of blankettes, a coverlet, a bolstar, a candlestick, and a chest. Item, I will that the money and all such thinges as I haven given and bequeathed to my children shalbe payd to them by my executrixe and supervisors when they come to thage of xxj yeres or at the days of ther marriages. Item, I will that yf any of them shall fortune to depart thys lyfe before they come to thage before expressed; that then the porcion of him or her so departed shalbe equallie devided among them that then shall remayne alyve by the discretion of my executrixe and oversear, and other honest men. Item, I give to every one of my god-children xij*d*. Item, I give to the poore people of Worth xl*s*. to be distributed to them xiij*s*. iiij*d*. a yere for the space of iij yeres next after my death by my executrixe and oversears. Item, I give to the poore people of Crawleye and Burstowe xx*s*. to be distributed to every of them iij*s*. iiij*d*. a year for the space of iij years next ensuinge after mye departure by my executrixe and supervisors. Item I gyve to Thomas mye brother all the bargayne of wood that I bought within the forrest of Worth paying fyve poundes more, which ye behind unpayd, lying and being in Redes Walke. Item, I give to James Olewaye my servant x*s*. Item, I gyve to Rafe Miller my servant iij*s*. iiij*d*. Item, I will that yf my wyfe do marrye, That she with some honest man, which shalbe sufficient, shalbe bound to my supervisours, ther executors, and assignes, in good lawfull and sufficient bond according to order of lawe before the daie of her marriage for the true and assuerde perfourmaunce of thys my last will, and all articles contayned in the same, and for such gyftes as I have made towardes mye children and other before expressed. All the rest of my goodes not given nor bequeathed, my debtes payd, and my legaces fullfilled, whatsoever they be, I gyve to Alice my wyfe, whome I make mye sole executrixe. Also I do ordaine Thomas my brother and John Walser supervisours of thys my will, and the said John Walser to have xx*s*. for hys paynes and all other expenses borne by my executrixe. This being witnesses, William Daye, clarke; Thomas Horloke, Henry Phenner, John Phenner, Thomas Phenner, with other.

[Probate of the will.]

Probatum fuit hujusmodi testamentum decimo septimo die mensis Decembris Anno Domini millesimo quingentesimo quinquagesimo nono coram Magistro Thoma Yale legum doctore, vicario in Spiritualibus generale Reverendissimi domini Matthei Archiepiscopi Cantuariensis : Ad quem omnis et omnimoda jurisdictio spiritualis et ecclesiastica que ad Episcopum Cicestrensem Sede plena pertinuit, ipsa Sede jam vacante notorie dignoscitur pertinere. Juramento Alicie Wynchester Relicte et executricis unice in hujusmodo Testamento nominate cui commissa fuit administratio, etc., primitus de bene, etc., in forma Juris jurate, salvo jure, etc. Et exhibuit Inventarium ad statim, extendens ad summum cxv*li*. v*s*. viij*d*.

[Fo. 148.]

BANGORIENSIS.

[Vacancy of the See of Bangor: 1559.]

VACATIO SEDIS EPISCOPALIS BANGORIENSIS PER MORTEM DOMINI WILLELMI GLYN SACRE THEOLOGIE PROFESSORIS ANNO DOMINI 1559.

[*Institution in London to Llanynys Church.*]
INSTITUTIO ECCLESIE DE LLANYNIS BANGORIENSIS DIOCESIS LONDONI EXPEDITA TEMPORE VACATIONIS SEDIS PREDICTE.

Dec. 12. Joh. Oxenbridge, cl., M.A.   Llanynis R.   Mag. Galf. Glyn cl. mort.
 Patr. Steph. Hales, gen.   Script. Decan. de Dyffrencloyd ad inducend.
 [*Presentation in accordance with royal writ.*]

[*Tenor of the foresaid royal writ.*]
TENOR BREVIS REGII PREDICTI.

Elizabeth Dei gratia Anglie Francie et Hibernie regina fidei defensor, etc., dilectis nobis custodi sive custodibus Spiritualitatis diocesis Bangoriensis, ipsa sede jam vacante, salutem. Sciatis quod Stephanus Hales generosus in curia nostra coram justiciariis nostris Magne Sessionis nostre Comitatus Denbighe apud Denbighe in Comitatu predicto recuperavit presentacionem suam versus Hugonem Glyn clericum ad ecclesiam de Llanynys que vacat (ut dicitur). Et ideo vobis et cuilibet vestrum mandamus Quod non obstante reclamatione ipsius Hugonis ad presentationem predicti Stephani ad ecclesiam predictam idoneam personam admittatis. Et hoc breve. Teste W. Gerrard armigero deputato Johannis Throckmarton armigeri apud Denbigh sexto die Octobris anno regni nostri primo.   Price.

SARUM.

[*Vacancy of the See of Salisbury: 1559.*]
VACATIO SEDIS EPISCOPALIS SARUM PER MORTEM DOMINI JOHANNIS CAPON ULTIMI EPISCOPI IBIDEM ANNO DOMINI 1559.

[*Institutions in London to Benefices in the Sarum Diocese.*]
INSTITUTIONES BENEFICIORUM SARUM DIOCESIS LONDINI EXPEDITI TEMPORE VACATIONIS SEDIS EPISCOPALIS PREDICTE.
[Fo. 148ᵛ·]

Dec. 21, 1559. Jac. Make, cl. Browghulberye V.P. —— depr.
 Patr. Joh. Wynchcombe, arm.   Script. Archid. Barks. ad induc.

Jan. 14, 1559. Griffin Williams, cl.   Wroughton *alias* —— depr.
           Elingdon R.
 Patr. Regina pro hac vice.   Willelm. Williams, gen. proc.   Script. Archd. Wilts, ad induc.

Jan. 17, 1559. Jac. Coode, cl. S. Edmundi, Nov. Sarum R. ——
   Patr. Joh. Bekingham Civ. Sarum mercator. Mag. Will. Saye, notarius
   pub., proc. Script. Archd. Sar. ad induc. (Ecclesia "tam de jure quam
   de facto vacans".)

[*Extract from the Register of the Bishop of Sarum: Feb. 20, 1556/7.*]

EX REGISTRO EPISCOPI SARUM.

Sancti Edmundi Civitatis Sarum. Vicesimo die mensis Februarii Anno Domini secundum cursum et computacionem Ecclesie Anglicane Millesimo Quingentesimo Quinquagesimo sexto bone memorie Johannes tunc Sarum Episcopus infra palacium suum episcopale Sarum rectoriam et ecclesiam parochialem Sancti Edmundi Civitatis Sarum vacantem, et ad suam collationem per lapsum semestris temporis jure sibi legitime devoluto pleno jure spectantem, Dilecto sibi in Christo domino Roberto Fygeon clerico contulit intuitu charitatis, ipsumque rectorem in et de eadem instituit et investivit cum suis juribus et pertinenciis universis. Comisitque sibi curam animarum Parochianorum ibidem. Et scripsit universis et singulis clericis et literatis per civitatem et diocesim Sarum ubilibet constitutis pro ipsius Jurisdictione.

   Concordatur cum Registro penes me Johannem
   Powell Registrarium remanente.

[*Certificate from the Register of Bath and Wells of the admission of Robert Fygeon, clerk, to benefice: Jan. 13, 1559/60.*]

LITTERE TESTIMONIALES SUPER ADMISSIONEM CLERICI AD
BENEFICIUM.

Universis sancte matris ecclesie filiis presentes literas testimoniales visuris inspecturis vel audituris, Johannes Cottrell Legum doctor Archidiaconus Wellensis Reverendissimi in Christo Patris et Domini Domini Matthei permissione divina Cantuariensis Archiepiscopi tocius Anglie Primatis et Metropolitani, Ad quem omnis et omnimoda jurisdictio spiritualis et ecclesiastica, que ad Episcopum Bathoniensem et Wellensem sede plena pertinuit, ipsa sede jam vacante notorie dinoscitur pertinere vicarius delegatus ac commissarius generalis, Necnon custos Spiritualitatis Civitatum et diocesis Bathoniensis et Wellensis, ad infrascripta legitime fulcitus salutem in Domino sempiternam. Ad universitatis vestre noticiam deducimus, et deduci volumus per presentes Quod ad perpetuam

rei memoriam, scrutato registro Episcopatus Bathoniensis
[Fo. 149.] et Wellensis inter alia comperimus et evidenter invenimus
Quod nos Johannes Cottrell delegatus commissarius generalis ac custos Spiritualitatis antedictus, necnon Reverendi in Christo patris et domini domini Gilberti permissione divina nuper Bathoniensis et Wellensis episcopi vicarius ad tunc in Spiritualibus et commissarius generalis, primo die mensis Aprilis Anno Domini Millesimo Quingentesimo Quinquagesimo octavo, apud Welliam quendam dominum Robertum Fygeon clericum per venerabilem virum Magistrum Johannem Goodman Ecclesie Cathedralis Wellensis decanum verum (ut asseritur) vicarie perpetue ecclesie parochialis Sancti Nicholai de Comba Bathoniensis et Wellensis diocesis patronum nobis presentatum, ad dictam vicariam per mortem ultimi incumbentis in eadem vacantem admisimus, Ipsumque vicarium perpetuum in et de eadem cum suis juribus et pertinenciis universis instituimus canonice et investivimus. Scripsimus insuper Officiali decani et capituli ecclesie cathedralis Wellensis pro ipsius inductione, prout moris est. Et similiter nos Johannes Cottrell vicarius delegatus ac commissarius generalis et custos Spiritualitatis prelibati reverendi in Christo patris et domini Domini Gilberti permissione divina nuper Bathon. et Wellen. episcopi vicarius etiam adtunc in Spiritualibus et commissarius generalis, Septimo die mensis Septembris Anno Domini Millesimo Quingentesimo Quinquagesimo octavo predicto apud Wyveliscombe Bathon. et Wellen. dioc. prenominatum dominum Robertum Fygeon clericum nobis per venerabilem virum Magistrum Johannem Goodman Decanum ecclesie Cathedralis Wellensis, verum (ut asseritur) vicarie perpetue ecclesie parochialis de Wynnesham predicte Bathon. et Wellen. dioc. patronum nobis presentatum, ad dictam vicariam perpetuam ecclesie parochialis de Wynnesham predictam Bathon. et Wellen. dioc. per mortem naturalem domini Edwardi Myghen ultimi incumbentis ibidem vacantem admisimus, Ipsumque vicarium perpetuum in et de eadem cum suis juribus et pertinentiis universis instituimus canonice et investivimus. Ac etiam scripsimus Officiali Decani et Capituli ecclesie Cathedralis Wellensis predicte pro ipsius inductione (ut moris est), Ceteraque fecimus que nostro incumbuerunt officio. In cujus rei testimonium sigillum quo in hac parte utimur presentibus appensum est. Data xiij° die mensis Januarii Anno Domini secundum computacionem ecclesie Anglicane Millesimo Quingentesimo Quinquagesimo nono, Regnique illustrissime in Christo Principis et domine nostre

domine Elizabethe Dei gratia Anglie Francie et Hibernie Regine, fidei Defensoris, etc., anno secundo.

  Concordatur cum Registro Episcopi Bathon. et Wellen. penes me remanente. Ita est per me Willelmum Lancaster Registrarium.

Slape Prebende Institutio.

Jan. 17, 1559. Will. Hemmer- Slape *als.* Slepe Mag. Rog. Edg-
    ford, cl., S.T.B. Preb. et C. worth, S.T.P., mort.

  Patr. Joh. Tregonwell Miles (ratione assignationis advocationis jurispatr. hac vice). Edw. Oswell literatus proc. Script. Dec. et Cap. Sar. ad installand. (*With clauses* "Stallum in choro et locum in Capitulo." "Juramento de legitima obedientia, etc., et de observando statuta ecclesie cathedralis Sarum quatenus eum concernunt et dummodo modernis legibus hujus regni Anglie non sunt contraria.")

[Fo. 149ᵛ·]

[*Letters to collect the goods of Robert Pulton, deceased.*]

LITTERE AD COLLIGENDUM BONA ROBERTI PULTON SARUM DIOCESIS DEFUNCTI TEMPORE VACATIONIS PREDICTE.

  Decimo octavo die mensis Decembris Anno Domini 1559 emanarunt littere Thome Pulton filio naturali et legitimo Roberti Pulton nuper Parochie de Pewseye Sarum diocesis defuncti ad colligendum bona dicti Roberti Pulton et ad deliberandum super acceptatione vel refutatione oneris testamenti dicti defuncti in quo idem Thomas nominatus est executor, usque ad et in festum Assentionis Domini proximum, etc., ipso Thoma primitus in forma consueta jurato.

MENEVENSIS.

[*Vacancy of the See of St. David's: 1559.*]

VACATIO SEDIS EPISCOPALIS MENEVENSIS PER DEPRIVATIONEM
 DOMINI HENRICI MORGAN SACRE THEOLOGIE PROFESSORIS
 ANNO DOMINI 1559.

[*Institution in London to a benefice in St. David's Diocese.*]

  INSTITUTIO BENEFICII MENEVENSIS DIOCESIS LONDONI
   EXPEDITA TEMPORE VACATIONIS PREDICTE.

Jan. 17, 1559. Will. Leche, A.M. Hewyd, Preb. Rob. ap Powell, depr.

  Patr. Regina (jure prerog. corone, ratione vacationis sedis Meneven. hac vice). Script. Universis et singulis, etc., per dioc. Meneven., ad inducend. *(Without clause* "Stallum in choro." *With clause* "Juramento de legitima obedientia, etc., et de observando consuetudines, etc., dummodo modernis legibus hujus regni non repugnentur.")

[*Administration of the goods of David Edwardes.*]

ADMINISTRATIO BONORUM DAVIDIS EDWARDES COMMISSA LONDONI TEMPORE VACATIONIS SEDIS PREDICTE.

Eodem xvii die Januarii [1559-60] commissa fuit Administratio bonorum Davidis Edwardes nuper de Brecon Menevensis diocesis ab Intestato defuncti Gwenliam ejus uxori, et Jonete uxori Evani Llewellen et Gwenliam uxori Thome Jones filiabus naturalibus dicti Davidis, primitus de bene, etc., ad Sancta Dei Evangelia in persona Evani Llewellen literati procuratoris, etc., juratis : et habent pro inventario citra festum Annunciationis proximo futurum, etc.

[Fo. 149bis.]

LINCOLNIENSIS.

[*Vacancy of the See of Lincoln : 1559.*]

VACATIO SEDIS EPISCOPALIS LINCOLNIENSIS PER DEPRIVATIONEM DOMINI THOME WATSON SACRE THEOLOGIE PROFESSORIS ANNO DOMINI 1559.

[*Institutions in London to Benefices in the Lincoln Diocese.*]

INSTITUTIONES BENEFICIORUM LINCOLN. DIOC. LONDONI EXPEDITE TEMPORE VACATIONIS SEDIS PREDICTE.

Dec. 20, 1559. Henr. Bagwell, cl. Hatfeld Episcopi R. ——
Patr. Regina. Script. Archid. Huntington ad induc.

Dec. 29, 1559. Joh. Hyron, B.A. Stowe in Lyndsaye, —— Preb. et C.
Patr. Richard Miller Alderman Civ. Linc. (ratione cujusdam advocationis jurispatr. eidem Richardo et Will. Ruscat yoman concesse hac vice). Script. Dec. et Cap. Lincoln. pro ipsis installacione et inductione. (*With Clauses* "Stallum in choro" (p. 165). "Et recepto juramento, etc., et de observando statuta et consuetudines ecclesie Cathedralis Lincoln., etc., dummodo modernis legibus hujus regni non adversantur.")

Jan. 13, 1559. Will. Grene, cl. Hytchinden V.P. ult. vic. mort.
Ad collac. Archiep. ratione lapsus. Script. Archid. Bucks ad induc.

Jan. 16, 1559. Christoph. Rookes, cl. Munden Magna R. Geo. Bulloke, S.T.P., depr.
Patr. Edw. Walgrave Miles ("ratione locationis ad firmam manerii de Munden Magna unacum jurepatr. Rectorie.") Script. Archid. Huntingdon ad induc.

Feb. 13, 1559.   Joh. Lunde, cl.   Brattelsbye R.   Joh. Tompson, cl.
mort.

Patr. Franc. Babyngton S.T.P. Magr. Coll. de Balliolo, Oxon. et ejusdem Socii.   Script. Archid. Lincoln. ad induc.

[*Will of John Stones, proved at London during the vacancy.*]

TESTAMENTUM LONDINI APPROBATUM TEMPORE VACATIONIS SEDIS LINCOLNIENSIS PREDICTE.

TESTAMENTUM JOHANNIS STOONES.—In the name of God Amen. The xxijth daye of September 1557. I, John Stones, of Pydleye, in the diocese of Lincoln, hole of mind and of good remembraunce thankes be to Almightie God, do make this my last will and testament in manner and fourme followinge : furst, I bequeath my soule to Almighty God my Maker and Redemer, and my bodye to be buryed in the church yard of Allhallowes in Pydleye aforesayd. Furst, I give to Elizabeth my wyfe three kyen that were her owne, and one blacke howed cowe, and one mare that I bought at Peterborough, one sowe and twoe score hogges, and all her own household stuffe that she brought with her ; And also I will that all her cattell shalbe kepte of my coste till May daye yf I dye before, and one quarter of wheate and another of malt. Then I gyve to Nicholas my servant one lambe. Item, I gyve to Lybye Porter a heghforthe with a calfe. Item, I gyve to every of my godd children xii*d*. I gyve to the buildinge of the church of Pydleye xx*s*. Item, I gyve to John Lynsey one yewe and one lambe, and in moneye iii*s*. iiii*d*. Item, I gyve to John my sonne my ferme that I dwell in, and he to enter thereon when he commeth to lawfull age. And yf he dye ere he come to lawfull age, then I will it shall remayne unto my twoe daughters. Then I gyve to John my sonne all my kynd of horsebease *(sic)*

[Fo. 150.] with cartes and ploughes and all that belongeth to them, and a dossen of silver spones. Item, I gyve to Lybye Porter my blake coate. Item, I gyve to John my sonne my gowen, and one lyvery that ys unmade, and my twoe daughters to have all ther mother's apparrell. Item, I gyve to John my sonne the half of all my moveable goodes unbequethed, and thother half I will shalbe devided betwene my twoe daughters by equall porcions. And also I will that thoes cattell which be called John my sonnes cattell shall runne in his owne portion. Also I will yf yt so chaunse that any of my children do departe or they comme to lawfull age, then I will that parte shalbe devided betwene thother twoe and so thone to be thothers heire. Also I will yf my executors, by the councell of other of my frendes, shall thinke yt best, and most profitt to lett my farme with stocke, or without stocke and so to take the most advanntage to the fynding of my sonne at schole. Provided alwaies yf yt so chaunce that all my children depart without heires of ther bodies lawfullie begotten, Then I will that my farme be sold by my executour and thone halfe of the moneye I give to Thomas Stoones of Revesby, and hys heires, and thother half I will shalbe devided betwene the poore of the Towne of Hawghneby, where I was borne, and the towne of Pydleye wher I now dwell. Also I will that at my buriall the poore shall have bread, meate and drinke. Also I will that Henry Hubberd of Downham shalbe my true executour of thys my last will and Testament, and he to have for hys labour and paines xls. and all his charges borne, and Mr. Overton to be my supervisor of thys my Testament and last will, and he to have for his labour and paines xls. Item, I will to every one of my servauntes ijs. more then ther charges. Theis being witnesses: William Rawell, John Lynsey, John Westmorland, John Richards, with other more.

[*Proved before Master Thomas Yale, Vicar-General of the Archbishop, 11 Dec. 1559, the inventory shown by the executor amounting to £213 5s.*]

[*Administrations of the goods of Intestates in the Diocese of Lincoln.*]

ADMINISTRATIONES BONORUM AB INTESTATO DECEDENTIUM INFRA DIOC. LINCOLN. TEMPORE VACATIONIS LINCOLNIENSIS PREDICTE.

MARTINUS REYNOLDES ALIAS BRAYE.—Vicesimo nono die mensis Decembris anno domini 1559 commissa fuit administratio bonorum Martini Reynoldes alias Braye nuper parochie de Spaldwiks Lincoln. dioc. ab intestato defuncti Richardo Darrington parochie predicte, eo quod nullus consanguineus dicte defuncti inventus sit, qui onus administrationis hujusmodi in se acceptare voluerit, ipso primitus de bene et fideliter administrando eadem, etc., ad sancta Dei evangelia jurato, salvo jure, etc. Et habet pro inventario citra festum annunciationis beate Marie proximo futurum, etc.

HENRICUS KILBYE.—Secundo die mensis Januarii 1559 commissa fuit administratio bonorum Henrici Kilby nuper de Lecestria Lincoln. dioc. ab intestato defuncti, Henrico Kilby proximo consanguineo, viz., patruo dicti Henrici defuncti, etc., primitus de bene, etc., etc. [*in the usual form*]. Et habet pro inventario, etc., citra festum annunciationis proximo futurum.

[Fo. 150ᵛ·]
BATHONIENSIS ET WELLENSIS.
[*Vacancy of the See of Bath and Wells: 1559.*]
VACATIO SEDIS EPISCOPALIS BATHONIENSIS ET WELLENSIS PER DEPRIVATIONEM DOMINI GILBERTE BOURNE SACRE THEOLOGIE BACCALAUREI ANNO DOMINI 1559.

[*Institutions in London to Benefices in Bath and Wells Diocese.*]
INSTITUTIONES BENEFICIORUM EJUSDEM DIOC. LONDINI EXPEDITE TEMPORE VACATIONIS SEDIS PREDICTE.

Feb. 3, 1559. Henr. Sommer, Ilton. Preb. et C. Joh. Boxall, Schol. Oxon. S.T.P., depr.

Patr. Edw. Roger Miles (ratione advoc. jurispatr. per dom. Gilb. Borne, nuper Bathon. et Wellen. ep. eidem concess., hac vice).

Joh. Incent, notar. pub. proc. Script. Dec. et Cap. Wellen. ad induc. ("unacum ecclesia parochiali de Ilton eidem prebende annexa." *With clauses* "Stallum in choro et locum in Capitulo ecclesie Cath. Wellen. necnon curam animarum eidem assignavit". *And* "Juramento, etc., de observando Statuta, etc., quatenus modernis legibus, etc., non repugnentur ").

[*Archbishop's certificate of the deprivation of the Rector of Pryston by the Royal Commissioners: Feb. 10, 1559/60.*]
CERTIFICATORIUM SUPER DEPRIVATIONEM RECTORIS DE PRYSTON PER COMMISSARIOS REGIOS.

Honorabilibus et egregiis viris, dominis Baronibus et Thesaurario Scaccarii illustrissime in Christo Principis et domine nostre domine Elizabethe Dei gratia Anglie Francie et Hibernie regine fidei defensoris, etc., et ceteris in eadem a conciliis Mattheus permissione divina Cantuariensis Archiepiscopus tocius Anglie Primas et Metropolitanus ad quem omnis et omnimoda Jurisdiccio Spiritualis et ecclesiastica, etc., salutem in Domino sempiternam et fidem indubiam presentibus adhibere. Vobis horum serie significamus et certificando innotescimus Quod licet (uti accepimus) reverendus pater dominus Gilbertus nuper Bathon. et Wellen. episcopus sexto die mensis Maij ultimo preterito quendam Johannem Kerell clericum ad ecclesiam parochialem de Pryston Bathon. et Wellen. dioc. tunc (ut dicebatur) vacantem, ad presentacionem Willelmi Horton generosi admiserit Rectoremque ejusdem in et de eadem instituerit, et legitime investiverit cum suis juribus et pertinenciis universis, necnon ipsum Johannem Kerell sic admissum et institutum in realem actualem et corporalem possessionem ipsius ecclesie juriumque et pertinentium suorum universorum induci facerit et mandaverit, ipse tamen Johannes Kerell postea videlicet viij⁰ die mensis Septembris ultimo preterito per venerabiles viros magistros Johannem Juell sacre Theologie professorem, Henricum Parry in Legibus Baccalaureum et Johannes Lovelase jurisperitum, dicte illustrissime domine nostre [Fo. 151.] regine commissarios generales inter alios ad visitandum tam in capite quam in membris ecclesias Cathedrales ac civitates et dioceses Sarum Bristoliensem Gloucestrensem, Bathoniensem et Wellensem, et Exoniensem clerumque et populum in eis degentes sive residentes legitime fulcitos, sententialiter et diffinitive amotus et destitutus fuit. Ac quidam Johannes Coles clericus, qui tempore nuper regine Marie a dicta ecclesia parochiali de Priston et ejus possessione (ut dicebatur) injuste spoliatus et privatus fuerit, ad eandem ecclesiam et ejus possessionem per dictos commissarios eodem octavo die mensis Septembris ultimo preterito per quandam sententiam diffinitivam restitutus ac in statum suum pristinum quoad eandem ecclesiam et ejus possessionem repositus fuit et est, prout ex actis et processu coram Commissariis regiis predictis in hac parte habitis et factis coram[1] isto die pro parte ejusdem Johannis Kerell exhibitis ac per nos visis et perspectis manifeste liquet et apparet. Que omnia et singula ita se habere et vera esse vobis harum serie ad peticionem dicti Johannis Kerell duximus significandum.

In cujus rei testimonium sigillum nostrum presentibus apponi fecimus; data decimo die mensis Februarii anno domini juxta computacionem ecclesie Anglicane 1559 et nostre consecrationis anno primo.

[*Institution to the Prebend of Henstridge.*]

HINSTRIDGE PREBENDE INSTITUTIO.

Feb. 17, 1559.   Rich. Hughes,   Hinstridge Preb.   Rob. Hutchins,
A.M.   et C.   A.M. depr.

    Patr. Will. Grills A.M. et Joh. Bodge mercer de civit. Wellen. ratione advoc. jurispatr. per dom. Gilb. Borne nuper episc. eisdem concesse. Script. Dec. et cap. Wellen. ad induc. (*With clauses* "Stallum in choro et locum in Capitulo." *And* "Juramento, etc., de observando statuta, etc., quatenus modernis legibus, etc.")

---

[1] Superfluous, or perhaps something is omitted.

ROFFENSIS.

[*Vacancy of the See of Rochester: 1559.*]
VACATIO SEDIS EPISCOPALIS ROFFENSIS PER MORTEM NATURALEM DOMINI MAURITII GRIFFITH ULTIMI EPISCOPI IBIDEM 1559.

[*Commission for convict clerks within the diocese of Rochester: March 13, 1559/60.*]
COMMISSIO PRO CLERICIS CONVICTIS INFRA DIOCESIM ROFFENSEM SEDE IBIDEM VACANTE.

Mattheus permissione divina Cantuariensis Archiepiscopus tocius Anglie Primas et Metropolitanus, Ad quem omnis et omnimoda jurisdiccio spiritualis et ecclesiastica, etc., dilectis nobis in Christo Johanni Caverley in legibus Baccalaureo et Richardo Turner Artium Magistro salutem gratiam et benediccionem. Ad vendicandum petendum exigendum et recipiendum coram quibuscunque Justiciariis sive Judicibus illustrissime in Christo principis et domine nostre domine Elizabethe Dei gratia Anglie Francie et Hibernie regine fidei defensoris, etc., ad liberationem et dimissionem incarceratorum ubicunque infra dioc. Roffen. deputatis seu deputandis quoscunque clericos super criminibus delictis excessubus et transgressionibus quibuscunque convictos seu convincendos, Qui secundum hujus regni Anglie leges statuta et laudabilem con-
[Fo. 151ᵛ·] suetudinem clericali debeant gaudere privilegio, Vobis conjunctim et vestrum alteri divisim, de quorum sana doctrina matura discretione et conscientie puritate plurimum confidimus, vices nostras committimus et plenam in Domino concedimus potestatem per presentes ad nostrum beneplacitum tantummodo duraturas.

In cujus rei testimonium sigillum nostrum presentibus apponi fecimus. Data in manerio nostro de Lambehith xiij° die mensis Martii Anno Domini juxta conputationem ecclesie Anglicane Millesimo quingentesimo quinquagesimo nono et nostre consecrationis anno primo.

[*Institution to the Archdeaconry of Rochester.*]
INSTITUTIO ARCHIDIACONATUS ROFFENSIS LONDINI EXPEDITA TEMPORE VACATIONIS SEDIS PREDICTE.

Tertio die mensis Februarii Anno Domini juxta computacionem ecclesie Anglicane Millesimo Quingentesimo quinquagesimo nono apud Lambehith Reverendissimus admisit Johannem Bridgewater clericum Artium Magistrum ad Archidiaconatum Roffensem in ecclesia Cathedrali Roffensi per liberam et spontaneam resignationem Magistri Johannis Kennall legum doctoris ultimi et immediati Archidiaconi ibidem vacantem, Ad quem per serenissimam in Christo principem et dominam nostram dominam Elizabetham Dei gratia Anglie Francie et Hibernie reginam fidei defensorem, etc., dicti Archidiaconatus Roffensis jure prerogative corone sue regie ratione vacationis sedis episcopalis Roffensis veram et indubitatam hac vice (ut dicitur) patronam domino presentatus extitit. Ipsumque Archidiaconum ejusdem instituit, et legitime investivit in eodem cum suis juribus et pertinentiis universis. Stallum in choro et locum in capitulo ecclesie Cathedralis Roffensis eidem Johanni Bridgwater assignavit et limitavit, Juribus suis Archiepiscopalibus et ecclesie Christi Cantuariensis necnon ecclesie Cathedralis Roffensis dignitatibus et honoribus in omnibus semper salvis. Et recepto ab eodem Johanne Bridgwater juramento de legitima obediencia et juxta formam Statuti, etc., et de observando Statuta et laudabiles consuetudines ecclesie Cathedralis predicte quatenus cum concernunt et dummodo modernis legibus hujus regni Anglie non sunt repugnantia, etc. Scriptum fuit decano et capitulo ecclesie Cathedralis Roffensis seu eorum vicegerenti ad inducendum, etc.

[*Sequestration of the fruits of East Wickham Church.*]

SEQUESTRATIO FRUCTUS ECCLESIE DE ESTWICKHAM.

Quarto die Februarii predicti Reverendissimus eo quod ecclesiam de Estwickham Roffensis diocesis per capellanum sive presbiterum manualem et amovibilem deserviri solita aliquandiu vacavit et capellani hujusmodi solatio caruit, etc., et ex aliis causis eum moventibus sequestravit omnes et singulos fructus obventiones et quecumque emolumenta ad eandem ecclesiam et ejus capellanum pro tempore existentem spectantia, etc., et commisit collectionem et custodiam eorundem Johanni Wallys et Johanni Goldhelpe guardianis sive Iconimis ejusdem ecclesie, etc., Tantisper duraturam quoad eam duxerit relaxandam; et reservavit sibi potestatem evocandi eos ad computum, etc.

[*Wills proved during the vacancy of the See of Rochester.*]

TESTAMENTA APPROBATA TEMPORE VACATIONIS SEDIS ROFFENSIS PREDICTE.

TESTAMENTUM JOHANNIS JAMES.—In the name of God

Amen. The year of our Lord God 1559, the first day of December, etc. I, John James, of the parrishe of Lighe, in the Countie of Kent, being of good and perfecte memory, do make and ordayne thys my last will and testament in thys manner and fourme following. Furst, I bequethe my soule unto Almightie God, and my bodye to be buried in the church yard of Lighe aforesaid. Item, I give and bequeath, at the daye of my buriall, unto tenne poore honest howsholders, to be distributed at the discretion of my executrix and oversear, xs. Item, I give unto my godsonne, John Carpenter, sonne unto John Carpenter the paler, vj$s$. viij$d$., to be put and employed to hys use at the discretion of my oversear and of hys father, until he be of the age of xviii yeres. Item, I gyve unto James Tapham, my godsonne, vj$s$. viij$d$., unto [Fo. 152.] hys use as ys aforesayd, and thys sayd moneye to be payede at the day of my monethes mind by my executrix and oversear. Item, I give unto Hugh Gennie, my boye and servante, xl$s$., to be paid by my executrix and oversear at my monethes mind, unto the handes of Thomas Daniell hys servaunt, to the use of the said Hughe Gynne (sic), untill he be of the age of xx yeares. Item, I give unto Agnes my wyfe xiijli. vj$s$. viij$d$. in readie moneye, whereof she hath at thys present in her salve keping iiijli., the residue to be receyved, as hereafter shall be expressed. Item, I give unto my frend, Edward Cole, my lease of my howse which I now dwell yn, And the which I do hold of my good Mr. Sir Henry Sydney, knight, for terme of yeares, and he to receive the same of my wyfe Agnes James at my monethes mynd, paying unto her the same day and time vli. of good and lawfull moneye of England. And also at the purification of our blessed lady next following my decease unto the handes of Thomas Daniell my servant, vli. vj$s$. viij$d$. And also the sayd daie and time to the handes of my loving frend Richard Dalton liij$s$. iiij$d$. good and lawfull money of England, and the residue of the xx^{tie} markes bequeathed to my sayd wyfe, being iiijli. vj$s$. viij$d$. I will her to have out of such moneye as ys now owing unto me, And of such money as shalbe made of my brickes and other thinges to be sold by the discretion of my oversear. Item, I give unto John Smithwike vj$s$. viij$d$., to be payd unto him at Christemas next following after my decease. The residue of all my good and moveables (my working tooles and mouldes excepted, which I give unto Thomas Daniell my servant), my funeralls fullfilled, and my debtes fullie and wholye payed, I bequeath unto Agnes James my wyfe, whom I make and ordayn my executrix of thys my last will and testament, and my good frend Mr. John Paswater, my faithfull oversear of thys my sayd will and Testament, and he to have for his paines to be taken herin, over and besides his reasonable charges and expenses, vj*s.* viij*d.* Witnesses hereunto, Androwe Mercer, John Standell, John Smithwike, with other moe.

[*Proved 21st February, A.D. 1559, Easter following being appointed for the Executrix to show the Inventory.*]

JACOBUS PARTRIDGE.—Octavo die mensis Januarii Anno Domini 1559 commissa fuit Administratio bonorum Jacobi Partridge nuper parochie de Plumstede Roffen. dioc. ab intestato defuncti Alicie Partridge ejus relicte primitus in forma juris consueta jurate, salvo jure, etc. Et exhibuit Inventarium ad statim extendens ad xlv*s.* ii*d.*

NORWICENSIS.

[*Vacancy of the See of Norwich: 1559.*]

VACATIO SEDIS EPISCOPALIS NORWICENSIS PER MORTEM NATURALEM DOMINI JOHANNIS HOPTON ULTIMI EPISCOPI IBIDEM ANNO DOMINI 1559.

[*Commission to Master Miles Spencer to exercise the Jurisdiction of the Vacant See: Jan. 10, 1559-60.*]

COMMISSIO FACTA MAGISTRO MILONI SPENCER PRO EXERCITIO JURISDICTIONIS SEDE VACANTE.

Mattheus permissione divina Cantuariensis ·Archiepiscopus tocius Anglie primas et Metropolitanus dilecto nobis in Christo Magistro Miloni Spencer legum doctori salutem graciam et benedictionem. Quum omnis et omnimoda jurisdictio spiritualis et ecclesiastica que ad episcopum Norwicensem qui pro tempore fuerit nostre Cantuariensis ecclesie suffraganeum Sede Episcopali Norwicensi plena spectabat ipsiusque Jurisdictionis exercitium ad nos ipsa Sede jam vacante, dicte ecclesie nostre Metropolitice Christi Cantuariensis nomine, de jure prerogativa et consuetudine [Fo. 152ᵛ·] hactenus inconcusse usitatis et observatis legitimeque prescriptis pacifice et quiete pertinere dinoscuntur, Nos de tuis sana doctrina, fidelitate, conscientie puritate et circumspectionis industria in hac parte plurimum freti, Te delegatum Commissarium Auditorem et spiritualitatis custodem nostrum ad infrascripta exequendum preficimus, constituimus et deputamus per presentes.

Ad cognoscendum igitur procedendum et diffiniendum in omnibus et singulis causis et negociis litibus ac querelis in curia consistorii Norwicensis, sive ex officio mero mixto vel promoto, aut ad quarumcunque partium instantias impresentiarum motis aut imposterum (durante vacatione sedis predicte) movendis ipsasque et fine debito terminandum ; Ac quoscunque subditos a quibuscunque beneficiis officiis promotionibus et administrationibus suis ecclesiasticis (si eorum demerita ita exigerint) juxta Juris et Statutorum hujus incliti regni Anglie exigentiam amovendum et destituendum: Ad recipiendum preterea juramenta obedientie, et obedientiam legitimam a quibuscunque subditis dictarum civitatis et diocesis Norwicensium qui Episcopo Norwicensi sede plena vel nobis ratione vacationis ejusdem ad juramenti prestationem vel obedientiam sunt astricti: Quoscunque etiam fructus redditus et proventus quorumcunque beneficiorum ecclesiasticorum et alia bona quorumcunque infra civitatem et diocesim predictas in casibus a jure vel consuetudine aut hujus regni Anglie legibus et statutis permissis et approbatis sequestrandum et sequestrari faciendum, Sequestrataque hujusmodi custodiendum seu faciendum per alios custodiri : Presentationes insuper quascunque (salvis infra reservatis) recipiendum et admittendum, personasque quascunque ad quecunque beneficia hujusmodi presentatas et imposterum presentendas admittendum, eosque in beneficiis hujusmodi legitime instituendum et induci faciendum et demandandum : Necnon Rectores et vicarios ecclesiarum parochialium predictarum civitatis et diocesis ad personaliter residendum juxta constitutiones et Statuta hujus incliti regni Anglie in ea parte editas et provisas per quascunque censuras ecclesiasticas compellendum : Testamenta etiam quorumcunque in dictis civitate et diocese Norwicensibus decedentium quorum insinuatio et approbatio ad Episcopum Norwicensem vel ad Archidiaconos et alios quoscunque sede plena debeat pertinere insinuandum et approbandum : Administrationesque bonorum hujusmodi defunctorum et aliorum quorumcunque etiam ab intestato decedentium executoribus in hujusmodi testamentis nominatis seu aliis personis quibus de jure fuerit faciendum et tibi visum fuerit expedire in forma juris committendum : Necnon computum calculum sive raciocinium dictorum executorum seu administratorum hujusmodi audiendum, discutiendum et eos a computo sive ratiocinio ulteriori acquietandum et finaliter liberandum : Necnon clericos quoscunque coram quibuscunque justiciariis sive judicibus secularibus in causis sanguinis vel super felonia quacunque in dictis civitate et diocese Norwicensibus indictatos impetitos sive convictos vendicandum exigendum petendum et recipiendum, atque hujusmodi clericis omnibus et singulis de et super felonia sic (ut premittitur) convictis purgationes legitime indicendum, Ipsosque taliter convictos (prout juris et casus ratio exigerit) ad purgationes admittendum, et purgatos hujusmodi juxta immunitatem ecclesiasticam talibus clericis vel ordini clericali hactenus indultam et concessam ab ipsis criminibus immunes et innocentes declarandum, sicque a carceribus et vinculis (prout moris est) quoties opus fuerit relaxandum et liberandum : Omnemque et omnimodam jurisdictionem spiritualem et ecclesiasticam ad episcopum Norwicensem sede plena ad nos (ut premittitur) ipsa sede jam vacante spectantem exercendum : Omnemque jurisdictionem et possessionem nostras continuandum et nomine nostro et ecclesie nostre Metropolitice Christi Cantuariensis predicte defendendum : Necnon omnia et singula emolumenta spiritualia et ecclesiastica ad nos et ecclesiam nostram Christi Cantuariensem predictam ratione vacationis episcopatus Norwicensis predicti spectantia nomine nostro et pro nobis petendum et recipiendum, atque de receptis litteras solutionum faciendum et litteras acquietantiales liberandum : Alium insuper seu alios in premissis et eorum quolibet loco tuo deputandum ac ei sive eis vices nostras circa premissa in omnibus locis earundem civitatis et diocesis Norwicensium prout tibi melius visum fuerit expedire committendum : Ac insuper omnia et singula alia faciendum exercendum et expediendum que in premissis et circa ea necessaria fuerint seu quomodolibet oportuna, Vices nostras harum serie tibi committimus cum cujuslibet coertionis canonice potestate presentibus ad nostrum beneplacitum duntaxat duraturis. Salvis [Fo. 153.] nobis et Vicario nostro in spiritualibus generali expeditionibus quorumcunque beneficiorum, Ad que clericos per ecclesiarum patronos nobis Londini presentari durante vacatione predicta contigerit, quos per nos et vicarium nostrum generalem predictum extra diocesim admitti et institui volumus et reservamus. Assumpto tibi et substitutis tuis hujusmodi uni vel pluribus dilecto nobis in Christo Magistro Anthonio Huse registrario nostro primario, vel Willelmo Myngay notario publico ejus in hac parte deputato in registrarium et scribam nostrum et registri nostri custodem in ea parte durante hac nostra commissione. Mandando nihilominus, Quod, cessante vacatione predicta et alio episcopo in eadem sede consecrato et intronizato, de omni eo quod per te in hac parte actum gestum sive expeditum fuerit nos aut vicarium nostrum in spiritualibus generalem sive officialem nostrum principalem per litteras tuas patentes manu auctentica conscriptas acta et processus tuos complectentes certiores facere non postponas prout decet.

In cujus rei testimonium sigillum nostrum presentibus apponi fecimus. Data in manerio nostro de Lambeheth decimo die Januarii anno domini juxta computationem ecclesie Anglicane Millesimo Quingentesimo Quinquagesimo nono et nostre consecrationis anno primo.

[*Institutions in London to Benefices in Norwich Diocese.*]

INSTITUTIONES BENEFICIORUM DIOC. NORWICEN : LONDINI EXPEDITE TEMPORE VACATIONIS SEDIS PREDICTE.

Feb. 7, 1559.   Rich. Smith, cl.   Baighton, R.   Rich. Lussher, cl. resig.

Patr. Edw. Fytzgarret et Dom[a.] Agnes Fitzgarret alias Paston ejus uxor, nuper ux: Thome Paston militis defuncti.
Joh. Bate gen. proc.   Script. Archid. Norf. ad induc.

Feb. 8, 1559.   Edw. Andellser, Claye, R.   ———
cl. A.M.

Patr. Arth. Bedill gen. ratione assign. juris patr. eidem hac vice.
Script. Archid. Norwicensi ad inducendum.

Feb. 21, 1559.   Rich. Calver,   Alby et Colby, R.   ———
A.M.

Patr. Thomas Dux Norfolk, Comes Marescallus, etc.
Will. Latymer cl. proc.   Script. Archid. Norf. ad induc.

[Fo, 153[v.]]

Feb. 22, 1559. Andr. Dunch, cl.   Backton, R.   ult. Rect. mort.

Patr. Regina.
Greg. Odierne litteratus, proc.   Script. Archid. ———[1] ad induc.

[*Sequestration of the fruits of the Church of Falkenham.*]

SEQUESTRATIO FRUCTUS ECCLESIE DE FALKNAHAM.

Duodecimo die mensis martii anno domini juxta computacionem ecclesie Anglicane 1559 apud Lambehith Reverendissimus sequestravit omnes et singulos fructus, redditus, preventus ac cetera jura et emolumenta ecclesiastica quecumque ad ecclesiam parochialem de Falknaham Norwicensis diocesis et ejus Rectorem pro tem-

---

[1] Blank in Register.

pore existentem quoquomodo spectantia et pertinentia (eo quod dicta ecclesia est vacua et Rectoris solatio destituta) et commisit custodiam ejusdem Johannis Heat et Willelmo Strutton ejusdem parochie yomen conjunctim et divisim, eousque duraturam quousque eum ducat revocandam, salva potestate evocandi eos ad computum.

April 12, 1560. Milo Rabye cl. Langham, R. ult. Rect. mort.
    Patr. Regina.
    Jac. Bacon gen. proc. Script. Archid. Suffolk. ad induc.

Maii 7, 1560. Geo. Longe A.M. Sowthreye, R. Will. Susanne, mort.
    Patr. Henr. Hawes de Dudlington, co. Norf., arm.
    Script. Archid. Norf. ad induc.

Maii 13, 1560. Edm. Humfreye A.M. Longa Melford, R. Christoph. Hill, mort.
    Patr. Will. Cordell miles Mag. Rot. Curie Cancellarie.
    Script. Archid. ———[1] ad induc.

[Fo. 154.]

Maii 16, 1560. Lancel. Thexton, cl. A.M. Aylesham, V.P. Tho. Whilbye, cl. resig.
    Patr. Regina (jure prerog. corone ratione vacationis sedis Norwicen.)
    Script. fuit Archid. Norf. ad induc.

Maii 17, 1560. Tho. Thackam, cl. Norwold, R. ult. Rect. mort.
    Patr. Rich. Episc. Eliensis.
    Script. Archid. Norf. ad induc.

Julii 5, 1560. Will. Lockyar, cl. Thelueton, R. ult. Rect. mort.
    Patr. Regina.
    Script. Archid. ——— ad induc.

Julii 6, 1560. Ambros. Palmer, cl. Crostwicke, R. ult. Rect. mort.
    Patr. Regina.
    Walter Wensdon, gen. proc. Script. Archid. Norwicen. ad induc.

Aug. 7, 1560. Rich. Woollaye, cl. A.M. Mulberton cum Kenningham R. ult. Rect. mort.
    Patr. Tho. Gresham miles et Domina Anna uxor ejus.
    Script. Archid. Norwicen. ad induc.

---

[1] Blank in Register.

Aug. 27, 1560. Will. Porridge, Grimston, R. Rob. Rochester,
cl. cl., mort.
Ad coll. Archiepisc. ratione lapsus.
Script. Archid. —— ad induc.

Aug. 19, 1560. Joh. Pory, S.T.P. Pulham Mary Will. Maye, cl.,
R., cum capell. mort.
annex.

Scriptum fuit Archidiacono Norfolk. seu ejus Officiali necnon universis et singulis clericis per diocesim Norwicensem ad inducendum.

Aug. 29, 1560. —— Matchet, S. Clementis ad ——
cl. A.B. Pontem, Civit.
Norwic., R.
Ad coll. Archiepisc. ratione lapsus.
Script. Archidiac. Norwicen. ad induc.

[Fo. 154ᵛ·]
[*Will proved at London during the vacancy of the See of Norwich.*]

TESTAMENTUM LONDINI APPROBATUM TEMPORE VACATIONIS SEDIS NORWICENSIS PREDICTE.

[*Will of John Oliett.*]

TESTAMENTUM JOHANNIS OLIETT.—In the name of God Amen. In the year of our Lord God 1559 and in the xvjᵗʰ daye of September. I, John Olyett, of Denver, being of good and perfect remembraunce, make my last will and testament in manner and fourme followinge. Furst, I bequeath my soule unto Almightie God, and to all the heavenlie companye, and my body to be buried in the church or church yard of Denver aforesayd, at the discretion of my executor. Item, I bequeath unto Alice Olyett my daughter, vij*li*. and iij heafers of thage of ij yeares apece, to be delivered unto her at the daye of her marryage. Item, I bequeath unto Margery Oliett my daughter, vij*li*. and iij hefers of the age of two yeares apece, to be delivered unto her at the day of her marriage. Item, I bequeath unto William Pricke xxxᵗⁱᵉ ewes, to be delivered unto hym at the feast of the nativitie of St. John the Baptist
[Fo. 155.] next ensuing my buriall. Item, I bequeath unto my sonne Peter Olyett all my howses and landes, sett, lying, and being within the parrish of Pedder Winsche, to remayne to him and to hys heires of hys bodie lawfullie begotten, and for lacke of lawfull heires of hys bodye lawfullie begotten I will the same to remayne unto William Pricke and to hys heires in fee simple. And yf they both dye without heires, Then I will that the sayd howse and land shall remayne unto the next of my kindred. Item,

I bequeth unto Richard Phillippe, of Wangford juxta Brandon, one heffer of twoe yeres of age. Item, I bequeath unto Margery my wyfe all my copies, howses, and landes, sett, lying, and being within the towne and feldes of Denver, Fortham, Royston, and Downam, she to have the same howses and landes, keping the same howses in good and sufficient reparacions, and bearing all other manner of charges therto belonging, all the tyme of her naturall lyfe, yf she shall so longe continewe sole and unmaryed. And yf it shall fortune the same Margery to marry, then I will the same my coppye holdes to remayne to Peter Olliet my sonne, ymmediatlie after her marryage. And yf she remayne sole and unmarried the same coppie holdes to remayne in like manner unto the sayd Peter my sonne, ymmediatlie after her deth. And yf it shall fortune the same Peter Oliett my sonne to die before hys mother, and without heires of hys bodie lawfullie begotten, then I will the same coppye holdes, with ther appurtenaunces, unto the next of my blud, That ys to say, to Agnes Waffyn, Jone Pricke, Alice Oliett, and Margery Oliet, my daughters and ther heires. The residue of my goods heretofore not bequeathed nor hereafter, I bequeath them unto Peter Oliett my sonne, and to Margerye my wyfe, both whome I ordaine and make executor and executrix jointlie of thys my last will and Testament, to fullfill the same, as my trust is yn them : and I ordaine and make Robert Collyn the yonger, Giles Pricke, and George Pricke, supervisours of thys my will and testament, and every of them to have for hys paines xxs. And yf it fortune the sayd Margery my wyfe to marry againe after my death, then I will that she shalbe made voyd of all my legaces before mencyoned, and no longer to continew my executrix, and she to have onlie tenne kye and a bull, and a hundred ewes, and the resydewe to remayne to Peter Oliett my sonne. And then I will that my supervisours shall have thoccupying of all the legaces and bequestes of Peter Oliet my sonne unto sych time that the sayd Peter do come to thage of xxj yeares, and the sayd my supervysours to make then a true accompt and payment unto the said Peter Oliyet, of and for the same stocke, and encrease of the same. And the sayd supervysours to put in sufficient suerties bound according unto the Lawe, unto the said Peter Oliett for the perfourmaunce of the premisses. And yf it shall fortune the sayd Peter Oliett my sonne to die before he come to thage of xxj yeres, and without heires of hys bodie lawfullie begotten, then I will that all thes my Legaces to him bequeathed shall remayne unto my aforenamed four daughters or to ther heires. Item, I bequeath to William Waud my servaunt a graye fillie of thage of iij yeares. Item, I bequeath to William Hetchson one ewe and a lambe. Item, I bequeath to every poore household in thys parryshe iiij*d*., to be distributed at the discretion of my wyfe, and at my buriall. Witnesses of thys my last will and Testament, Richard Burnet, clarke, William Ryxe, Thomas Redar.

Probatum fuit hujusmodi Testamentum xiij⁰ die Februarii anno domini 1559 Juramento executorum, etc., in persona Magistri Edwardi Bigge notarii publici procuratoris, etc., etc. Et exhibuit Inventarium ad statim.

GLOUCESTRENSIS.

[*Vacancy of the See of Gloucester, 1559.*]

VACATIO SEDIS EPISCOPALIS GLOUCESTRENSIS PER OBITUM DOMINI JACOBI BROKES EPISCOPI IBIDEM 1559.

COMMISSIO FACTA MAGISTRIS YALE, HUSE, POWELL ET LEEDES PRO EXERCITIO JURISDICTIONIS DIOCESIS GLOUCESTRENSIS SEDE IBIDEM VACANTE.

[*Commission for the exercise of the jurisdiction of the See of Gloucester during the vacancy (for form see similar commission for the vacant See of Norwich, p. 178) granted to Masters Thomas Yale, Lawrence Huse, Thomas Powell, doctors of laws, and Edward Leeds, licentiate in laws; Anthony Huse, the Archbishop's principal Registrar, or Hugh Evans, public notary, his deputy, to be the registrar of their acts. Dated Lambeth, February 8, 1559.*]

[Fo. 156.]

COMMISSIO FACTA MAGISTRO THOME POWELL SOLI, CUM REVOCATIONE PRIORIS COMMISSIONIS PRO EXERCITIO JURISDICTIONIS DIOCESIS GLOUCESTRENSIS.

[*Commission in the same form for the jurisdiction of the See of Gloucester to Master Thomas Powell, singly; John Incent, the Archbishop's chief registrar or his deputy to be the registrar of his acts, with revocation of the former commission as*
[Fo. 156ᵛ·] *follows:*—] Prioribus litteris nostris commissionalibus tibi prefato Thome Powell necnon Magistris Thome Yale, Lawrentio Huse legum doctoribus et Edwardo Leedes in legibus licentiato cum hac clausa (conjunctim et divisim) antehac factis non obstantibus, quibus harum serie derogamus. In cujus rei testimonium sigillum nostrum presentibus apponi fecimus. Data in

manerio nostro de Lambehith xxj° die Julii anno Domini millesimo quingentesimo sexagesimo et nostre consecrationis anno primo.

[*Certificate to the Queen about an appointment to the Church of Saintbury, Gloucester Diocese, Aug. 1, 1560.*]

CERTIFICATORIUM REGIE MAJESTATI SUPER ADMISSIONE CLERICI AD ECCLESIAM DE SEYNBERY, GLOUCESTRENIS DIOCESIS.

Illustrissime et invictissime in Christo principi et domine nostre domine Elizabethe Dei gratia Anglie Francie et Hibernie [Fo. 157.] regine, fidei defensori, etc., Mattheus permissione divina Cantuariensis Archiepiscopus tocius Anglie Primas et Metropolitanus omnimodas reverentiam obedientiam et honorem in eo per quem reges regnant et principes dominantur. Vestre excellentissime regie Majestati tenore presentium significamus, Quod quum eadem serenissima vestra majestas per litteras vestras patentes sigillo vestro magno Anglie sigillatas nobis directas Quendam Walterum Jones in legibus Bacchalaureum ad ecclesiam parochialem de Seynbury Gloucestrensis Diocesis dudum vacantem nobis presentaverit, Mandando quatenus nos eundem Walterum Jones ad dictam ecclesiam parochialem admitteremus ac in eadem institueremus et investiremus cum suis juribus et pertinentiis universis, Eadem ecclesia parochialis de Seynbury, tempore presentationis et exhibitionis litterarum vestrarum regiarum hujusmodi nobis factarum de persona cujusdam Georgii Savage clerici plena extitit, prout etiam in presenti existit. Cujus pretextu nos eundem Walterum Jones sic (ut premittitur) per majestatem vestram nobis ad dictam ecclesiam parochialem de Seynbery presentatum de juris vestri ecclesiastici dispositione admittere ac in eadem instituere non possumus neque debemus. Que omnia et singula vestre regie sublimitati pro officii nostre debito duximus intimandum et notificandum per presentes, sigillo nostro sigillatas.

Data in manerio nostro de Lambehith primo die mensis Augusti anno Domini millesimo quingentesimo sexagesimo et nostre consecrationis anno primo.

[*Inhibition to Thomas Powell against using any jurisdiction prejudicial to the approaching Metropolitical Visitation: July 20, 1560.*]

INHIBITIO FACTA MAGISTRO THOME POWELL NE EXERCEAT ALIQUAM JURISDICTIONEM IN PREJUDICIUM VISITATIONIS METROPOLITICE VICINE.

Mattheus permissione divina Cantuariensis Archiepiscopus

tocius Anglie Primas et Metropolitanus, Dilecto nobis in Christo Magistro Thome Powell legum doctori, nostro (in civitate et diocesi Gloucestrensi, sede episcopali ibidem jam vacante) delegato commissario et spiritualitatis custodi Salutem gratiam et benedictionem. Suscepti cura regiminis nos impellit, ut vitia extirpando, et virtutes plantando, nostri officii debitum quantum cum deo possumus implere nitamur. Et quia nos ecclesiam Cathedralem, ac civitatem et diocesim Gloucestrenses predictas tam in capite quam in membris clerumque et populum in eisdem degentes sive residentes Jure nostro Metropolitico propediem (annuente Domino) visitare et defectus inibi repertos correctione et reservatione necessaria indigentes corrigere et in statum suum debitum pro viribus restituere proponimus et intendimus: Ut igitur visitationem nostram Metropoliticam hujusmodi in et per ecclesiam Cathedralem civitatem et diocesim Gloucestrenses predictas brevi exercendam et fiendam liberius exercere possimus et valeamus, vobis tenore presentium inhibemus, Ac per vos officiariis ministris registrariis actorum scribis et presertim Johanni Taylor alias Barker notario publico ceterisque omnibus et singulis quibuscunque quocunque nomine censeantur aut reputantur jurisdictionem aliquam spiritualem et ecclesiasticam in et per easdem civitatem et diocesim Gloucestrenses quacunque auctoritate exercentibus sic inhiberi volumus et mandamus, quibus nos etiam tenore presentium sic inhibemus, Ne tu a tempore receptionis presentium, illive aut eorum aliquis a die inhibitionis nostre hujusmodi eis aut eorum alicui in hac parte fiende, jurisdictionem aliquam spiritualem vel ecclesiasticam alicubi infra civitatem et diocesim Gloucestrenses predictas quoquomodo exerceatis eorumve aliquis exerceat aut ab aliis exerceri faciatis vel permittatis illive faciant aut permittant: Nec quicquam aliud in prejudicium sive dispendium dicte visitationis nostre Metropolitice quomodolibet attemptetis aut illorum aliquis attemptet seu ab aliis attemptari faciatis vel permittatis illive faciant aut permittant, sub pena contemptus vobis illisque infligenda de die vero receptionis presentium. Necnon et quid in premissis feceritis nos aut vicarium nostrum in spiritualibus generalem citra vicesimum diem mensis Augusti proximo futuri debite certificare non postponas per litteras tuas patentes unacum presentibus autentice sigillatas.

Data in manerio nostro de Lambehith nostro sub sigillo, vicesimo die mensis Julii Anno Domini Millesimo Quingentesimo Sexagesimo et nostre Consecrationis anno primo.

[*Commission to inquire into the marriage between Thomas Huntley and Anne his wife: May 10, 1561.*]

COMMISSIO AD INQUIRENDUM DE MATRIMONIO INTER THOMAM HUNTLEY ET ANNAM EJUS UXOREM.

Mattheus permissione divina Cantuariensis Archiepiscopus tocius Anglie Primas et Metropolitanus, Ad quem, etc., dilecto nobis in Christo Magistro Waltero Jones in legibus [Fo. 157$^{v\cdot}$] Bacchalaurio salutem gratiam et benedictionem. Breve illustrissime in Christo principis et domine nostre, domine Elizabethe Dei gratia Anglie Francie et Hibernie regine fidei defensoris, etc., nuper cum ea qua decuit reverentia recepimus in hec verba.

Elizabeth Dei gratia, etc., Reverendo in Christo patri ac domino domino Mattheo permissione divina Cantuariensis Archiepiscopo tocius Anglie Primati et Metropolitano Salutem. Cum Anna que fuit uxor Thome Huntley de Hadnocke in parochia de Dixston in Comitatu Monmouth generosi nuper in curia nostra coram nobis apud Westmonasterium per breve nostrum appellaverit Thomam Appowell nuper de Whitchurch in Comitatu Herefordie generosum alias dictum Thomam Ap Hoell nuper de Whytchurch in Comitatu Herefordie generosum alias dictum Thomam Apowell nuper de Whitchurch in Comitatu Herefordie generosum de principali facto mortis predicti Thome Huntley, quondam viri sui, Idemque Thomas Appowell in eadem curia nostra coram nobis personaliter comparens in cassationem dicti brevis nostri de Appello inter alia placitaverit Quod predicta Anna nunquam fuit prefato Thome Huntley legitimo matrimonio copulata, hoc ubi et quando prout curia nostra coram nobis consideret verificare pretendendo; Ad quod predicta Anna in eadem curia nostra coram nobis replicando dixerit, Quod ipsa apud parochiam de Dene parva in Comitatu Gloucestrie infra diocesim episcopatus Glocestrensis ad ostium ecclesie parochialis ibidem prefato Thome Huntley legitimo matrimonio copulata fuit, hoc verificare similiter pretendendo, ubi et quando, prout dicta curia nostra coram nobis consideret; Et quia hujusmodi cause cognitio ad forum spectet ecclesiasticum ac pro eo quod sedes dicti episcopatus ad presens vacat, Ideo vobis mandamus quod vocatis coram vobis in hac parte convocandis, rei veritatem super premissis diligenter inquiratis : Et quid inde inquisieritis nobis a die Sancte Trinitatis in xv dies, ubicunque tunc fuerimus in Anglia, per litteras vestras patentes certificetis unacum hoc brevi, ut ulterius in hac parte procedere valeamus prout de jure et secundum legem et consuetudinem regni nostri Anglie fore viderimus procedendum. Et habeatis ibidem hoc breve. Teste R. Catlyn apud Westmonasterium quinto die Maii anno regni nostri tertio.

Ad cognoscendum igitur et procedendum in negocio sive causa matrimoniali hujusmodi, quod vel que inter partes predictas verti speratur in ecclesia parochiali de Dene parva predicta quocunque tempore congruo vestro arbitrio limitando, ac tam de et super veritate cause sive negocii hujusmodi quam etiam de meritis et circumstanciis ejusdem juxta juris exigentiam et brevis regii predicti tenorem cum omni assiduitate et diligentia congruis quibus melius et efficacius de jure poteritis (vocatis primitus coram te partibus predictis et aliis qui de jure in hac parte fuerint evocandi) inquirendum et investigandum, necnon causam sive negocium hujusmodi cum suis incidentibus emergentibus annexis et connexis quibuscunque audiendum discutiendum et fine debito terminandum: Quoscunque etiam testes, si sese odii vel timoris gratia aut alia quacunque de causa subtraxerint, eos ad perhibendum testimonium veritati per censuras ecclesiasticas compellendum: Ceteraque omnia et singula alia facienda exercenda et expedienda que in premissis et circa ea necessaria fuerint seu quomodolibet oportuna, Tibi, de cujus sana doctrina conscientie puritate ac in rebus feliciter gerendis dexteritate plurimum in Domino confidimus, vices nostras committimus, et plenam tenore presentium committimus potestatem cum cujuslibet coercionis canonice potestate; Assumpto tibi dilecto nobis in Christo Johanne Incent notario publico Registrario nostro primario, vel (eo impedito) quocunque alio notario indifferenti in registrarium et actorum tuorum scribam in hac parte. Mandando nihilominus tibi quod hujusmodi causa sive negocio expedita nos aut vicarium nostrum in spiritualibus generalem, sive officialem principalem quemcunque, de omni eo quod per te in hac parte actum gestum sive expeditum fuerit per litteras tuas patentes manu auctentica conscriptas harum seriem in se continentes debite certificare non postponas. In cujus rei testimonium, sigillum nostrum presentibus apponi fecimus. Data in manerio nostro de Lambehith decimo die mensis Maii, Anno Domini millesimo quingentesimo sexagesimo primo, et nostre consecrationis anno secundo.

[*Certificate to the Queen on the inquiry of the said marriage: June 16, 1561.*]

CERTIFICATORIUM REGINE SUPER INQUISITIONE MATRIMONII PREDICTI.

Illustrissime et serenissime in Christo principi et domine nostre domine Elizabethe Dei gratia Anglie Francie et Hibernie regine fidei defensori, etc., Mattheus permissione divina Cantuariensis Archiepiscopus tocius Anglie primas et metropolitanus omnimodas reverentiam obedientiam et felicitatem perpetuam in eo per quem reges regnant et principes dominantur. Breve vestrum [Fo. 158.] regium presentibus annexum nuper cum ea qua decuit reverentia et subjectione humiliter recepimus exequendum. Cujus vigore pariter et auctoritate nos Mattheus Archiepiscopus antedictus dilecto nobis in Christo Magistro Waltero Jones in legibus Bacchalaureo ad cognoscendum et procedendum in negocio sive causa matrimoniali inter partes in brevi vestro regio hujusmodi nominatas, necnon causam sive negocium hujusmodi cum suis incidentibus emergentibus annexis et connexis quibuscunque audiendum discutiendum et fine debito terminandum per litteras nostras patentes sigillo nostro sigillatas presentibus etiam annexas potestatem fecimus et commisimus. Qui quidem Magister Walter Jones onus commissionis nostre hujusmodi in se assumpsit et juxta tenorem vim formam et effectum ejusdem procedendum fore decrevit. Necnon ad ulteriora in dicto negocio procedens, vocatis primitus coram eo partibus predictis et auditis hincinde propositis et allegatis servatisque per eum de jure in hac parte servandis pro vero et legitimo matrimonio inter Thomam Huntley et Annam Huntley in dicto brevi vestro regio presentibus annexo nominatos inito habito et contracto ac pro valore ejusdem pronunciavit decrevit et declaravit, dictumque Thomam Huntley eidem Anne in virum et maritum legitimum, ac ipsam Annam eidem Thome in uxorem legitimam inter alia sententialiter et diffinitive adjudicavit. A qua quidem sententia pars Thome Aphowell in brevi vestro regio predicto etiam nominati ad nos et curiam Audientie nostre Cantuarie appellavit, prout de serie predicti processus coram eodem Magistro Waltero Jones vigore commissionis nostre predicte in hujusmodi negocio habito et facti, ac presentibus etiam annexi, manifestius possit apparere. In quorum omnium et singulorum premissorum fidem et testimonium hiisce presentibus litteris nostris certificatoriis sigillum nostrum apponi fecimus et mandavimus. Data in manerio nostro de Croydon decimo sexto die mensis Junii Anno Domini, Millesimo quingentesimo sexagesimo primo et nostre consecracionis anno secundo.

[*Another certificate in the foresaid Cause: Oct. 14, 1561.*]

ALIUD CERTIFICATORIUM IN CAUSA PREDICTA.

Illustrissime in Christo Principi et domine nostre domine

Elizabethe Dei gratia Anglie Francie et Hibernie regine, fidei defensori, etc. Mattheus, etc., etc. Breve vestrum, etc., recepimus exequendum. [*For full form see the foregoing.*] Cujus vigore pariter et auctoritate nos Mattheus Archiepiscopus antedictus in causa matrimoniali inter partes in brevi vestro regio hujusmodi nominatas, juxta vim formam et effectum ejusdem brevis rite precedentes, vocatis primitus coram nobis partibus predictis et auditis hincinde propositis et allegatis, servatisque per nos de jure in hac parte servandis, pro vero et legitimo matrimonio inter Thomam Huntley et Annam Huntley in dicto brevi vestro regio presentibus annexo nominatos inito habito, contracto et solemnizato ac pro valore ejusdem matrimonii pronunciavimus et declaravimus, dictumque Thomam Huntley eidem Anne in virum et maritum legitimum, ac ipsam Annam eidem Thome in uxorem legitimam inter alia sententialiter et diffinitive pronunciavimus. In quorum omnium et singulorum premissorum fidem et testimonium hiisce presentibus litteris nostris certificatoriis sigillum nostrum apponi fecimus et mandavimus. Data in manerio nostro de Lambehith xiiij^{to} die mensis Octobris anno domini Millesimo Quingentesimo Sexagesimo primo nostre consecracionis anno secundo.

[*Sequestration of the fruits of the Church of Willersey, Gloucester Diocese: Feb. 13, 1561/2.*]

SEQUESTRATIO FRUCTUS ECCLESIE DE WILLERSEY GLOCESTRENSIS DIOCESIS.

Mattheus permissione divina, etc., ad quem, etc. [*in the usual form* sede vacante] dilecto nobis in Christo domino Johanni Bourne militi salutem gratiam et benedictionem. Cum ex gravi querela nonnullorum fidedignorum, ac fama publica et facta notorietate referentibus ad nostrum nuper pervenerit auditum Quod Chorus et cancellus Ecclesie parochialis de Willersey dicte Gloucestrensis diocesis ac mansum principale et cetera edificia ad rectoriam dicte ecclesie spectantia et pertinentia adeo ruinosa defectuosa dilapidata et prostrata existunt, ut nisi de cetero remedio in hac parte provideatur de verisimili funditus corruent ; Quodque cura animarum in eadem parochia, ita neglecta existit et inofficiata relinquitur, ut in illa nihil omnino divini cultus habetur aut usitatur, sed sunt omnia sacerdotalia munera ibidem prorsus ejecta et proscripta, in Dei optimi maximi iram ac animarum [Fo. 158^v.] parochianorum ejusdem detrimentum aliorumque Christi fidelium exemplum longum perniciosum : Unde nos de celeri remedio in hac parte pro officii nostri debito providere cupientes, nolentesque premissa conniventibus oculis preterire, sed tantis malis pro posse nostro subvenire volentes, omnes et singulos fructus redditus proventus obventiones oblationes decimas ac cetera jura et emolumenta Ecclesiastica quecunque ad dictam ecclesiam parochialem et ejus Rectorem pro tempore existentem quomodolibet spectantia et pertinentia in quorumcunque manibus existentia, ex premissis et aliis nonnullis causis veris justis rationabilibus et legitimis nos in ea parte specialiter moventibus, duximus sequestrandum et hujusmodi sequestri nostri custodiam tibi committendum, prout etiam sic sequestramus et tibi committimus per presentes. Ad publicandum igitur hujusmodi sequestrum nostrum sic per nos interpositum omnibus et singulis quorum interest seu interesse poterit in hac parte, necnon ad colligendum, levandum et percipiendum omnes et singulos fructus redditus proventus obventiones oblationes decimas ac cetera jura et emolumenta ecclesiastica quecunque ad dictam ecclesiam parochialem et ejus rectorem pro tempore existentem quomodolibet spectantia et pertinentia, eosque et ea sic collecta levata et percepta sub salvo et tuto sequestro custodiendum et conservandum, ac que temporis mora de verisimili futura sunt deteriora justo precio alienandum et venditioni exponendum : Atque de collectis levatis et perceptis hujusmodi, cure dicte ecclesie in divinis et aliis requisitis debite deserviri, ac chorum et cancellum dicte ecclesie, necnon mansum principale et cetera edificia ad dictam rectoriam spectancia competenter reparari manuteneri et congruenter reedificari, Ac alia onera eidem ecclesie incumbentia supportari faciendum et procurandum: Et de residuo sic collecto levato et percepto fidelem nobis computum sive raciocinium cum ad hoc congrue fueris requisitus juste reddendum et faciendum: Ceteraque omnia et singula alia faciendum exercendum et expediendum que in hac parte necessaria fuerint seu quomodolibet oportuna, Tibi vices nostras committimus per presentes, Priori sequestro quocunque de et in fructibus proventibus et emolumentis dicte ecclesie antehac auctoritate nostra quomodolibet interposito ac litteris quibuscunque alias quibuscunque personis inde factis non obstantibus, quod et quas harum serie revocamus ac pro revocatis nullisque et invalidis ad omnem juris effectum exinde sequi valentem haberi et censeri volumus. In cujus rei testimonium sigillum nostrum presentibus apponi fecimus. Data in Manerio nostro de Lambehith xiii die mensis Februarii anno domini juxta computacionem

Ecclesie Anglicane Millesimo Quingentesimo Sexagesimo primo et nostre consecrationis anno tertio.

[*Institutions in London to Benefices in the Gloucester Diocese.*]
INSTITUTIONES BENEFICIORUM ECCLESIASTICORUM GLOCES-TRENSIS DIOCESIS LONDINI EXPEDITE TEMPORE VACATIONIS SEDIS EPISCOPALIS IBIDEM.

Feb. 23, 1559. Johan. Randall, clk.   Westcote, alias Combaskerfelde R.   ult. Rector depr.

Patr. Robertus Whitney Miles hac vice. (Ratione advocationis juris patronatus per dominam Elizabetham Baskerfeld viduam domini Jacobi Baskerfeld militis defuncti eidem facte.)
Per Proc. Johan. Lenthall, not. pub. Script. Archid. Glocestrensi ad induc.

March 15, 1559. Johan. Lytlegrome, cl.   Morton Vallance, Preb.   Galfr. Downe, mort.

Patr. Regina pro hac vice. Script. Archid. Gloc. seu ejus Officiali necnon universis et singulis ad inducendum.

[Fo. 159.]
June 18, 1560. Henr. Prescott.   Stanley Regis, R.   ult. Rector mort.

Patr. Joh. Lumley miles, dominus Lumley. Script. Archid. Gloc. ad induc.

July 8, 1560. Georg. Savage, cl.   Seynbury, R.   Will. Dalby, cl. depr.

Ad collationem Archiepiscopi ratione lapsus pro hac vice. Script. Archid. Gloc. ad induc.

Aug. 11, 1560. Will. Linsecum, cl.   Hynton, R.   Simon Sowthorne, cl. depr.

Patr. Regina. Script. Archid. Gloc. ad induc.

Sept. 27, 1560. Will. Stoche, cl. S.T.B.   Marston sicca, R.   ult. Rector mort.

Patr. Regina. Script. Archid. Gloc. ad induc.

[Fo. 159v.]
Oct. 27, 1560. Will. Evans, cl.   Douneampney, V.P.   Baldwin Johnson, cl., resign.

Patr. Joh. Hungerford, armig. (ratione dimissionis ad firmam dicte vicarie per decanum et capitulum ecclesie Christi Oxon. ei. facte). Script. Archid. Gloc. ad induc.

Nov. 29, 1560. Thomas Free- Woodchester, R. vac.
man, cl.
Patr. Henry Earl of Arundell.
Per proc. Edward. Orwell, not. publ. Script. Archid. Gloc. ad induc.

Feb. 25, 1560. Joh. Jaques, cl. Tudenham V.P. Will. Lyvyng,
S.T.B., resign.
Patr. Francisc. Shakerley, gener. Script. universis et singulis per diocesim Gloc. ad inducendum.

Mar. 21, 1560. Joh. Robins, cl. Bytton, V. Will. Moseley,
cl., resign.
Patr. Robert. Ryve prebendarius prebende de Bytton.
Script. universis et singulis per dioc. Gloc. ad induc.
(Ecclesia parochialis sive prebendalis de Bytton.)

April 18, 1561. Thos. Freman, Broxwell, R. cum ult. Rector mort.
cl. capella de La-
terton.
Patr. Regina. Script. universis et singulis, etc., ad inducendum.

[Fo. 160.]

May 2, 1561. Christopher Yax- Cath. Gloc. Can. Joh. Williams,
ley, cl., A.M. et 4, Preb. LL.D., mort.
Patr. Regina. Script. Decano et capitulo eccl. Cath. Gloc. ad installandum. (*With the clause* "Stallum in choro ac locum in Capitulo".)

Feb. 1, 1561. Joh. Pygott, cl. Stonehouse, V.P. Thos. Eton, cl.,
mort.
Patr. Regina. Script. Archid. Gloc. seu ejus officiali, necnon universis et singulis, etc., ad induc.

March 3, 1561. Will. Jones, cl. Newland, V.P. Mag. Joh. Smith,
LL.D., resign.
Patr. Will. Comes Pembroke pro hac vice (ratione advocationis juris patronatus per Anthonium Landavensem episcopum eidem comite et Davidi Lewys, LL.D., conjunctim et divisim facte).
Script. Archid. Gloc. seu officiali ejus necnon universis et singulis, etc., ad induc. salvo feodo Archidiaconi.

April 16, 1562. Thos. Damport, Wydford, R. vac.
cl.
Ad collationem Archiepiscopi ratione lapsus.
Script. Archid. Gloc. seu ejus Officiali ad induc.

[Fo. 160ᵛ·] PETRIBURGENSIS.

[*Vacancy of the See of Peterborough by deprivation of David Pole, LL.D., 1559 and 1560.*]

VACATIO SEDIS EPISCOPALIS PETRIBURGENSIS PER DEPRIVA-
TIONEM DAVIDIS POLE LEGUM DOCTORIS ANNIS DOMINI
1559 ET 1560.

[COMMISSIO PRO EXERCITIO JURISDICTIONIS, SEDE VACANTE.][1]

[*Commission from the Archbishop to Master Edward Leeds, licentiate in laws, William Latymer, Dean of Peterborough, and William Bynsley, LL.B., to exercise the jurisdiction of the See during the vacancy (in the same form as that for Norwich, p. 181), except that besides the reservation of presentation to Benefices, the following is included in the saving clause:* "necnon decisione discussione examinatione et finali terminatione quarumcunque causarum litium et querelarum coram nobis aut vicario nostro Londini motis et intentatis, vel imposterum durante vacatione Sedis predicte movendis et intentandis." *Lambeth, 1 May 1560.*]

[Fo. 161.]

COMMISSIO AD VENDICANDUM CONVICTOS INFRA DIOCESIM
PETROBURGENSIS.

[*Commission to vindicate convict clerks in the diocese of Peterborough, granted to William Latymer, the Dean of Peterborough, William Bynsley, Archdeacon of Northampton, and Thurstan Morrey, prebendary of Peterborough cathedral. Dated, Lambeth, 10 January 1559/60, and the 1st year of Archbishop Parker's consecration. (For form see p. 178).*]

[*Institutions and Collations in London to Benefices of Peterborough Diocese.*]

INSTITUTIONES ET COLLATIONES BENEFICIORUM PETRIBUR-
GENSIS DIOCESIS LONDINI EXPEDITE TEMPORE VACATIONIS
SEDIS EPISCOPALIS IBIDEM.

Dec. 30, 1559. Geo. Butman, cl. Barnwell, Omni- Alex. Hudson,
                                                                um Sanctor. R. mort.

    Patr. Joh. Mordaunt, miles, dominus Mordaunt.
    Script. Archid. Northampton. ad induc.

[Fo. 161ᵛ·]

Jan. 29, 1559. Laur. Longman, Horne, R.   Thos. Moody, cl.,
                cl.   mort.

    Patr. Jac. Harrington, armig.
    Per proc. Nowell Lloyd literat. Script. Archid. Northampt. ad induc.

---

[1] Heading missing in Register.

Archiepiscopi Cantuariensis.

Eodem die.   Herbert Lloyd,   Stretton, R.   Regin. Bootes,
              cl.   mort.
    Patr. Jac. Harrington, armig.
    Per proc. Nowell Lloyd, literat.   Script. Archid. Northampt. ad induc.

Eodem die.   Galfr. Dale, cl.   Boughton, R.   Nich. Harmon,
                                                cl., mort.
    Patr. Augustin. Cryspe, gener.   Script. Archid. Northampt. ad induc.

Eodem die.   Will. Roote, cl.   S. Petri, North-   Edmund Davy,
                                ampton, R.   mort.
    Patr. Anna Morgan, vidua.   Script. Archid. Northampt. ad induc.

Feb. 6, 1559.   Thomas Silke, cl.   Marston Lau-   ult. Vic., mort.
                                    rance, V.P.
    Patr. Regina.   Script. Archid. Northampt., ad induc.

Feb. 9, 1559.   Joh. Ringrose,   Pyford, R.   Nich. Harman,
                cl.   cl., mort.
    Patr. August. Cryspe, gener.   Script. Archid. Northampt. ad induc.

[Fo. 162.]

Feb. 21, 1559.   Christoph.   Wardley, R.,   Ric. Swanne, cl.,
                 Browne, cl.   cum Belton, V.   resign.
    Patr. Joh. Powlet, miles, dominus Seint John et domina Elizabetha ux. ejus.
    Script. Archid. Northampt. ad inducendum.

Mar. 7, 1559.   Joh. Pratt, cl.   Corby, R.   Ric. Peres, mort.
    Patr. Edward Gryffyn de Digneley in co. Northampton, armig.
    Script. Archid. Northampt. ad induc.

Mar. 14, 1559.   Rob. Hickes, cl.   Tandsoner, R.   ult. Rector mort.
    Patr. Decanus et Capitulum ecclesie Cathedralis B. Marie Lincolniensis.
    Script. Archid. Northampt. ad induc.

Mar. 27, 1560.   Thos. Holmes, cl.   Denford cum   Will. Rote, cl.,
                                     Ringsted, V.P.   resign.
    Patr. Maria Ward, executrix Nicholai Williamson defuncti.
    Script. Archid. Northampt. ad inducendum.

April 6, 1560.   Geo. Aslaby, cl.   Benyfeld, R.   Will. Brassy,
                                                    mort.
    Patr. Joh. Zowch, miles.   Script. Archid. Northampt. ad induc.

Apr. 13, 1560.   Will. Ley, cl.   Crolton, *alias*   ult. Rector mort.
                                  Croughton, R.
    Patr. Will. Abbott, yomain, hac vice (ratione advocationis juris patronatus
      per Elizabetham Clarke viduam eidem Willelmo facte). Per proc.
      Joh. Incent, not. publ.
    Script. Archid. Northampt. ad induc.

[Fo. 162ᵛ·]

Apr. 24, 1560. Edw. Moseley, cl. Meres Ashby, ult. Vic. mort.
V.P.
Patr. Regina. Script. Archid. Northampt. ad induc.

Maii 2, 1560. Will. Ely, cl. Creeke, R. Rob. Cosyn, cl., resign.
Patr. Thomas Whyte, miles, civis et alderman London. et Johanna uxor ejus, nuper ux. Radulphi Warren militis defuncti.
Per proc. Edw. Henshawe. Script. Archid. Northampt. ad induc.

Maii 8, 1560. Gilb. Leyborne, Cottingham, R. Anth. Draycottes,
S.T.B. LL.D., depriv.
Patr. Regina. Script. Archid. Northampt. ad inducendum.

Maii 9, 1560. Henr. Napton, Fawsley, R. ult. Rector mort.
cl.
Patr. Valentyn. Knightley, miles.
Per proc. Henr. Stokes. Script. Archid. Northampt. ad induc.

Maii 14, 1560. Will. Todde, Kettering, R. Anth. Draycott,
A.M. LL.D., depriv.
Patr. Regina (hac vice jure prerogativa Corone sue regie ratione vacationis sedis Petroburgensis),
Per proc. Thome Morley, cl. Script. Archid. Northampt. ad induc.

[Fo. 163.]

Maii 15, 1560. Geo. Saunders, Maydford, R. ult. Rector mort.
cl.
Patr. Will. Trust de Maydford, yoman.
Per proc. Joh. Incent, notar. publ. Script. Archid. Northampt. ad induc.

Junii 14, 1560. Tho. Wasshing- Benyfeld, R. ult. Rector mort.
ton, cl.
Patr. Joh. Zouch, miles. Script. Archid. Northampt. ad. induc.

Junii 19, 1560. Rob. Rudd, cl. Whittwell, R. Will. Borrow, cl., resign.
Patr. Joh. Flower, armig. hac vice (ratione assignationis advocationis).
Script. Archid. Northampt. ad induc.

Julii 12, 1560. Rob. Towne, cl. Lutton et Was- certo modo vac.
shingley, R.
Ad collationem Archiepiscopi ratione lapsus.
Script. Archid. Northampt. ad inducendum.

Julii 24, 1560. Christoph. Mal- Sywell, R. Rob. Marshall, cl.,
ton, cl., A.M. mort.
Patr. Joh. Mershe de London., armig. Script. Archidiac. Northampt. ad inducendum.

[*Sequestration of the fruits of the church of Lutton and Washingley.*]
SEQUESTRATIO FRUCTUUM ECCLESIE DE LUTTON ET WASSHINGLEY.

Vicesimo die Augusti anno domini predicto apud Lambehith Reverendissimus, eo quod relatum ei erat quod nonnulli jus titulum et interesse in Rectoria ecclesie Parochialis de Lutton cum Wasshingley Petriburgensis diocesis vindicantes et pretendentes ita contendebant certabant et digladiabantur ut nisi sobrium et salubre remedium hujusmodi contentionibus mature provideatur verisimile esset dictos certantes ad arma brevi convolaturos, non sine sanguinis effudendi periculo, Ideo dominus, parochianorum ibidem incolumi tranquilitati pro officii sui debito prospicere volens, omnes et singulos fructus redditus proventus et [Fo. 163ᵛ·] emolumenta ecclesiastica quecunque ad eandem ecclesiam parochialem et Rectorem ejusdem pro tempore existentem quomodolibet spectantia et pertinentia ex officio suo sequestravit, et commisit custodiam ejusdem Edmundo Aprice generoso et Roberto Losteis yoman ejusdem parochie conjunctim et divisim, donec duxerit relaxandum, reservata potestate evocandi eos ad computum.

Sept. 5, 1560. Nich. Smith, cl. Gillesborough, Will. Wyllys, cl.,
V. mort.

Patr. Will. Belcher, gener. Script. Archid. Northampt. ad induc.

Oct. 10, 1560. Thos. Godwyn. Hanyngton, R. ult. Rector mort.

Patr. Nicholaus Lincoln. episcopus.
Per proc. Thome Taylor, not. public. Script. Archid. Northampt. ad inducendum.

Dec. 13, 1560. Gilb. Holme, Pikeworth, R. ult. Rector mort.
A.B.

Patr. Will. Cecill, miles, principalis Secretarius Regine.
Per proc. Edw. Orwell, not. publ. Script. fuit universis et singulis, etc. per diocesim Petriburgensem ad inducendum.

Dec. 18, 1560. Will. Walken- Yelvertofte, R. Henr. Comber-
den, cl. ford, depriv.

Patr. Regina.
Per proc. Edw. Orwell, not. publ. Script. (*as above*) ad induc.

Jan. 2, 1560. Tho. Godwyn, Winwike, R. ———
A.M.

Ad collationem Archiepiscopi hac vice ratione lapsus.
Script. universis et singulis, etc., ad inducendum.

Jan. 8, 1560.   Edw. Moseley,   Weston Favell,   ult. Rector mort.
cl.   R.
[Fo. 164.]
Patr. Galfr. Willyamson, cl. (ratione cujusdam assignationis advocationis ejusdem eidem Galfrido facte) hac vice.
Script. universis et singulis, etc., ad inducendum.

Jan. 15, 1560. Will. Yemans, Meres Ashby, Edw. Moseley, cl.,
cl.   V.P.   resign.
Patr. Regina. Script. universis et singulis, etc., ad induc.

Feb. 15, 1560. Jac. Sherving- Wyltering, R.   ult. Rector mort.
ton, cl.
Ad collationem Archiepiscopi ratione lapsus.
Script. universis et singulis, etc., ad inducendum.

Mar. 10, 1560. Will. Yens, cl.   Duston, V.P.   vac.
Patr. Thomas Hunt et Alicia uxor ejus proprietarii Rectorie de Duston. Per proc. Edw. Orwell, not. publ. Script. universis et singulis ad inducendum.
[Fo. 164ᵛ.]

WINTONIENSIS.

[*Vacancy of the See of Winchester by deprivation of John White, S.T.P., 1559.*]

VACATIO SEDIS EPISCOPALIS WINTONIENSIS PER DEPRIVATIONEM DOMINI JOHANNIS WHITE SACRE THEOLOGIE PROFESSORIS DUDUM EPISCOPI IBIDEM ANNO DOMINI 1559. COMMISSIO FACTA MAGISTRIS STIMPE ET WHITE, ETC., PRO JURISDICTIONE DIOCESIS WINTONIENSIS SEDE IBIDEM VACANTE.

[*Commission from the Archbishop to Masters Thomas Stimpe, Doctor of Laws, William White, Bachelor of Laws, and . . . . . . to exercise the jurisdiction of the See of Winchester, sede vacante. Lambeth, 1 March 1559/60. (For form, see p. 181).*]
[Fo. 165.]

COMMISSIO AD VINDICANDUM CONVICTOS INFRA DIOCESIM WINTONIENSEM SEDE IBIDEM VACANTE.

[*Commission to vindicate convict clerks in the Diocese of Winchester to Masters T. Stimpe and White (as above), Lambeth 17 July 1560. (For form, see p. 178.) With the clause at the end:* "Cum potestate unum vel plures ad premissa omnia exequendum loco vestro et vestrum cujuslibet substituendi."]

[*Another Commission.*]

Octavo die Martii anno domini juxta, etc., 1559 emanavit similis commissio (excepta clausa substituendi) Magistro Johanni Hardyman sacre Theologie professori, eo quod Justiciarii regii sedebant in loco judiciali in burgo de Southwarke Wintoniensis diocesis.

[*Commission to deliver convict clerks within the Diocese of Winchester: July 24, 1560.*]

COMMISSIO AD DELIBERANDUM CONVICTOS INFRA DIOCESIM WINTONIENSEM.

Mattheus permissione divina Cantuariensis Archiepiscopus tocius Anglie primas et Metropolitanus, ad quem, etc., dilectis nobis in Christo Magistris Thome Stimpe legum doctori et Willelmo Whyte in legibus Bacchalaureo salutem graciam et benedictionem. Ad audiendum sive canonice discutiendum accusationes oppositiones et exceptiones omnium et singulorum contra clericos convictos quoscunque prisone episcopatus Wintoniensis de Wolvessay mancipatos, aut eorum aliquem objicere volentium, et, si nihil in hac parte propositum sive objectum legitime probatum fuerit, ad admittendum et recipiendum in debita juris forma purgationes hujusmodi convictorum, si et quatenus se purgare poterint, aut poterit aliquis eorundem (inquisitionibus et monitionibus publicis in hac parte de jure seu consuetudine requisitis primitus factis et prehabitis); ac extunc ipsos sic (ut prefertur) legitime se purgantes et ipsorum quemlibet legitime se purgantem a prisona de Wolvessay predicta liberandum et sue bone fame pristine restituendum; necnon omnia et singula que in hac parte necessaria fuerint seu oportuna faciendum exercendum et expediendum; Vobis, de quorum fidelitate et circumspectionis industria plene confidimus, committimus vices nostras conjunctim et divisim cum cujuslibet coertionis canonice potestate. Et quid in premissis feceritis nos quam cito poteritis debite certificatis. In cujus rei testimonium sigillum nostrum presentibus apponi fecimus. Data in manerio nostro de Lambehith xxiiij⁰ die mensis Julii Anno Domini MDLX, et nostre consecrationis anno primo.

[*Institutions in London to Benefices of the Winchester Diocese.*]

INSTITUTIONES BENEFICIORUM WINTONIENSIS DIOCESIS LONDINI EXPEDITE TEMPORE VACATIONIS PREDICTE.

Dec. 14, 1559. Christoph. Rookes, Way, R.   ult. Rector, mort. cl., A.M.

    Patr. Regina. Script. Archid. Winton. seu ejus officiali, necnon universis et singulis, etc., per dioc. Winton. ad inducendum.

Dec. 22, 1559. Ric. Elys, cl.   Mykelham, R.   Alex. Hudson,
cl., mort.
    Patr. Joh. Mordant, miles, dominus Mordant.
    Script. Archid. Winton., ad induc.

Jan. 8, 1559.   Henr. Johnson, Wellowe, V.P.   ult. Vic., mort.
cl.
    Patr. Regina.
    Script. Archid. Winton. seu ejus officiali necnon universis et singulis, etc., ad induc.

Jan. 17, 1559.   Joh. Champion, Southampton,   ult. R., mort.
cl.   Omnium
Sanct., R.
    Patr. Regina.   Script. Archid. Winton., etc. (*as above*).

Jan. 18, 1559.   Stephan. Temp- Wallopp Supe-   Ric. Chaterton,
lar, cl.   rior, R.   cl., mort.
    Patr. Oliver Wallopp, miles.   Script. Archid. Winton. ad induc.

[Fo. 166.]

Jan. 26, 1559.   John Westbroke, Alford, R.   Tristram Thomas,
cl.   mort.
    Patr. Domina Jana Bray, vidua.   Script. Archid. Surreie ad induc.

Feb. 1, 1559.   Robert Ley-   Falley, R.   Rob. Reynoldes,
burne, cl.   S.T.P., depriv.
    Patr. Regina.   Script. Archid. Winton. seu ejus officiali, necnon universis et singulis ad inducendum.

Eodem die.   Will. Cockinge, Sworoton, R.   Edw. Harryson,
cl.   cl., mort.
    Patr. Will. Poulet, K.G. Dominus Seint John, Comes Wiltse, March. Winton.
    Script. Archid. Winton. ad induc.

Feb. 7, 1559.   Joh. Fowler, cl., Wonston, *alias*   ———
A.B.   Wonsington, R.,
cum Capella de
Sutton.
    Patr. Thos. Heath, Joh. Potinger et Rich. Wynslade yomen (ratione advocationis concessionis per Stephanum nuper Winton. episcopum eisdem conjunctim et divisim facte), pro hac vice.
    Per proc. Edw. Orwell, literat.   Script. Archid. Winton. seu ejus officiali necnon universis et singulis ad induc.
    (Institutio per breve de quare impedit.)

[*The writ of* Quare impedit: *Jan. 23, 1560.*]
    TENOR BREVIS REGII DE QUARE IMPEDIT.
    Elizabeth Dei gratia Anglie Francie et Hibernie, etc., reveren-

Archiepiscopi Cantuariensis.   205

dissimo in Christo patri Mattheo permissione divina Cantuariensi Archiepiscopo tocius Anglie Primati et Metropolitano, Ad quem omnis et omnimoda jurisdictio spiritualis et ecclesiastica que ad episcopum Wintoniensem sede plena pertinuit ipsa sede jam vacante notorie dinoscitur pertinere, salutem. Sciatis quod Thomas Heath, Richardus Winslade, nuper de Sancta Cruce, et Johannes Potinger nuper in curia nostra coram Justiciariis nostris apud Westmonasterium recuperaverunt presentationem suam versus Thomam Beacon Sacre Theologie Professorem, Robertum Weston legum Doctorem, Robertum Nowell armigerum, Richardum Wynslade de Civitate Wintoniensi, et Johannem Warner clericum, ad ecclesiam de Wonston alias Wonsington in Com. Southampton diocesis Wintoniensis vacantem et ad suam donationem pro hac unica vice spectantem. Unde iidem Thomas Heath, Richardus Winslade, nuper de Sancta Cruce, et Johannes Potinger breve nostrum de quare impedit in eadem curia nostra versus [Fo. 166v.] eos tulerint. Et ideo vobis mandamus, quod, non obstante reclamatione predictorum Thome Beacon, Roberti Weston, Roberti Nowell, Richardi Wynslade de Civitate Wintoniensi et Johannis Warner, idoneam personam ad presentationem predictorum Thome Heath, Richardi Wynslade, nuper de Sancta Cruce et Johannis Pottinger ad ecclesiam predictam admittatis. Teste F. Dyer apud Westmonasterium xxiij° die Januarii anno regni nostri secundo.

Feb. 9, 1559.   Will. Thompson,   Westclandon, R.   ———
    cl.
    Patr. Edm. Siyfeld, armig.   Script. Archid. Surreie ad induc.

Feb. 11, 1559.   Barth. Bowdocke, Aulbery R.   Edw. Bankes, cl.,
    cl., S.T.B.   mort.
    Patr. Alicia Polsted vidua.   Script. Archid. Surreie ad induc.

Feb. 15, 1559.   Thomas Mould,   Egham, V.P.   Oliver Stony, cl.,
    cl.   resign.
    Patr. Regina.   Script. Archid. Surreie ad inducendum.

Feb. 17, 1559.   Henr. Parry, in   Sutton, R.   Edm. Marvyn,
    legibus lic.   cl., depriv.
    Patr. Thomas Windsore de Berycott, co. Southampton, armig. (ratione assignationis vocationis per nuper Abbatem et Conventum nunc dissoluti Monasteri Sancti Petri Apostoli de Chertesey ordinis Sancti Benedicti quibusdam Egidio More et Willelmo Harford clericis Johanni Bulley et Thome Raynom conjunctim et divisim heredibus executoribus et assignatis suis facte et concesse pro tribus separabilibus vicibus et vacationibus ecclesie predicte) hac vice.
    Per proc. Will. Blacker not. pub.   Script. Archid. Surreie ad induc.

Mar. 9, 1559. Lawrence Hall, Warblington, R. ult. Rector mort.
cl.
> Patr. Regina (ratione minoris status Georgii Cotton armigeri filii et heredis Richardi Cotton militis nuper defuncti in warda sua existentis). Script. Archid. Winton. ad induc.

[Fo. 167.]

Apr. 8, 1560. Nich. Thompson, Croxeston, R. Radulph. Burd,
cl. cl., mort.
> Patr. Thomas Lysley, gener. Script. Archid. Winton. ad induc.

Apr. 26, 1560. Walter Bedell, South Stoneham, Joh. Payne, cl.,
cl., A.B. V.P., cum capella mort.
B. Marie prope
Southampton.
> Patr. Mag. Rob. Reynold, LL.D., precentor ecclesie B. Marie prope villam Southampton. Script. Archid. Winton. ad induc.

Apr. 29, 1560. Geo. Brokells, cl., Estbechworth, V.P. ———
> Patr. Decanus et canonici capelle Sci. Georgii infra Castrum de Windsora. Script. Archid. Surreie ad induc.

Maii 7, 1560. David Price, cl. Andever, V.P. Thos. Williams,
cl., resign.
> Patr. Custos Socii et Scholares Collegii B. Marie prope Winton. Script. Archid. Winton. ad inducendum.

Maii 16, 1560. Will. Tattersale, Eppeham, V.P. Thos. Child, cl.,
cl. mort.
> Ad collationem Archiepiscopi ratione lapsus.
> Script. Archid. Surreie ad inducendum.

Eodem die. Gabr. Whyte, Southwarnborne, Petr. Dakyns, cl.,
A.B. R. resign.
> Patr. Thomas Whyte, miles. Per proc. Will. Walker, notarium publicum. Script. Archid. Winton. ad induc.

[Fo. 167ᵛ.]

Maii 17, 1560. Robt. Leyborne, Sancte Crucis als. ———
cl. Holly Rode,
V.P., in South-
ampton.
> Patr. Joh. Capelyn ville predicte mercator.
> Per proc. Thome Beckingham, gener. Script. Archid. Winton. ad induc.

Maii 18, 1560. Rich. Ode, cl. Chobham, V.P. ult. Vicarius mort.
> Patr. Regina. Per proc. Edward. Orwell, not. publ.
> Script. Archid. Surreie ad induc.

Maii 26, 1560. Thos. Cooke, cl.　　Chaterham, V.P.　　———
 Patr. Robt. Smith de London., armig., et Jana uxor ejus nuper uxor Roberti Hartnuppe defuncti.
 Script. Archid. Surreie ad inducendum.

Maii 30, 1560. Rich. Redworth,　Warlingham et　Joh. Sympson,
      cl.　　　　　　Chelsham, R.　　cl., mort.
 Patr. Robt. Harrys, armig.　Script. Archid. Surreie ad induc.

Junii 18, 1560. Alex. Inglishe,　Barmondesey　Joh. Lewes, cl.,
      cl.　　　　　　B. Marie Magd.　resign.
      　　　　　　　R.
 Patr. Robt. Trapps, armig.　Script. Archid. Surreie ad induc.

[Fo. 168.]

Junii 19, 1560. Joh. Blake, cl.　　Husborne Tar-　Thos. Scatter-
      　　　　　　　rant, V.P.　　good, cl., mort.
 Patr. Joh. Jeffrey, A.M., prebendarius prebende de Husborne et Burbage in ecclesia Cathedralis Sarum.
 Script. Archid. Winton. ad induc.

[*Sequestration of the fruits of the Vicarage of Fordingbridge.*]

 SEQUESTRATIO FRUCTUS VICARIE DE FORDINGBRIDGE.

Decimo octavo die Junii predicti Reverendissimus sequestravit omnes et singulos fructus redditus proventus obventiones decimas et quecunque emolumenta ecclesiastica vicarie perpetue ecclesie parochialis de Fordingbridge Wintoniensis diocesis (eo quod Willelmus Winke clericus vicarius perpetuus ejusdem in ea personaliter residere et cure animarum parrochianorum ejusdem in divinis inservire non curat sed eandem inofficiatam relinquit). Et commisit custodiam eorundem Thome Handeford parochie Sancti Andree juxta le Wardrobe Civitatis Londonie generoso et [1] parochie de Fordingbridge predicte conjunctim et divisim, tantisper duraturam quoad duxerit relaxandum, reservata potestate evocandi eos ad computum, etc.

Junii 27, 1560. Joh. Abrall, cl.　　Spershott, V.P.　Rich. Adam, cl.,
      　　　　　　　　　　　　　　　　depriv.
 Patr. Regina.　Per proc. Joh. Williams, cl.
 Script. Archid. Winton. ad inducendum.

Jul. 6, 1560.　Petr. Russell, cl.　Crondall, V.P.　ult. Vicarius mort.
 Patr. Nichol. Brystowe, armig.　Script. Archid. Winton. ad induc.

[*Sequestration of the fruits of the Church of Pepperharrow.*]

 SEQUESTRATIO FRUCTUUM ECCLESIE DE PEPPAR HARROWE.

---

[1] Blank in the Register.

Decimo die Julii antedicti Reverendissimus apud Lambehith (de certis causis justis et legitimis eum in hac parte specialiter moventibus, et presertim eo quod Johannes Sergent clericus Rector ecclesie parochialis de Pepper Harrowe Wintoniensis diocesis in prefata ecclesia sua parochiali personaliter residere et cure ei in domino credite in divinis inservire non curat, sed eandam inofficiatam relinquit in anime sue interitum, et animarum parrochianorum sue cure commissorum perniciem) sequestravit omnes et singulos fructus redditus et proventus dicte ecclesie de Peppar Harrowe, ac commisit custodiam et collectionem eorundem Jacobo Bromefeld et Edwardo Burle ejusdem parochie conjunctim et divisim donec duxerit relaxandum. Et reservavit sibi computum[1] evocandi eos et utrumque eorundem ad computum, etc.

Julii 20, 1560. Robt. Teynter, Estysted, R. Roger Gambu,
cl. mort.

    Patr. Joh. Morton de Estisted, armig.
    Script. Archid. Winton. ad induc.

[Fo. 168v.]

Jul. 24, 1560. Rich. Beaver, cl. Hamleden, R. Thos. Hurdes, cl., resign.

    Patr. Joh. Hull, gener. Script. Archid. Surreie.

[*Sequestration of the fruits of the Church of Dunsfold.*]

SEQUESTRATIO FRUCTUUM ECCLESIE DE DUNSFOLD.

Vicesimo sexto die retrodicti Julii Dominus Cantuariensis Archiepiscopus ex certis causis eum moventibus et presertim eo quod ecclesia parochialis de Dunsfold Wintoniensis Diocesis aliquamdiu vacavit, et Rectoris idonei solatio, etc. sequestravit omnes et singulos fructus redditus proventus et emolumenta ecclesiastica quecumque ejusdem ecclesie, ut cura ibidem in divinis et aliis requisitis debite deserviatur et onera ibidem incumbentia debite supportantur; et commisit custodiam et collectionem eorundem Thome Bromeham et Willelmo Wood ejusdem parochie conjunctim et divisim donec duxerit relaxandum. Et reservavit sibi potestatem evocandi eos et eorum utrumque ad computum, etc.

Julii 29, 1560. Michael Rein- Cath. Winton. Thos. Hyde, de-
gar, A.M. Can. et Preb. priv.

    Patr. Regina. Script. Decano et capitulo ecclesie Cathedralis Sancte Trinitatis Winton. seu eorum vicegerentibus quibuscumque ad installandum. (*With clause:*—"Stallum in choro, locum et vocem in

---

[1] *Sic*, for "potestatem".

Capitulo Ecclesie Cathedralis predicte Canonico et prebendario eorundem ab antiquo assignari solitos et consuetos.")

Aug. 1, 1560. Rich. Redworth, Farley, R.   Joh. Simpson, cl.,
cl., A.M.   mort.

Patr. Joh. Gervis Custos et Socii Collegii de Merton, Oxonie.
Script. Archid. Surreie ad induc.

Aug. 2, 1560. Rob. Bullocke, Ichyn Abbatis, Joh. Hunt, cl.,
cl.   R.   mort.

Patr. Will. Poulet, K.G., Dominus St. John, Comes Wiltes, Marchio Winton. ac Magnus Anglie Thesaurarius.
Script. Archid. Winton. ad induc.

Eodem die. Thos. Hughson, Leckeford, V.P. Joh. Massey, cl.,
cl.   mort.

Patr. Robert. Wotton, cl., Prebendarius Prebende de Leckeford.
Script. Archid. Winton. ad induc.

[Fo. 169.]

[*Sequestration of the fruits of the Church of Sherfield-English.*]

SEQUESTRATIO FRUCTUUM ECCLESIE DE SHERVILD ENGLISHE.

Octavo die Augusti predicti Reverendissimus ob certas rationabiles et legitimas causas eum in has parte specialiter moventes, et presertim eo quod Willelmus Baker clericus Rector ecclesie parochialis de Shervild Englishe Wintoniensis diocesis in prefata sua ecclesia parochiali personaliter residere non curat, sed in anime sue interitum et animarum parrochianorum ibidem grave damnum eidem sue cure officiare postponit, Sequestravit omnes et singulos fructus redditus et emolumenta ecclesiastica quecunque eidem ecclesie parochiali et rectori ibidem pro tempore existenti quomodolibet spectantia et pertinentia; et commisit custodiam ejusdem Johanni Aldridge, Nicholao Aldridge de Shervild predicta, Willelmo Godwyn de Lokerley in comitatu Southampton, et Johanni de Whitparish in comitatu Wiltes conjunctim et eorum duobus, ut ipsi cure ejusdem ecclesie in Divinis et aliis requisitis inserviri faciant et onera quecunque eidem incumbentia supportari procurent: tantisper duraturam donec duxerit relaxandam. Salva potestate evocandi eos ad computum.

Aug. 10, 1560. Robt. Paley, cl., Alward Stoke, ult. Rector mort.
A.M.   R.

Patr. Regina. Per proc. Geo. Robins, literatum.
Script. Archid. Winton. ad induc.

Oct. 3, 1560. Edw. Scott, Fordingbridge, ———
A.M. V.P.

Patr. Philip. Baker, S.T.B., Prepositus Collegii regalis B. Marie et S. Nicholai de Cantabrigie et Scholares ejusdem Collegii.
Script. Archid. Winton. ad inducendum.

Oct. 5, 1560. Rich. Robertes, cl. Hamulden, V.P. ult. Vicarius resign.

Patr. Regina. Script. Archid. Winton. ad induc.

Oct. 9, 1560. David Padye, Compton, R. Joh. Cope, cl., resign.
A.M.

Patr. Regina. Script. Archid. Winton. ad induc.

[Fo. 169ᵛ·]

Eodem die. Joh. Whithere, cl. Hursley, V.P. Robt. Jones, cl., mort.

Patr. Thomas Kemys, gener. (ratione advocationis concesse eidem per Willelmum Hoby, generosum).
Per proc. Edw. Orwell, literat. Script. Archid. Winton ad induc.

[*Release of the sequestration of the fruits of the church of Sherfield-English.*]

RELAXATIO SEQUESTRI FRUCTUUM ECCLESIE DE SHERVILD ENGLISH.

Mattheus permissione divina Cantuariensis Archiepiscopus tocius Anglie primas et metropolitanus, ad quem, etc., dilectis nobis in Christo Joanni Aldridge, Willelmo Godwyn, Nicholao Aldridge et Johanni Godwyn Custodibus sequestri fructuum decimarum proventuum obventionum et emolumentorum ecclesie parochialis de Sherfild Englishe dicte Wintoniensis diocesis salutem graciam et benedictionem. Etsi nos nuper ex certis causis justis et legitimis nos alias ad id moventibus omnes et singulas fructus proventus redditus decimas oblationes et cetera emolumenta ecclesiastica quecunque ad dictam ecclesiam parochialem de Sherfild Englishe et Rectorem ejusdem pro tempore existentem spectantia et pertinentia auctoritate nostra ordinaria rite et legitime sequestraverimus, et sequestri eorundem custodiam vobis conjunctim et vestrum duobus commiserimus; tamen ex certis aliis causis justis legitimis et rationabilibus nos etiam in hac parte specialiter moventibus sequestrum nostrum predictum (ut premittitur) per nos alias interpositum duximus relaxandum et remittendum prout etiam sic relaxamus et remittimus per presentes. Vobis igitur precipiendo mandamus quatenus a die receptionis presentium aut intimationis earundem vobis fiende ulterius in dicto sequestrationis negocio deinceps vos non intromittatis aut immisceatis, sed eidem sequestro et ejus custodie penitus et omnino vigore presentium supersedeatis.

Archiepiscopi Cantuariensis.

De receptis vero et expositis per vos nobis cum ad hoc congrue fueritis requisiti justam reddatis rationem prout convenit, Prioribus literis nostris in ea parte (ut premittitur) vobis factis non obstantibus, quibus harum serie derogamus. In cujus rei testimonium sigillum nostrum presentibus apponi fecimus. Data in manerio nostro de Lambehith xvj° die Octobris anno domini MDLX et nostre consecrationis primo.

Oct. 17, 1560. Nichol. New- Bradley, R. ult. Rector mort.
port, cl.

Patr. Richardus Penke, yoman, firmarius dominii sive manerii de Bradley. Script. Archid. Winton. ad induc.

Oct. 23, 1560. Rawlin Radnar, Brerding, V.P.
cl.

Pat. Will. Bill, S.T.P., Magister Collegii Sancte Trinitatis Cantabrigie ejusdemque Collegii Socii. Script. Archid. Winton. ad. induc.

[Fo. 170.]

Nov. 21, 1560. Geo. Leyceter, Wotton S. Joh. Grete, cl., de-
cl. Laurentii V.P. priv.

Patr. Joh. Warner, M.D., Decanus, et capitulum ecclesie cathedralis Sancte Trinitatis Winton.
Script. Archid. Winton. ad inducendum.

[*Sequestration of the fruits of the Vicarage of Pamber.*]

SEQUESTRATIO FRUCTUUM VICARIE DE PAMBER.

Decimo octavo die mensis Novembris predicte Reverendissimus ex certis causis justis et legitimis eum in hac parte moventibus, et presertim eo quod [————]¹ Wayt clericus vicarius perpetuus ecclesie parochialis de Pamber Wintoniensis diocesis in dicta sua vicaria personaliter residere ac cure animarum parochianorum ibidem in divinis inservire non curavit sed in anime sue interitum et animarum perniciem eidem sue cure officiare postposuit (constitutiones in hac parte editas et provisas, ac juramentum suum corporale in ea parte alias prestitum violando), sequestravit omnes et singulos fructus redditus proventus obventiones et emolumenta ecclesiastica quecunque ad dictam vicariam et ejus vicarium pro tempore existentem quomodolibet spectantia et pertinentia, et commisit custodiam eorundem Thome Hyde, Richardo Sheffold, Christofero Wayer et Guydoni Ryce conjunctim et divisim, ut ipsi cure dicte vicarie in divinis inserviant, et onera quecunque eidem incumbentia debite

---
¹ Blank in Register.

solvant, eousque duraturam quousque duxerit relaxandum. Et reservavit sibi potestatem evocandi eos et eorum quemlibet ad computum, etc.

Nov. 22, 1560. Thos. Maryner, Dybden, R.   Joh. Baker, cl., cl.   mort.

    Patr. Thos. Sowth de West Amesbery, in Com. Wiltes, armig. et Margeria uxor ejus. Per proc. Edw. Orwell, notar. publ.
    Script. Archid. Winton. ad induc.

Nov. 30, 1560. Joh. Cooke, cl.   Ashley, R.   Edw. Harman, cl., depriv.

    Patr. Henr. Knight, executor testamenti Johannis Knight patris sui defuncti (ratione advocationis juris patronatus per Thomam Sandys Dominum Sandys eidem Johanni Knight heredibus execut. et assignatis ejusdem concesse).
    Script. Archid. Winton. ad induc.

[Fo. 170ᵛ·]

Dec. 5, 1560. Will. Laugh-   Dunfold, R.   Ult. Rector, mort. borough, cl.

    Patr. Regina. Script. Archid. Surreie ad induc.

Dec. 6, 1560. Joh. Edwyn, cl.   Batersaye, V.P.   Ult. Vicarius, mort.

    Patr. Regina. Script. Archid. Surreie ad inducendum.

Dec. 19, 1560. Rob. Cole, cl.   Ebsam, V.P.   Ult. Vicarius, mort.

    Patr. Francisc. Carewe, armig. Script. Archid. Surreie ad induc.

Feb. 15, 1560. Joh. Watson, cl.   Wynchfeld, R.   ———

    Patr. John Mason, miles. Per proc. Christofer Arundell, gener.
    Script. Archid. Winton. ad inducendum.

[*Testaments proved and administrations of goods of deceased persons in the Diocese of Winchester granted at London during the vacancy.*]

TESTAMENTA APPROBATA AC ADMINISTRACIONES BONORUM DECEDENTIUM INFRA DIOCESIM WINTONIENSEM LONDINI EXPEDITE TEMPORE VACATIONIS IBIDEM.

TESTAMENTUM HENRICI PLUMPTON.—In the name of God Amen. The xvijth of Marche, yn the yere of our Lord God 1558, Henry Plumpton, being in perfecte mind and memory, made hys Testament and last will nuncupative in manner and forme followinge. First and principallie, he commended hymself to Almightie God, and hys bodie to be buried in Chrystian buriall. Item, he gave and bequeathed unto Peter Askotte a heffer. Item, he gave and bequeathed to Willyam Cornelys one yewe and lambe. Item, he gave and bequethed unto Alice Locke one cowe, paying to my executor xiijs. iiijd. Item, he gave and bequeathed to John Smith one cofer. Item, he gave and bequeathed to [———]¹ Hancocke hys apparrell that he did daylie weare ; the [Fo. 171.] residue of hys goodes not bequeathed, hys legaces dyscharged, he gave and bequeathed to hys welbeloved Master, Master John FitzWilliams, esquier, whome he made his whole and sole executor. Thes being witnesses : Peter Askote, William Cornelys, John Smith, and Thomas Mysingham.

Probatum, etc., xii die Nov. 1560 coram Magistro Thoma Yale, LL.D., vicario, etc., juramento Johannis FitzWilliams, etc., cui commissa fuit administracio, etc., primitus, etc., ad sancta Dei evangelia in persona Johannis Michell literati procuratoris sui, etc., rite jurato, etc., et exhibuit Inventarium ad statim extendens ad xliijs. viijd.

NICHOLAS GILES.—Decimo die Februarii anno domini juxta computacionem ecclesie Anglicane 1559 Dominus commisit administracionem bonorum Nicholai Giles nuper de Yatley Wintoniensis diocesis ab intestato defuncti Agneti ejus relicte, Primitus de bene, etc., ad sancta Dei evangelia in persona Johannis Incent notarii publici procuratoris dicte Agnetis jurate, Jure cujuscunque semper salvo. Et habet pro Inventario citra festum Pasche proximo futurum.

JO. BLUNDELL.—Vicesimo quinto die mensis Maii Anno Domini 1560 commissa fuit administratio bonorum Johannis Blundell nuper Parochie de Magna Buckham Wintoniensis diocesis ab intestato defuncti Elizabethe Blundell relicte ejus, Primitus in forma Juris consueta in persona Rogeri Cooke procuratoris sui jurate, Salvo jure, etc. Et habet pro Inventario citra festum Sancti Johanni Baptiste proximum.

THO. MILL.—Vicesimo Septimo die Maii predicti commissa administratio bonorum Thome Mill nuper ville de Southampton fuit Wintoniensis Diocesis Rogero Tichborne de Romsey ejusdem diocesis, durante minore etate Rogeri Mill fratris naturalis et legitimi ac proximi consanguinei dicti defuncti, Primitus de bene et fideliter administrando eadem, etc., in forma juris jurato. Et habet pro Inventario citra festum Translationis Sancti Edwardi proximo futurum.

RICH. STONES.—Duodecimo die mensis Octobris 1560 commissa fuit administratio bonorum Ricardi Stones nuper de Newport

---

¹ Blank in Register.

in insula Vecte Wintoniensis Diocesis non administratorum per Johannem Flemynge seniorem executorem testamenti dicti Richardi Stones, Johanni Flemminge juniori filio, etc., et administratori dicti Johannis senioris, Primitus de bene, etc., ac de solvendo [debita][1] dicti Richardi et legata in ejus testamento specificata nondum per eundem Johannem seniorem soluta, etc., ad sancta Dei evangelia in persona Christoferi Robinson notarii publici procuratoris, etc., jurato, etc. Et exhibuit Inventarium ad statim extendens ad summam quinque librarum, etc.

[Fo. 171ᵛ·]

EXONIENSIS.

[*Vacancy of the See of Exeter by the deprivation of James Turbervile, the last bishop there.*]

VACATIO SEDIS EPISCOPALIS EXONIENSIS PER DEPRIVATIONEM DOMINI [JACOBI][1] TURBERVILE ULTIMI EPISCOPI IBIDEM.

COMMISSIO FACTA MAGISTRIS CAREWE ET FYSSHER PRO EXERCITIO JURISDICTIONIS INFRA DIOCESIM EXONIENSEM, SEDE IBIDEM VACANTE.

[*Commission from the Archbishop to Master George Carewe, Archdeacon of Exeter, Dean of the chapel royal, and Robert Fyssher, Batchelor of Laws, to exercise the episcopal jurisdiction in the Diocese of Exeter, sede vacante. Dated, Lambeth, 22 January, 1559/60. (For form see p. 181.)*]

[Fo. 172.]

[*Licence to the Chapter of Exeter to elect a new Dean: Jan. 20, 1559/60.*]

LICENTIA FACTA CAPITULO EXONIENSI AD ELIGENDUM NOVUM DECANUM EXONIENSEM.

Mattheus permissione divina Cantuariensis Archiepiscopus tocius Anglie Primas et Metropolitanus, ad quem, omnis et omnimodia jurisdictio spiritualis, etc., dilectis nobis in Christo Presidenti et capitulo ecclesie cathedralis Sancti Petri Exoniensis canonicisque et Prebendariis ejusdem ac ceteris quibuscunque in quacumque dignitate vel officio in eadem constitutis jus et voces in electione Decani ejusdem ecclesie quomodolibet habentibus salutem graciam et benedicionem. Quum Decanatus sive dignitas decanalis ecclesie Cathedralis Sancti Petri Exoniensis predicte per deprivationem et destitutionem Magistri Thome Reynoldes Sacre Theologie Professoris ultimi et immediati Decani ejusdem aliquandiu vacaverit

---

[1] Omitted in Register.

et decani solatio destituta extitit, Nos, providere volentes ne ecclesia Cathedralis Exoniensis predicta propter diutinam decanatus hujusmodi vacationem aliquod patiatur incommodum, Vobis hortando et rogando mandamus quatenus, receptis presentibus nostris litteris, vocatis prius omnibus et singulis jus voces et interesse in hac parte habentibus, ad novi et futuri decani dicte ecclesie cathedralis electionem juxta fundationem et erectionem necnon statuta laudabiles consuetudines morem et usum ejusdem ecclesie retroactis temporibus usitata et observata cum ea qua poteritis matura celeritate procedere curetis. Ad que [Fo. 172$^{v.}$] omnia et singula premissa faciendum licentiam facultatem et consensum nostros vobis tenore presentium concedimus et elargimur. In cujus rei testimonium sigillum nostrum presentibus apponi fecimus. Data in manerio nostro de Lambehith vicesimo die mensis Januarii anno domini juxta computacionem ecclesie Anglicane MDLIX et nostre consecrationis anno primo.

[Institutions at Lambeth to Benefices of the Exeter Diocese.]

INSTITUTIONES BENEFICIORUM EXONIENSIS DIOCESIS LONDINI EXPEDITE TEMPORE VACATIONIS IBIDEM.

Thesaurariatus Exoniensis institutio. Vicesimo die mensis Januarii anno domini juxta computacionem ecclesie Anglicane 1559 apud Lambehith Reverendissimus admisit Richardum Tremayne clericum Artium magistrum ad Thesaurariatum sive dignitatem Thesaurarii in ecclesia Cathedrali Exoniensi per deprivationem ultimi Incumbentis in eodem vacantem; ad quam per Serenissimam in Christo principem et dominam nostram dominam Elizabetham Dei gratia Anglie Francie et Hibernie reginam fidei defensorem, etc., ipsius dignitatis jure prerogative corone sue regie ratione vacationis Sedis episcopalis Exoniensis predicte veram et indubitatam hac vice (ut dicitur) patronam Domino presentatus extitit; ipsumque Thesaurarium in eadem ecclesia cathedrali instituit et legitime investivit in eodem cum suis juribus et pertinenciis universis, Juribus archiepiscopalibus, etc., et ecclesie Christi Cantuariensis necnon ecclesie cathedralis Exoniensis predicte dignitatibus et honoribus in omnibus semper salvis: Et recepto ab eodem Richardo juramento de legitima obedientia, etc., ac juxta formam Statuti, etc., necnon de observando et perimplendo statuta ac laudabiles et approbatas consuetudines ecclesie predicte quatenus eum concernunt et dummodo modernis legibus hujus

216   *Registrum Matthei Parker*

regni non repugnent.   Scriptum fuit Presidenti et capitulo ecclesie cathedralis predicte seu eorum vicegerentibus ad installandum, etc.

Jan. 29, 1559.   Ric. Holland, cl.   Brodeclist, V.P.   Ric. Hals, cl., depriv.
  Patr. Regina.   Script. Archid. Exon. ad inducendum.

Jan. 22, 1559.   Joh. Matrevers, cl.   Cleyheydon, R.   ult. Rector mort.
  Patr. Regina.   Script. Archid. Exon. ad inducendum.

Jan. 24, 1559.   Joh. Sylston, cl.   Sprayton, V.P.   Rob. Wethybroke, cl., resign.
  Patr. Marcus Slader, armig. (ratione advocationis per dominum Franciscum Russell Comitem Bedfordie eidem concesse).   Per proc. Joh. Incent, notar. publ.
  Script. Archid. Totton. ad induc.

Eodem die.   Ric. May, cl.   Widecombe in Mora, V.P.   Ric. Gumby, cl., mort.
  Patr. Decanus et Capitulum Ecclesie Cathedralis div. Petri Exon.   Per proc. Joh. Incent, not. public.
  Script. Archid. Exon. ad induc.

[Fo. 173.]

Jan. 24, 1559.   Henr. Tregass, cl.   Peranuthno, R.   Will. Nycoll, cl., resign.
  Patr. Joh. Trevylian.   Per proc. Joh. Incent, not. publ.
  Script. Archid. Exon. ad induc.[1]

Feb. 1, 1559.   Nich. Taperell, cl.   Saint Melyns, R.   Joh. Keste, mort.
  Patr. Rich. Coryton, armig.   Per proc. Joh. Jermyn, not. pub.
  Scriptum fuit Archid. Cornubie seu ejus officiali necnon universis et singulis, etc., per diocesim Exon., etc., ad inducendum.

Feb. 1, 1559.   Joh. Thomas.   Roche, R.   Martin James, cl., resign.
  Patr. Regina.   Script. Archid. Cornubie, etc. *(as above)*, ad induc.

Feb. 7, 1559.   Greg. Doddes, cl., S.T.B.   Cath. Exon. Can. et Preb.   Thos. Reynoldes, cl., mort.
  Patr. Regina (Jure prerogative corone sue regie, ratione vacationis sedis Episcopalis).   Script. Presidenti et Capitulo Ecclesie Cathedralis Exon. seu eorum vicegerentibus quibuscunque ad inducendum, etc. (*With clause* "Stallum in choro et locum in capitulo".)

---

[1] Marginal note against this entry:—"Hic debent inseri Institutiones ecclesiarum de Tedborne et Hawlesworth in pagina sequente scripte" (page 173^v, 174).

Feb. 17, 1559. Hugo. Atwell, Eway, *alias* Eb- Hamond Haus-
cl. bay, R. harte, cl., resign.
[Fo. 173ᵛ·]
Patr. Regina. Per proc. Henr. Pasmer, literat.
Script. Archid. Cornubie seu ejus officiali, necnon universis, etc., ad inducendum.

[*Institution of the Portion of Pytt in Tiverton Church.*]
PORTIONIS DE PYTT IN ECCLESIA DE TYVERTON INSTITUTIO.
Vicesimo quarto die ejusdem mensis Februarii Dominus admisit Willelmum Ramsey clericum Sacre Theologie Bacchalaureum ad Portionem de Pytt in ecclesia de Tyverton Exoniensis diocesis per mortem naturalem ultimi et immediati Portionarii et Incumbentis ibidem vacantem, ad quam per Johannem Killygrewe juniorem de Arwennocke in comitatu Cornubie armigerum, et Henricum Killigrewe generosum dicte Portionis veros et indubitatos (ut dicitur) patronos domino presentatus extitit; Ipsumque portionarium ibidem in persona Georgii Harryson notarii publici procuratoris sui, etc., instituit cum suis juribus et pertinenciis universis : Curam, etc., ei (in dicta procuratoris persona) commisit, juribus suis archiepiscopalibus, etc., semper salvis, Et recepto ab eodem Georgio Harryson nomine procuratorio, etc., juramento de legitima obedientia, etc., et juxta formam statuti, etc. : Et acceptata cura ibidem si que immineat. Scriptum fuit Archidiacono Barum seu ejus Officiali, necnon universis et singulis, etc., per diocesim Exoniensem, etc., ad inducendum.

Jan. 24, 1559. Thos. Kent, in Tedborne, R. Joh. Hollwell, cl.,
leg. Bacc. mort.
Patr. Rob. Chaffe, Civis Civitatis Exon. administrator Johannis Budde clerici defuncti (ratione advoc., juris patronatus per Joh. Basset militem eidem Joh. Budd et assignatis concesse) hac vice.
Per proc. Joh. Incent, not. publ. Script. Archid. Exon. ad inducendum.

Mar. 13, 1559. Edw. Abram, cl. Lankinghorne, ult. Vicarius mort.
V.P.
Patr. Regina. Per proc. Ric. Caple, literat.
Script. Archid. Cornubie seu ejus Officiali necnon universis et singulis, etc., ad inducendum.

Eodem die. Mag. Joh. Ken- Sancta Columba Henr. Morgan, cl.,
nall, leg. doct. Majori, *alias* depriv.
Saint Columbe
the Higher, R.
Patr. Domina Elizabetha Arundell, vidua relicta Joh. Arundell militis, jure juncture sue. Script. Archid. Cornubie, etc. *(as above)*, ad induc.

[Fo. 174.]

Mar. 22, 1559. Robt. Parrys, cl.   Combpyne, R.
   Patr. Will. Petre, miles. Per proc. Joh. Incent, not. pub.
   Script. Archid. Exon. seu ejus Officiali necnon universis et singulis ad inducendum.

Mar. 28, 1560. Rob. Daniel, cl.   Egloshale, V.P.   ult. Vicarius mort.
   Patr. Regina. Script. Archid. Cornubie, seu ejus Officiali necnon universis et singulis, etc., ad induc.

Apr. 8, 1560. Will Marston, cl. Shibbroke, R.   Walter Mugge, mort.
   Patr. Thos. Marston, Civis Civitatis Londonie (ratione assignationis advoc. juris patronatus per dominum Johannem nuper Exon. Episcopum eidem facte) hac vice.
   Per proc. Joh. Incent, not. public. Script. Archid. Exon. seu ejus Officiali necnon universis et singulis, etc., ad induc.

Jan. 28, 1559. Thos. Kent, in   Hawlesworth, R.   Thos. Reynoldes,
   leg. Bac.   S.T.P., depriv.
   Patr. Regina. Per proc. Joh. Incent, not. pub.
   Script. Archid. Totton ad induc.

May 3, 1560. Rob. Fyssher, cl. Drwystenten.
   Patr. Geo. Carewe, Steph. Whyte, cl., et Thos. Southcott, arm., executores testamenti Joh. Stephyns, cl. defuncti (ratione assignationis advoc. juris patronatus per Ric. Edgecombe militem concesse) hac vice. Per proc. Will. Say, not. publ.
   Script. Archid. ——[1] ad induc.

[Fo. 174ᵛ·]

Maii 7, 1560. Rich. Holland, Poltymore, R.
   cl., A.M.
   Patr. Rich. Bampfield, armig. Script. Archid. Exon. ad induc.

Maii 9, 1560. Rob. Fyssher, cl. Cath. Exon. C. Ric. Halse, cl.,
                                 et Preb.   depriv.
   Patr. Regina, jure prerogative corone sue regie ratione vacationis Sedis Episcopalis Exoniensis. Per proc. Hug. Osbourne literat.
   Script. Decano et Capitulo Ecclesie Cathedralis seu eorum vicegerentibus, etc., ad installandum. (*With clause*, "Stallum", etc.)

Maii 16, 1560. Joh. Hunting-   Cath. Exon. C.   Joh. Stephyns, cl.,
   don, cl.   et Preb.   mort.
   Patr. Regina *(as above)*. Script. Decano, etc. *(as above)*, ad installandum. (*With clause*, " Stallum in choro, etc.")

Maii 18, 1560. Will. Bowlmar, Newton Tracy,
   cl.   R.
   Patr. Regina. Script. Archid. Barum ad induc.

---

[1] Blank in Register.

Junii 14, 1560. Joh. Hughes, cl. Feoke, V.P. ult. Vic. mort.
Patr. Regina. Script. Archid. Cornubie ad induc.
[Fo. 175.]

Eodem die. Symon Norryng- Uplyme, R. ult. Rector mort.
ton, cl.
Patr. Barnard Drake, arm. Per proc. Edw. Bigges, not. pub.
Script. Archid. ——¹ ad inducendum.

Junii 21, 1560. Nich. Arscott, cl. Dodscomblegh, Joh. Stephyns, cl.,
R. mort.
Patr. Joh. Arscott, armig., Thos. Browne, et Gregorius Bassett, cl. (ratione advoc. juris patronatus per Rich. Edgecombe, militem, Joh. Wyse, Thomam Tremayne and Rich. Pollard, armigeros, eisdem concesse) pro hac vice. Script. Archid. Exon. ad induc.

[*Administration of the goods of John Bake of the Exeter Diocese, granted at London during the vacancy.*]

ADMINISTRATIO BONORUM JOHANNIS BAKE EXONIENSIS DIOCESIS LONDINI COMMISSA TEMPORE VACATIONIS SEDIS IBIDEM.

Johannes Bake. Vicesimo sexto die mensis Januarii anno domini juxta computacionem ecclesie Anglicane MDLIX commissa fuit administratio bonorum Johannis Bake nuper parochie de Landrake in Comitatu Cornubie Exoniensis diocesis ab Intestato defuncti Elizabethe Bake ejus relicte, primitus de bene et fideliter administrando eadem in persona Edwardi Orwell notarii publici procuratoris sui, etc., jurate, Salvo jure, etc. Et habet pro Inventario citra festum Ascentionis Domini proximum, etc.

[Fo. 175ᵛ.]

COVENTRENSIS ET LICHFELDENSIS.
[*Vacancy of the See of Coventry and Lichfeld by deprivation of Ralph Bayne, S.T.P., 1559.*]

VACATIO SEDIS EPISCOPALIS COVENTRENSIS ET LICHFELDENSIS PER DEPRIVATIONEM DOMINI RADULPHI BAYNE SACRE THEOLOGIE PROFESSORIS ANNO DOMINI 1559.

[*Commission to Master Thomas Bolt, Canon of Lichfield, for the exercise of jurisdiction in the said Diocese, the See being vacant.*]

COMMISSIO FACTA MAGISTRO THOME BOLT PRO EXERCITIO JURISDICTIONIS INFRA DIOCESIM PREDICTAM, SEDE JAM VACANTE.

Mattheus permissione divina Cantuariensis Archiepiscopus tocius Anglie Primas et Metropolitanus dilecto nobis in Christo

---
¹ Blank in Register.

Magistro Thome Bolt in legibus Bacchalaureo ecclesie cathedralis Lichfeldensis Canonico Residentiario salutem gratiam et benedictionem. Quum omnis et omnimoda jurisdicio spiritualis et ecclesiastica que ad Episcopum Coventrensem et Lichfeldensem qui pro tempore fuerit nostre Cantuariensis ecclesie suffraganeum sede episcopali Coventrense et Lichfeldense plena spectabat Ipsumque jurisdictionis exercitium ad nos ipsa sede jam vacante dicte ecclesie nostre metropolitice Christi Cantuariensis nomine de jure prerogativa et consuetudine hactenus inconcusse usitatis et observatis legitimeque prescriptis pacifice et quiete pertinere dinoscuntur, Nos, de tuis sana doctrina fidelitate conscientie puritate et circumspectionis industria in hac parte plurimum freti, Te vicarium delegatum et commissarium nostrum in spiritualibus generalem, et custodem spiritualitatis civitatis et diocesis Coventrensis et Lichfeldensis predicte preficimus constituimus et deputamus ; Omnemque et omnimodam jurisdictionem spiritualem et ecclesiasticam Episcopo Coventrensi et Lichfeldensi de jure vel consuetudine sede plena competentem tibi ipsa Sede (ut premittitur) jam vacante committimus per presentes. Ad visitandum igitur ecclesiam cathedralem ac civitatem et diocesim Coventrenses et Lichfeldenses predictas in personis rebus et membris suis omniaque et singula loca ecclesiastica quecunque clerumque et populum dictarum civitatis et diocesis ; Necnon ad inquirendum per te seu alium vel alios a te deputandum vel deputandos de et super quorumcunque excessubus culpis criminibus et delictis quibuscunque commissis seu committendis dicte Sedis vacatione durante, Quorum inquisitio correctio et punitio ad forum ecclesiasticum et ad nos ratione vacationis dicte sedis de jure vel consuetudine poterunt pertinere ; Ipsosque et ea ibidem reperta detecta et denunciata rite corrigendum et puniendum ; Ac quoscunque subditos a quibuscunque beneficiis officiis promotionibus et administrationibus suis ecclesiasticis (si eorum demerita ita exigerint) juxta juris et statutorum hujus incliti regni Anglie exigentiam amovendum et destituendum ; Ad recipiendum preterea juramenta obedientie, etc.; Quoscunque etiam fructus, etc., sequestrandum et sequestrari faciendum, sequestrataque, etc., custodi *(for the form of these clauses see p. 182)*; Ac etiam Synodum celebrandum clerumque et populum (quatenus ad episcopum Coventrensem et Lichfeldensem sede plena pertinet) convocandum et pertinaciter absentes per legitima juris et statutorum hujus regni Anglie remedia puniendum: Synodalia quoque dictarum Civitatis et Diocesis nobis ratione vacationis Sedis pre-

dicte necnon procurationes de singulis ecclesiis debitas nomine nostro petendum et colligendum ac per scribam nostrum ad usum nostrum recipi faciendum ; Presentationes insuper, etc., admittendum, parsonasque, etc., induci faciendum et demandandum : Necnon rectores et vicarios, etc. *(see p. 182)* compellendum; Ad
[Fo. 176.] inhibendum preterea sub censuris ecclesiasticis quibuscunque omnibus et singulis Decanis et Capitulis Archidiaconis et aliis infra Diocesim predictam jurisdictionem habentibus ne quovismodo in prejudicium nostrarum visitationis et jurisdictionis in civitate et diocese Coventrensibus et Lichfeldensibus predictis exercendarum aliqua attemptent aut aliqualiter attemptari faciant ; Testamenta etiam, etc. administrationesque, etc., necnon computum, etc., liberandum *(see p. 182)*: Jurisdictionem quoque quorumcunque inferiorum in dictis civitate et diocese pro tempore vacationis sedis hujusmodi nomine nostro suspendendum, eosque ad hoc (si oporteat) compescendum ; Necnon clericos quoscunque coram quibuscunque Justiciariis, etc., relaxandum et liberandum ; Omnemque et omnimodam jurisdictionem spiritualem, etc., exercendum omnemque jurisdictionem et possessionem nostras, etc., defendendum, Necnon, etc., emolumenta, etc., recipiendum, etc., et literas acquietanciales liberandum *(for these clauses see p. 183)*: Ac usurpata et attemptata in contrarium per legitima juris et statutorum hujis regni Anglie remedia revocandum et reformandum, contra usurpatores attemptores et transgressores hujusmodi precedendum ; Contradictores et rebelles per censuras ecclesiasticas legitime puniendum et compescendum ; Alium insuper seu alios in premissis et eorum quolibet loco tuo deputandum ac ei sive eis vices nostras circa premissa in omnibus locis earundem civitatis et diocesis prout tibi melius visum fuerit expedire committendum ; Ac insuper omnia et singula alia faciendum exercendum et expediendum que de jure seu consuetudine fuerint facienda in hac parte et que in premissis et circa ea necessaria fuerint seu quomodolibet oportuna, vices nostras committimus cum cujuslibet coercionis canonice potestate, presentibus ad nostrum beneplacitum duntaxat duraturis : Salvis nobis et vicario nostro in spiritualibus generali expeditionibus quorumcunque beneficiorum, Ad que, etc. *(see p. 183)*. Mandando nihilominus quod, cessante vacatione predicta et alio episcopo in eadem Sede consecrato et legitime intronizato, de omni, etc., nos aut
[Fo. 176v.] vicarium, etc., per literas tuas patentes, etc., certiores facere non postponas *(see p. 184)* prout decet.

In cujus rei testimonium sigillum nostrum quo in similibus ad presens utimur presentibus apponi fecimus. Datum in manerio nostro de Lambehith xxij^{do} die mensis Decembris anno domini MDLIX et nostre consecrationis anno primo.

[*A similar commission for Bath and Wells.*]

Eodem die emanavit similis commissio Magistro Johanni Cottrell legum doctori pro exercitio jurisdictionis infra diocesim Bathoniensem et Wellensem, sede episcopali ibidem vacante, assumpto Magistro Anthonio Huse, etc., aut notario publico ejus deputato, etc.

[*A similar commission for Peterborough.*]

Vicesimo quarto die Decembris antedicti emanavit commissio huic omnino per omnia similis Magistro Willelmo Bynsley legum Bacchalaureo Archidiacono Northamptonie ad exercendum jurisdictionem episcopalem infra diocesim Petriburgensem, sede ibidem vacante, assumpto Magistro Anthonio Huse vel Johanne Mounsteving notario publico in Registrarium et Scribam.

ALIA COMMISSIO FACTA MAGISTRIS WESTON, YALE, HUSE, WALKER ET BOLT PRO EXERCITIO JURISDICTIONIS INFRA DIOCESIM COVENTRENSEM ET LICHFELDENSEM CUM REVOCATIONE PRIORIS COMMISSIONIS.

[*Commission to Master Robert Weston, Thomas Yale, Laurence Huse, doctors of laws, Richard Walker, Thomas Bolt, clerks and Canons residentiary of Lichfield Cathedral, to exercise jurisdiction together or individually, within the diocese of Coventry and Lichfield. (For form, see p. 181, omitting the clause on p. 182:* "Ac quoscunque subditos a quibuscunque beneficiis, etc., destituendum," *and adding in the Saving clause the words:* "Necnon decisione discussione examinatione et finale terminatione quarumcunque litium causarum et querelarum coram nobis aut vicario nostro hujusmodi Londini motis et intentatis, vel imposterum durante vacatione sedis predicte movendis et intentandis.") *Anthony Huse or his deputy is to be taken as Scribe or Registrar of their Acts, with revocation of the commission above:*—"Prioribus litteris nostris Commissionalibus tibi prefato Magistro Thome Bolt in hac parte alias factis non obstantibus, quibus harum serie derogamus." *Dated Lambeth, Feb. 10, 1559, the first year of the Archbishop's consecration.*]

[Fo. 177.]

[*Institutions in London to Benefices in the Coventry and Lichfield Diocese during the vacancy.*]

INSTITUTIONES BENEFICIORUM COVENTRENSIS ET LICHFELD-ENSIS DIOCESIS LONDINI EXPEDITE TEMPORE VACATIONIS IBIDEM.

Feb. 16, 1559 [1560]   Geo. Grayne, cl.   Stretton in campis R., in co. Derbie.   Joh. Mote, cl., mort.

Patr. Joh. Browne de Civitate Londonie, armiger.
Script. Archid. Derbie seu ejus Officiali, necnon universis et singulis ad induc.

[Fo. 177$^{v.}$]

Mar. 4, 1559 [1560]   Thos. Pagett, cl.   Berkeswich et Whyttington, Can. et Preb. in Cath. Lichfeld.   ult. Preb. mort.

Patr. Will. Pagett, Dominus Pagett de Bewdesert.
Script. Decano et Capitulo ecclesie Cathedralis Lichfeldensis seu eorum in hac parte vicegerentibus ad installandum. (*With clause* "Stallum in choro et locum in Capitulo." *Institution by writ of* "Quare impedit.")

[*Tenor of the royal writ of* Quare impedit: *Jan. 23, 1559.*]

TENOR BREVIS REGIE DE QUARE IMPEDIT.

Elizabeth Dei gratia Anglie Francie et Hibernie regina fidei defensor, etc., venerabili in Christo patri Mattheo eadem gratia Archiepiscopo Cantuariensi tocius Anglie Primati et Metropolitano salutem. Sciatis quod Willelmus Paget, prenobilis ordinis garteri miles dominus Paget de Bewdesert, ac custos privati sigilli domini Philippi et domine Marie nuper regis et regine Anglie, in curia nostra coram Justiciis nostris apud Westmonasterium per consensum ejusdem curie recuperavit versus Albanum Langdale clericum presentationem suam ad Prebendam de Berkeswich et Whyttington infra ecclesiam Sancti Cedde Lichfeldensis vacantem, et ad ipsius Willelmi domini Paget donationem spectantem per breve predictorum nuper regis et regine de quare impedit. Et ideo nobis mandamus, Sede episcopatus Coventrensis et Lichfeldensis jam vacante, quod non obstante reclamatione predicti Albani ad presentationem predicti Willelmi domini Paget ad prebendam illam idoneam personam admittatis. Teste. F. Dyer apud Westmonasterium xxiij° die Januarii anno regno nostro secundo.

Lennard.

[*Wills proved and administrations granted at London during the vacancy.*]

TESTAMENTA APPROBATA ET ADMINISTRATIONES BONORUM AB INTESTATO DECEDENTIUM LONDINI COMMISSE TEMPORE VACATIONIS IBIDEM.

TESTAMENTUM WILLELMI AP JOHN PHILIPE.—In Dei nomine Amen. The vjth daie of May, in the yere of our Lord God 1559, and in the first yere of our Soverayne Lady Elizabeth, by the Grace of God Queene of England, Fraunce, and Irelond, defendor of the faith, etc. Wyllyam ap John Philipe, of Grenyll, in the countie of Salope, husbandman, whole in mind and sicke in my body, do make my last will and testament in manner and fourme ensuinge. First, I bequeth my soule to Almightie God, hys blessed mother Saint Mary, and to all the holly company of heaven, and my body to be buried in Christian buriall. Item, I bequeath [to] Mald verch Richard my wyfe, all such goodes, cattells, and stuffe that I have had or ought to have in preferment of marriage with the sayd Mald my wyf. Item, I bequeath to Margaret verz William ap John, my base daughter, half of all the rest of all my goodes and cattells not before bequeathed. Item, also I bequeth to the sayd Margaret xv*s.* of thother half of all my goodes and catells not before bequethed. Wytnes of the sayd part of hys will: John Philipe, John Madocke, Rice Raphe, Katheryn Edge, David ap John Philipe, Elyn Philipe, and John Wyn Lewys, the writer therof. And further, John Philipe, Robert ap John Philipe, Katharyn Edge, and Elene Philipe doth protest and say that the testator over and besides the wordes and legaces [Fo. 178.] above written, made John Madocke and Robert ap John Philipe hys executors, to administer and fulfill his full will according to ther discretion. And the said John Madocke doth say, that the sayd Testator willed the sayd John Madocke, for the love of God, another sondry tyme that he would be hys executor. Thes being witnesses of the sayd protestacion and saying to be true in forme aforesayd: Sir Jeffrey Lloid, being the testator's ghostlie father, Roger Johns, Sir Guff' Lloid, John Wyn Lewys, the writer hereof, the vjth of June the yeare aforesayd.

Probatum fuit hujusmodi testamentum coram Magistro Thoma Yale legum doctore vicario, etc., 5º Aprilis 1559, juramento Roberti ap John Philipe unius executorum hujus testamenti ac per ipsum approbatum et insinuatum, Cui commissa fuit administratio, etc., Primitus de bene, etc., ad sancta evangelia rite jurato; Salvo jure, etc., Reservata potestate similem commissionem alteri executorum hujusmodi cum venerit faciendi. Et habet pro Inventario citra festum sancti Johannis Baptiste proximo futurum.

JOCOSA BILLINGESLEY ALIAS BARRET.—Decimo nono die mensis Decembris anno domini 1559 commissa fuit administratio bonorum Jocose Billingesley alias Barret nuper Coventrensis et Lichfeldensis diocesis defuncti Willelmo Billingesley fratri naturali et legitimo dicte defuncti, Primitus in forma juris jurato, salvo jure, etc. Et habet pro Inventario citra festum Purificationis beate Marie proximo futurum.

ERASMUS HENNYNGHAM.—Vicesimo nono die Januarii anno domini juxta computacionem Ecclesie Anglicane 1559 commissa fuit administratio bonorum Erasmi Henningham nuper de Pixhall Coventrensis et Lichfeldensis diocesis ab intestato defuncti Richardo Hatchman de Stanes in comitatu Middlesexie generoso, etc., eo quod nullus consanguineus dicti defuncti inventus est qui administrationem hujusmodi in se acceptare voluerit, Primitus de bene, etc., jurato, etc. Et habet pro Inventario citra festum Nativitatis Sancti Johannis Baptiste proximo futurum.

MENEVENSIS.

[*Vacancy of the See of St. David's by the translation of Thomas Yonge to the See of York.*]

VACATIO SEDIS EPISCOPALIS MENEVENSIS PER TRANSLATIONEM DOMINI THOME YONGE AD SEDEM ARCHIEPISCOPALEM EBORACENSEM.

[*Institutions in London to benefices there during the vacancy.*]

INSTITUTIONES BENEFICIORUM IBIDEM LONDINI EXPEDITE TEMPORE VACATIONIS.

Mar. 7, 1560/1. Philipp. Jones, Llangoydemore, ult. Rector, mort. cl. R.

    Patr. Regina. Scriptum fuit universis et singulis, etc., per diocesim Menevensem (salvis feodis quorumcunque) ad inducendum.

[Fo. 178v.]

Maii 4, 1561. Rich. Cossyn, cl. Penmayne, R. ult. Rector, mort.

    Patr. Regina. Script. universis et singulis, etc., ad induc.

[*Administrations of goods granted during the vacancy.*]

ADMINISTRATIONES BONORUM AB INTESTATO DECEDENTIUM COMMISSE TEMPORE VACATIONIS IBIDEM.

DAVID AP GRUFF'.—Decimo quarto die Mensis Maii anno domini 1561, commissa fuit administratio bonorum Davidis ap

Gruff' de Llanarmon in Yale Assaphensis diocesis ab intestato defuncti Agneti verch Lewes ejus relicte et Jevan ap David ap Gruff' filio naturali ejusdem Davidis, primitus de bene, etc., in forma juris (in persona magistri Lewys notarii publici procuratoris, etc.) juratis, salvo jure, etc. Et habet pro Inventario citra festum sancti Edwardi proximo futurum.

GRIFFIN HIGGON.—Vicesimo die Maii predicti commissa fuit administratio bonorum Griffini Hyggon nuper Menevensis diocesis defuncti (per Marionam Hyggon viduam defunctam dum vixit proximam consanguineam et administratricem bonorum jurium et creditorum dicti Griffini nondum administratorum) Johanni Wyan filio naturali et legitimo dicte Marione, primitus de bene, etc., in forma juris jurato, etc., salvo jure, etc. Et monitus est ad exhibendum Inventarium citra festum sancti Fidis proximum.

LANDAVENSIS.

Vacancy of the See of Llandaff by the death of Anthony Kytchin, late bishop.]
VACATIO SEDIS EPISCOPALIS LANDAVENSIS PER MORTEM NATURALEM BONE MEMORIE DOMINI ANTHONIS KYTCHIN ULTIMI EPISCOPI IBIDEM VACANTIS.

[*Commission to exercise ecclesiastical jurisdiction within the said Diocese of Llandaff.*]
COMMISSIO PRO EXERCITIO JURISDICTIONIS ECCLESIASTICE INFRA DIOCESIM LANDAVENSEM PREDICTAM.

Mattheus permissione divina, etc., ad quem omnis, etc., dilectis nobis in Christo Davidi Lewys legum doctori [et] Willelmo Evans in Legibus Bacchalaureo salutem graciam et benedictionem. Quum omnis et omnimoda, etc. *(as p. 181)* spectabat ad nos ipsa sede (ut premittitur) jam vacante de jure prerogativa et consuetudine ecclesie nostre metropolitice Christi Cantuariensi predicte notorie dinoscatur pertinere, Nos de vestris sana doctrina, conscientie puritate, fidelitate, circumspectionis industria et in rebus feliciter gerendis dexteritate plurimum confidentes Vos commissarios delegatos et civitatis et diocesis Landa-
[Fo. 179.] vensis predicte spiritualitatis custodes conjunctim et divisim preficimus ordinamus deputamus et constituimus per presentes.

Ad visitandum vice et auctoritate nostris tam in capite quam in membris ecclesiam cathedralem, ac civitatem et diocesim Landavensem predictas clerumque et populum in eisdem degentes sive residentes, deque statu ecclesiarum et locorum hujusmodi, necnon vita moribus et conversatione ac etiam qualitatibus personarum in ecclesiis et locis hujusmodi degentium sive ministrantium, modis omnibus quibus id melius et efficacius poterit inquirendum et investigandum; Criminosos vero culpabiles et delinquentes tam clericos quam laicos condignis penis usque ad beneficiorum dignitatum et officiorum suorum privationem (si facti atrocitas ita poposcerit) fructuumque reddituum et proventuum ecclesiarum et locorum quibus presunt sequestrationem vel quamcunque aliam congruam et competentem coercionem inclusive puniendum et corrigendum atque ad probatiores vivendi mores modis omnibus quibus id melius poteritis reducendum; Testamenta etiam quorumcunque defunctorum intra civitatem et diocesim predictas decedentium quorum insinuatio et approbatio ad episcopum Landavensem sede plena vel ad archidiaconos et alios quoscunque pertinuit probandum approbandum et insinuandum, administrationesque bonorum hujusmodi defunctorum executoribus in eisdem testamentis nominatis committendum: Administrationes insuper et sequestrationes bonorum ab intestato sive per viam intestati decedentium personis quibus de jure fuerint committendum expediendum et concedendum: Computum quoque tam executorum quam administratorum et sequestratorum hujusmodi audiendum recipiendum et admittendum ac eosdem executores administratores et sequestratores omnes et singulos legitime acquietandum relaxandum et finaliter dimittendum; Ad procedendum insuper statuendum et diffiniendum in omnibus et singulis causis litibus querelis et negotiis in curia consistoriali Landavensi sive ex officio mero mixto vel promoto aut ad quorumcunque pertinentes instantias motis et intentatis et in curia predicta pendentibus indecisis vel imposterum durante vacatione sedis predicte movendis et intentandis, Ipsasque et ea cum suis incidentibus emergentibus annexis et connexis quibuscunque fine debito terminandum et finiendum; Contumaces autem et rebelles cujuscunque status sive conditionis fuerint (si quos inveneritis) per censuras ecclesiasticas compescendum, ecclesias etiam et alia loca dimissa vacare et pro vacantia habenda fore decernendum et declarandum, pensionesque legitimas congruas et competentes cedentibus vel resignantibus quibuscunque juxta juris et statutorum hujus regni Anglie exigentiam assignandum et limitandum; Ad hec quoscunque clericos ad quecunque beneficia ecclesiastica infra ecclesiam cathedralem ac civitatem et diocesim Landavensem predictas presentatos vel imposterum presentandos (salvis infra reservatis) ac si idonei et habiles reperti fuerint, admittendum ac in et de eisdem instituendum et investiendum cum suis juribus et pertinentiis universis, eosque in realem, actualem et corporalem possessionem eorundem inducendum et induci faciendum et mandandum ; Necnon clericorum et beneficiorum quorumcunque tam pro ordinibus quam beneficiis per eos adeptis litteras et munimenta quecunque exigendum et recipiendum, easque et ea diligenter examinandum et discutiendum, et si quos non sufficienter munitos in ea parte comperieritis ab officiis et beneficiis dimittendum et sic pro non munitis pronunciandum et declarandum ; Sinodosque et capitula tam generalia quam specialia cleri et populi hujusmodi pro executione premissorum aut reformatione quacunque faciendum et convocandum procurationesque et synodalia quecunque nobis ratione visitationis predicte aut ratione vacationis sedis predicte debite et solvi consuete ad usum nostrum petendum recipiendum et exigendum, Ac procurationes hujusmodi non solventes aut solvere recusantes per censuras ecclesiasticas cogendum compellendum et coercendum ; Clericos quoscunque coram quibuscunque Justiciariis, etc. (*as in Commission p. 182*), innocentes declarandum sicque a carceribus, etc., [Fo. 179ᵛ·] liberandum ; Omnemque et omnimodam jurisdictionem et possessionem nostras continuandum et nomine nostro et ecclesie nostre Christi Cantuariensis predicte continuandum et conservandum ; Alium insuper seu alios in premissis et eorum quolibet locis vestris substituendum ac ei sive eis vices nostras circa premissa in omnibus locis earundem civitatis et diocesis Landavensis quoties opus fuerit committendum ac substitutos hujusmodi ad vestrum beneplacitum revocandum ; Et generaliter omnia et singula faciendum exercendum et expediendum que in premissis et circa ea necessaria fuerint seu quomodolibet opportuna, Vobis conjunctim et vestrum alteri divisim vices et auctoritatem nostras committimus cum cujuslibet congrue et coercionis legitime potestate, Assumpto conjunctim et vestrum utrique divisim ac substitutis vestris hujusmodi uni vel pluribus dilecto nobis in Christo Magistro Johannis Incent Registrario nostro primario vel eo impedito quocumque alio notario publico ab eodem Johanne Incent deputato vel deputando in registrarium et actorum vestrorum scribam in hac parte durante hac nostra commissione ad nostrum beneplacitum dumtaxat duratura. Salvis nobis et vicario nostro in spiritualibus generali cuicunque expeditionibus et admissionibus quorumcunque clericorum ad quecunque beneficia ecclesiastica nobis

Londini (durante vacatione sedis predicte) presentandorum, necnon collationibus quorumcunque beneficiorum clericorum ad nos ratione devolutorum lapsus temporis vel imposterum durante vacatione sedis predicte devolvendorum, quas nobis et vicario nostro in spiritualibus generali reservamus per presentes. Mandando nihilominus quod cessante vacatione sedis predicte et alio episcopo in eadem sede intronizato et inducto de omni eo quod per vos conjunctim et vestrum alterum divisim aut substitutos vestros unum aut plures actum gestum sive expeditum fuerit Nos aut vicarium nostrum in spiritualibus generalem sive officialem principalem [per] litteras vestras patentes manu autentica conscriptas acta et processus vestros complectentes debite certificetis prout decet. In cujus rei testimonium sigillum quo ad presens utimur presentibus apponi fecimus. Data apud Civitatem nostram Cantuariensem sexto die Novembris anno domini MDLXIII et consecrationis nostre anno quinto.

[*Institution at London to Benefices in the Llandaff Diocese.*]

INSTITUTIONES BENEFICIORUM LANDAVENSIS DIOCESIS LONDINI EXPEDITE TEMPORE VACATIONIS IBIDEM.

Feb. 4, 1563. Thomas Vaughan, Aberaviewe V.P. ult. Incumb. cl. mort.
    Patr. Regina. Script. universis et singulis rectoribus, etc., ad inducendum.

Apr. 27, 1564. Egid. Langley, Archid. Land- Mag. Joh. Smith, LL.B. aven. in eccles. LL.D., mort. cath. Landav.
    Patr. Magister David Lewes, LL.D., et Joh. Lewes notarius publicus dicti Archidiaconatus (ratione donationis advoc. juris patronatus per Anthonium Landaven. Episcopum facte) hac vice.
    Per proc.—Rouse gener. Script. universis et singulis rectoribus ad induc.
    (*With clause* "Stallum in choro".)

[Fo. 180.]

Mar. 31, 1565. Philip Graunte, Newton Notaige Will. Hunte, cl., cl. R. mort.
    Patr. Will. Comes Pembrochie. Script. Archid. Landaven. seu ejus officiali necnon omnibus et singulis rectoribus, etc., per diocesim Landaven., ad inducendum.

Dec. 3, 1565. Joh. James, cl. Llanllowell R. ———
    Ad collationem Archiepiscopi ratione lapsus.
    Per proc. Joh. Williams, notar. public. Script. (*as above*) ad inducendum.

Apr. 23, 1566. Will. Jones, cl. Pendaweth R. ———
    Patr. Will. Herbert Comes Pembrochie. Script. (*as above*) ad induc.

[*Wills proved at London during the vacancy.*]
TESTAMENTA APPROBATA LONDINI TEMPORE VACATIONIS
IBIDEM.
[Fo. 180ᵛ·]
[TESTAMENTUM] DAVIDI MORGAN.—In the name of God Amen. The xv[th] day of May, Anno domini 1564, I, David Morgan, of the parrishe and diocese of Landafe, being sicke in Body and holle in remembraunce, do make my last will in manner and forme followinge. Fyrst, I bequeth my sowle unto Almightie God and my body to be buried in christen buriall. Item, I bequeth this howse and the landes that pertaynes unto hym unto my Mother duringe her lyefe, and after her said liefe I will that the said howse and the said landes doo and shall remayne unto John ap Morgan, my brother, duringe the yeres which then shalbe ther uppon unexpired. Item, I geve and bequeth unto my syster Elizabeth William a hors color gray. Item, I bequeth to Richard ap Morgan ij Busshelles of Barley, and to the children of William tenne shepe. I bequeth unto my syster Jenett verch John xxxiij shepe, the which be nowe with Jankyn ap Jevan. And I geve a mare unto Jevan ap Ge. Item, I geve and bequeth unto Richard Dee a busshell of Barley. Theis being witnes, Reginall ap Phelipe, Richard ap John, Ales Dee, Johane Edmonde, Nest Edmond, with others.

Nono die mensis Junii Anno Domini MDLXIV commissa fuit administratio bonorum dicti Davidis Morgain defuncti Johanni ap Morgayne ejus fratri naturali et legitimo, eo quod in testamento suo predicto nullum omnium fecerit aut constituit executorem, etc. Primitus de bene, etc., in forma juris jurato: salvo jure, etc. Et habet pro Inventario ij[do] fidis proximo.

BANGORENSIS.

[*Vacancy to the See of Bangor by the death of Roland Merick, the last Bishop.*]
VACATIO SEDIS EPISCOPALIS BANGORENSIS PER MORTEM BONE MEMORIE DOMINI ROLANDI MERICKE ULTIMI EPISCOPI IBIDEM VACANTIS.

[*Commission to exercise ecclesiastical jurisdiction in the Diocese of Bangor: Feb. 28, 1565/6.*]
COMMISSIO PRO EXERCITIO JURISDICTIONIS ECCLESIASTICE INFRA DIOCESIM BANGORENSEM PREDICTAM.

Thomas Yale legum doctor Reverendissimi in Christo Patris et domini domini Matthei permissione divina Cantuariensis Archiepiscopi, etc., Vicarius in spiritualibus generalis et Officialis principalis in et per totam provinciam Cantuariensem ac custos Spiritualitatis omnium Sedium episcopalium dicte provincie Cantuariensis respective vacantium, mediantibus litteris commissionalibus patentibus ejusdem Reverendissimi Patris nobis in hac parte durante vita nostra naturali factis, sufficienter et legitime deputatus et constitutus, Dilecto nobis in Christo Magistro Roberto Evans Sacre Theologie Bacchalaureo Ecclesie Cathedralis Bangorensis Decano salutem in Domino sempiternam.

Cum omnis et omnimoda jurisdictio spiritualis et ecclesiastica que ad Episcopum Bangorensem, etc. *(as p. 182),* ipsiusque jurisdictionis exercitium ad prefatum Reverendissimum patrem, et ad nos vigore et auctoritate literarum suarum commissionalium patentium predictarum, sede per mortem naturalem bone memorie domini Rolandi Mericke ultimi et immediati Episcopi et Pastoris ejusdem jam vacante, dicte ecclesie Metropolitice Christi Cantuariensis nomine, de jure prerogativa et consuetudine hactenus inconcusse usitatis legitime prescriptis pacifice et quiete pertinere dinoscitur, Nos, de tuis sana doctrina fidelitate conscientie puritate et circumspectionis industria in hac parte plurimum confidentes, ad cognoscendum procedendum statuendum et diffiniendum in omnibus et singulis causis negotiis litibus et querelis in
Curia Consistoriali Bangorensi sive ex officio, etc. [*as*
[Fo. 181.] *in commission p. 182*] terminandum ; Necnon ad inquirendum seu inquiri faciendum de et super quorumcunque tam clericorum quam laicorum infra civitatem et diocesim Bangorensem predictas degentium seu commorantium excessibus criminibus culpis et delictis hactenus commissis seu imposterum durante vacatione sedis episcopalis Bangorensis predicte committendis quorum cognitio correctio et punitio ad nos et forum ecclesiasticum de jure vel consuetudine dinoscuntur pertinere eaque juxta juris exigentiam debite corrigendum reformandum et puniendum, ac penitentias salutares et condignas pro hujusmodi excessibus criminibus et delictis eis et eorum cuilibet pro modo culpe legitime et canonice injungendum et peragi faciendum et mandandum ; Necnon in pietatis opera pro tua sana conscientia (quam coram Altissimo in hac parte oneramus) mutandum et sine scandalo et offendiculo juris vel hominis commutandum; Ceteraque omnia et alia faciendum exercendum et expediendum que in premissis tantum et circa ea necessaria fuerint seu quomodolibet opportuna ; Tibi vices nostras harum serie committimus cum cujus-

libet coertionis canonice potestate, Teque Surrogatum et substitutum nostrum ad omnia et singula premissa facimus ordinamus et deputamus per presentes ad nostrum beneplacitum duntaxat duraturas: Assumpto tibi dilecto nobis in Christo Magistro Johanne Incent notario publico Registrario principali dicti Reverendissimi patris vel Richardo Fletcher ejus in hac parte deputato in Registrarium et actorum tuorum scribam et Registrarii Custodem in ea parte durante hac nostra substitucione. Mandando nihilominus, etc., etc. *(in usual form)* certiores facere non postponas prout decet. In cujus rei testimonium sigillum dicti Reverendissimi Patris pro Curia Audientie sue Cantuariensis presentibus est appensum. Data ultimo die mensis Februarii Anno domini juxta computacionem Ecclesie Anglicane MDLXV.

[*Commission to the Apparitor-General during the vacancy there: Feb. 9, 1565/6.*]
COMMISSIO APPARITORIS GENERALIS DURANTE VACATIONE IBIDEM.

Mattheus permissione divina Cantuariensis Archiepiscopus tocius Anglie Primas et Metropolitanus Ad quem omnis et omnimoda jurisdictio, etc., dilecto nobis in Christo Edmundo Tydder literato salutem gratiam et benedictionem. Cum per dilectum nostrum Thomam Willitt Apparitorem nostrum generosum generalem et principalem in et per totam provinciam nostram Cantuariensem ad terminum vite sue legitime constitutum et ordinatum, ad officium suum apparitoris principalis et generalis predictum in et per totum civitatem et diocesim Bangorensem predictas durante vacacione sedis episcopalis ibidem tantum rite et legitime nobis nominatus et deputatus existis; Tibi igitur, de tuis fidelitate diligentia et industria plurimum confidentes, Ad citandum omnes et singulos utriusque sexus in et per diocesim Bangorensem residentes et commorantes de et super quibuscunque criminibus excessibus et delictis notatos et detectos quorum punitio correctio et reformatio ad forum ecclesiasticum et jurisdictionem Episcopatus Bangorensis predicti dinoscitur pertinere; Necnon ad citandum seu citari faciendum executores testamentorum sive ultimarum voluntatum quorumcunque in et per civitatem et diocesim Bangorenses predictas decedentium ac eorundem defunctorum relictas et consanguineos, citationesque quascunque in ea parte tam ex officio mero mixto vel promoto quam ad instantiam pertinentes quorumcunque legitime exequendum ac de et super executione earundem fideliter certificandum et fidem faciendum;

Ceteraque omnia et singula faciendum exercendum et expediendum que ad officium Apparitoris principalis generalis civitatis et diocesis Bangorensium predictarum spectare et pertinere dinoscuntur, plenam tenore presentium concedimus potestatem, Teque in deputatum Apparitoris nostri principalis et generalis predicti in et per civitatem et diocesim Bangorensem predictas durante vacatione sedis episcopalis ibidem tantum harum serie approbamus. In cujus rei testimonum sigillum nostrum presentibus apponi procuravimus. Data in manerio nostro de Lambehith ix° die mensis Februarii Anno Domini juxta computationem, etc., MDLXV, et nostre consecrationis anno septimo.

[Fo. 181ᵛ·]
[*Inhibition to the Archdeacon of Anglesey: Feb. 26, 1565/6.*]

INHIBITIO DIRECTA ARCHIDIACONO ANGLESEY.

Thomas Yale legum doctor Reverendissimi in Christo, etc., Vicarius in spiritualibus generalis, etc., ac custos Spiritualitatis, etc., etc., legitime deputatus et constitutus *(for his style see commission, p. 230)* Venerabili viro domino Archidiacono archidiaconatus Anglesey in ecclesia cathedrale Bangorense seu ejus officiali salutem in Domino sempiternam. Cum dictus Reverendissimus pater totam civitatem et diocesim Bangorenses predictas clerumque et populum earundem ad Dei gloriam subditorumque dictarum civitatis et diocesis utilitatem commodum et quietem ac virtutum incrementum et viciorum extirpationem divina favente clementia per nos vel alium seu alios per ipsum Reverendissimum patrem in ea parte deputandos prope diem actualiter visitare intendit, Vobis et vestrum utrique ex parte dicti Reverendissimi patris tenore presentium inhibemus, ac per vos seu vestrum alterum omnibus et singulis aliis personis jurisdictionem ecclesiasticum infra archidiaconatum predictum exercentibus sic inhiberi volumus et precipimus; Quatenus nec vos nec vestrum aliquis pendente visitatione hujusmodi auctoritate ejusdem Reverendissimi patris exercenda ecclesias aut alia loca clerumve aut populum dicti archidiaconatus Anglesey visitare aut ea que sunt jurisdictionis ecclesiastice quovismodo exercere a die receptionis presentium aut intimationis earum ex parte dicti Reverendissimi patris vobis fiende seu quicquam aliud in prejudicium visitationis dicti Reverendissimi patris quovismodo attemptare presumatis sive presumat vestrum alter sive aliquis sub pena contemptus. In cujus rei testimonium sigillum dicti Reverendissimi patris pro Curia Audientie sue Cantuariensis presentibus apponi fecimus. Data xxvi° die Februarii anno domini juxta computationem Ecclesie Anglicane MDLXV.

[*A similar inhibition for the Archdeacon of Bangor.*]

Emanavit similis inhibitio Archidiacono Bangorensi sub dato predicto.

[*Commission to visit the Diocese of Bangor: May 6, 1566.*]

COMMISSIO AD VISITANDUM DIOCESIM BANGORENSEM.

Mattheus permissione divina, etc., ad quem omnis et omnimoda jurisdictio etc., dilectis nobis in Christo Magistris Nicholas Robinson sacre theologie professori Archidiacono Merioneth in ecclesia Bangorensi predicta et Johanni Gwyn legum doctori Curie nostre Metropolitice Cantuariensis de Archubus Londonie advocato salutem gratiam et benedictionem. Suscepti cura regiminis nos impellit et ut vitia extirpando et virtutes plantando nostri officii debitum quantum cum Deo possumus implere nitamur. Hinc est quod nos civitatem et diocesim Bangorenses nostre Cantuarie provincie propediem (annuente domino) visitare et defectus inibi repertos correctione et reformatione necessaria indigentes corrigere et in statum suum debitum pro viribus restituere proponimus et intendimus: verum quoniam nos quibusdam arduis et urgentibus negotiis ita sumus impliciti et remorati prout de verisimili erimus in futuro quod dictum nostrum pium propositum in persona nostra propria exequi non possumus neque valemus, Vobis de quorum conscientie puritate circumspectionis industria et in rebus feliciter gerendis dexteritate in hiis et aliis vobis creditis negotiis plurimum confidimus hanc provinciam duximus committendam.

Ad visitandum igitur tam in capite quam in membris ecclesiam cathedralem civitatem et diocesim Bangorenses predictas clerumque et populum in eisdem degentes sive residentes necnon quascunque alias collegiatas parochiales et prebendales ecclesias ac loca alia ecclesiastica quecunque tam exempta quam non exempta in et per easdem civitatem et diocesim ubilibet constituta deque statu ecclesiarum et locorum hujusmodi necnon
[Fo. 182.] vita moribus, etc., investigandum criminosos, etc., reducendum (*for full clause see p. 227*); Testamenta etiam quorumcunque defunctorum infra civitatem et diocesim predictas decedentium probandum approbandum et insinuandum, Administrationesque bonorum eorundem defunctorum executoribus, etc.,

committendum ac sequestrationes bonorum, etc. : Computum quoque, etc., et finaliter dimittendum *(as at p. 227)*; Causasque instantionatas quascunque examinandum et finaliter terminandum : Contumaces autem et rebelles, cujuscunque condicionis sive status fuerint, si quos, etc. : Ecclesias etiam, etc., etc. [*The rest is in the Commission for Llandaff diocese (p. 228), except that there is no reservation of admissions to Benefices at London*]; Et generaliter etc., Vobis conjunctim et divisim committimus vices nostras, plenam in Domino tenore presentium concedimus facultatem una cum potestate alium sive alios in premissis et eorum quemlibet (si opus fuerit) loco vestro substituendi. Assumpto vobis dilecto nobis in Christo Johanne Incent, etc. Mandando nihilominus, etc., certiores facere curetis *(the usual final clauses)*. In cujus rei testimonium sigillum quo in similibus ad presens utimur presentibus apponi fecimus. Data in manerio nostro de Lambehith sexto die mensis Maii Anno Domini MDLXVI, et nostre consecrationis anno septimo.

[*Monition to pay mortuaries owing to the Archbishop by reason of the death of the Bishop of Bangor: Feb. 1, 1565/6.*]

MONITIO AD SOLVENDUM MORTUARIA DEBITA REVERENDISSIMO RATIONE MORTIS EPISCOPI BANGORENSIS.

Mattheus permissione divina Cantuariensis Archiepiscopus, etc., universis et singulis rectoribus vicariis capellanis curatis et non curatis clericis et literatis quibuscunque per provinciam nostram Cantuariensem ubilibet constitutis salutem graciam et benedictionem. Cum tam de antiqua laudabili legitime prescripta consuetudine hactenus inconcusse usitata et observata quam etiam de singulari prerogativa ecclesie nostre Cathedralis et Metropolitice Christi Cantuariensis fuerit et sit usitatum et observatum, quod Archiepiscopus Cantuariensis pro tempore existens post mortem Episcopi Bangorensis qui pro tempore fuerit habebit et percipiet palefridum ejusdem Episcopi cum freno et cella† et capam pluvialem cum capello et similiter omnia sigilla et anulos secundo meliores ; Cunque preterea (uti informamur) venerabilis pater ac confrater noster dominus dominus Rolandus nuper Bangorensis Episcopus suum rite et legitime nuper condiderit testamentum suam in se continens ultimam voluntatem in quo sive qua a. b. et d. c. suos et testamenti sive ultime voluntatis sue predicte nominavit ordinavit fecit et constituit executores, ac postea ab luce migravit ; Nos igitur, jura libertates et prerogativam ecclesie cathedralis et metropolitice Christi Cantuariensis pro posse nostro conservare volentes, Vobis conjunctim et divisim committimus et [Fo. 182ᵛ·] firmiter injungendo mandamus Quatinus auctoritate nostra moneatis monerive faciatis peremptorie prefatos [————]¹ executores antedictos et eorum quemlibet, quatenus citra festum Annunciationis beate Marie Virginis proximo futurum post datum presentium realiter solvant et tradant nobis aut Vicario nostro in spiritualibus generali Officiali principali vel Custodi spiritualitatis civitatis et diocesis Bangorensium predictarum ad usum nostrum vel successorum nostrorum dictum palfridum ejusdem nuper confratris nostri cum freno et cella† predictis Necnon capam suam pluvialem cum capello ac omnia sigilla et annulum suum secundo meliorem nobis de consuetudine et prerogativa predictis racione mortis ejusdem confratris nostri debita seu sic solvi tradi et liberari faciat eorum quilibet sive alter cum effectu sub pena contemptus. Et quid in premissis feceritis nos aut Vicarium nostrum in spiritualibus generalem Officialem principalem sive Custodem spiritualitatis predicte citra festum predictum debite et autentice certificet ille vestrum qui presens nostrum mandatum fuerit executus. Data sub sigillo nostro primo die mensis Februarii anno domini juxta computatione ecclesie Anglicane MDLXV et nostre consecrationis anno septimo.

[*Institutions, Collations, and Sequestrations at London of the Bangor Diocese during the vacancy.*]

INSTITUTIONES COLLACIONES ET SEQUESTRACIONES BENEFICIORUM BANGORENSIS DIOCESIS LONDINI EXPEDITE TEMPORE VACATIONIS IBIDEM.

Jan. 27, 1565. Mich. Robinson, Llanpederocke ult. Rector, mort.
S.T.B. R.

<small>Ad collationem Archiepiscopi ratione lapsus. Scriptum fuit universis et singulis rectoribus vicariis, etc., pro ipsius inductione.</small>

[*Sequestration of the fruits of the Parish Church of Conway, Bangor Diocese: Feb. 1, 1565/6.*]

SEQUESTRACIO FRUCTUUM ECCLESIE PAROCHIALIS DE CONWAY BANGORENSIS DIOCESIS.

Thomas Yale legum doctor Reverendissimi in Christo Patris et domini domini Matthei etc. ad quem omnis et omnimoda

---

¹ Blank in Register.

jurisdictio etc., Vicarius in spiritualibus generalis et Officialis principalis sufficienter et legitime deputatus et constitutus, Dilectis nobis in Christo Nicholao Brigdale generoso et Richardo Brigdale clerico salutem in aucthore salutis. Cum uti ex fidedigna relatione accepimus vicaria perpetua ecclesie parochialis de Conway dicte Bangorensis diocesis Cantuariensisque provincie aliquamdiu vacaverit et vicario idoneo destituta extitit prout etiam vacat in presentia, Cujus pretextu dicta vicaria ecclesie parochialis de Conway penitus inofficiata et animarum cura ibidem neglecta existit prout etiam de verisimili erit in futuro nisi de celeri remedio in hac parte congrue provideatur; Nos igitur, nolentes premissa conniventibus oculis preterire sed eis pro officii nostri debito quatenus in nobis est subvenire volentes, omnes et singulos fructus decimas redditus proventus obventiones commoditates et cetera emolumenta quecunque ad dictam vicariam perpetuam et ejus vicarium pro tempore existentem quomodolibet spectantia et pertinentia ex officio nostro duximus sequestrandum, et hujusmodi sequestri nostri custodiam vobis conjunctim et divisim committendum justicia ita exigente, prout etiam sic sequestramus et vobis committimus per presentes.

Ad publicandum igitur hujusmodi sequestrum nostrum sic per nos interpositum omnibus et singulis quibus interest in hac parte, Necnon ad colligendum levandum et percipiendum omnes et singulos fructus decimas obventiones commoditates et emolumenta ecclesiastica quecunque ad dictam vicariam perpetuam quoquomodo spectantia et pertinentia easque et ea sic collecta levata et precepta sub salvo et tuto sequestro custodiendum et conservandum, ac que temporis mora de verisimili futura sunt deteriora justo precio alienandum et vendicioni exponendum, atque de collectis levatis et preceptis hujusmodi cure dicte vicarie perpetue in divinis et aliis requisitis deserviri ac omnia onera eidem vicarie incumbentia supportari faciendum et causandum, ac de residuo sic collecto levato et precepto fidelem nobis computum sive ratiocinium quum ad hoc congrue fueritis requisiti juste reddendum et faciendum; Ceteraque omnia et singula alia faciendum gerendum et expediendum que in hac parte de jure necessaria fuerint seu quomodolibet requisita; Vobis vices et auctoritatem nostras conjunctim et divisim committimus per presentes tantisper duraturas quoad eas duxerimus relaxandum. Data sub sigillo quo in similibus utimur primo die mensis Februarii Anno Domini secundum cursum et computacionem ecclesie Anglicane MDLXV.

[Fo. 183.]
Sequestracio Fructuum Ecclesie Parochialis de Llavachreth cum Capellis eidem annexis.

[*Sequestration, in the same form as the above, committed by Dr. Thomas Yale, Vicar general, etc., of the Archbishop of Canterbury, to John Hughes, clerk, and Owin ap Robert Owaen, gentleman, of the diocese of Bangor, of the fruits of the Parish Church of Llanvachreth, with the chapels annexed, vacant by the death of William Roberts, last Rector. Dated 10 April 1566.*]

[*Sequestration of the goods of Robert Middleton, deceased, together with the citation of violators of the same: Feb. 23, 1565/6.*]

Sequestratio Bonorum Roberti Middleton defuncti unacum citacione contra violatores ejusdem.

Mattheus permissione divina Cantuariensis Archiepiscopus, etc., ad quem omnis et omnimoda jurisdictio spiritualis, etc., dilecte nobis in Christo Lucie Myddelton relicte Roberti Middelton defuncti nuper dum vixit de Asbrad parochie de Llanehayad dicte Bangorensis diocesis salutem graciam et benedictionem. Cum dem Robertus Middelton sic (ut premittitur) defunctus nuper ab hac luce (ut dicitur) ab intestato decesserit, Tuque prefata Lucia de onere administrationis bonorum dicti defuncti in te acceptando vel refutando ex certis causis rationabilibus et legitimis te in ea parte specialiter moventibus aliquamdiu deliberare intendis atque inducias tibi in ea parte concedi nobis supplicari feceris; Cumque uti accepimus inter fratres et consanguineos ejusdem defuncti jus et interesse in bonis juribus et creditis ejusdem defuncti pretendentes dudum non modica orta sit discordia et controversia, atque ea occasione de verisimili ad arma convolaturi sint nisi de aliquo remedio in ea parte provideatur: Nos igitur lites discordias et controversias hujusmodi quantum in nobis est sedare affectantes ac paci et tranquilitati pertinentibus predictorum et aliorum quorumcunque interesse in hac parte habentium pro officii nostri debito prospicere cupientes, ac preterea providere volentes ne bona jura et credita cum suis dilapidationis aut alterius inanis consumpcionis supponantur dispendiis Sed ad debitorum ejusdem defuncti solutionem et in alios pios usus convertantur et disponantur, eadem bona jura et credita omnia et singula ubicunque ac quorumcunque manibus vel custodia existentia duximus sequestrandum prout harum serie sic sequestramus, ac custodiam sequestri nostri hujusmodi tibi committimus per presentes.

Ad publicandum igitur hujusmodi sequestrum nostrum sic per nos interpositum diebus et locis ac personis quibus tibi visum fuerit expedire, necnon bona quecunque prefati Roberti Middelton petendum colligendum levandum et exigendum que ad eundem defunctum dum vixit et mortis sue tempore pertinuerint ac eadem bona jura et credita sic collecta sub salvo et tuto sequestro custodiendum seu custodiri faciendum, Ac bona ipsius defuncti que de verisimili peritura sunt auctoritate nostra justo precio vendendum, Tibi, de cujus fidelitate in hac parte confidimus, primitus de bene et fideliter colligendo eadem ac de vero pleno et fideli inventario [Fo. 183v.] omnium et singulorum bonorum jurium et creditorum hujusmodi conficiendo et illud coram nobis aut alio judice in hac parte competente quocunque ij⁰ die juridico post festum Ascensionis Domini proximo futurum exhibendo, Necnon de vero pleno et plano computo calculo sive raciocinio in ea parte reddendo ad sancta Dei Evangelia rite jurate, plenam in Domino concedimus potestatem. Teque collectricem bonorum jurium et creditorum hujusmodi usque ad et in festum Pentecostes proxime futurum ordinamus deputamus et constituimus per presentes, et preterea universis et singulis clericis et literatis quibuscunque per provinciam nostram Cantuarie ubilibet constitutis presentes literas nostras recepturis conjunctim et divisim committimus; et firmiter injungendo mandamus quatenus si quis presenti sequestro nostro contradixerit aut eidem contravenire voluerit vel hujusmodi nostrum sequestrum ausu temerario quovis quesito colore violare presumpserit, tunc citetis seu citari faciatis peremptorie contradictores et violatores hujusmodi omnes et singulos et quemlibet eorum quod compareant et quilibet eorum compareat coram nobis aut Vicario nostro in spiritualibus generali aut Officiali principali quocunque in ecclesia cathedrali Divi Pauli Londonie loco consistoriali ibidem xv[to] die post citationem hujusmodi eis aut eorum alicui in hac parte respective factam si juridicus fuerit alioquin proximo die juridico extunc sequente quo nos aut Vicarium nostrum in spiritualibus generalem aut Officialem principalem hujusmodi ad jura reddendum hora causarum ibidem consueta pro tribunali sedere contigerit, certis articulis capitulis sive interrogatoriis premissa ac contemptum et vilipendium nostri ac jurisdictionis nostre ecclesiastice concernentibus eis et eorum cuilibet cum venerit ex officio nostro respective objiciendis et ministrandis personaliter responsuri, ulteriusque facturi et recepturi quod justum fuerit in hac parte. Et quid in premissis feceritis nos aut Vicarium nostrum in spiritualibus generalem sive Officialem principalem hujusmodi dictis die hora et loco vel citra debite certificetis seu certificet ille vestrum qui presens nostrum mandatum fuerit executus. In cujus rei testimonium sigillum nostrum pro Curia Audientie nostre Cantuarie presentibus est appensum. Data xxiij^{to} die mensis Februarii Anno Domini juxta computacionem Ecclesie Anglicane MDLXV et nostre consecrationis anno septimo.

[*Wills proved, and administrations of the goods of Intestates granted at London during the vacancy.*]

TESTAMENTA APPROBATA ET ADMINISTRACIONES BONORUM AB INTESTATO DECEDENTIUM LONDINI COMMISSE, TEMPORE VACACIONIS IBIDEM.

TESTAMENTUM JO. GRIFFITH AP EDEN WYN.—In the name of God Amen. The xij day of October, the yere of our Lorde God a thowsand fyve hundreth fyftie and nyne, I, Gruffyth ap Eden Wyn, beinge of whole mynde and in good and perfitt remembrance, laude and prayse be unto Allmightie God, make and ordeyne this my present testament conteyninge herin my last will in manner and forme followinge. First, I commend my sowle unto Allmightie God my Maker and Redemer, and my body to be buried or to lie whersoever God shall appointe. Item, I do geve to my Sister Margarett verch Eden Wyn fowre poundes of lawfull money of England. Item, I do geve and bequeth to my cosin Robert ap John ap Madocke a dagge and a spruse Jerkyn. Item, I do geve and bequeth to my lovinge cosyn Robert Wyn ap John ap Jevan ap Res all my landes, tenementes, and hereditamentes commonly called "y sylbaen pant yrodyn geloedd' tuthyn y pandy" and llanerch alaich", sett and lying within the townshipp of Lenaber in the comote of Arendwye, in the countie of Merionethe, to have and to holde the said landes, tenementes, and heredytamentes with all and singuler the appurtenances to the said Robert Wyn, his executors and assignes, to the use and behofe of me the said Gruffyth ap Eden Wyn duringe my naturall life, and after my decease to the use and behofe of the yssues lawfully begotten of my body, and in defaulte of such yssues lawfully begotten of my body the said Gruffyth ap Eden Wyn, I do give and bequeth all and singular the said landes, tenementes and hereditamentes, withall howses, buildinges and edyfices therunto, with all and singuler thappurtenances what soever they be, to the said Robert Wyn, his executors and assignes, duringe the naturall lyfe of the said Robert Wyn, and after his decease I do give and bequeth all and singuler the said landes, tenements and heredytaments, with all and singuler the premisses with thappurtenaunces to Elysse ap Robert Wyn ap John ap Jevan ap Res, sonne to the said Robert Wyn, his heires and assignes for ever. And of this my present testament I make and ordeyne the said Robert Wyn my executor, to whome [Fo. 184.] I have presently delyvered all the evydence of my landes to be safely kepte to the use, purpose, and meaninge above specified and declared. These beinge witnes at the delivery of this my said last will and testament, Robert ap John ap Madocke, Rice ap William ap Madocke vychan, David ap Jevan vychan, Ellys ap Eward ap Jevan ap Gyttyn, and Owen ap Rynalt.

Probatum fuit hujusmodi testamentum coram Magistro Thome Yale legum doctore Vicario in spiritualibus, etc., xij die Martii Anno Domini juxta computacionem ecclesie Anglicane 1565 juramento Roberti Wyn ap John ap Jevan ap Res executoris in eodem testamenti nominati, et commissa fuit administracio, etc. Primitus de bene, etc., in forma juris in persona Roberti Say notarii publici procuratoris sui in hac parte rite jurato, salvo jure, etc. Et monitus est ad exhibendum inventarium citra festum Sancti Fidis proximum, etc., et exhibuit Inventarium ad statim extendens ad summam iiii*li*. xij*s*. aut circiter.

[*The case of Hugh ap Rice Wyn against Edward ap Rice Wyn, executor of the will of Hugh ap Howell.*]

HUGO AP RICE WYN CONTRA EDWARDUM AP RICE WYN EXECUTOREM TESTAMENTI HUGONIS AP HOWELL. SAY. SMITH.

[Fo. 184.]

Die Lune viz. quarto die mensis Martii anno domini 1565 in ecclesia beati Marie de Archubus Londonie coram Magistro Thoma Yale legum doctore Custode spiritualitatis diocesis Bangorensis jam vacantis presente me Johanne Jylberde notario publico assumpto propter absentiam Magistri Johannis Incent Registrarii, etc.

Quo die comparuit personaliter Edwardus ap Rice Wyn et petiit beneficium absolutionis ei impendi. Ad cujus peticionem dominus facta per eum fide de parendo juri, etc., eum absolvit, etc., et restituit eum, etc. Et deinde dominus assignavit ei ad exhibendum testamentum originale Hugonis ap Rice ap

R

Howell et illud per testes probandum diebus Jovis Veneris et Sabati post diem Dominicam in albis viz. decimo octavo xix° et xx° futuri mensis Aprilis proximi in loco consistoriale Bangorensi coram Magistris Gwyn Evans et Robinson conjunctim et divisim eo dissente et protestante de nullitate, etc. Et tunc Say exhibuit testamentum dicti Hugonis ap Rice ap Howell et dedit allegacionem in scriptis et allegavit petiit et ceteraque fecit ut in dicta allegatione continetur quam allegationem posuit conjunctim et divisim et eandem admitti petiit. Qua admissa, etc., ac registrata, etc., dicto Edwardo dissente et protestante de nullitate, etc., et tunc dominus assignavit dicto Magistro Say ad probandum Secundo Ascencionis proxime dicto Edwardo dissente.

Deinde dominus ad peticionem Say allegantis partem suam habere nonnullos testes commorantes in partibus quos ad hoc tribunale sive gravibus expensibus partis sue producere non potest decrevit commissionem fieri ad partes pro examinatione dictorum testium, etc., et commisit vices suas dictis Magistris Gwyn Evans et Robinson conjunctim et divisim ad sedendum in loco Consistoriali Bangoriensi diebus predictis cum prorogatione, etc. Et monuit dictum Edwardum ad interessendum si, etc. Assumpto quocunque notario publico, etc., in presentia dicti Edwardi dissentis omnium et singulorum gestorum tam per Partem quam per dominum ad peticionem partis adverse istis die et loco ac protestantis nunc prout extunc, etc., de dicendo, etc., contra testes, etc., producendos, etc., et petentes quod reddant veras causas, etc.

Quo die Say procuratorio nomine Hugonis ap Rice Wyn Bangoriensis diocesis exhibuit quandam papiri scedulam indentatam continentem testamentum et ultimam voluntatem Hugonis ap Rice ap Howell nuper dum vixit de Mossoglen in Comitatu Anglesey Bangorensis diocesis defuncti, atque ad omnem juris effectum exinde sequi valens allegavit quod prenominatus Hugo ap Rice ap Howell dum vixit compos mentis atque in sua sana et perfecta memoria existens illud suum rite et legitime condidit testamentum suam in se continens ultimam voluntatem in quo inter cetera Edwardum ap Rice Wyn ejus consanguineum suum et dicti sui testamenti nominavit ordinavit fecit et constituit executorem cetera que voluerit fecit legavit et disposuit prout in eodem testamento exhibito continetur; Illudque testamentum post condicionem ejusdem pro suo testamento et ultima voluntate coram testibus adhibitis recognovit illudque manus sue signatura firmavit ac sigillo suo sigillavit; Necnon testes quamplures tunc presentes

Archiepiscopi Cantuariensis.

ad perhibendum veritati testimonium in ea parte atque illud suum testimonium manuum suarum subscripcione firmare etiam rogavit et requisivit. Quam allegationem posuit conjunctim et divisim ac eandem admitti petiit atque jus et justiciam sibi in premissis fieri et ministrari cum effectu.

TESTAMENTUM HUGONIS AP RICE AP HOELL.

TESTAMENTUM HUGONIS AP RICE AP HOELL.—In the name of God Amen. The twentye day of Auguste, in the yere of our Lord God a thowsand fyve hundreth and threskore, I, Hugh ap Rice ap Hoell of Mosoglen in the countie of Anglesey, gent., beinge sickly and aged and of whole and perfecte memory, do make and constitute my testament conteyninge therin my last will [Fo. 184v.] in manner and forme as hereafter foloweth, that is to say.

Fyrst, I commytte and Bequeth my sole to Allmightie God my maker and Redemer, and my body to be buried at the pleasure of God, etc. Item, I do geve and bequeth towardes the Releefe of the poore people of the parish of Llangeinwen [———].[1] Item, to the reparation of the churche of Llangeinwen I do geve and bequeth [———].[1] Item, to the reparation of the Cathedrall Church of Bangor [———].[1] Item, I do geve, graunte, devise and bequeth to my cosyn Hugh ap Rice Wyn, sonne and heire apparant of Rice Wyn ap Hugh, my sonne and heyre apparant, and also to Katherine verch Lewice ap Owen (whom by the grace of God the said Hugh ap Rice Wyn shall espouse, marrye and take to wife) all my messuages, landes, tenementes and heredytamentes, with all thappurtenaunces thereof, sett, lyinge, and beinge within the Townes of Pwllgwingill and Trevorian in the Comote of Dyndaythwy, in the Countie of Anglesey. And also that one tenement of myne with thappurtenances called "tythin yr Avr", sett, lying, and being within the Towne of Llandan in the Comote of Meney, in the said Countie of Anglesey: To have and to holde all the said messuages, landes, tenementes, and hereditamentes, withall thappurtenances to every of them belonginge within the said townes of Pwllwingill, Trevorian and Llandan, to them the said Hugh ap Rice Wyn and Katharyne verch Lewice during the terme of their naturall lyves and the lyfe of the longer lyver of them, the Remaynder thereof after theyr decease to the heyres of the body of the said Hugh ap Rice Wyn lawfully to be begotten uppon the body of the said Katheryne.

---

[1] Blank in Register.

The Remaynder therof over for lacke of suche issue to Rice Wyn ap Hugh my sonne, and to the heyres of his body lawfully begotten or to be begotten for ever. Item, I do geve and bequeth to Jonett verch Rythen my wife, all thone halfe or moytie of all my messuages, landes and tenementes, with thappurtenances, sett, lying and being within the town of Mosoglen in the Comote of Meney, in the said Countie, for and duringe the terme of her naturall lyfe yf she the said Jonett do accepte and take the same for [and] in the name and recompense of her dower of all and singuler my messuages, landes and tenementes, with thappurtenaunces, sett, lying and being in the counties of Anglesey and Caernarvan. Item, I do geve and bequeth all thother halfe or moytie of all the said messuages, lands and tenementes, with thappurtenaunces in Mossoglen aforesaid, to the said Hugh ap Rice Wyn for and durynge the terme of his naturall lyfe, and the Remayndre of and in the Moytie first aforesaid, after the death of the said Jonet verch Rytherch, and also of the other Moytie of the said messuages, landes and tenements with thappurtenaunces in Mosoglen aforesaid, after the death of the said Hugh ap Rice Wyn, to the heyres of the body of the said Hughe ap Rice Wyn lawfully vppon the body of the said Katherine verch Lewice [or] to be begotten for ever. Item, I do geve, devise and bequeth to Rice Wyn ap Hugh and to Margarett verch Roland Gruff, his wife, one messuage, tenemente, and landes of myne with thappurtenaunces in Berowe y glas, for and duringe the terme of their naturall lyves and the longer lyver of them, and after their decease, to the said Hugh ap Rice Wyn, and to the heires of the body of the said Hugh ap Rice Wyn upon the body of the said Katheryne lawfully begotten for ever. Item, I do geve, graunte, devise and bequeath all and singuler my messuages, landes, tenementes, rentes, revercions and hereditamentes whatsoever not before named, mencioned, geven or bequethed within the counties of Anglesey and Caernarvan, to Rice Wyn ap Hugh ap Rice my sonne and heyre apparrant for and during the terme of his naturall lyfe, the Remaynder thereof after his death to the said Hugh ap Rice Wyn and to the heyres of his body lawfully begotten uppon the body of the said Katheryne Lewyce for ever. Item, I will, ordeyne and bequeth that the boordes, tables, and trescles and tholde settle or frame which at this tyme be within my hall at Mosoglen, together with thone halfe or moytye of all the chystes and coffers that nowe be within all this howse shalbe and contynue within this said howse as perpetuall heyrelomiges to the same appendant for ever. Item, I do constitute, ordeyne, and make my cosyn Edward ap Rice Wyn executor of this my last will and testament, to employ and dispose the rest of my goodes to the wealth of my sowle, etc. Yeven at my dwelling howse in Mosoglen the day and yere above wrytten before the witnes subscribed :— Mores Gruffithe, per me Hugonem Bangor', Howell ap Robert ap Jevan, Hugh ap Jevan ap David Sayes, Thomas ap Hugh ap Jevan, Jevan ap Hugh ap Eden.

Facta collatione concordat cum originali Testamento [Fo. 185.] defuncti indentato Hugonis ap Rice ap Hoell examinato per me Johannem Incent in presentiis Ludowici Owen ap Mericke et Thome Biackemore testium, etc., quod quidem testamentum originale indentatum traditum erat dicto Ludowico Owen ap Mericke de mandato magistri Thome Yale Legum doctoris, etc.

Jo. Incent.

[*Another Administration.*]

MERICKE AP WILLIAM AP LLEWELLIN AP HYLYN.

Duodecimo die mensis Februarii anno domini juxta computacionem ecclesie Anglicane MDLV commissa fuit administracio bonorum Merycke ap William ap Llewellin ap Hylyn de Aberfro Bangoriensis diocesis ab intestato defuncti Agneti verch Morgan alias Myricke ap William ap Llewellin ap Llewellin [*sic*] ap Hylyn ejus relicte: Primitus de bene, etc., in forma juris in persona Magistri Johannis Incent notarii publici procuratoris sui in hac parte legitime constituti rite jurate, salvo jure, etc. Et monita fuit dicta Agnes in persona procuratoris sui ad exhibendum Inventarium ij° fidis proxime.

OXONIENSIS.

[*Vacancy of the See of Oxford by the death of Robert Kyng, the last Bishop.*]

VACATIO SEDIS EPISCOPALIS OXONIENSIS PER MORTEM BONE MEMORIE DOMINI ROBERTI KYNGE ULTIMI EPISCOPI IBIDEM VACANTIS.

COMMISSIO PRO EXERCITIO JURISDICTIONIS ECCLESIASTICE INFRA DIOCESIM OXONIENSEM PREDICTAM.

[*Commission from the Archbishop to Masters Walter Wright, Thomas Yale, and Lawrence Husey, Doctors of Laws, to exercise ecclesiastical jurisdiction in the diocese of Oxford. Dated Lambeth, 10 February, 1559/60. (For form see Commission, p. 182. Omit-*

ting the clauses :—"Ac quoscunque subditos a quibuscunque beneficiis, etc., destituendum"; "Presentationes, etc., admittendum, personasque, etc., induci faciendum et demandandum," *and with a different saving clause, thus :*—"Salvis nobis et Vicario nostro in spiritualibus generali admissione quoruncunque clericorum ad quecunque beneficia ecclesiastica dictarum civitatis et diocesis nobis durante vacatione sedis predicte presentandorum Necnon decissione discussione examinacione et finali terminacione quarumcunque litium causarum et querelarum coram nobis aut Vicario nostro hujusmodi Londini motis et intentatis vel imposterum durante vacatione sedis predicte movendis et intentandis." *Anthony Huse, principal registrar, or Arthur Pyttes, public notary, his deputy, to be Scribe of their Acts).*]

[Fo. 185ᵛ·]

COMMISSIO AD EXERCENDUM JURISDICTIONEM ECCLESIASTICAM IN DIOCESIM OXONIENSEM.

[*Commission to John Kennall, Doctor of Laws, to exercise jurisdiction in the diocese of Oxford. Dated Croydon, 28 June 1561. (In the same form as the above.) John Incent, chief registrar, or Arthur Pyttes, to be Scribe of his Acts.*]

[Fo. 186.]

[*Institutions in London to Benefices in the Oxford Diocese.*]

INSTITUTIONES BENEFICIORUM OXONIENSIS DIOCESIS LONDINI EXPEDITE TEMPORE VACATIONIS IBIDEM.

Dec. 15, 1559. Joh. Hodgeson, Maplederham Rich. Bruarm,
A.M. V.P. S.T.B., resign.

[Fo. 186ᵛ·]

    Patr. Will. Byll, S.T.P., Prepositus Collegii Regalis B. Marie de Eaton juxta Windesor et idem Collegium. Script. Archid. Oxon. seu ejus Officiali necnon universis et singulis, etc., ad induc.

Maii 2, 1560. Joh. Sankye, cl. Fynmere R. Joh. Ponsbury, cl., mort.

    Ad collationem Archiepiscopi ratione lapsus.
    Per proc. Edw. Henshawe literat. Script. Archid. Oxon. ad induc.

Oct. 19, 1560. Will. Duncley, cl. Adwell R. Henr. Colman, cl., mort.

    Patr. Edm. Marmyon gener. Script. Archid. Oxon. ad induc.

COMMISSIO AD VENDICANDUM CLERICOS CONVICTOS.

[*Commission from the Archbishop to Master John Kennal, Doctor of Laws, — Glinton, Richard Edward, John Baker, and*

Miles Fellow, clerks, to vindicate convict clerks imprisoned in the city and diocese of Gloucester; Croydon, 28 June 1561. (Form similar to Commission at p. 178, with the additional clause:—" Eosque ad carcer ad hoc idoneum sumptibus nostris duci faciendum et procurandum.")]

Junii 26, 1561. Laurence Robye, Emington R. Robert Browne,
cl. cl., resign.
Patr. Rich. Sackville, miles. Per Proc. Edw. Orwell, not. pub.
Script. fuit universis et singulis Rectoribus, etc., ad induc.
[Fo. 187.]

Aug. 7, 1561. Will. Fluyd, cl. Midleton Stone ult. Incumb.
R. resign.
Patr. Nichol. Episcopus Lincoln. Script. universis et singulis Rectoribus vicariis, etc., ad induc.

Aug. 15, 1561. Henr. Salsburie, Lyllingstone
cl. Lovell R.
Patr. Regina. Script. universis et singulis Rectoribus vicariis, etc., per Diocecim Oxonien., etc, ad induc.

Sept. 5, 1561. Will. Leveson, cl. Bampton V.P. Walter Wright,
mort.
Patr. Dec. et capit. eccles. cath. Divi Petri Exon.
Per proc. Edw. Orwell, not. publ. Script. Archid. Oxon. ad induc.

Sept. 27, 1561. Tho. Damport, Teynton V.P.
cl.
Ad collationem Archiepiscopi ratione lapsus.
Script. Archid. Oxon. ad induc.

Feb. 17, 1561. Rich. Gabell, cl., Cropredy V.P. Rich. Baldwyn,
A.M. cl., resign.
Patr. Regina. Per proc. Edw. Orwell, not. publ.
Script. Archid. Oxon. ad induc.
[Fo. 187ᵛ·]

Mar. 26, 1562. Nich. Robynson, Wytneye R. ult. Rector resign.
cl., S.T.B.
Patr. Robertus Winton. Episcopus. Script. Archid. Oxon. ad induc.

April 17, 1562. Alex. Sheppard, Townsemore R. ult. Incumb. mort.
cl.
Patr. Tho. Pigott, armiger. Per Proc. Edw. Orwell, not. publ.
Script. Archid. Oxon., ad induc.

Nov. 18, 1562. Edw. Yunge, cl. Sulderne R. Edm. Gledhill,
mort.
Patr. Will. Holte, gener. Script. Archid. Oxon., ad induc.

[*Sequestration of the fruits of the Church of Henley-on-Thames, Oxford Diocese.*]

SEQUESTRACIO FRUCTUS ECCLESIE DE HENLEY SUPER THAMISIM OXONIENSIS DIOCESIS.

XIX° die mensis Decembris 1562; Reverendissimus (eo quod [——]¹ clericus Rector ecclesie parochialis de Henley super Thamesin Oxoniensis diocesis in eadem ecclesia parochiali personaliter residere et cure animarum parochianorum ejusdem in divinis inservire non curavit neque curat), sequestravit omnes et singulos fructus redditus proventus decimas oblationes obventiones ac cetera jura et emolumenta ecclesiastica quecunque ad dictam ecclesiam parochialem de Henley et ejus Rectorem pro tempore existentem quomodolibet spectantia, et commisit custodiam ejusdem Willelmo Lane et Thome Morgan conjunctim et divisim ut ipsi cure dicte ecclesie in divinis et aliis requisitis inserviri faciant et onera eidem incumbentia debite supportari faciant, tantisper duraturam quoad eam duxerit relaxandum, aliquibus aliis sequestris de et in fructibus redditus † et proventus † et ceteris juribus predictis quacunque auctoritate ante hac interpositis non obstantibus, que harum serie revocavit, etc.

[*Another form of Sequestration of the fruits of the Church of Henley aforesaid, together with a citation, etc.: March 10, 1562/3.*]

ALIA FORMA SEQUESTRATIONIS FRUCTUS ECCLESIE DE HENLEY PREDICTA UNA CUM CITACIONE.

Mattheus permissione divina, etc., ad quem omnis, etc. dilectis nobis in Christo Willelmo Lane et Roberto Kenton parochianis de Henley super Thamesin dicte Oxoniensis Diocesis salutem graciam et benedictionem. Cum uti ex fidedigna relatione acceperimus rectoria sive ecclesia parochialis de Henley predicta per cessionem sive continuam absenciam ultimi Rectoris et incumbentis ejusdem aliquamdiu vacaverit et pastoris solatio destituta extitit prout sic vacat in presenti, cujus pretextu cura, etc. Nos igitur, etc. omnes et singulos fructus, etc., ad dictam ecclesiam, etc., pertinentes duximus sequestrandum et hujusmodi sequestri nostri custodiam vobis committendum justicia mediante prout sic sequestramus, etc.

Ad publicandum, etc. (*for full form of the foregoing and for the rest of the clauses see commission at p. 237 up to the words* "quoad eas duxerimus relaxandum"), aliquibus aliis litteris sequestri in fructibus et proventibus ejusdem

[Fo. 188.]

---

¹ Blank in Register.

ecclesie quacunque auctoritate ante hac interpositis in aliquo non obstantibus. Preterea vobis conjunctim et divisim firmiter precipimus et mandamus quatenus per affictionem presentium literarum nostrarum in valuis exterioribus ecclesie parochialis de Henley predicta publice affigendarum et ibidem dimittendarum vera copia ibidem relicta aliisque viis et modis legitimis quibus melius et efficatius de jure poteritis, tam patrono ejusdem ecclesie quam omnibus et singulis aliis personis quibuscunque jus et interesse in dicta ecclesia sibi competere quovismodo pretendentibus denuncietis et intimetis, quibus nos etiam tenore presentium sic intimamus dictam ecclesiam parochialem de Henley modo premisso vacare et vacuam esse. Mandantes et precipientes patrono ejusdem ecclesie quatenus infra tempus a jure in hac parte prefixum personam idoneam ad eandem ecclesiam sic vacantem nobis aut alio judici in hac parte competenti cuicunque nominare et presentare non postponat prout convenit. In cujus rei, etc. Data in manerio nostro de Lambehith decimo martii anno domini juxta computacionem, etc., 1562, et nostre consecrationis anno quarto.

[*Monition and Citation against the Rector of Henley to reside in person: Dec. 19, 1562.*]

MONITIO ET CITATIO CONTRA RECTOREM DE HENLEY AD PERSONALITER RESIDENDUM.

Mattheus permissione divina, etc., ad quem omnis et omnimoda Jurisdictio Spiritualis, etc., universis et singulis clericis et literatis quibuscunque per diocesim Oxonie predictam ubilibet constitutis salutem graciam et benedictionem. Cum (uti ex fidedigna relacione accepimus) Thomas Morrison[1] clericus Rector ecclesie parochialis de Henley super Thamesin Oxoniensis diocesis predicte in eadem sua ecclesia parochiali personaliter residere ac cure animarum parrochianorum ejusdem in divinis inservire non curavit sed in anime sue interitum et animarum sue cure commissarum perniciem eidem sue cure personaliter officiare postponit ; Nos vero, nolentes premissa conniventibus oculis preterire sed eis pro posse nostro subvenire volentes ac scandala omnia ab ecclesia Dei movere ex animo affectantes, eundem Thomam Morrison sub modo et forma infrascriptis et ad diem horam et locum et effectum infra designata monendum et citandum fore decrevimus justicia mediante. Vobis igitur conjunctim et divisim committimus et firmiter injungendo mandamus quatenus citetis

---

[1] In other documents he is called "Morris" or "Morrys", not "Morrison".

et moneatis seu sic citari et moneri faciatis primo secundo et tercio ac peremptorie prefatum Thomam Morrison personaliter, si apprehendi poterit et ad eum sic monendum et citandum tutus vobis pateat accessus, alioquin publice citationis edicto per affixionem presentium in valvis exterioribus ecclesie parochialis [de] Henley predicte et ibidem aliquandiu dimittendarum, vera earum copia in eisdem valvis relicta, aliisque viis et modis legitimis quibus id melius et efficatius de Jure poteritis, ita quod hujusmodi monitio et citatio ad ejus noticiam de verisimili pervenire poterit, quem nos etiam tenore presentium sic monemus et citamus; Quod idem Thomas Morrison Rector antedictus infra sex mensium spacium a die execucionis presentium computandorum, quorum quidem sex mensium duos pro primo duos pro secundo et reliquos duos pro tertio et peremptorie termino et monitione legitima eidem Rectori assignamus et assignari volumus, dicte ecclesie parochiali de Henley et cure animarum parochianorum ejusdem personaliter inserviat, Verbumque dei ac Sacramenta eisdem parochianis ministret, necnon personalem suam residentiam in eadem ecclesia faciat; Alioquin, lapsis et preteritis hujusmodi sex mensibus et dicto Thome Morisio† eidem monitione nostra minime parendo† sed eandem spernente, Quod compareat coram nobis aut Vicario nostro in spiritualibus generali et Officiali principali quocunque in ecclesia cathedrali Divi Pauli Londonie Loco consistoriali ibidem decimo quinto die post lapsum dictorum sex mensium si juridicus fuerit, alioquin proximo die juridico quinto die extunc sequente quo nos aut Vicarium nostrum in spiritualibus generalem et Officialem principalem hujusmodi ad jura reddendum hora causarum ibidem consueta pro tribunali sedere contigerit, causam rationabilem et legitimam, si quam pro se habeat aut dicere sciat, quare eadem ecclesia sua parochiali obtentu premissorum privari et ab eadem amoveri et destitui non debeat in debita juris forma dicturus et allegaturus, Ulteriusque facturus et recepturus quod justum fuerit in hac parte. Intimetis preterea modo et forma prerecitatis prenominato Thome Morrison, cui nos etiam tenore pre-

[Fo. 188ᵛ·] sentium sic intimamus, Quod, sive ipse sic citatus dictis die hora et loco comparuerit sive non, Nos nihilominus in hujusmodi deprivationis negotio usque ad finalem expeditionem ejusdem inclusive juxta juris exigentiam procedemus seu sic procedet Vicarius noster in spiritualibus generalis et Officialis antedictus, ipsius Thome Morris[on] sic citati et non comparentis absencia sive contumacia in aliquo non obstante. Et quid in premissis feceritis nos aut dictum Vicarium nostrum in spiritualibus generalem hujusmodi dictis die hora et loco vel citra debite et autentice certificetis una cum presentibus. Data xix⁰ die Decembris Anno Domini 1562 et nostre consecrationis anno quarto.

[*Certificate of the execution of the said Citation: June 20, 1563.*]

CERTIFICATORIUM SUPER EXECUTIONE DICTE CITATIONIS.

Reverendissimo in Christo patri et domino domino Mattheo, etc., ad quem omnis et omnimoda jurisdictio spiritualis, etc., vestrove Vicario in spiritualibus generali et Officiali principali cuicunque vester humilis et devotus Willelmus Barter clericus vester ad infrascripta mandatarius legitime deputatus omnimodas reverentia et obedientiam debitas cum honore. Mandatum restrum Reverendissimum retroscriptum nuper cum ea qua decuit reverentia humiliter recepi exequendum. Cujus vigore pariter et auctoritate retronominatum Thomam Morrys clericum per affixionem istius vestri mandati in valvis exterioribus ecclesie parochialis de Henley retroscripte vicesimo sexto die mensis Decembris anno Domini juxta computacionem ecclesie Anglicane MDLXII⁰ ultimo preterito et ibidem aliquamdiu dimissi, vera earum copia in eisdem valvis relicta, peremptorie monui et citari, Quod idem Thomas Morrys infra sex mensium spatium a dicto xxvj^to die Decembris ultimo preterito continuo numerandorum dicte ecclesie parochiali de Henley super Thamesin et cure animarum parochianorum ejusdem personaliter inserviat, Verbumque Dei et Sacramenta eisdem parochianis ministret et personalem suam residentiam in eadem faciat; Alioquin, lapsis et preteritis hujusmodi sex mensibus et dicte† Thome† eidem monitione vestre minime† pareret† sed eandem spernente, Quod compareret coram vobis die hora et loco in hujusmodi vestro mandato specificatis, causam rationabilem et legitimam si quam pro se habeat aut dicere sciat quare a dicta ecclesia parochiali privari et amoveri non debeat in debita juris forma dicturus et allegaturus, Ulteriusque facturus et recepturus quod justum fuerit in hac parte. Cum intimatione quod sive ipse sic monitus et citatus dictis die hora et loco comparuerit sive non vos nihilominus in hujusmodi deprivationis negocio procedere intenditis ipsius contumacia non obstante. Et sic ego mandatarius antedictus mandatum vestrum hujusmodi debite sum executus. In cujus rei testimonium sigillum domini Archidiaconi Cicestrensis presentibus apponi procuravi. Datum xx⁰ die Junii anno domini MDLXIII.

[*Office against Thomas Morrys, Rector of Henley-on-Thames.*]

OFFICIUM DOMINI CONTRA THOMAM MORRYS RECTOREM ECCLESIE PAROCHIALIS DE HENLEY SUPER THAMESIM OXONIENSIS DIOCESIS.

Secundo Johannis Baptiste viz. xxvj^{to} die mensis Junii anno domini 1563 in loco consistoriali ecclesie cathedralis divi Pauli Londonie coram venerabili viro Magistro Thoma Yale legum doctore Vicario in spiritualibus generali Reverendissimi patris domini Matthei Archiepiscopi Cantuariensis in presentia mei Johannis Incent notarii publici Registrarii, etc.

Quibus die et loco exhibito mandato citatorio originali una cum Certificatorio in dorso ejusdem dominus ex certis causis eum in hac parte specialiter moventibus continuavit certificatorium in statu quo nunc est usque in diem Lune proximo futurum xxviij^{m} diem presentis mensis Junii horam curie Delegatorum in hoc loco.

xxviij^{o} die Junii anno domini 1563 in loco consistoriali ecclesie divi Pauli Londonie coram Magistro Thoma Yale, etc. (*as above*), in presentia mei Edwardi Orwell notarii publici deputati Magistri Johannis Incent Registrarii, etc., hora curie Delegatorum, etc.

Continuatum[1] est certificatorium usque in hunc diem. Quibus die et loco facta preconizatione ejusdem Thome Morrys citati, etc., et non comparentis, nec ullam causam rationabilem aut legitimam allegantis seu allegari facientis quare privari non debeat, etc., dominus pronunciavit eum contumacem et in penam contumacie sue hujusmodi decrevit procedendum fore ad probationem sententie diffinitive contra eundem Thomam Morrys. Quam quidem sententiam tunc ibidem dominus legit tulit et promulgavit, pronunciando declarando et cetera faciendo prout in eadem continetur. Presentibus tunc ibidem Magistris Valentino Dale Willelmo Aubery Richardo Mitch legum doctoribus et multis aliis tum doctoribus tum procuratoribus Testibus. Tenor dicte Sententie diffinitive sequitur in hec verba.

[*Sentence of Deprivation of the said Rector of Henley: June 28, 1563.*]

SENTENTIA DEPRIVATIONIS DICTI RECTORIS DE HENLEY.

In Dei Nomine, Amen. Nos Thomas Yale legum doctor Reverendissimi in Christo patris et domini domini Matthei, etc., Ad quem omnis et omnimoda Jurisdictio Spiritualis,

---

[1] The same Latin heading as above is repeated against this paragraph in the Register.

etc. Vicarius in spiritualibus generalis et Officialis principalis legitime constitutus, In quodam privationis et destitutionis negotio contra Thomam Morrys clericum Rectorem ecclesie parochialis de Henley super Thamisim dicte Oxoniensis diocesis rite [Fo. 189.] et legitime procedens. Quia tam ex fidedigna relatione famaque publica et facti notorietate referentibus et insinuantibus quam etiam ex aliis probationum generibus apud Registrarium nostrum existentibus comperimus et invenimus luculenter eundem Thomam Morrys Rectorem antedictum sese ab eadem ecclesia sua parochiali sine ulla causa rationabili et absque ulla dispensatione sive licentia legitima in ea parte habita et obtenta per nonnullum tempus contra sacros canones ecclesiasticas consuetudines et hujus Regni Anglie jura absentasse curamque animarum parrochianorum ibidem illi in Domino commissam inofficiatam reliquisse in Dei optimi maximi gravem offensam anime sue et parrochianorum sue tutele commissorum grave periculum aliorumque Christi fidelium perniciosum exemplum : Cumque nos eundem Thomam Morrys sic cessantem et non residentem auctoritate nostra, quatenus eidem sive ecclesie parochiali ac cure animarum parrochianorum ibidem in persona sua propria inservire Verbumque Dei ac Sacramenta parrochianis ibidem ministraret Ceteraque officio suo ac dicte ecclesie sue parochiali imminentia et incumbentia diligenter prout de jure tenebatur perageret et perimpleret, atque personalem et corporalem suam residentiam in eadem sua ecclesia juxta juris exigentiam infra certum legitimum et peremptorium terminum sibi in hac parte assignatum jam effluxum faceret, primo secundo et tercio et peremptorie per mandatarium nostrum idoneum legitime moneri et citari fecerimus : Et tamen prefatus Thomas Morrys monitionibus nostris hujusmodi in aliquo parere non curavit nec curat in presenti, sed sese ab eadem ecclesia sua parochiali contumaciter (ut prius) absentavit et etiam nunc absentat, eandem ecclesiam tanquam desertam et vacuam derelinquendo et dimittendo : Idcirco nos Thomas Yale legum doctor Vicarius in spiritualibus generalis antedictus, Christi nomine primitus invocato ac ipsum solum Deum oculis nostris preponentes, sepedictum Thomam Morrys se a prefata ecclesia sua parochiali per nonnihil temporis spacium sine causa rationabili aut licentia vel dispensatione legitima inde petita et obtenta contra sacros canones ecclesiasticas consuetudines et hujus Regni Anglie jura absentasse, curamque animarum parrochianorum ibidem ei in domino commissam contra debitum officii sui deseruisse, posteaque eundem

Thomam Morrys per nos primo secundo et tertio rite legitime et peremptorie modo (quo prefertur) monitum et citatum fuisse et esse ad deserviendum cure animarum parrochianorum in eadem ecclesia ac ad faciendum in dicta ecclesia sua parrochiali personalem suam residentiam infra terminum ad id competentem et de jure in hac parte assignatum et tamen hujusmodi monitionibus nostris non paruisse nec parere, sed se ab eadem ecclesia sua et cura animarum parrochianorum ejusdem (premissis non obstantibus) subduxisse et absentasse ac sic se subducere et absentare impresenti, ac eandem ecclesiam suam inofficiatam reliquisse et relinquere pronunciamus decernimus et declaramus; Igitur, ne dicta ecclesia parochialis de Henley super Thamesim pastoris idonei solatio destituta gravis† indies magis et magis malum patiatur, animarumve cura ibidem per contumaciam et negligentiam ejusdem Thome Morrys penitus negligatur, sepedictum Thomam Morrys prefata sua ecclesia parochiali de Henley super Thamesim cum suis juribus et pertinenciis universis ex causis premissis et aliis legitimis nos in hac parte juste moventibus privandum et destituendum fore pronunciamus, ac ab eadem ecclesia eum amovemus et deprivamus per hanc nostram sentenciam diffinitivam sive hoc nostrum finale decretum quam sive quod ferimus et promulgamus in hiis scriptis.

Lecta lata et promulgata fuit hec sentencia diffinitiva per prenominatum Magistrum Thomam Yale xxviii° die mensis Junii anno domini MDLXIII in loco consistoriali ecclesie cathedralis Divi Pauli Londonie hora curie Delegatorum, etc., in presentia mei Edwardi Orwell notarii publici deputati Magistri Johannis Incent Registrarii, etc., Presentibus tunc ibidem Magistris Valentino Dale, Willelmo Auberey, Richardo Mitche legum doctoribus et multis aliis tum doctoribus tum procuratoribus, etc., testibus, etc.

HENLEY SUPER THAMESIN INSTITUTIO.

Julii 1, 1563.   Will. Barker, cl., Henley super   Tho. Morrys, cl.,
            A.B.   Thamesin, R.   depriv.

   Patr. Edmundus Roffen. episcopus.   Script. Archid. Oxon. ad induc.

[*Commission to vindicate convict clerks: June 18, 1564.*]

COMMISSIO AD VENDICANDUM CLERICOS CONVICTOS.

    Mattheus, etc. [*the usual style*, sede vacante], dilectis [Fo. 189ᵛ·] nobis in Christo Willelmo Petyner Johanni Wright Edmundo Wolfe Hugoni Shepley et Henrico Dotyne

Archiepiscopi Cantuariensis. 255

artium magistris necnon Hugoni Henshawe Olivero Garnet Johanni Foxley ac Willelmo More clericis salutem graciam et benedictionem. Ad vendicandum admittendum et recipiendum quoscumque clericos de et super feloniis quibuscunque in et per civitatem et diocesim Oxoniensem impetitos indictatos sive convictos ad beneficium et privilegium clericale in casibus a jure consuetudine ac hujus Regni Anglie statutis admissis et approbatis, ac prefatos clericos ad castrum solitum duci faciendum, eisque purgationes legitimas judicandum, ac ipsos secundum jura et statuta hujus Regni ac privilegium clericale in hac parte indultum et concessum liberandum et liberari faciendum, Ceteraque omnia et singula alia faciendum exercendum et expediendum que in premissis et circa ea necessaria fuerint seu quomodolibet opportuna, Vobis, de quorum fidelitatibus in hac parte confidimus, conjunctim et divisim committimus vices nostras et plenam in domino tenore presentium concedimus potestatem ; vosque commissarios nostros ad omnia et singula premissa exequendum conjunctim et divisim ordinamus deputamus et constituimus per presentes. In cujus rei testimonium sigillum nostrum presentibus apponi fecimus. Data xviii⁰ die mensis Junii anno Domini MDLXIV⁰.

[*Institutions.*]

Dec. 1, 1564. Will. Maister, cl.   Shipton vnder Wichewood, V.P.   Rad. Wyllett, cl., resign.

    Patr. Johan. Foxe, S.T.P., preb., prebende de Shipton in eccles. Cath. Sarum (ratione et pretextu dicte prebende). Script. Archid. Oxon. ad induc.

Mar. 22, 1564. Joh. Barker, Can- tab. scholar.   Byxgybwyn et Byxbrond R.   David Marlis, cl., depriv.

    Patr. Georg. Mantell, gener. (ratione advoc. per Franciscum Stoner militem eidem concesse) hac vice. Per proc. Will. Grey. Script. Archid. Oxon. ad induc.

Junii 6, 1565. Christoph. Al- nott, cl.   Rotherfeld Greys, R.   Alex. Clarke, cl., mort.

    Patr. Francisc. Knowles miles vice camerarius Hospitii domine Regine. Script. Archid. Oxon. ad induc.

Maii 19, 1561. Mag. Joh. Ken- nal, LL.D.   Archid. Oxon. in eccles. Cath. Oxon.   Walter Wright, LL.D., mort.

    Patr. Arthur Pyttes (vigore concessionis ei et Thome Bridges, armigero, et Johanni Wright yoman per Robertum nuper Oxon. episcopum facte) hac vice. Script. fuit Decano et capitulo ecclesie Cath. Oxon.

seu eorum vicegerentibus, etc., ad installandum. (*With the clause* "Stallum in choro".)[1]

[Fo. 190.]

[*Presentation to the Deanery of the Cathedral Church of Oxford: Apr. 28, 1567.*]

Presentatio ad Decanatum Ecclesie Cathedralis Oxonie.

Elizabeth Dei gracia Anglie Francie et Hibernie Regina fidei Defensor, etc., Reverendissimo in Christo Mattheo eadem gracia Cantuariensi Archiepiscopo tocius Anglie Primati et Metropolitano Ad quem omnis et omnimoda jurisdictio spiritualis, etc., vestrove Vicario in spiritualibus generali aut alii cuicunque potestatem et auctoritatem sufficientem in hac parte habenti salutem. Ad Decanatum sive dignitatem Decanalem ecclesie Cathedralis Christi Oxoniensis ex fundacione felicissime memorie domini Henrici Octavi nuper Regis Anglie Patris nostri preclarissimi existentis per liberam et spontaneam resignationem Magistri Thome Godwyn sacre theologie professoris ultimi et immediati Decani ibidem modo vacantem et ad nostram presentacionem donacionem et liberam dispositionem pleno jure spectantem Dilectum et fidelem subditum nostrum Thomam Cowper sacre theologie professorem vobis nominamus et presentamus per presentes; Rogantes et requirentes quatenus prefatum Magistrum Thomam Cowper ad dictum Decanatum sive dignitatem decanalem admittere, atque Decanum ejusdem ecclesie Cathedralis preficere, et in eadem instituere et investire cum suis juribus dignitatibus preeminentiis prerogativis et pertinenciis universis, Ceteraque peragere et perimplere que vestro in hac parte incumbunt officio pastorali velitis cum favore. In cujus rei testimonium has literas nostras fieri fecimus patentes. Teste me ipsa apud Westmonasterium vicesimo octavo die mensis Aprilis anno regni nostri nono.

Per breve de privato sigillo.   Hawfeld.

[*Institution of the Deanery of Christchurch Cathedral, Oxford: April 30, 1567.*]

Institutio Decanatus Ecclesie Cathedralis Christi Oxoniensis.

Mattheus permissione, etc., Ad quem omnis et omnimoda jurisdictio, etc. Dilecto nobis in Christo Magistro Thome Cowper Sacre Theologie Professori Salutem graciam et benedictionem. Ad Decanatum sive dignitatem Decanalem Ecclesie Cathedralis

---

[1] At the bottom of f. 186 there is the note "Institutio Archidiaconatus Oxonie scribitur in quarto folio sequente".

Christi Oxoniensis ex fundacione felicissime memorie domini Henrici octavi nuper Regis Anglie existentis per liberam et spontaneam resignacionem Magistri Thome Godwyn sacre theologie professoris ultimi et immediati Decani ibidem in manus nostras factam et per nos admissam jam vacantem, Ad quam per illustrissimam in Christo principem et dominam nostram dominam Elizabetham dei gracia Anglie Francie et Hibernie Reginam Fidei Defensorem, etc., dicti Decanatus sive dignitatis decanalis veram et indubitatam (ut dicitur) patronam nobis presentatus existis, te admittimus; Teque, primitus non solum de legitima et canonica obedientia nobis et successoribus nostris ac episcopo Oxoniensi pro tempore existenti in omnibus licitis et honestis mandatis per te prestanda et exhibenda ac de bene et fideliter observando statuta et ordinaciones ac legitimas et approbatas consuetudines ecclesie cathedralis Christi Oxoniensis predicte quatenus te ratione ejusdem Decanatus concernunt, Verumetiam de renunciando refutando et recusando omnem et omnimodam potestatem auctoritatem jurisdictionem et superioritatem foraneas, ac de recognoscendo regiam supremam potestatem in causis ecclesiasticis et temporalibus, juxta et secundum vim formam et effectum statuti Parliamenti hujus incliti regni Anglie in ea parte editi et provisi, ad sancta Dei Evangelia rite juratum, Decanum ejusdem ecclesie preficimus et in eodem instituimus et canonice investimus eum suis dignitatibus prerogativis preeminentiis juribusque et pertinentibus universis; Stallum in Choro ac locum et vocem in capitulo ecclesie cathedralis Christi Oxonie predicte ad eundem Decanatum sive dignitatem decanalem spectantia et pertinentia ac Decano ibidem hactenus assignari solita et consueta tibi harum serie assignantes et limitantes, juribus nostris Archiepiscopalibus et ecclesie cathedralis Christi Oxoniensis predicte dignitatibus et honoribus in omnibus semper salvis. In cujus rei testimonium sigillum nostrum presentibus apponi fecimus. Data in Manerio nostro de Lambehith ultimo die mensis Aprilis anno domini MLXVII et nostre consecrationis anno octavo.

[Mandate to induct: April 30, 1567.]

MANDATUM AD INDUCENDUM.

Mattheus, etc., ad quem, etc. (*usual style* sede vacante) dilectis nobis in Christo Vicedecano et Capitulo Ecclesie Cathedralis Christi Oxoniensis ex fundatione, etc. (*as above*), seu eorum vicegerentibus

quibuscunque salutem graciam et benedictionem. Cum nos alias dilectum nobis in Christo Magistrum Thomam Cowper sacre theologie professorem ad Decanatum sive dignitatem decanalem ecclesie cathedralis Christi Oxonie predicte per liberam et spontaneam resignacionem Magistri Thome Godwyn sacre theologie professoris, etc., vacantem, ad quam per, etc. (*as above* mutatis mutandis) admiserimus, Ipsumque Decanum ejusdem ecclesie prefecerimus et in eodem instituerimus canonice et investiverimus cum suis juribus et pertinenciis universis; Vobis igitur con-
[Fo. 190ʳ·] junctim et divisim committimus et firmiter injungendo mandamus, quatenus memoratum Magistrum Thomam Cowper in Decanum Ecclesie Cathedralis predicte recipiatis et admittatis, et eidem tanquam Decano vestro et ejusdem ecclesie in omnibus et per omnia debite pareatis et obediatis, Ipsumque seu procuratorem suum legitimum ejus nomine et pro eo in realem actualem et corporalem possessionem dicti Decanatus juriumque dignitatum prerogativarum preeminentiarum et pertinentium suorum universorum quorumcunque inducatis et installetis; Necnon stallum in Choro ac locum in Capitulo ecclesie cathedralis Christi Oxonie predicte ad Decanum ibidem pro tempore existentem spectantia et pertinentia ac eidem assignari solita et consueta prefato Magistro Thome Cowper effectualiter assignetis et limitetis. Et quid in premissis feceritis nos aut Vicarium nostrum in spiritualibus generalem sive Officialem principalem cum ad id ex parte prefati Magistri Thome Cowper congrue fueritis requisiti debite et autentice certificet ille vestrum qui presens nostrum mandatum fuerit executus prout decet. In cujus rei testimonium sigillum nostrum presentibus apponi fecimus. Datum in manerio nostro de Lambehith ultimo die mensis Aprilis anno domini MDLXVII et nostre consecrationis anno septimo.

[*Administrations of intestates granted at London during the vacancy.*]
ADMINISTRACIONES AB INTESTATO DECEDENTIUM LONDONI COMMISSE TEMPORE VACATIONIS IBIDEM.

[*Administration of the goods of Nicholas Wyrgge.*]
ADMINISTRACIO BONORUM NICHOLAI WYRGG.—Quarto die mensis Februarii anno domini MDLIX commissa fuit administracio bonorum Nicholai Wyrgge nuper parochiani de Tame Oxoniensis diocesis ab intestato defuncti Joanne ejus relicte primitus in forma juris consueta in persona Georgii Lordinge literati procuratoris sui

jurate; salvo jure, etc. Et habet pro Inventario citra festum Pasche proximum.

[*Account of the goods of the said Nicholas Wrigge.*]

COMPOTUS BONORUM DICTI NICHOLAI WRIGGE.—Th'accompte of Joane Wrigge the wief and administratrix of all and singler the goodes, Cattalles, and debtes of Nicholas Wrigg, late of Thame, in the Countie and dioces of Oxford, deceased, made as well of all such goodes, Cattalles, and debtes of the said Nicholas as came to her handes and possession ; As also of all such paymentes and other chardges as have ben by her layed owte and disbursed of the same goodes, Cattalles, and debts, hereafther followeth.

The said accomptannte doth accompte and chargeth her selfe with the somme of iiij*li.* iij*s.* iiij*d.* for the price and value of all and singler the moveable goodes of the said Nicholas Wrygge, deceased, comprised and specified in an Inventary therof made, and to this accoumpte annexed—iiij*li.* iij*s.* iiij*d.*

Whereof Payed and satisfied by this accoumptannte for the charges of the funeralls of the said Nicholas Wrigge, viz. : the shrowde, the Pytte, and for other charges appearinge by the perticulers—vj*s.* i*d.*

Item, paid and satisfied by the said accomptannte to Thomas Banister, of Thame aforesaid executor of the testament of Robert Redman deceased, the Somme of iij*li.* of currant money of England for the Residewe of iiij*li.* for the dewe debte of the said Nicholas Wrigge, deceased, as by an obligacion wheron the said Nicholas stode bounde to the said Robert Redman for the payment therof shewed and exhibited vppon this accoumpte appereth—iij*li.*

Item, paid and satisfied by the said accomptante to George Lordinge the somme of v*li.* xj*s.* viij*d.* for the dewe debte of the said Nicholas Wrygge, as appereth by two severall bylles wherin the said Nicholas Wrygge stode bounde to the said George Lordynge for the payment of the said Somme. As by the same bylles and th'acquitannce of the said George Lordinge shewed and exhibited vppon this accompte appereth—v*li.* xj*s.* viij*d.*

Item, payed by the said accomptannte for the lettres of administration an obligacion a proxci for the makinge of this accoumpte, with other like charges—v*s.*

Summa totall of the payments abovesaid—ix*li.* iij*s.*† ix*d.*

And so this accomptaunte is in surplusage—v*li.* v*d.*

Exhibitus fuit hujusmodi compotus per Georgium Lordinge procuratorem Joanne Wrigge Administratricis, etc., ultimo die mensis Martii anno domini 1560 pro pleno et vero computu, etc. Et tunc, prestito per ipsum Georgium Lordynge in animum dicte Joanne Wrygge juramento de veritate dicti computus, Magister Thomas Yale Vicarius in spiritualibus generalis reverendissimi domini Archiepiscopi Cantuariensis, etc., dimisit ipsam ab ulteriore computo, etc., salvo jure cujuscunque. Acta in presentia mei Johannis Incent notarii publici, etc.

[Fo. 191.]

WILLELMUS SAROWE.[1] Septimo die mensis Novembris anno domini 1561 commissa fuit administracio bonorum Willelmi Skarowe nuper de Hampton Powell Oxoniensis diocesis ab intestato defuncti Miloni Skarowe et Hugoni Skarowe proximis consanguineis, viz., fratribus naturalibus et legitimis dicti Willelmi, primitus de bene, etc., in forma juris in persona Georgii Harrison notarii publici juratis, salvo jure, etc. Et habent pro Inventario ij^{do} Hyllarii proximo, etc.

ANDREWE CROKFORD. xv^{to} die mensis Maij anno domini 1564 commissa fuit administratio bonorum Andree Crokford nuper parochie de Henley super Thamesim Oxoniensis diocesis ab intestato defuncti Juliane Crokford ejus sorori, primitus de bene [etc.], in forma juris jurate, salvo jure, etc. Et habet pro Inventario ij^{do} Fidis.

JOHANNES HOWELL. xvij^{o} die mensis Octobris anno domini 1565 commissa fuit administracio bonorum Johannis Howell nuper parochie de Isteley Oxoniensis Diocesis ab intestato defuncti Willelmo Howell fratri naturali dicti defuncti, in forma juris rite jurato, salvo jure, etc. Et habet pro Inventario citra festum Natalis Domini proximo futurum.

[Fo. 191.]

CICESTRENSIS.

[*Vacancy of the See of Chichester through the death of William Barlow, 1568.*]
VACATIO SEDIS EPISCOPALIS CICESTRENSIS PER MORTEM BONE MEMORIE DOMINI WILLELMI BARLOWE ULTIMI EPISCOPI IBIDEM ANNO DOMINI MDLXVIII.

---

[1] *Sic* in marginal heading.

[*Commission for the exercise of the Jurisdiction of the Archdeaconry of Lewes.*]
COMMISSIO PRO EXERCITIONE JURISDICTIONIS ARCHIDIACO-
NATUS LEWENSIS.

Mattheus, etc., ad quem omnis et omnimoda Jurisdictio, etc., dilectis nobis in Christo Magistro Thome Yale legum doctori ac nostro in spiritualibus vicario generali et officiali principali [et] Ricardo Kitson clerico ecclesie cathedralis Cicestrensis canonico salutem gratiam et benedictionem. Cum omnis et omnimoda Jurisdictio, etc., Nos de vestris sana doctrina consciencie, etc., confidentes vos commissarios et delegatos nostros ac Archidiaconatus Lewensis spiritualitatis custodes conjunctim et divisim preficimus ordinamus deputamus et constituimus per presentes. [*For form of the opening clauses see former commissions during vacancies.*] Ad cognoscendum igitur procedendum, etc., in omnibus et singulis causis, etc., in curia consistoriali Lewensi sive ex officio, etc., motis et intentatis [*for form see p. 181*] et in curia predicta pendentibus indecisis vel imposterum durante vacatione Sedis predicte movendis et intentandis, Ipsasque et ea cum suis incidentibus emergentibus annexis et connexis quibuscunque fine debito terminandum et finiendum; Contumaces autem et rebelles cujuscunque status sive condicionis fuerint (si quos inveneritis) per censuras ecclesiasticas compescendum, ac de et super vita moribus et conversatione ac etiam qualitatibus personarum in quibuscunque locis Archidiaconatus Lewensis degentium sive ministrantium modis, etc., efficacius, etc., investigandum; Criminosos vero, etc., tam clericos quam laicos, etc., etc., puniendum et corrigendum atque ad probatiores, etc., reducendum (*see Commission for Llandaff diocese, p. 227*); Testamenta etiam, etc., Administracionesque, etc., computos quoque, etc., ac eosdem executores, etc., finaliter dimittendum; Ecclesias etiam, etc., declarandum, pensionesque, etc., limitandum; Necnon clericorum et beneficiatorum, etc.,
[Fo. 191ᵛ·] examinandum, etc., et si quos, etc., dimittendum, etc., declarandum; Sinodosque, etc. Ac sinodalia, etc., recusantes, etc., cohercendum (*see p. 228*); Clericos quoscunque coram quibuscunque Justiciariis (*see p. 182*) liberandum; Omnemque et omnimodam jurisdictionem et possessionem nostras continuandum et nomine nostro et ecclesie nostre Christi Cantuariensis predicti continuandum et conservandum; Alium insuper seu alios in premissis et eorum quolibet locis vestris substituendum, ac ei sive eis vices nostras circa premissa in omnibus locis dicti Archidiaconatus Lewensis quotiens opus fuerit committendum, ac sub-

stitutos hujusmodi ad vestrum beneplacitum revocandum ; Et generaliter, etc.; Vobis conjunctim et cuilibet vestrum divisim vices et auctoritatem nostras committimus, etc.; Assumpto, etc., Johanne Incent notario publico, etc., in registrarium, etc. Mandando nihilominus quod, etc., de omni eo quod, etc., nos aut vicarium nostrum, etc., certificetisprout debet. *(Final clauses in usual form.)* In cujus rei testimonium, etc. Data in manerio nostro de Lambhith . . . . . .[1] die mensis . . . . . .[1] Anno Domini MDLXVIII et nostre consecrationis anno nono.

COMMISSIO AD EXERCENDUM JURISDICTIONEM ECCLESIASTICAM DIOCESI CICESTRENSI.

[*Commission to exercise ecclesiastical jurisdiction in the diocese of Chichester granted to Dr. Thomas Yale, John Igulden, and Thomas Fawden, S.T.B., and Richard Kitsonne, clerk, Canon of Chichester, for visiting the cathedral and city and diocese of Chichester, proving wills and granting administrations, etc. (as in* [Fo. 192.] *the Commission for Bangor, p. 234), proceeding in ecclesiastical causes (as in the Commission above), and assigning pensions, and examining clerks, and calling synods, and levying synodals, and the vindicating criminous clerks (as above), with power to appoint a substitute or substitutes. John Incent to be their registrar. Lambeth, August 20, 1568.*]

[Fo. 192-192ᵛ·]

COMMISSIO FACTA MAGISTRO HENRICO BARCLEY PRO EXCERCITIONE JURISDICTIONIS CIVITATIS ET DIOCESIS CICESTRENSIS.

[*Commission to Master Henry Barcley, LL.D., Advocate of the Court of Arches, to exercise the ecclesiastical jurisdiction in the city and diocese of Chichester in the same terms as the above. Dated Lambeth, May 11, 1569, and tenth year of the Archbishop's consecration.*]

[Fo. 192ᵛ·]

[*Commission to the Dean of the Rural Deanery of Hastings for the levying of Synodals there*: Sept. 18, 1568.]

COMMISSIO DECANI RURALIS DECANATUS DE HASTINGES PRO LEVACIONE SINODALIUM IBIDEM.

Mattheus, etc., ad quam, etc. *(in the usual form during a vacancy)*, dilecto nobis in Christo Thome Swayn clerico rectori

---
[1] Blank in Register.

ecclesie parochialis de Farleigh Cicestrensis diocesis Decano rurali decanatus de Hastinges salutem graciam et benedictionem. Cum ex officii debito decani rurales per diocesim Cicestrensem predictam pro tempore existentes retroactis temporibus a tempore immemorato sinodalia nobis sede episcopali ibidem jam vacante debita per decanatus eis respective assignatos colligere et levare ac de eisdem respondere consueverunt et tenentur, Tibi igitur committimus et firmiter injungendo mandamus Quatenus sinodalia per Decanatum tuum de Hastinges predictum pro anno jam instante in festo Sancti Michaelis Archangeli proximo futuro debita cum omni celeritate colligas et leves seu colligi et levari facias, Deque eisdem nobis citra Festum Sancte Luce Evangeliste proximo futurum respondeas. Et si quos ad dicta sinodalia solvendum astrictos eadem solvere inveneris inobedientes et recusantes, ipsos et eorum quemlibet auctoritate presentium cites seu citari facias peremptorie quod compareant et quilibet eorum compareat coram nobis vel Thoma Yale legum doctore et Ricardo Kitsome† commissariis nostris in et per totum Archidiaconatum Lewensem predictum aut eorum alteri in ecclesia parochiali Sancti Michaelis in Lewes hora causarum ibidem consueta die Sabbathi proximo ante festum Sancti Luce Evangeliste supradictum, causam raciona-
[Fo. 193.] bilem, si quam pro se habeant aut dicere sciant, quare pro inobediencia et contumaciis suis juxta juris ordinem et exigenciam puniri non debeant in debita juris forma dicturos et allegaturos, ulteriusque facturos et recepturos quod justicia in hac parte suadebit. Et quid in premissis feceritis nos sive commissarios nostros generales citra dictum festum Sancte Luce Evangeliste debite certifices sub pena contemptus. Data sub sigillo ad causas ecclesiasticas pro commissariatu Lewensi eo quod sigillum nostrum in presenti pre manibus non habemus, decimo octavo die mensis Septembris anno domini MDLXVIII.

Anno domini 1568 Sinodalia infra Decanatum de Hastinges. Ecclesia Sancti Clementis de Hastinges octodecim denarii. Ecclesia Omnium Sanctorum ibidem, xviij*d*. Ecclesia de Farleigh, xviij*d*. Ecclesia de Gestlinge, xviij*d*. Ecclesia de Pett, xviij*d*. Ecclesia de Rya, xviij*d*. Ecclesia de Ikelsham, xviij*d*. Ecclesia Sancti Thome in Winchelsey, xviij*d*. Ecclesia de Orea, xviij*d*. Ecclesia de Hollington, xviij*d*. Ecclesia de Bexhill, xviij*d*. Summa totalis, xvj*s*. vj*d*.

[*Acts of the offering of the mortuary due to the Archbishop on the death of the Bishop of Chichester: Feb. 5, 1568.*]

ACTA SUPER OBLATIONE MORTUARII REVERENDISSIMO POST MORTEM EPISCOPI CICESTRENSIS.

Decimo quinto die mensis Februarii anno domini MDLXVIII in ecclesia cathedrali Divi Pauli Londonie coram venerabili viro Magistro Thome Yale legum doctore reverendissimi in Christo patris et domini domini Matthei permissione divina Cantuariensis Archiepiscopi, etc., Vicario in spiritualibus generali et Officiali principali in presentia mei Johannis Incent notarii publici Registrarii principalis dicti reverendissimi patris comparuit personaliter Mr. Willelmus Overton sacre theologie professor, ac vice et nomine Agathee Barlowe relicte et executricis testamenti et ultime voluntatis bone memorie domini Willelmi Barlowe nuper Cicestrensis Episcopi obtulit se promptus et paratus ad satisfaciendum et realiter solvendum dicto reverendissimo patri omnia sigilla ac annulum secundo meliorem dicti nuper Episcopi Cicestrensis, eidem reverendissimo racione mortis ejusdem nuper Episcopi de jure consuetudine et prerogativa Ecclesie Christi Cantuariensis debita seu saltem ad debite componendum pro hujusmodi mortuario. Quam quidem oblacionem prefatus Magister Thomas Yale Vicarius in spiritualibus generalis antedictus vice et nomine dicti reverendissimi patris acceptavit ac dictum Magistrum Willelmum Overton sic presentem monuit ad satisfaciendum reverendissimo infra triduum. Ac super premissis jussit et requisivit me notarium publicum et Registrarium antedictum unum vel plura publicum seu publica conficere instrumentum sive instrumenta, etc.

[*Archbishop's Order for a View of Armour: May 19, 1569.*]

A COPPYE OF A LETTER SENTE TO THE COMMISSARY GENERALL OF THE DIOCESE OF CHICHESTER.

I commende me unto yowe. And whereas I have of late receyved commaundement from the Quene's highnes and her honerable Pryvie Counsaill to take order for a certen view to be hadd and with spede certified of Armour to be provided by the Clergie of my Province of Canterbery accordinge to the proportion and rate prescribed and vsed in the tyme of the Reignes of the late Kinge Phillippe and Quene Mary, whiche rate and proportion ys discribed in a Schedule herin inclosed; These are to will and requyre yowe furthwith to gyve order to the Clergie of the Diocese of Chichester for the spedy Performance of the Quene's Highnes commaundement in the premisses, willinge and commaundinge them and everie of them forthwithe to accomplishe the same as to their bounden dueties in that behalfe apperteynithe. And the saide vewe in that behalf to be taken according to the saide Rate and proportion spedelie to certifie vnto me at Lambheth, with the Names, Surnames and promocions of all that accordinge to the sayd Schedule be chargeable withe any suche provision. And thus fare ye hartelie well. From my howse at Lambheth the Nynetenethe of May. Anno Domini a Thowsande fyve hundred threeskore and nyne.

[*Certificate of the excommunication of Agnes Osborne: Nov. 17, 1569.*]

CERTIFICATORUM SUPER EXCOMMUNICATIONE AGNETIS OSBORNE.

Reverendissimo in Christo Patri et domino domino Mattheo providentia divina Cantuariensis Archiepiscopo tocius Anglie primati et Metropolitano Henricus Barcley legum doctor custos spiritualitatis in et per totam diocesim Cicestrensem sede Episcopali ibidem jam vacante auctoritate prefati reverendissimi patris, ad quem omnis et omnimoda jurisdictio, etc., legitime fulcitus obedienciam cum reverencia et honore. Cum nos in quadam causa diffamacionis sive convicii, que coram nobis in judicio inter Georgium Burnell parochie de Thackam Cicestrensis diocesis et juratum partem agentem ex una et Agnetem Osborne ejusdem diocesis et juratam partem ream et querelatam partibus ex altera aliquamdiu vertebatur et pendebat indecisa, rite et legitime procedentes, Sententiam quandam pro parte dicti Georgii ac contra eandem Agnetam in causa predicta tulerimus et promulgaverimus in scriptis diffinitivam, pcr quam inter cetera eandem Agnetem in expensis legitimis ex parte dicti Georgii factis et fiendis condempnaverimus: Ipsamque Agnetem ad solvendum expensas taxatas citra diem de jure competentem prefato Georgio seu ejus parti judicialiter monuerimus; necnon ad agendum penitenciam condignam ei per nos legitime injunctam; Ipsam igitur Agnetem hujusmodi monicionibus nostris parere minime curantem pronuntiaverimus contumacem ac in penam contumacie sue hujusmodi ad peticionem dicti Georgii excommunicaverimus eam in scriptis, justicia id poscente, ac ipsam sic excommunicatam fuisse et esse mandaverimus et fecerimus palam et publice denuntiare; Que quidem Agnes Osborne in hujusmodi excommunicationis sentencia per quadraginta dies et ultra stetit et perseveravit et adhuc perseverat animo pertinaci et indurato, claves sancte matris ecclesie nequiter contempnendo; Vestre igitur reverendissime paternitati humiliter supplicavimus quatenus ad ipsius Agnetis sic excommunicate obstinaciam reprimendam Regie Majestati pro ipsius corporis captione secundum Anglie consuetudinem hactenus in similibus usitatam scribere dignemini favore, ut quam Dei timor a malo non revocet tamen coherceat animadvertio Regie Majestatis. In cujus rei testimonium sigillum quo in [hac parte] utimur presentibus apponi fecimus. Datum decimo septimo die mensis Novembris anno domini Millesimo Quingentesimo Sexagesimo nono.

[*Notification to the Queen for the apprehension of the excommunicate.*]

SIGNIFICATIO REGIE MAJESTATI PRO EXCOMMUNICATAM CAPIENDO.

Illustrissime in Christo principi et domine nostre domine Elizabethe Dei gracia Anglie Francie et Hibernie regine Fidei defensori, etc. Mattheus permissione divina Cantuariensis Archiepiscopus tocius Anglie Primas et Metropolitanus, Ad quem omnis et omnimoda jurisdictio, etc., omnimodam reverenciam obedientiam et subjectionem in eo per quam Reges regnant et Principes dominantur. Vestre regie Sublimitati tenore presentium significamus Quod dilectus nobis in Christo Magister Henricus [Fo. 193ᵛ·] Barcley legum doctor, commissarius noster ad exercendam jurisdictionem spiritualem et ecclesiasticam infra diocesim Cicestrensem sede episcopali ibidem jam vacante legitime deputatus, in quadam causa diffamacionis sive convicii, que coram eo inter Georgium Burnell parochie de Thackham dicte Cicestrensis Diocesis partem agentem et querelantem ex una et Agnetem Osborne ejusdem Diocesis partem ream et querelatam partibus ex altera aliquamdiu vertebatur et pendebat indecisa (*as above mutatis mutandis*), pertinaci et indurato, jurisdictionem ecclesiasticam vestre regie Majestatis nequiter comtempnendo et contempnit in anime sue grave periculum, et aliorum Christi fidelium perniciosum exemplum in ecclesia Dei non ferendum.

Cum igitur jura ecclesiastica ulterius non habeant quod faciant in hac parte, vestre regie Sublimitati humiliter supplicamus et rogamus Quatenus ad ipsius Agnetis sic ut premittitur excommunicate et pro excommunicata publice denuntiate obstinanciam reprimendam brachium velitis auxilii vestri secularis extendere ac pro corporis capcione et carcerali mancipacione vestris[1] scribere juxta et secundum hujus incliti regni vestri Anglie statuta et consuetudinem laudabilem in talibus hactenus usitatam graciose dignemini, ut quam Dei timor a malo non revocat saltem severior vestre[2] serenissime regie Majestatis animadvertio castigatio cohercent et ad correctionem reducat. Sicque clementissimam vestram regiam Sublimitatem ad populi sui felix regimen diu conservet in prosperis dextra Dei omnipotentis. In cujus rei testimonium sigillum nostrum presentibus apponi fecimus. Datum ———[3] die mensis ———[3] anno domini MDLXIX.

[*A similar notification for the apprehension of an excommunicate : Jan. 6, 1569/70.*]
ALIA SIMILIS SIGNIFICATIO PRO EXCOMMUNICATO CAPIENDO.

Illustrissime in Christo, etc., Mattheus, etc., etc. *(as above)*, significamus quod dilectus nobis in Christo Magister Henricus Barcley legum doctor Custos, etc., sufficienter constitutus in quadam causa subtractionis decimarum, que coram eo inter Johannem Androwe clericum Rectorem ecclesie parochialis de Earnley predicto partem ream et partem agentem et querelantem ex una Elenoramque Tunstall viduam parochie de Earnley predicto partem ream et querelatam partibus ex altera nuper vertebatur et pendebat indecisa, rite et legitime procedens Sentenciam quandam pro parte prefati Johannis Androwe et contra memoratam Elenoram Tunstall legit et promulgavit in scriptis diffinitivam, per quam inter alia antedictam Elinoram Tunstall in quibusdam decimis per eam injuste subtractis necnon in expensis legitimis per partem ejusdem Johannis Androw in hujusmodi causa factis et fiendis condempnavit, Ipsamque Elenoram propter suam manifestam contumaciam in non solvendo eidem Johanni Androwe tam sortem principalem quam expensas hujusmodi in dicta causa adjudicatas et taxatas citra quendam peremtorium terminum sive diem in ea parte prefixum juxta monitionem legitimam eidem Elinore Tunstall in ea parte factam rite et legitime excommunicavit et pro excommunicatam palam et publice denunciari et declarari mandavit et fecit. Que quidem Elinora in hujusmodi excommunica-

---
[1] "Ministris" or some other word is missing in Register.
[2] Repeated in Register.
[3] Blanks in Register.

tionis sentencia per quadraginta dies et ultra citra denunciationem ejusdem stetit et perseveravit animo pertinaci et indurato Jurisdictionem ecclesiasticam nequiter comtempnendo et contempnit in aliorum Christi fidelium exemplum pernitiosum.

Cum igitur Jurisdictio vestra ecclesiastica ulterius non habeat quod faciat in hac parte vestre igitur Regie sublimitati humiliter supplicamus Quatenus ad ipsius Elinore Tunstall contumaciam in hac parte reprimendam brachium auxilii vestri secularis extendere ac ministris vestris pro captione corporis ejusdem Elenore et carcerali mancipacione ejusdem scribere dignemini juxta leges et consuetudines laudabiles hujus regni Anglie, ut quam Dei timor a malo non revocet saltem severior vestre regie Majestatis castigacio coherceat et ad correctionem reducat. Et sic Deus Optimus Maximus vestram regiam Majestatem ad populi sui felix regimen diu conservet in prosperis. In cujus rei testimonium sigillum nostrum presentibus apponi fecimus. Datum in manerio nostro de Lambhith decimo sexto die mensis Januarii anno domini juxta computacionem ecclesie Anglicane MDLXIX.

[*Another certificate against an excommunicate*: *Aug. 11, 1569/70.*]

ALIUD CERTIFICATORIUM CONTRA EXCOMMUNICATUM.

Reverendissimo in Christo Patri et domino domino Mattheo permissione divina, etc., ad quem, etc. *(usual style during a vacancy)*, vestroque Vicario in spiritualibus generali et officiali principali aut alii cuicunque in hac parte auctoritatem habentibus vester humilis et devotus Henricus Barcley legum doctor Commissarius vester ad exercendum jurisdictionem spiritualem et ecclesiasti-[Fo. 194] cum infra diocesim Cicestrensem sede episcopali ibidem vacante sufficienter et legitime constitutus omnimodam reverenciam et obedienciam debitas cum honore. Vestre reverendissime paternitati tenore presentium certificamus Quod quedam Johanna Shoulder virgo nuper de Chaleigh dicte Cicestrensis Diocesis fuit et est alias propter suam manifestam contumaciam in non comparendo coram nobis certis die hora et loco competentibus jam effluxis, Ad quos legitime citata extitit cuidam Thome Virgo de Caleigh *(sic)* predicto in quadam causa matrimoniali de justicia responsura, Majoris excommunicacionis sentencia merito innodata et involuta ac pro excommunicata publice et solemniter denuntiata. In qua quidem excommunicationis sic denunciata sentencia per quadraginta dies et ultra post denunciationem ejusdem perseveravit et adhuc perseverat animo pertinaci et indurato, jurisdictionem ecclesiasticam nequiter contempnendo et comtemnit in anime sue grave periculum aliorumque Christi fidelium pernisiosum exemplum in ecclesia Dei non ferendum.

Cum igitur nostra ecclesiastica jura ulterius non habeant quod faciant in hac parte vestram reverendissimam paternitatem cum omni humilitate [et] obediencia supplicamus quatenus dicte serenissime regie Majestati scribere dignemini cum favore ad ipsius Johanne Shoulder obstinanciam reprimendam, quatenus brachium suum velit auxilii sui secularis extendere et pro corporis ipsius Johanne Sholder captione scribere secundum sui regni Anglie laudabilem et antiquam consuetudinem in talibus hactenus usitatam graciose dignaretur, ut quam Dei timor a malo non revocat saltem coherceat animadvertio regie sue Majestatis. Datum sub sigillo quo in hac parte utimur undecimo die mensis Januarii anno domini juxta computacionem ecclesie Anglicane MDLXIX.

[*Notification to the Crown.*]

Vicesimo sccundo die mensis Januarii anno domini MDLXIX scriptum fuit regie Majestati per infrascriptum reverendissimum patrem pro corporis capcione retronominate Johanne Shoulder.

[*Certificate to the Barons of the Exchequer concerning the death of a Rector: Nov. 26, 1568.*]

CERTIFICATORIUM FACTUM BARONIBUS SCACCARII DE MORTE RECTORIS.

Honorabilibus viris dominis Baronibus Curie Scaccarii illustrissime in Christo principis et domine nostre domine Elizabethe Dei gratia Anglie Francie et Hibernie Regine Fidei Defensoris etc., et ejusdem Curie Thesaurario ceterisque in eadem a consiliis Mattheus permissione divina Cantuariensis Archiepiscopus tocius Anglie Primas et Metropolitanus ad quem omnis et omnimoda Jurisdictio spiritualis, etc., salutem in domino sempiternam ac fidem indubiam presentibus adhiberi. Vobis tenore presentium significamus et certificando innotescimus quod, scrutatis diligenter de mandato nostro juxta tenorem brevis regii presentibus annexi registris et archivis nostris sub custodia Registrarii nostri principalis existentibus et fideliter custoditis, comperimus et luculenter invenimus Quod Willelmus Tylman clericus in eodem brevi regio nominatus nuper Rector ecclesie parochialis de Crowherst in Comitatu Sussexie dicte Cicestrensis Diocesis decimo octavo die mensis Junii anno domini MDLXVIII, uti ex fidedigno testimonio quorundam parochianorum de Crowherst predicto penes Registrarium nostrum existente informamur, mortem obiit et ab hac luce migravit ; Quodque prefata Rectoria sive ecclesia parochialis de Crowherste predicto proximo ante obitum prefati Willelmi Tilman post mortem naturalem Willelmi Savell quondam Rectoris ibidem vicesimo secundo die mensis Septembris anno domini 1567 vacare contingebat : Quod quidem Willelmus Savell dicto vicesimo secundo die mensis Septembris anno Domini 1567 suprascripto infra parochiam de Crowherst predicto mortem obiit et diem suum clausit extremum, prout ex fidedigno [testimonio][1] parochianorum de Crowherst predicto nobis facto et penes Registrarium nostrum remanente manifeste liquet et apparet. Que omnia et singula premissa ita se habere vobis harum serie duximus significandum. In cujus rei testimonium sigillum nostrum presentibus apponi fecimus. Data in Manerio nostro de Lambheth xxvj^{to} die mensis Novembris anno domini MDLXVIII et nostre consecracionis anno nono.

[*Royal writ of certiorari concerning the death of the Rector: Nov. 24, 1569.*]
BREVE REGIUM DE CERTIORARI SUPER MORTE RECTORIS.

Elizabeth Dei gratia Anglie Francie et Hibernie Regina Fidei Defensor, etc., reverendissimo in Christo patri Mattheo, etc., salutem. Volentes certis de causis quod Barones de Scaccario nostro per vos certiorarentur[tam] quibus die et anno quidam Willelmus Tylman clericus Rector ecclesie de Crowherst in Comitatu Sussex infra diocesim Cicestrensem ab hac luce migravit, quam quibus die et anno eadem Rectoria proximo ante obitum ejusdem Willelmi vacare contigerit, Vobis mandamus quod diligenti indagine scrutetis in registris et aliis archivis vestris premissa tangentibus quibuscunque [et] quicquid inde inveneritis prefatos Barones nostros apud Westmonasterium in quindena Sancti Martini proximo futura sub sigillo vestro auctentico distincte luculenter et aperte in pergameno fideliter scriptum certiores reddatis unacum presentibus. Teste Edwardo Saunders milite apud Westmonasterium xxiiij^{to} die Novembris anno regni nostri undecimo. Godfrey.

Reverendo in Christo patri Mattheo, etc., ad certiorandum pro Regina quindena Sancti Martini proximi.

---

[1] Omitted in Register.

[*Royal writ for sequestering the fruits of Benefices: Feb. 13, 1570.*]
BREVE REGIUM AD SEQUESTRANDUM FRUCTUS BENEFICIORUM.

Elizabethe† Dei Gracia, etc., reverendo in Christo patri et domino domino Mattheo, etc. (*as above*), salutem. Quia datum est nobis intelligi quod incumbentes in quadam schedula presentibus annexa contenti et specificati in eorum seperalia beneficia et promociones spirituales in dicta schedula contenta seper-
[Fo. 194ᵛ·] aliter ingressi sunt fructusque decimas et emolumenta ecclesiastica inde percipiunt, nulla pro primitiis inde ut statuta nostra exigunt composicione aut solucione nobiscum habita: Nos igitur volentes eosdem seperales incumbentes et eorum quemlibet contempti et neglecti officii sui debite afficere pena certis de causis nos specialiter moventibus, ac de fidelitate et providis circumspectionibus vestris plurimum confidentes, assignavimus vos ac nihilominus volumus et mandamus, Quod immediate super visum hujus brevis nostri sequestretis et in manus nostras seisiri faciatis omnia et singula redditus revenciones exitus proficua fructus commoditates glebas decimas oblaciones penciones porciones et alia emolumenta et proficua quecunque hujusmodi incumbentium in schedula predicta mencionatorum ibidem adhuc degentium nobis ut predicitur indebitorum pro hujusmodi beneficiis et promocionibus suis in eadem schedula nominatis spectantia et pertinentia, in quorumcunque manibus possessione sive occupatione illa vel eorum aliqua modo existunt aut imposterum existent: Intimetis publicetis et declaretis hanc sequestracionem nostram auctoritate factam talibus temporibus locis et hujusmodi personis prout vobis maxime videbitur expedire: Incumbentesque separalium beneficiorum ac promocionum spiritualium in schedula predicta mencionatos et eorum firmarios tenentes et occupantes fructus decimas et emolumenta ac cetera premissa cum pertinenciis superius recitata et specificata vobis seu vestris deputatis in hac parte tenore presentium per vos appunctuandis solvere negligentes et contradicentes attachiatis et capiatis seu sic attachiare et capi per deputatos vestros faciatis et causetis per corpora sua, ubicunque fuerint inventi aut eorum aliquis fuerit inventus.[1] Ita quod corpora eorum habeantur coram Baronibus de Scaccario nostro apud Westmonasterium in quindena Pasche proximo future, ad faciendum et recipiendum quod curia nostra tunc et ibidem suadebit in hac parte. Ac insuper petatis exigatis levetis colligatis

---

[1] This phrase is written twice in the register.

et in manus nostras recipiatis a quibuscunque tenentibus firmariis et occupatoribus dictorum seperalium beneficiorum ac promocionum spiritualium et eorum cujuslibet et persónis in schedula predicta mencionatis hujusmodi promocionum in eadem schedula specificatarum adhuc incumbentibus omnia redditus reventiones et proficua et alia emolumenta et quecunque commoda pro nobis et ad usus et commoditates nostras, illaque omnia et singula et quamlibet inde parcellam insimul aut separatim in usus et emolumenta nostra reponatis et servetis omnino : Bona vero et cattalla si que forte fuerint peritura majori commodo nostro vendantur : Ceteraque que de jure exigere poteritis peragatis quo separalium premiciarum dictorum seperalium beneficiorum in schedula antedicta contentorum plenariam solucionem expedicius accelerare poteritis: Huicque mandato nostro eousque instetis donec et quousque aliud inde habueritis in mandatis. Ac coram Baronibus de Scaccario nostro predictis preceptorum vestrorum ratiocinium et calculum ad usum nostrum citra quindenam Pasche predicte reddatis. Assignavimus et constituimus vos aliosque discretos ac boni nominis viros qui vobis approbati et commodi videbuntur collectores et receptores in premissis. Et si aliquis vel aliqui hujusmodi incumbentium in schedulis predictis mencionatorum beneficio et promocione spirituali, in quo supponebat esse incumbens, renuntiaverit aut cesserit aut alicui spirituali promocioni spirituali remotus fuerit, Tunc diligenter inquiratis quo terrarum orbe ipse modo moram trahit et qua de causa idem sic cesserit et renuntiaverit. Certiores igitur reddatis Barones nostros predictos ad diem et locum predictos quid feceritis in premissis, remittendo Baronibus nostris predictis presens mandatum nostrum in reddicione compoti vestri predicti. Et hoc mullatenus omittatis sub pena incumbente. Damus autem tenore presentium in mandatis omnibus et singulis Justiciariis Majoribus Vicecomitibus Ballivis Constabulariis et aliis ministris et officiariis nostris quibuscunque tam infra Libertates quam extra, Quod vobis seu vestris in hac parte deputatis circa execucionem presentis brevis nostri obedientes assistentes auxiliantes sint intendentes prout decet. Teste Edwardo Saunders milite apud Westmonasterium xiij° die Februarii anno regni nostri duodecimo. Godfroy.

Reverendissimo in Christo patri et domino domino Mattheo, etc., ad sequestrandum pro Regina retornandum quindena Pasche proxime.

Concordatur cum originali. Mattheus Cantuarien,

[*The Schedule.*]
DYCHENINGE VICARIA, CHALEGH RECTORIA, KERDEFORDE
VICARIA, HUGA PREBENDA.

Dychening Vicaria in Comitatu Sussexie unde Edwardus Peckham clericus est incumbens quia non composuit, etc.

Chaligh Rectoria in Comitatu Sussexie unde Arthurus Caye est incumbens quia non composuit, etc.

Kerdeforde vicaria in Comitatu Sussexie unde Thomas Northold clericus est incumbens quia non composuit.

Huga Prebenda in Ecclesia Cathedrali Cicestrensi unde Willelmus Fyssher clericus est incumbens quia non composuit, etc.

[*Royal writ to sequester the fruits of the Rectory of Folkington: Feb. 13, 1570.*]
BREVE REGIUM AD SEQUESTRANDUM FRUCTUS RECTORIE DE
FOLKINGTON.

Elizabeth, etc., reverendissimo, etc., Mattheo (*as in writs above*), salutem. Quia Henricus Nelson clericus incumbens Rectorie de Folkington in Comitatu Sussexie tenetur nobis in sexdecim libris legalis monete nostre Anglie pro solutione primitiarum ejusdem Rectorie de Folkington quas nobis ad dies jam diutius preteritos solvisse debuisset prout per seperalia sua scripta obligatoria inde confecta et penes rememoratorem primiciarum et decimarum in Scaccario nostro remanentia plenius apparet, suam quidem summam aut aliquam inde parcellam ad usum nostrum minime satisfecit neque satisfacere satagit, Nos vero volentes eundem Henricum Nelson contemti et neglecti officii sui debite afficere pena vobis precipimus quod immediate super visum hujus brevis nostri sequestretis, etc., omnia et omnimoda redditus, etc., quecunque eidem Rectorie de Folkington quoquomodo spectantia vel pertinentia in quorumcunque manibus, etc., modo existunt vel imposterum existent; Intimetisque publice et declaretis, etc., prout, etc., videbitur expedire *(For full form, see writ p. 271)*; Ac insuper petatis, etc., a quibusdam tenentibus, etc., Rectorie predicte omnia et omnimoda redditus, etc., et commoda quecunque eidem Rectorie quoquomodo spectantia et pertinentia pro nobis et ad usus, etc.: Bona vero, etc., peritura, etc., vendantur; Ceteraque omnia que de jure exigere poteritis peragatis que predicte summe sexdecim librarum plenarie solucionem expedicius accelerare poteritis: Huicque mandato, eousque etc., tantos redditus revenciones et proficua Rectorie predicte ad manus vestras pervenerint quibus de predicta summa sexdecim librarum nobis abunde satisfecit; Celeriusque quo poteritis post receptionem inde ad Receptorem Scaccarii nostri ad usum nostrum perceptos inde denarios integre persolvatis ac coram Baronibus dicti Scaccarii nostri receptarum vestrarum inde raciocinium et calculum ad usum nostrum reddatis. Assignamus enim et constituimus, etc., receptores in premissis. Certiores igitur reddatis Barones nostros predictos in quindena Pasche proximo future quid feceritis in premissis, remittendo, etc. Damus autem, etc. (*as at p. 271*) prout decet. Teste Edwardo Saunders milite apud Westmonasterium xiij° die Februarii anno regni nostri duodecimo. Concordat cum originali. Mattheus Cantuariensis. Godfrey.

[*Royal writ "de supersedendo" as to the Rectory of Chailey: March 22, 1570.*]

BREVE REGIUM DE SUPERSEDENDO QUOAD RECTORIAM DE CHALIGA.

Elizabeth, etc., reverendissimo, etc., Mattheo, etc. (*usual titles*), salutem. Cum nuper per breve nostrum clausum sigillo curie nostre Scaccarii sigillatum gerens datum tercio decimo Februarii ultimo preteriti assignaverimus vos ad sequestrandum et in manus nostras seisendum inter alia omnia et singula redditus reventiones exitus proficua fructus commoditates decimas oblaciones pensiones porciones et alia emolumenta et proficua quecunque spectantia et pertinentia Arthuro Kais clerico Rectori ecclesie parochialis de Cheylighe in Comitatu nostro Sussex infra Jurisdictionem vestram Cantuariensem, in quoruncumque manibus et possessione illa vel eorum aliqua existerent; Necnon petendum exigendum levandum colligendum et in manus vestras recipiendum a quibuscunque tenentibus firmariis et occupatoribus Rectorie predicte omnia redditus revenciones exitus proficua et alia quecunque commoda et emolumenta inde pro nobis et ad usus et commoditates nostras; Illaque omnia et singula et quamlibet inde parcellam insimul aut separatim in usus et emolumenta nostra reponeritis et servetis omnino, bona et catalla si que forte fuerint peritura majori commodo nostro vendendum, Ceteraque que de jure poteritis exigenda et peragenda quo debita nostra celerius persolvi possint prout per sequestrationem illam plenius liquet: Vobis ex certis causis consideracionibus precipimus quod execucioni brevis nostri predicti tantummodo quoad Rectoriam ecclesie parochialis de Cheleighe predicto et Arthurum Kaies Rectorem ibidem et ejus firmarium occupatorem et proficuorum receptorem Rectorie predicte supersedeatis omnino, commodaque fructus decimas oblaciones et proficua, si que inde ea occasione et non alia ceperitis, incumbenti predicto sine dilacione liberetis seu liberari faciatis indilate volumus, et iam vos in compoto vestro ad Scaccarium nostrum inde reddendum penitus exonerari ut est justum. Teste domino Willelmo Marchione Wintonie Magno Thesaurario Anglie vicesimo secundo die Marcii anno regni nostri duodecimo.

BREVE REGIUM DE SUPERSEDENDO QUOAD VICARIAM DE DICHINING.

[*Similar writ to the above, to supersede the writ of 13 February last for the Vicarage of Ditchling, and the Vicar, Edward Peckham. Witness: the Marquis of Winchester, 23 March, 12 Elizabeth.*]

[Fo. 195ᵛ·]

BREVE REGIUM DE SUPERSEDENDO QUOAD RECTORIAM DE FOLKINGTON.

[*Similar writ, to supersede the writ of 13 February, 12 Elizabeth, for the Rectory of Folkington, and Henry Nelson, Rector there. Witness: Edward Saunders, knight, at Westminster, 7 May, 12 Elizabeth.*][1]

[*Release of the sequestration of the Parish Church of Chailey, in the Chichester diocese, on account of non-payment of first fruits according to the tenor of the royal writ: March 22, 1569/70.*]

RELAXACIO SEQUESTRI ECCLESIE PAROCHIALIS DE CHALEYGHE CICESTRENSIS DIOCESIS OB NON SOLUCIONEM PRIMITIARUM JUXTA TENOREM BREVIS REGII.

Mattheus, etc. *(in the usual style during a vacancy)*, dilectis nobis in Christo Gardianis sive Economis ecclesie parochialis de Chayleghe Cicestrensis diocesis nostreque Cantuariensis provincie salutem graciam et benedictionem. Cum nos alias vigore et auctoritate brevis regii nobis directi ac juxta mandatum illustrissime domine nostre Regine nobis per breve suum predictum factum omnia et singula proficua redditus provenciones fructus decimas oblaciones glebas penciones portiones et alia emolumenta ecclesiastica quecunque ad Rectoriam sive ecclesiam parochialem de Chayleghe predictam et ad Arthurum Cay clericum Rectorem modernum ejusdem ecclesie jure et nomine ipsius ecclesie spectantia et pertinentia, in quorumcunque manibus illa sive eorum aliqua

---

[1] Register has "anno regni nostri undecimo."

existerent, duxerimus sequestrandum, prout etiam per litteras nostras sequestorias vobis in ea parte directas sic sequestraverimus ac hujusmodi sequestri nostri custodiam vobis conjunctim et divisim commiserimus una cum potestate publicandi et denunciandi hujusmodi sequestrum sic ut premittitur auctoritate regia interpositum talibus temporibus locis et personis quibus vobis maxime videretur expedire ; Ac etiam petendi exigendi levandi colligendi et recipiendi ad usum dicte domine nostre Regine ab incumbentis tenentibus firmariis sive occupatoribus dicte ecclesie omnia proficua redditus revenciones exitus obvenciones decimas oblaciones et alia commoda et emolumenta quecunque ad eandem ecclesiam spectantia et pertinentia, illaque omnia et singula et quamlibet inde parcellam ad usum dicte domine nostre Regine reponendi et servandi ; Ac insuper bona et catalla si que fuerint peritura majori commodo dicte domine Regine vendendi, prout per litteras nostras sequestratorias predictas ad quas habeatur relacio plenius liquet et apparet : Nos auctoritate alterius posterioris brevis dicte domine nostre Regine alias interposite et vobis[1] directe duximus relaxandum prout etiam harum serie sic relaximus, Vobis conjunctim et divisim ex parte dicte domine nostre Regine firmiter precipiendo mandantes Quod immediate post receptionem presentium executioni litterarum nostrarum sequestratoriarum predictarum vobis ut premittitur alias factas quoad Rectoriam sive ecclesiam parochialem de Chayleigh predictam et prenominatum Arthurum Cay Rectorem ibidem et ejus firmarios occupatores et proficuorum receptores predicte ecclesie omnino supersedeatis, commodaque fructus decimas oblaciones et proficua si que inde auctoritate sequestri predicti receperitis Arthuro Cay Rectori antedicto seu ejus firmario sive deputato sine dilacione liberetis seu liberari faciatis indilato. In cujus rei testimonium sigillum nostrum presentibus apponi fecimus. Data in manerio nostro de Lambheth vicesimo secundo die Marcii anno domini juxta computacionem Ecclesie Anglicane 1569.

[*Two similar documents.*]

Emanavit similis relaxacio sub dato xxiij diei Marcii anno domini juxta, etc., MDLXIX predicto contra Gardianos ecclesie de Dicheninge ex parte Edwardi Peckham vicarii ibidem vigore brevis regie † ad supersedendum, etc.

Emanavit similis relaxacio sub dato decimo die Junii anno

---

[1] Probably for "nobis".

domini MDLX contra Gardianos de Folkington ex parte Henrici Nelson rectoris ibidem vigore regie †¹ ad supersedendum.

[Fos. 195ᵛ·-196.]
REQUISITIO PRO CAPTIONE CORPORIS EXCOMMUNICATI.
[*Request to the Queen (in the same form as the signification on p. 267) for taking the body of Roger Balcombe, of the parish of East Grenested, in Chichester Diocese, sentence having been pronounced against him by Dr. Henry Barclay, in a cause of withholding tithes from Richard Burnoppe, clerk, vicar of the perpetual vicarage of the church of East Grenested; and his excommunication for contumacy in not paying the tithes and legal expenses of the Vicar within the appointed time having been published, in spite of which he still perseveres, etc. (The clause requesting secular help is omitted with an "etc." after* perseveravit). *Dated May 8, 1570.*]

[Fo. 196.]
[*Institutions in London to benefices in the Chichester Diocese.*]
INSTITUCIONES BENEFICIORUM CICESTRENSIS DIOCESIS LONDINI EXPEDITE TEMPORE VACATIONIS HUJUSMODI IBIDEM.

Aug. 30, 1568. Joh. Chaunter, cl. Hetherfeld, Can. ult. Incumb. et Preb. in eccl. mort. Cath. Cicestren.

Patr. Rad. Chaunter, Civis Cicestrensis hac vice. ratione advocationis per Will. nuper Cicestren. episcopum ei concesse. *With clause* " Stallum in choro locum et vocem in capitulo". Scriptum fuit Decano et capitulo ecclesie Cath. Cicestren., seu Vicedecano ejusdem ecclesie vel ejus vicegerentibus quibuscumque ad install.

Oct. 16, 1568. Robert Hollande, Westdeane V.P. Ric. Wright, cl. cl., mort.

Patr. Magr. Ric. Curteis, S.T.B., Decanus ecclesie Cath. Cicestren. et ejusdem capitulum. Per proc. Thome Blackemore, not. public. Scriptum fuit universis et singulis rectoribus vicariis et curatis, etc., ad inducend., etc. Reservatis feodis Archidiaconi loci.

Nov. 19, 1568. Will. Rydley, Crowhurst R. ult. Rector mort. A.B.

Patr. Joh. Pelham, arm. Scriptum (*as above, and fees reserved to Archdeacon*).

---

¹ "brevis" is omitted.

[Fo. 196ᵛ·]

Jan. 11, 1568/9. Will. Savage, cl. Rotingden V.P. legitime vacantem.

Patr. Tho. Sackvile miles, dominus Buckhurst. Script. fuit Archidiac. Lewes seu ejus Officiali ad induc. Reservatis feodis Archidiaconi hujusmodi, etc.

Feb. 6, 1568/9. Dom. Tho. James, Playden R. ult. Rector mort. cl.

Patr. Joh. Evans, hac vice vigore advocationis per Anthon. Vicecomitem Montague sibi concesse. Script. fuit Archidiac. Lewes seu ejus Officiali necnon universis et singulis rectoribus, etc., pro ipsius inductione, etc., reservatis feodis, etc.

Feb. 16, 1568/9. Edw. Peckham, Dicheninge, Dom. Edw. Lyndcl. V.P. feld, cl., resign.

Patr. Magr. Will. Bradbridge, S.T.B., ecclesie Cath. Cicestren. Cancellarius. Script. *(as above)* ad induc.

Feb. 18, 1568/9. Will. Hopkinson, Burdham ult. Rector mort. cl., A.B. R.

Patr. Tho. Dominus de Buckherst. Scriptum fuit universis et singulis rectoribus vicariis et curatis, etc., ad induc., etc. Reservatis feodis Archidiaconi loci, etc.

[*Citation to shew cause why the fruits of a Benefice should not be sequestered on account of the absence of the Rector : Feb. 10, 15—.*]

CITATIO AD DICENDUM CAUSAM QUARE FRUCTUS BENEFICII NON DEBEANT SEQUESTRARI PROPTER ABSENTIAM RECTORIS.

Mattheus permissione, etc., ad quem, etc., universis et singulis clericis et litteratis quibuscunque per provinciam nostram Cantuariensem ubilibet constitutis salutem graciam et benedictionem. Cum uti ex fide digna relacione accepimus Henricus Nelson clericus Rector ecclesie parochialis de Fockington dicte Cicestrensis diocesis in eadem ecclesia sua parochiali personaliter residere ac cure, etc., non curavit neque curet, sed in anime, etc., officiare postponit *(for form see p. 249)*, Nos, etc., vobis conjunctim et divisim committimus et firmiter injungendo mandamus Quatenus citetis seu citari faciatis peremptorie prefatum Henricum Nelson Rectorem antedictum personaliter si apprehendi poterit et ad eum sic citandum tutus vobis pateat accessus, alioquin publice citacionis edicte per affictionem presentium in valvis exterioribus dicte ecclesie parochialis de Fockington, etc., aut aliis viis et modis legitimis quibus de jure melius et effacius poteritis, Quod compareat coram nobis aut Vicario nostro in spiritualibus generali et Officiali principali aliove judice in hac parte competente quocunque in ecclesia cathedrali divi Pauli Londini loco consistoriali ibidem quinto die mensis Maii proximo futuro post datum presentium inter horas nonam et decimam ante meridiem ejusdem diei, causam rationabilem et [Fo. 197.] legitimam si quam pro se habeat aut dicere sciat, Quare fructus redditus et proventus dicte ecclesie parochialis de Fockington ex causis premissis sequestrari non debeant, dicturus et allegaturus, ulteriusque facturus et recepturus quod justum fuerit in hac parte.

Intimetis preterea eidem Henrico Nelson Rectori antedicto sic citato quod, sive ipse sic citatus eisdem die hora et loco coram nobis comparuerit sive non, nos nihilominus seu Vicarius noster in spiritualibus generalis aliusve judex hujusmodi in dicto sequestracionis negocio juxta juris exigenciam procedemus seu sic procedet Vicarius noster seu judex hujusmodi ipsius Henrici Nelson sic citati absentia sive contumacia in aliquo non obstante. Et quid in premissis feceritis nos aut Vicarium nostrum in spiritualibus generalem sive alium judicem hujusmodi eisdem die hora et loco debite certificetis seu sic certificet ille vestrum qui presens nostrum mandatum fuerit executus personaliter vel per litteras patentes unacum presentibus. Data in manerio nostro de Lambheth decimo die mensis Februarii anno domini juxta computacionem ecclesie Anglicane Millesimo. †

Mar. 23, 1568/9. Will. Pett, cl.   Hamsley R.   Tho. Lewkener, resign.

    Patr. Dorothea Lewkner vidua. Scriptum fuit Archidiac. Lewen. seu ejus Officiali necnon universis et singulis rectoribus, etc., ad induc., etc., reservatis feodis, etc.

Apr. 1, 1569. Peter Parris, cl.   Selmyston V.P.   Rob. Parris, cl., resign.

    Patr. Will. Boddinden de Bedenden in Com. Kant, clothier, pro hac vice vigore locacionis Prebende de Hethfeld in ecclesia Cath. Cicestren. unacum Rectoria de Selmiston parcella dicte Prebende existente per Steph. Darrell nuper Prebendarium Prebende de Hethfeld concesse. Scriptum (as above).

Apr. 29, 1569. Nich. Smythe, A.M.   Waltham R.   Rob. Knighte, cl., resign.

Patr. Will. Dawtrey parochie de Petworthe in Com. Sussex, arm. Scriptum fuit universis et singulis rectoribus vicariis et curatis, etc., ad induc. reservatis feodis Archidiaconi loci, etc.

Maii 18, 1569. Rob. Nutter, cl. Hunstan V.P. Joh. Cachelowe mort.

Patr. Alex. Nowell et Johanna uxor ejus. Scriptum fuit Archidiac. Cicestrensi seu ejus Officiali ad induc., etc.
[Fo. 197ᵛ·]

Mar. 15, 1568/9. Edw. Goringe, Scolar. Herste Can. Preb. in Eccles. Cath. Cicestren. et ult. Incumb. mort.

Patr. Edw. Bellingham de Ovenden in Com. Sussex, gener., hac vice, racione cujusdem advocationis per Richardum quondam Cicestren. Epis. quibusdam Johanni Jennyns armigero et Johanni Agmonsham generoso conjunctim et divisim facte et concesse: necnon assignacionis advoc. predicte per prefatum Joh. Agmonsham cuidam Georgio Goringe arm. et assignatis suis concesse; et eciam alterius assignationis advoc. per eundem Geo. Goringe prefato Edw. Bellingham concesse.
Per proc. Joh. Randall, LL.B. (*with clause* "stallum in choro," etc.). Scriptum fuit Decano et capitulo Ecclesie Cath. Cicestren. seu Vicedecano ejusdem ecclesie vel ejus vicegerentibus quibuscunque ad installandum, etc.

Maii 23, 1569. Tho. Cheynye, cl. Brightlinge R. Magr. Arth. Russhe, S.T.P., resign.

Patr. Tho. Alfrey de Battell in Com. Sussex, yoman. Scriptum fuit universis et singulis rectoribus, etc., ad inducend., etc. Reservatis feodis Archidiaconi loci, etc.

June 15, 1569. David Lewes, cl. Barcombe R. ult. Rector resign.

Patr. Regina. Scriptum fuit universis et singulis rectoribus vicariis curatis, etc., ad inducendum, etc. Salvis feodis Archidiaconi loci et ejus Officiarii, etc.

Julii 20, 1569. Arthur Caye. Cheyleighe R. ult. Incumb. mort.

Patr. Regina. Script. fuit Archid. Cicestren. seu ejus Officiali ad induc.
[Fo. 198.]

June 25, 1569. Joh. Walsall, A.M. Ipthorne, Can. et Preb. in Eccles. Cath. Cicestren. ult. Incumb. mort.

Patr. Regina. (*With clause* "stallum in choro", etc.). Script. fuit decano et capitulo ecclesie Cath. Cicestren., seu Vicedecano ejusdem ecclesie vel ejus vicegerentibus quibuscunque ad installandum, etc.

Julii 16, 1569. Tho. Holland, cl. Slinfolde R. legitime vacantem.

Patr. Rich. Browne de Darkinge, in Com. Surr., arm. Scriptum fuit Archid. Cicestren., seu ejus Officiali ad induc.

Julii 17, 1569. Jacob. Wylkes,   Penhurst R.   Tho. Blackbourne,
                      cl.   cl., mort.
Patr. Ninian Burrell, gener.   Scriptum fuit Archidiac. Lewensi, etc., ad induc.

[*Sequestration of the fruits of the Church of Sutton in the Chichester Diocese: Aug. 5, 1569.*]

SEQUESTRACIO FRUCTUUM ECCLESIE DE SUTTON CICESTRENSIS DIOCESIS.

Mattheus, etc., etc. *(in usual style during vacancy)*, dilecto nobis in Christo Johanni Hollingbrig de West Clandon nuper de Fecham Wintoniensis diocesis salutem graciam et benediccionem. Breve illustrissime in Christo principis et domine nostre domine Elizabethe dei gracia Anglie Francie et Hibernie Regine Fidei Defensoris, etc., nuper cum ea qua decuit reverentia et subjectione recepimus in hec verba.

Elizabeth, etc., reverendissimo, etc., Mattheo, etc., ad quem, etc., ejusve Vicario in spiritualibus generali vel Custodi spiritualitatis infra diocesim Cicestrensem predictam salutem. Cum Thomas Dennys clericus Rector ecclesie parochialis de Sutton in Comitatu Sussex solvisse debuisset Johanni Hollingbrigge de Fecham in Comitatu Surreia generoso quadraginta libras bone et legalis monete Anglie in Festo Omnium Sanctorum anno regni nostri sexto, per inspectionem Rotulorum Cancellarie nostre satis liquet, et easdem quadraginta libras prefatus Thomas eidem Johanni nondum solvit ut dicitur, et ideo vobis mandamus quod sequestrari faciatis exitus et proficua ejusdem Rectorie ecclesie parochialis de Sutton predicta quam predictus Thomas modo habet et possidet ac dicta exitus et proficua ejusdem Rectorie crescentia et provenientia levari faciatis quousque predicte quadraginta libre quas predictus Johannes nuper in Curia Cancellarie nostre predicte pro consideracione ejusdem Curie versus eundem Thomam recuperaverit prefato Johanni satisfacte fuerint et contentate. Et qualiter hoc preceptum nostrum fueritis executus sciri faciatis nobis in Cancellariam nostram predictam in Crastino Sancti Martini proximo futuro ubicunque tunc fuerit per litteras vestras sigillatas. Et habeatis ibi hoc breve. Teste meipsa apud Westmonasterium xvj^{to} die Junii anno regni nostri undecimo.   Ga. Cordell.

Nos vero jussibus et mandatis dicte illustrissime domine nostre regine pro Officio nostro debite obtemperare volentes omnes et singulos fructus decimas exitus et proficua quecumque dicte

Rectorie sive ecclesie parochialis de Sutton juxta tenorem brevis regii predicti duximus sequestrandum prout etiam sic sequestramus et hujusmodi sequestri nostri custodiam tibi committimus per presentes. Ad publicandum igitur hujusmodi sequestrum nostrum sic per nos interpositum omnibus et singulis quibus interest in hac parte, necnon ad colligendum levandum et percipiendum omnes et singulos fructus decimas exitus et proficua quecunque ad dictam Rectoriam sive ecclesiam parochialem quoquomodo [Fo. 198v.] spectantes et pertinentes easque et ea sic collecta levata et percepta justo precio alienanda et vendicionem exponenda atque de collectis levatis et perceptis hujusmodi cure dicte ecclesie parochialis in divinis Officiis et aliis requisitis debite deserviri: Ac omnia onera eidem ecclesie incumbencia supportari faciendum et causandum ; necnon de et ex collectis et receptis hujusmodi summam quadraginta librarum in brevi regio hujusmodi mentionatam ad usum tuum proprium levandum convertendum et applicandum; Ac de residuo sic collecto levato et percepto fidelem computum sive ratiocionum[1] cum ad hoc congrue fueris requisitus juste reddendum et faciendum : Ceteraque omnia et singula alia faciendum exercendum et expediendum que in hac parte necessaria fuerint seu quomodolibet requisita que tenor brevis regii predicti de se exigit et requirit : Tibi vices et auctoritatem nostras committimus per presentes. In cujus rei testimonium sigillum nostrum presentibus apponi fecimus. Data in manerio nostro de Lambhethe vicesimo quinto die mensis Augusti anno domini MDLXIX et nostre consecrationis anno decimo.

Sept. 9, 1569. Edm. Tylney. Bury Can. et legitime vacan-
Preb. in Eccl. tem.
Cath. Cices-
tren.
Patr. Regina.
Script. fuit Decano et Capitulo Ecclesie Cath. Cicestren. seu Vicedecano ejusdem Ecclesie vel ejus vice-gerentibus quibuscunque ad installandum, etc. (*With clause* " Stallum in choro," etc.)

Oct. 7, 1569. Tho. Northold, Kyrdeford V.P. Tymoth. Greene
cl. resign.
Patr. Joh. Lumley, mil. Dom. de Lumley.
Scriptum fuit Archidiac. Cicestrensi, etc., ad induc.

---

[1] Sic.

Archiepiscopi Cantuariensis. 283

Oct. 13, 1569. Joh. Barkecam, Torringe, *alias* Terringe, Nevell R. *alias* Barcombe, cl. legitime vacantem.

Patr. Barth. Garroway, gener., hac vice, vigore advocacionis per Tho. Sackvile Militem Dominum Buckhurst sibi concesse. Scriptum fuit Archidiac. Lewensi seu ejus Officiali, etc., ad induc.

Nov. 10. 1569. Tho. Manser, cl. Hollynton V.P. ult. vic. mort.

Patr. Lawrenc. Levet, gener., hac vice, vigore advocations per Anth. Vicecomitem Montague sibi concesse. Scriptum fuit universis et singulis rectoribus vicariis curatis, etc., ad induc. Reservatis feodis Archidiaconi loci.

[Fo. 199.]

13 Jan. 1569/70. Tho. Drante, S.T.B. Slynfoulde R. legitime vacantem.

Patr. Regina. Script. fuit Archidiac. Cicestren. ad induc.

21 Jan. 1569/70. Tho. Drante, S.T.B. Fyrles Can. et Preb. in eccles. Cath. Cicestren. ult. Incumb. mort.

Patr. Regina.
Scriptum, etc. *(as in the other institutions to Prebends above)*, ad installand.

24 Jan. 1569/70. Rich. White, cl. Horstede Parva R. Edw. Lyndfeld resign.

Patr. Nich. Poope, generosus. Scriptum fuit Archidiac. Lewensi seu ejus Officiali ad induc.

Penult. Jan. 1569/70. Joh. Davyson, cl. Wynchelsey R. legitime vacantem.

Patr. Tho. Guildforde, armig. Scriptum fuit Archidiac. Archidiaconatus Lewensis, etc., ad induc.

10 Feb. 1569/70. Will. Legge, cl. Seaford V.P. Robert Hall, cl., mort.

Patr. Francisc. Cox, cl., hac vice, vigore advocationis per Willielm. Bradbrige Canonicum residentiarium et Prebendarium Prebende de Sutton in ecclesia cath. Cicestren. sibi et Willielmo Webb, cl., jam demortuo conjunctim et divisim concesse. Scriptum, etc. *(as the last)*.

[Fo. 199ᵛ.]

15 Feb. 1569/70. Tho. Kyrkeby, cl. Singletonne R. Christoph. Cox, resign.

Patr. Joh. Lumley, Dom. Lumley, per proc. Tho. Blackemore, not. publ. Scriptum fuit Archidiac. Archidiaconatus Cicestrensis seu ejus Officiali ad induc.

17 Feb. 1569/70. Griffin Renalds, Hartinge V.P.   Tho. Whitsey,
cl.   resign.

Patr. Georg. Fowkes, Rector Ecclesie parochialis de Hartinge. Scriptum fuit Archidiac. Cicestren. seu ejus Officiali, etc., ad induc.

27 Feb. 1569/70. Tho. Drante,   Archidiaconat.   ult. Archid. mort.
S.T.B.   Lewen.

Patr. Regina ratione vacationis sedis episcopalis Cicestrensis hac vice. Scriptum fuit Decano et Capitulo Ecclesie Cathedralis Cicestrensis seu ejus vicegerentibus quibuscunque ad installandum.

16 Mar. 1569/70. Tho. Willough-   Precentoriat. in   Tho. Day, mort.
bye, A.M.   ecclesia Cath.
Cicestren. una-
cum Owving,
Can. et Preb.

Patr. Regina jure prerogative corone sue ratione vacationis sedis episcopalis Cicestrensis. (*With Clause* "Stallum in choro," etc.) Per proc. Tho. Blackemore, not. publ. Scriptum, etc. *(as in the other institutions to Prebends)*.

28 Feb. 15697/0. Edw. Tick-   Hartinge R.   ———
eridge.

Patr. Edw. Bellingham, armig.
Deinde dominus decrevit Johannem Fowkes pretensum Rectorem, etc., citandum fore, etc., ad dicendum causam, etc.

20 Aug. 1569.   Tho. Drante,   Slinfold V.P.   legitime vacan-
S.T.B.   tem.

Patr. Regina. Per proc. Tho. Blackemore, not. pub.
Scriptum fuit Archidiac. Cicestrensi seu ejus Officiali ad induc.

[Fo. 200.]

13 Aug. 1569.   Tho. Style, cl.   Ashburnham   Tho. Blackborne
V.P.   mort.

Patr. Joh. Asheburneham, armiger.
Scriptum fuit Archidiac. Lewensi, etc., ad induc.

11 Mar. 1569/70. Rich. Gowge, cl.   Pett R.   ult. Rector. mort.

Patr. Tho. Sackvile mil. Dom. Buckhurst.
Scriptum *(as the last)*.

20 Mar. 1569/70. Will. Overton,   Ratherfeld R.   legitime vacan-
S.T.P.   tem.

Patr. Regina ratione lapsus.
Deinde dominus decrevit Johannem Backer pretensum rectorem ibidem citandum fore, etc., ad dicendum causam, etc.

1 Mar. 1569/70. Robert Tyckle, Hamptonett V.P. Nich. Brett, cl.,
cl. resign.

Patr. Alicia Adams uxor Thome Adames Civis et Aldermanni Civitatis Cicestrensis alias Relicta Johannis Bacheler dum vixit de Hamptonett ac executrix testamenti ejusdem Johannis et ea ratione patrona.
Scriptum fuit Archid. Cicestren. sue ejus Officiali ad induc.

2 Apr. 1570.   Will. Clarke,   Middleton Can. ult. Incumb. mort.
               S.T.B.   et Preb. in
                               eccles. Cath.
                               Cicestren.

Patr. Regina. (*With Clause* "Stallum in choro," etc.) Per proc. *(name not given).*
Scriptum fuit, etc. *(as in the other institutions to prebends.).*

22 Apr. 1570. Tho. Blewett, Gates Can. et ult. Incumb. mort.
               cl.   Preb. in eccles.
                              Cath. Cicestren.

Patr. Regina. (*With Clause* "Stallum in choro," etc.)
Scriptum, etc. *(as the last).*

[Fo. 200ᵛ·]

[*Will of Margaret Bottinge.*]

TESTAMENTUM MARGARETE BOTTINGE.—[*September 3, 1568, Mergeret Bottinge of Westgrenested, co. Sussex, "Meyden," bequeathes her body to be buried in the church yard of Grinstede, her master, Nicholas Godsmark, to see her honestly buried and her will performed, and to have for his pains "one olde Royall of xvs., whereof she willed to his wyef her dame, vs."; to Mary Godsmarke their daughter, a christening sheet, her best handkercher, and candle stick; to her brother Thomas Botting, 5s.; to her sisters Elizabeth, Jane, Dorothie, and Isabell, her apparrell, except her best russett frock, etc., to Johanne Mase, widow; to her sister Elizabeth, a brass kettle; to Alice Hall, 2s.; and to her brother Frauncis Botting, "three olde angells" and the rest of her goods. Witnesses, Nicholas Godsmark, Jone Mase, Alice Hall*].

Quarto die mensis Octobris Anno Domini MDLXVIII coram Magistro Thome Yale Legum doctore commissario civitatis et diocesis Cicestrensis sede vacante, etc., commissa fuit potestas supranominato Francisco Bottinge ad administrandum bona supradicte Margarete Bottinge defuncte juxta tenorem testamenti suprascripti, Ipso Francisco primitus in forma juris consueta in persona Francisci Clerk notarii publici procuratoris sui, etc., jurato. Salvo jure, etc. Et exhibuit inventarium ad statim extendens ad vj*li*. ij*s*. viij*d*.

[*Delivery of the Spirituality of Chichester : April 26, 1570.*]
LIBERACIO SPIRITUALITATIS CICESTRENSIS.—Mattheus permissione divina Cantuariensis Archiepiscopus tocius Anglie Primas et Metropolitanus dilecto nobis in Christo Magistro Henrico Barcley legum doctori nostro in civitate et diocese Cicestrensibus predictis Commissario generali salutem graciam et benedictionem. Cum vacante nuper sede episcopali Cicestrensi predicta per mortem naturalem bone memorie domini Willelmi Barlowe ultimi Episcopi et Pastoris ibidem, Decanus et Capitulum Ecclesie Cathedralis Cicestrensis predicte (licencia regia in ea parte prius obtenta) venerabilem et egregium virum Magistrum Richardum Curtesse sacre theologie professorem in eorundem et dicte ecclesie Cathedralis Episcopum et Pastorem eligerint et eidem Ecclesie Cathedrali providerint de eodem, nosque prefatus Archiepiscopus vigore et auctoritate litterarum commissionalium patencium illustrissime in Christo principis et domine nostre domine Elizabethe dei gracia Anglie Francie et Hibernie Regine Fidei Defensoris, etc., nobis in hac parte directarum electionem predictam de persona prefati Magistri Ricardi Curtesse sic ut prefertur factam et celebratam (servatis de jure et statutis hujus regni Anglie in hac parte servandis) rite et legitime fecerimus et mandaverimus confirmari et eidem electo et confirmato curam regimen et administrationem dicti episcopatus Cicestrensis commiserimus: Tibi igitur committimus et mandamus quatenus omnia et singula registra et munimenta spiritualitatem civitatis et diocesis Cicestrensium predictarum concernentia et ad episcopum Cicestrensem pertinentia in manibus tuis nunc existentia, si que talia a dicto domino Willelmo Barlowe nuper Episcopo Cicestrensi vel ejus ministris recepisti, eidem domino electo et confirmato vel ejus ministris aut deputatis plenarie et integre liberes seu liberari facias, salvis nobis registris actis et munimentis coram te aut quibusvis aliis officiariis et ministris nostris durante vacatione sedis predicte habitis et factis, que ad nos et registrarium nostrum principalem integraliter transmitti volumus et mandamus : Juribus et consuetudinibus et prerogativis nostris et ecclesie nostre cathedralis et metropolitice Christi Cantuariensis in omnibus semper salvis. In cujus rei testimonium sigillum nostrum presentibus apponi fecimus. Data vicesimo sexto die mensis Aprilis anno domini MDLXX et consecracionis nostre Anno undecimo.

TESTAMENTA[1] ETC.—Testamenta approbata in partibus tem-

---
[1] A contemporary note written in another ink at the foot of this page.

pore vacacionis sedis Cicestrensis predicte, in quodam libro intitulato TESTAMENTA APPROBATA TEMPORE VACATIONIS SEDIS CICESTRENSIS ET WIGORNIENSIS ANNIS DOMINI 1568, 1569, 1570, registrantur.

[Fo. 201.]

LONDONIENSIS.

[*Vacancy of the See of London by the translation of Edmund Grindal, Archbishop of York, A.D. 1570.*]

VACATIO SEDIS EPISCOPALIS LONDONIENSIS PER TRANSLATIONEM DOMINI EDMUNDI GRINDALL ARCHIEPISCOPI EBORACENSIS ANNO DOMINI MILLESIMO V^c LXX^{mo}.

[*Nomination*[1] *by the Dean and Chapter of St. Paul's of three of their body for the Archbishop's choice to carry on the ecclesiastical jurisdiction during the Vacancy: May 23, 1570.*]

Reverendissimo in Christo patri et domino domino Mattheo permissione divina Cantuariensi Archiepiscopi tocius Anglie Primato et Metropolitano vestri humiles et devoti Alexander Nowell clericus Decanus ecclesie cathedralis Divi Pauli Londoniensis et ejusdem ecclesie Capitulum omnimodas reverenciam et obedienciam tanto reverendissimo patri debitas cum honore. Cum sedes episcopalis Londoniensis per translationem reverendissimi in Christo patris domini domini Edmundi Grindall nuper Londoniensis episcopi ad Archiepiscopatum Eboracensem jam vacat et pastoris solacio destituta existit; Nos cujusdam composicionis realis inter bone memorie predecessores vestros Cantuarienses Archiepiscopos ex parte una et Decanum et Capitulum ejusdem ecclesie predecessores nostros multis retroactis jam annis inite facte usitate et hactenus inconcusse observate confirmacione ecclesie vestre Christi Cantuariensis coroborate ex altero vim formam et effectum acceptantes et insequentes, ad exercendum omnem et omnimodam et plenariam jurisdictionem episcopalem in civitate et diocesi Londoniensibus toto tempore vacacionis ejusdem sedis dilectos fratres nostros venerabiles viros Magistros Johannem Mullins et Thomam Wattes clericos dicte ecclesie cathedralis Divi Pauli Londoniensis Majores Canonicos Residenciarios et Stagiarios ac Magistrum Jacobum Calfehill clericum majorem etiam canonicum ejusdem ecclesie cathedralis vestre reverendissime Paternitati

---

[1] No Latin heading to this.

harum serie nominamus, ut vos unum eorundem sic nominatorum quem ad hoc munus exequendum magis idoneum censebitis pro vestro sano arbitrio Officialem ad jurisdictionem in civitate et diocesi predictis (ejusdem sedis vacatione durante) exercendum ac jus et justiciam ministrandum secundum dicte composicionis tenorem et effectum eligatis faciatis et constituatis graciose et cum favore. Sicque valeat et vivat vestra reverendissima Paternitas ad provincie vestre Cantuariensis felix regimen pro tempore longevo. In cujus rei testimonium sigillum nostrum commune presentibus apponi fecimus. Datum in domo nostra capitulari vicesimo tercio die mensis Maii anno domini MDLXX, regnique illustrissime in Christo principis et domine nostre domine Elizabethe Dei Gratia Anglie Francie et Hibernie Regine, Fidei Defensoris, etc., duodecimo. Jo. Incent Registrarius.

[*Commission to exercise Jurisdiction in London, the See being vacant.*]
COMMISSIO AD EXERCENDUM JURISDICTIONEM LONDONIE (SEDE VACANTE).

Mattheus permissione divina, etc., dilecto nobis in Christo Magistro Thome Wattes Majori Canonico Residenciario et Stagiario in ecclesia cathedrali Divi Pauli Londoniensi salutem graciam et benedictionem. Quia sedes episcopalis Londoniensis per translacionem venerabilis confratris nostri domini Edmundi Grindal nuper ejusdem sedis episcopi ad Archiepiscopatum Eboracensem vacat et pastore caret, dilectique nobis in Christo Decanus et Capitulum ipsius ecclesie cathedralis te ac Magistros Johannem Mullins et Jacobum Calfehill dicte ecclesie cathedralis Canonicos Majores nobis per suas litteras patentes nominaverint, humiliter supplicantes quatenus unum ex eisdem nominatis quem duxerimus eligendum seu acceptandum Officialem nostrum in et per civitatem et diocesim Londonienses ad exercendam omnimodam jurisdictionem episcopalem in dictis civitate et diocesi ipsius ecclesie vacacione durante juxta formam composicionis inter bone memorie dominum Bonifacium quondam Cantuariensem Archiepiscopum predecessorem nostrum ex una ac Decanum et capitulum ecclesie cathedralis Divi Pauli Londoniensis supradicte ex parte altera dudum facte inite et observate preficere et constituere dignaremur, Nos de synceritate providencia et solercia tua plurimum freti personam tuam quam Deus Optimus Maximus nonnullis animi dotibus egregie insignivit pre aliis nobis ad hujusmodi officialitatis officium ut premittitur nominatis preelegimus et nominamus in hac parte : Teque Officialem nostrum Londoniensem ad exercendum vice et auctoritate nostris omnimodam et plenariam jurisdictionem episcopalem in civitate et diocesi Londoniensibus predictis ipsius ecclesie vacatione durante juxta leges et statuta hujus incliti regni Anglie edita ac formam composicionis predicte (quatenus ipsa legibus et statutis hujus regni non adversantur) preficimus et constituimus per presentes. Tibique firmiter injungendo mandamus quatinus officium hujusmodi secundum debitum ejusdem ac pro forma composicionis antedicte necnon secundum juramentum per te in ea parte prestandum prudenter et diligenter exerceas seu exerceri facias ac nobis seu nostro in hac parte deputato de omnibus et singulis obvencionibus proventibus et emolumentis quibuscunque racione jurisdictionis seu officii hujusmodi qualitercunque provenientibus nobis et ecclesie nostre Christi Cantuariensis de jure et consuetudine ac composicione memorata debitis juste et fideliter respondeas; Ceteraque omnia et singula facias que tenor et effectus dicte compositionis de se exigunt et requirunt. Ad que faciendum exercendum et obeundum tibi vices nostras cum cujuslibet censure ecclesiastice potestate committimus per presentes : Assumpto tibi ac tuis surrogatis vel surrogandis quibuscunque in actorum vestrorum scribam et registrarium dilecto nobis Johanne Incent Notario publico Registrario nostro principali seu ejus in hac parte deputato vel deputatis uno vel pluribus dicta vacatione durante; Juribus nostris Archiepiscopalibus et ecclesie nostre Cathedralis et Metropolitice Christi Cantuariensis dignitate et prerogativa semper salvis et reservatis. Mandando nihilominus quod, cessante vacacione sedis predicte et alio episcopo in eadem sede consecrato et intronizato, de omni eo quod per te aut substitutos tuos in hac parte actum gestum sive expeditum fuerit nos aut Vicarium nostrum in spiritualibus generalem sive Officialem principalem per litteras tuas patentes sub forma auctentica conceptas certiorem facere cures prout decet. In cujus rei testimonium, etc. Data —— die Mensis Maii anno domino MDLXX et nostre consecracionis anno duodecimo.

[*Oath of the Official of the City of London.*]

JURAMENTUM OFFICIALIS CIVITATIS LONDONIE.

In Dei Nomine Amen. Ego Thomas Wattes canonicus Residentiarius et Stagiarius in Ecclesia Cathedrali Divi Pauli Londoniensis ac in Civitate et diocesi Londonie predicte, sede Episcopali ibidem per translacionem reverendi patris et domini Edmundi Grindall ultimi Episcopi et Pastoris ejusdem ad Archiepiscopatum Eboracensem vacante, per reverendissimum in Christo patrem et dominum dominum Mattheum permissione divina Cantuariensem Archiepiscopum tocius Anglie Primatem et Metropolitanum Officialis sufficienter et legitime deputatus, tactis per me Scripturis [Fo. 201ᵛ·] Sacrosanctis, juro Quod officium officialitatis predicte mihi commissum legaliter et fideliter exercebo, et quod Clericos et laicos civitatis et diocesis Londoniensium predictorum per maliciam seu injuriam non concutiam vel in rebus aut personis injuste gravabo scienter nec indebite molestabo : Immo ab extorcionibus oppressionibus et illicitis exactionibus abstinebo, et prefato Reverendissimo patri seu ejus in hac parte deputato de obventionibus proventibus et emolumentis quibuscunque racione jurisdictionis seu officii predicti provenientibus juxta formam composicionis in hac parte edite fideliter respondebo. Sic me Deus adjuvet et hec Sancta dei Evangelia et predicta omnia. Et singula confirmando ea manu mea propria subscribo. Thomas Wattes.

Lecta fuit hujusmodi Schedula per prenominatum magistrum Thomam Wattes coram venerabili viro Magistro Thoma Yale legum doctore Vicario in spiritualibus generali reverendissimi patris domini Matthei Archiepiscopi Cantuariensis, etc., in edibus solite habitacionis ejusdem magistri Yale vicesimo tercio die mensis Maii anno domini MDLXX in presencia mei Johannis Incent Notarii publici Registrarii principalis dicti Reverendissimi Patris.

[Acts of the acceptance of the Commission.]

ACTA SUPER ACCEPTACIONE COMMISSIONIS.—Vicesimo quarto die Mensis Maii Anno Domini MDLXX in loco consistoriali Ecclesie Cathedralis Divi Pauli Londonie Coram venerabili viro Magistro Thoma Wattes sacre theologie professore Ecclesie Cathedralis Divi Pauli Londonie majore canonico et Residentiario, etc., presentatis eidem Magistro Thome Wattes per me Johannem Incent Notarium publicum reverendissimi patris domini Matthei Cantuariensis Archiepiscopi, etc., Registrarium principalem litteris commissionalibus ejusdem Reverendissimi Patris de officio officialitatis in et per civitatem et diocesim Londonienses, sede episcopale ibidem vacante, eidem Magistro Thome Wattes factis ac Sigillo ejusdem Reverendissimi Patris cum cera rubea sigillatis ac per eundem Magistrum Thomam Wattes inspectis et perlectis; Idem Magister Thomas Wattes gracias agens eidem Reverendissimo

Archiepiscopi Cantuariensis.

Patri qui eum, licet indignum ut asseruit, Officialem suum sic constituere dignatus est, ob honorem et reverenciam ejusdem Reverendissimi Patris assumpsit in se onus execucionis dictarum litterarum commissionalium, et decrevit procedendum fore juxta vim formam et effectum earundem. Et assumpsit Willielmum Blackwel Notarium publicum per me prefatum Johannem in hac parte deputatum in actorum scribam et Registrarium pro actuum hujus diei expedicione. Ac postea idem Magister Wattes commisit vices suas Magistro Thome Huick legum doctori pro expedicione omnium et singularum causarum isto die in Consistorio predicto motis ac pendentibus et movendis. Et promisit de ratificando, etc. Presentibus tunc et ibidem Magistro Christofero Robinson, Willelmo Babham, Laurencio Swymbourne et Johanne Costone, Notariis, ac aliis multis testibus, etc.

After moast hartie commendacions unto yowe. Forasmuche as the Episcopall See of London ys nowe vacant by the translacion of the late Bisshope there to the Archebysshoprick of Yorke, And that it hathe pleasid my Lorde of Canterbcrie his grace to committe the charge of the Ecclesiasticall Jurisdiction in the Cittie and Diocese of London unto me during the Vacacion of the sayd See beinge nominated therunto withe twooe others of our Cannons accordinge to an Auncyent composicion in that behalf heretofore made betwene the Archbisshoppes of Canterbery and the Deane and Chapitor of Powles, I have thought good to signifie the same unto yowe, And by theis my lettres to will and desyer yowe not onely to surcease from the Exercyse of any Jurisdiction by force of yor former Commission grauntid unto you as Commissary by the said late Bisshoppe, But also that yowe will with convenyent spede repayer hether vnto me to receyve newe Commission for the Exercyse of Jurisdiction belonginge to the Commissarysshyppe within the Deaneries of yor Archedeconrye of Essex accordinglye. Thus fare you hartelie well from London the xxv[th] of May anno domini 1570.   Yor Frende Thomas Wattes.

To the righte worshipfull and my verry Frende Mr. Thomas Cole Doctor of Dyvynytie Archedecon of Essex.

[*Names of Churches belonging to the Collation of the Bishop of London.*]

NOMINA ECCLESIARUM AD COLLACIONEM EPISCOPI
LONDONIENSIS SPECTANCIUM.

Ecclesia Andree in Cornehill   Vicaria de Yelinge.

alias Undershafte.
Ecclesia Sancti Bottulphi extra Busshoppsgate.
Ecclesia Sancti Christoferi juxta le Stockes.
Ecclesia de Stebenhethe : habet Vicariam dotatam.
Ecclesia de Hackney : habet Vicariam dotatam.
Ecclesia de Fulham : habet Vicariam dotatam.
Ecclesia de Orsett.
Ecclesia de Layndon.
Ecclesia de Chelmesforde.
Ecclesia beate Marie ad muros Colcestrie.
Ecclesia de Wylye juxta Sanctam Ositham.
Ecclesia de Gedleston.
Ecclesia de Hadham magna cum Capella de Hadham parva.
Ecclesia de Copforde.
Ecclesia de Wikeham.
Ecclesia de Bursted Parva.
Ecclesia de Magna Raynes.
Ecclesia de Fayrestede.
Ecclesia de Harnesey.
Ecclesia de Fyncheley.
Ecclesia de Acton.
Ecclesia de Thorley.
Ecclesia de Aldesham.
Vicaria de Takeley juxta Stortforde.
Vicaria de Brokesbourne.
Vicaria de Northall.

Vicaria de Easham.
Vicaria de Boreham.
Vicaria de Assheldham.
Wicaria[1] de Wytham.
Vicaria de Coggeshall.
Vicaria de Bentley Magna.
Vicaria de Alvethley.
Vicaria de Bricklingesley.
Vicaria de Kensington.
Vicaria de Magna Wakringe.
Vicaria de Boxstede.
Collegium de Halstede.
Vicaria de Norwilde alternis vicibus.
[Fo. 202.]
Vicaria de Hillingdon cum Capella de Uxbridge.
Vicaria de Southwilde.
Vicaria de Ricklinge.
Vicaria de Halstede.
Vicaria de Dunmowe.
Capella infra Palatium. Londonie vocata Bassa Capella.
Capella Beate Marie de Chelmesforde.
Capella infra Manerium de Braynktree dedicata in honorem Sancti Johannis Baptiste.
Capella de Magna Raynes alias Branktree.
Cantaria domini Fitz-James nuper Londoniensis Episcopi.
Cantaria in Ecclesia Omnium Sanctorum Barking.

[*Vicarages belonging to the nomination of the Bishop of London, to which the Patrons present according to his nomination first made to them.*]

SEQUUNTUR VICARIE SPECTANTES AD NOMINACIONEM EPISCOPI

---

[1] Sic Wicaria.

LONDONIENSIS ET PATRONI PRESENTANT DICTO EPISCOPO
JUXTA EJUS NOMINACIONEM EIS INDE
PRIMIS FACTAM.

Vicaria de Canwedon.
Vicaria de Alba Noteley.
Vicaria de Magna Byrche.
Vicaria de Machinge.
Vicaria de Bromefeld.
Vicaria de Willinghall Spayne Andrewe.
Vicaria de Bedfounte et Vicaria de Heston unite.
Vicaria de Asshewell in Comitatu Hertforde.
Vicaria de Feringe.
Vicaria de Kelvedon.
Vicaria de Rickmansworthe.
Vicaria de Sabridgeworthe.
Vicaria de Chestehunt.
Ecclesia de Patteswick.
Ecclesia de Pakelesham.
Ecclesia de Wenington.
Ecclesia de Parva Teia.
Vicaria de Creshall.
Ecclesie Sancti Martini ad pedem Pontis Londonie.
Ecclesia Sancte Clementis in Candelwick Strete, Londonie.
Ecclesia Sancte Margarete in Bridgestrete, Londonie.
Ecclesia Sanctorum Jacobi et Johannis Apostolorum in Garlickhith, Londonie.
Ecclesia Sancti Matheiinfryday strete, Londonie.
Ecclesia Sancti Martini infra Ludgate, Londonie.
Ecclesia Sancti Albani in Wooddstrete, Londonie.
Ecclesia Sancti Alphegii juxta Crepelgate, Londonie.
Ecclesia Sancte Anne juxta Aldersgate, Londonie.
Ecclesia Sancte Katherine Colman Streete, Londonie.
Ecclesia de Uppingham.
Vicaria de Okeham.
Ecclesia de Launton.
Ecclesia de Sudboroughe.
Ecclesia de Deane.
Ecclesia de Offerde Clune.
Ecclesia de Hedleye.
Ecclesia de Tottenham.
Ecclesia de Sutton juxta Brayles.
Vicaria de Staventon.
Vicaria de Langedone.
Vicaria ecclesie parochialis Sancti Johannis de Estmarkham.
Ecclesia de Hanwell cum capella de Westbraynford.
Vicaria Sancti Martini in Campis juxta Charing Crosse.

[*Commission of the Commissionership in Essex granted to Master Thomas Cole: May 24, 1570.*]

COMMISSIO COMMISSARIATUS IN PARTIBUS ESSEXI FACTA MAGISTRO THOME COLE.

Thomas Wattes sacre theologie professor ecclesie cathedralis Divi Pauli Londonie Major Canonicus et Residenciarius necnon

Officialis civitatis et diocesis Londonie sede episcopali ibidem vacante sufficienter et legitime constitutus dilecto nobis in Christo Magistro Thome Cole sacre theologie professori salutem in Auctore salutis. Ad cognoscendum et procedendum in quibuscumque causis et negociis in Concistorio de Chelmesforde Londonie diocesis et jurisdictionis motis inchoatis seu indecisis pendentibus et imposterum durante vacacione sedis episcopalis predicte movendis et inchoandis tam ex officio mero mixto vel promoto quam ad cujuscumque partis instanciam sive promocionem, ac hujusmodi causas lites negocia cum suis incidentibus emergentibus dependentibus annexis et connexis quibuscunque citra tamen offensam legum et statutorum hujus regni Anglie examinandum discutiendum ac fine debito decidendum et terminandum : Crimina insuper delicta et excessus quorumcunque infra decanatus de Chelmesforde Barstaple Dangey Rocheforde Chafforde Tendringe Colcestrie et Lexden ac infra decanatum de Witham, villis et parochiis de Alba Notley Nigra Notley Coggeshall et Cressinge tantummodo exceptis, necnon per villas sive parochias de Cheping Onger Alta Onger Stansted Ryvers Fyfeld Grenestede Bobbingworthe Northwilde et Shelley in Decanatu de Onger dicte Londonie diocesis et jurisdictionis commorancium et delinquencium, quorum correctio punicio et reformacio ad forum ecclesiasticum citra offensam legum et statutorum predictorum dinoscuntur pertinere et non aliter debite corrigendum puniendum et reformandum : Et pro hujusmodi delictis et excessibus sic commissis et perpetratis penas et penitentias legitimas et condignas citra tamen commutacionem sive pecuniarum mulctam (saltem illorum criminum et delictorum que uotoria publica et famosa existunt et extiterint) infligendum et imponendum, ac quascumque purgaciones in ea parte necessarias seu requisitas prout justum fuerit ac juris ordo poposcerit inducendum et imponendum easque recipiendum et admittendum : Testamenta quoque et ultimas voluntates quorumcunque infra decanatus predictas moriencium et decedencium approbandum et insinuandum, ac eorum et quorumcumque aliorum infra eadem loca ab intestato sive per viam intestati moriencium et decedencium bonorum jurium catallorum et creditorum administraciones illi vel illis cui vel quibus administraciones hujusmodi de legibus et statutis aut consuetudinibus hujus incliti regni Anglie fuerint committende in debita ac solita et consueta juris forma committendum, Testamentis quarumcunque nobilium personarum necnon rectorum vicariorum et aliorum clericorum beneficiatorum infra decanatus predictas decedencium ac moriencium dumtaxat exceptis, quorum quidem testamentorum approbacionem et insinuacionem ac bonorum suorum administracionum commissionem nobis specialiter exceptis† et reservamus† : Bona etiam jura et [Fo. 202ᵛ·] catalla quorumcunque infra loca predicta (exceptis preexceptis) ab intestato sive per viam intestati decedencium in casibus a jure permissis sequestrandum, ac custodiam sequestri et sequestrorum hujusmodi committendum, computumque calculum sive ratiocinium executorum administratorum et sequestratorum et sequestracionum custodum predictarum exigendum capiendum recipiendum audiendum et admittendum, ac quoscunque bene et fideliter computantes ab officio tam verbo quam in scriptis, salvo jure cujuscunque, dimittendum exonerandum et acquietandum, et apparitores preterquam generales in decanatibus predictis prout opus fuerit durante vacacione sedis predicte preficiendum et deputandum : Ceteraque omnia et singula in premissis et circa ea necessaria oportuna seu quomodolibet requisita faciendum exercendum exequendum et expediendum, etiam si mandatum de se exigant magis speciale quam superius est expressum : Tibi, de cujus sana doctrina discretione puritate et circumspectionis industria plurimum confidimus, vices nostras committimus cum cujuslibet legitime cohercionis ecclesiastice [ad] exequendum ea que in hac parte decreveris potestate, Teque nostrum in decanatibus predictis dumtaxat commissarium cum potestate alium vel alios idoneum vel idoneos loco tuo in hac parte (quociens te legitime impediri contigerit) deputandum surrogandum et substituendum, ac eosdem prout opus fuerit revocandum dictumque commissariatus officium reassumendum ordinamus preficimus deputamus et constituimus per presentes. Assumpto tibi vel deputatis aut substitutis tuis hujusmodi uni vel pluribus dilecto nobis in Christo Johanne Incent notario publico, reverendissimi in Christo patris et domini domini Matthei permissione divina Cantuariensis Archiepiscopi tocius Anglie Primatis et Metropolitani Registrario Principali vel Willelmo Cole notario publico ejus in hac parte deputato in registrarium et actorum tuorum scribam in hac parte durante hac nostra commissione. In cujus rei testimonium sigillum' officii nostri hujusmodi presentibus apponi fecimus. Data xxiiii⁽ᵗᵒ⁾ Maij anno domini Millesimo Quingentesimo Septuagesimo.

COMMISSIO COMMISSARIATUS IN PARTIBUS FACTA MAGISTRO
THOME DONNELL.

[*Commission (in the same form as the above) issued by Master Thomas Watts, S.T.P., etc., to Master Thomas Donnell, S.T.B., to take cognisance and determine causes moved in the consistory of Storteford and Brancktree, in the Diocese of London; to punish crimes and excesses of the inhabitants within the Deaneries of Brawghinge, Harlowe, Dunmowe, Hemingham, Newport, and Sampford, and to prove wills and grant administrations with exceptions as above; John Incent or William Cole to be registrar of his acts in this behalf. Date as above.*]

[Fo. 203.]
[*Commission granted to Master Thomas Huyck: May 24, 1570.*]

COMMISSIO FACTA MAGISTRO THOME HUYCK.

Thomas Wattes sacre theologie professor, etc. (*as in Commission above*), dilecto nobis in Christo Magistro Thome Huyck legum doctori salutem in domino sempiternam. Cum reverendissimus in Christo pater et dominus dominus Mattheus, etc., ad quem omnis et omnimoda jurisdictio, etc., nos licet indignum Officialem suum ad exercendum omnem et omnimodam jurisdictionem spiritualem et ecclesiasticam in et per civitatem et diocesim Londonie durante vacatione sedis episcopalis ibidem nominaverit eligerit et constituerit; Quia nos in presenti nonnullis et variis aliis negociis ita simus prepediti et ad aliquot adhuc futuros dies de verisimili erimus impliciti et remorati quod jurisdicendi nobis crediti et demandati potestatem et provinciam in persona nostra propria exequi non valeamus, cupientesque justiciam ex equo ministrari ac injunctum nobis onus fideliter et sincere exequi et perimplere; Tibi, de cujus singulari prudencia sana doctrina jurisdicendi probitate et in rebus probe gerendis dexteritate plurimum confidimus, hanc provinciam in causis subsequentibus et inferius specificatis duximus committendum. Ad cognoscendum igitur et procedendnm in omnibus et singulis causis negociis litibus et querelis in curia concistoriali Londoniensi sive ex officio mero mixto, etc. (*In similar form as above*) fine debito terminandum, contumaces autem et rebelles cujuscumque status sive condicionis fuerint si quos inveneris per censuras ecclesiasticas compescendum: Testamenta quoque quorumcunque defunctorum infra civitatem Londonie ac decanatus Middlesexe et

Barkinge Londoniensis diocesis et jurisdictionis decedentium, quorum approbatio et insinuacio ad episcopum Londoniensem vel ejus commissarium sede plena pertinuit approbandum et insinuandum, administracionesque hujusmodi defunctorum executoribus in eisdem testamentis nominatis committendum ac administraciones et sequestraciones bonorum quorumcunque ab intestato sive per viam intestato decedentium personis quibus de jure et statutis hujus regni Anglie fuerint committendum, computos quoque tam executorum quam administratorum hujusmodi audiendum recipiendum et admittendum, ac eosdem executores administratores et sequestratores omnes et singulos quociens tibi videbitur expediens legitime acquietandum relaxandum et finaliter dimittendum: Alium insuper seu alios in premissis et eorum quolibet loco tuo substituendum, ac ei sive eis vices nostras circa premissa quociens opus fuerit committendum, ac substitutos hujusmodi ad tuum bene placitum revocandum: Et generaliter omnia et singula, etc.: Assumpto tibi vel deputatis etc., Johanne Incent notario, etc., vel [——] ejus in hac parte deputato in Registrarium, etc. [*Final clauses in usual forms*]. Salvis et reservatis nobis admissione et institucione quorumcunque clericorum ad quecunque beneficia ecclesiastica dicte civitatis et diocesis Londoniensis, necnon cognicione et decisione quarumcunque causarum et negociorum quociens nobis placuerit et visum fuerit expedire durante vacacione sedis predicte (presentibus litteris commissionalibus aut contentis in eisdem in aliquo non obstantibus). In cujus rei testimonium sigillum officii nostri in presentibus apponi fecimus. Data vicesimo quarto die Mensis Mai anno domini MDLXX°.

[*Institutions to benefices in the time of the vacancy of the see of London.*]
INSTITUTIONES BENEFICIORUM TEMPORE VACACIONIS SEDIS EPISCOPALIS LONDONIENSIS.

26 Maii, 1570. Thom. Bewley, cl.   Magna Stambridge, R.   John Dowglas, cl., mort.

Patr. Tho. Shaa, generos. Scriptum fuit Archidiac. Essexe seu ejus officiali, ad induc.

[*Letters to collect the goods of Robert Myllyngton, deceased.*]
LITTERE AD COLLIGENDUM BONA ROBERTI MYLLYNGTON DEFUNCTI.

Duodecimo die Mensis Junii anno domini MDLXX coram Magistro Thoma Huyck legum doctore commissario, etc., emanaverunt littere ad colligendum bona Roberti Millington de Sowthwyld Londonie ab intestato defuncti, etc., Thomazine Millington ejus relicte, etc., usque ad et in diem animarum proximo futurum durature: primitus de bene, etc., in forma juris rite jurate: salvo jure, etc. Et habet pro inventario eodem die animarum predicto.

WIGORNIENSIS.

[Fo. 203^v.]

[*Vacancy of the see of Worcester on the translation of Edwin Sandes the last Bishop there.* A.D. 1570.]

VACACIO SEDIS EPISCOPALIS WIGORNIENSIS PER TRANSLACIONEM DOMINI EDWINI SANDES ULTIMI EPISCOPI IBIDEM VACANTIS A.D. 1570.

[*Certificate from the chapter of Worcester of the vacancy of the Episcopal See there: July 17, 1570.*]

CERTIFICATORIUM CAPITULI WIGORNIENSIS SUPER VACACIONE SEDIS EPISCOPALIS IBIDEM.

Reverendissimo in Christo patri et domino domino Mattheo, etc., vestri humiles et devoti in Christo filii Johannes Pedder in in sacra theologia bacchalaureus Decanus ecclesie cathedralis Christi et beate Marie Virginis Wigorniensis et ejusdem ecclesie capitulum omnimodas reverenciam et obedienciam tanto reverendissimo patri debitas cum honore. Paternitatem reverendissimam credimus non latere modum et formam cujusdam composicionis de et super jurisdictione et potestate episcopali in civitate et diocese Wigorniensibus sede ipsa vacante dudum inter felicis recordacionis dominum Bonifacium quondam Cantuariensem Archiepiscopum predecessorem vestrem ex parte una et Priorem et capitulum dicte ecclesie cathedralis Wigorniensis ex altera post varias lites et iurgia inita et tam successorum ejusdem quam capituli Cantuariensis confirmacione roborate, cujus effectui et tenori quantum in nobis est innitentes paternitati vestre reverendissime tenore presentium intimamus, quod xiii^0 die mensis instantis Julii reverendus pater Edwinus nuperime Wigorniensis episcopus suum uti accepimus episcopatum reliquit et ad episcopatum Londoniensem translatus est. Vestram igitur paternitatem reverendissimam tenore presentium humiliter et devote petimus, quatenus juxta ipsius composicionis formam Decanum nostrum antedictum irrevocabiliter et insolido Officialem vestrum in civitate et diocese Wigorniensibus predictis toto tempore instantis vacacionis, quoad cognitionem causarum ad forum episcopale ibidem spectantem institucionem et destitucionem clericorum eleccionem examinacionem confirmacionem et informacionem earum dignitatum et beneficiorum liberam collacionem auctoritate consilii atque ad omnimodam jurisdictionem ecclesiasticam et ordinariam, ceteraque omnia alia et singula in premissa composicione plenius contenta, creare dignemini. Nos vero Deo dante de provenientibus et emolumentis per dictum Decanum tempore vacacionis hujusmodi in hac parte recipiendis paternitati vestre reverendissime aut hiis quos ad id duxeritis assignandos secundum exigenciam hujusmodi composicionis respondere parati erimus. Qui ad regimen ecclesie et gregis dominici vobis commisse paternitatem vestram reverendissimam diu et feliciter conservare dignetur incolumem. Data in domo nostro capitulari Wigorniensi sub sigillo nostro communi xvij° die mensis Julii 1570, et anno regni domine nostre Elizabethe dei gracia Anglie Francie et Hibernie Regine Fidei Defensoris, etc., duodecimo.

[*Commission to the Dean of Worcester for exercising episcopal jurisdiction there during the vacancy: July 26, 1570.*]

COMMISSIO DECANO WIGORNIENSI AD EXERCENDUM JURISDICTIONEM EPISCOPALEM IBIDEM DURANTE VACATIONE.

Mattheus divina providentia Cantuariensis, etc., ad quem, etc., dilecto nobis in Christo Magistro Johanni Pedder sacre theologie bacchalaureo ecclesie cathedralis Christi et beate Marie Virginis Wigorniensis Decano salutem graciam et benedictionem. Cum vacante sede episcopali Wigorniensi predicta per translacionem reverendi in Christo patris et domini Edwini Sandes ultimi episcopi et pastoris ejusdem sedis ad episcopatum Londoniensem per te Decanum predictum et ejusdem ecclesie cathedralis Wigorniensis capitulum a nobis humiliter et devote petitum fuerat ut te Decanum antedictum Officialem nostrum ad exercendum omnem et omnimodam jurisdictionem episcopalem in civitate et diocese Wigorniensibus ipsius ecclesie vacacione durante preficere et constituere dignaremur; Nos de tue circumspectionis industria fidelitate et consciencie sinceritate plurimum confidentes te Officialem nostrum ad exercendum per te aut per aliam discretam et idoneam personam sive personas per te deputandas exerceri faciendum omnimodam et plenariam jurisdictionem episcopalem in civitate et diocese supradictis juxta vim formam et effectum composicionis inter bone memorie dominum Bonifacium nuper Cantuariensem Archiepiscopum predecessorem nostrum ac Priorem et capitulum ecclesie Wigorniensis predicte dudum facte et hactenus observate citra tamen offensam legum et statutorum hujus regni Anglie preficimus ordinamus et constituimus per presentes : Tibi firmiter precipiendo mandantes quatenus officium hujusmodi diligenter et prudenter ac citra offensam legum et statutorum regni Anglie predicte exerceas vel exerceri facias, ac nobis de omnibus obvencionibus proventibus et aliis emolumentis racione jurisdictionis seu officii hujusmodi provenientibus ac nobis et ecclesie nostre Christi Cantuariensis de jure seu consuetudine vel composicione predicta debitis fideliter respondeas seu sic responderi facias ; Ceteraque omnia et singula que in hac parte necessaria fuerint seu quomodolibet oportuna et que ad hujusmodi officialitatis officium de jure seu consuetudine pertinere dinoscuntur accurate exerceas et expedias seu sic exerceri facias. Ad que omnia et singula premissa faciendum exercendum et expediendum seu sic per aliam discretam et idoneam personam vel alias discretas et idoneas personas fieri exerceri et expediri faciendum tibi vices nostras committimus cum cujuslibet censure ecclesiastice exequende potestate, juribus priviledgiis[1] consuetudinibus et prerogativa nostris et ecclesie nostre Christi Cantuariensis predicte ac proficuis et emolumentis quibuscunque nobis et officiariis nostris racione hujusmodi vacacionis debitis et competentibus necnon computi tui super hiis redditione semper salvis et reservatis : Assumpto tibi vel substituto sive deputatis tuis hujusmodi uni vel pluribus dilecto nobis in Christo Johanni Incent notario publico Registrario nostro principali seu ejus in hac parte deputato in registrarium et actorum scribam in hac parte durante vacacione predicta.

Mandamus nihilominus quod cessante vacacione sedis predicte nos de omni eo quod per te aut substitutum tuum hujusmodi unum vel plures actum gestum et expeditum fuerit per litteras suas[1] patentes sub forma auctentica conscriptas acta et processus tuos complectentes certiores reddere non postponas ; Sed ea omnia et singula ad Registrarium nostrum principalem reduci

---

[1] Sic.

integraliter transmitti facias prout decet. In cujus rei testimonium sigillum nostrum presentibus apponi fecimus. Data in manerio nostro de Lambehithe vicesimo sexto die mensis Julii anno domini MDLXX et nostre consecrationis anno duodecimo.

[Fo. 203ᵛ·-204.]
[*Institutions at Worcester to Benefices by commission of the Archbishop during the vacancy.*]
INSTITUCIONES BENEFICIORUM EXPEDITE APUD WIGORNIAM PER COMMISSIONEM DOMINI ARCHIEPISCOPI, ETC., TEMPORE VACACIONIS SEDIS WIGORNIENSIS PREDICTE ANNO PREDICTO.

13 Oct. 1570. Joh. Bullingam, Can. et Preb. in Libius Beard, als.
S.T.P. ecclesia Cath. Biard, mort.
 Wigorn.
 Patr. Regina, ratione vacationis sedis episcopalis.
 (*With Clause* "Stallum in choro," etc.) Scriptum fuit Decano et capitulo, etc. (*see institutions to Prebends before*), ad install.

[Fo. 204.]
22 Nov. 1570. Sam. Giles. Pipleton R. Libius Byard,
 mort.
 Patr. Tho. Russell, miles, dom. Manerii de Pipleton.
 Scriptum fuit Archid. Wigorn., seu ejus officiali ad induc.

28 Nov. 1570. Rog. Massey, cl. Sancti Albani R. ult. Rector, mort.
 in civit. Wigorn.
 Patr. Regina.
 Scriptum fuit *(as above)* ad inducendum.

19 Jan., 1570. Griffin ap Comberton ult. Rector,
 Robert, cl. parva R. mort.
 Patr. Joh. Hunx de Radbroke in co. Glouc., armiger. Scriptum fuit Archid. Wigorn. seu ejus officiali ad induc.

[TESTAMENTS.]
TESTAMENTA.—Memorandum thactes and testamentes for this vacacion are written in an other Booke.

LINCOLNIENSIS.

[*Vacancy of the see of Lincoln through the translation of Nicholas Bullingham the last Bishop there in the foresaid year.*]
VACATIO SEDIS EPISCOPALIS LINCOLNIENSIS PER TRANSLATIONEM DOMINI NICHOLAI BULLINGHAM ULTIMI EPISCOPI IBIDEM VACANTIS ANNO PREDICTO.

[*Licence to negociate about an annual pension: Jan. 29, 1570/1.*]

LICENCIA AD COMMUNICANDUM SUPER ANNUA PENSIONE.

Mattheus, etc., ad quem, etc., dilecto nobis in Christo Roberto Asheton vicario perpetuo ecclesie parochialis de Barton super Humber Lincolniensis diocecis salutem graciam et benediclionem. Porrecta nobis nuper pro parte tua peticio continebat quod ex certis causis justis racionabilibus et legitimis animum tunc in ea parte specialiter moventibus dictam vicariam perpetuam ecclesie parochialis de Barton sub spe pensionis annue tibi ex fructibus decimis proventibus et emolumentis dicte vicarie perpetue tibi durante vita tua naturali pro alimentis tuis ac vite et victus tuorum sustentacione auctoritate nostra assignande et limitande in manus nostras resignare proponis, et ideo nobis humiliter supplicari fecisti quatenus licenciam et facultatem nostras in subscriptis graciose tibi concedere dignaremur. Nos supplicacionibus tuis hujusmodi favorabiliter inclinati, ad communicandum igitur et tractandum cum quocunque clerico idoneo de et super pensione annua ecclesiastica ex fructibus decimis proventibus et emolumentis dicte vicarie perpetue de Barton, terciam partem eorundem fructuum proventuum et emolumentorum annuatim provenientium et contingentium non excedente, pro uberiori vite tui sustentacione juxta juris et statutorum hujus regni Anglie exigenciam auctoritate nostra vel loci ordinarii pro tempore existentis limitandum atque de et super qualitate et quantitate pensionis annue hujusmodi etiam concludendum, dum-

[Fo. 204ᵛ·] modo inter vos simoniaca pravitas in ea parte non intervenerit et nostre sentencie vel loci ordinarii pro tempore existentis in hac parte ferende et promulgande accesserit ancthoritas et non aliter neque alio modo, plenam in domino tenore presentium tibi concedimus potestatem pariter et facultatem. In cujus rei testimonium sigillum nostrum presentibus apponi fecimus. Data in manerio nostro de Lambehith vicesimo nono die mensis Januarii anno domini juxta computacionem ecclesie Anglicane MDLXX et nostre consecracionis anno undecimo.

[*Institutions at London to Benefices during the Vacancy.*]

INSTITUTIONES BENEFICIORUM, ETC., APUD LONDONIAM, ETC., EXPEDITE TEMPORE VACACIONIS.

3 Feb., 1570/1. Rob. Saratt, cl. Bagenderbey, Jac. Wright, cl.,
                                   R.   mort.

Patr. Andr. Gedney, arm.
Script. fuit universis[1] Lincoln. aut ejus officiali ad inducendum.

3 Feb., 1570/1. Ric. Taylor, cl. Corringham ult. Incumb.
Can. et Preb, in mort.
eccl. Cath.
Lincoln.

Patr. Edw. Sapcote de civitate Londonie arm. hac vice racione advoc. per nuper Thom. Lincoln. episc. Magistro Mich. Dunnynges, LL.D., et Edw. Sapcote, gener., concesse. (*With clause* "Stallum in choro", etc.) Scriptum fuit Decano et capitulo, etc. ad installandum.

8 Feb., 1570/1. Leonard. Tuke, Kenseworth, Edw. Yong, cl.,
cl. V.P. resign.

Patr. Alexr. Nowell, cl., Dec. et capitulum eccles. cath. D. Pauli Londoniensis. Script. fuit Archid. Huntingdon. ad induc.

3 Feb., 1570/1. John Grey, cl. Sutterby R. ult. Rector, mort.

Patr. Regina. Script. fuit Archid. Lincoln ad induc.

7 Feb., 1570/1. Rich. Edmondes, Wavenden R. ult. R. mort.
LL.B., cl.

Patr. Edm. Asshefeld de Totenhoo in com. Buck. Scriptum fuit Archid. Buck. aut ejus officiali ad induc.

[Fo. 204ᵛ·-205.]

16 Feb., 1570/1 Henr. Bagwell, Hartefordingburye Arth. Purdy, cl.
cl., S.T.P. R., alias Hart- mort.
ingfordebury.

Patr. Regina, jure ducatus sui Lancastrie. Scriptum fuit universis et singulis Rectoribus, etc., ad inducendum; reservatis feodis Archidiaconi loci.

[Fo. 205.]

20 Feb., 1570/1 Tho. Stirroppe, Hameringham, ult. Incumb.
cl. R. resign.

Patr. Regina. Script. fuit Archid. loci ad induc.

22 Feb., 1570/1. Hug. Bowman, Yardeley, V.P. Joh. Longe, cl.,
cl. resign.

Patr. Alexr. Nowel, cl., Dec. et capitulum Eccles. Cath. Divi Pauli Londonie. Script. fuit Archid. Huntingdon, etc., ad induc.

16 Feb., 1570/1 Elizeus Roth- Horton, R. Wm. Barker, cl.,
well, cl. resign.

Patr. Willm. Bromfyld, arm., hac vice vigore advoc. sibi per Geo. Digbye de Colshill in com. Warrwick, arm., concesse. Script. fuit Archid. Buck. seu ejus officiali ad induc.

---

[1] Error for Archidiacono.

23 Feb., 1570/1 Tho. Bostock, cl. Basingham, R. legit. vac.

Patr. Regina per lapsum temporis jure prerogative Corone sue. Scriptum fuit Archid. Lincoln, etc., ad induc.

[*Will of John Horne.*]

TESTAMENTUM JOHANNIS HORNE.—In Dei Nomine. The tenthe daye of December, in the yere of our Lord God a thousand fyve hundred three skore and tenne, I, John Horne of Kenseworthe in the Countye of Hertforde, husbandman, sick in boddye but of perfecte remembraunce, thankes be to God, ordeyne and make this my testament and laste will in manner and forme followinge. First, I bequeth my soulle to Allmighty God my Savyour and Redemour, and my boddye to be buryed in the Churcheyarde of Kenseworth aforesaid. Item, I gyve to the poore of the Towne of Kennesworth, xij*d*. Item, I gyve and bequeath to Agnes my wyf, all suche Landes and Leasses and ymplementes of hous-
[Fo. 205ᵛ·] hold as she brought to me. Item, I will that my mother shall have her annuytie of fowre poundes by the yere, and her fyndinge duringe her naturall Lief. Item, the reste of all my Landes and tenementes, gooddes, and cattells, moveable and unmoveable, debtes and credites of what state, kynde or condycion so ever they be, I gyve and bequethe hollie to Edwarde Horne my brother, and Thomas Heath my Brother-in-lawe, to make the beste of it duringe the space of Fowretene yeres towardes the payment of my debtes, redeminge of my landes, and bringing vpp of my children. Item, I gyve unto the same Edwarde and Thomas full powre and auctorytye by theis presentes to alyenate, bergeyne and sell any parte or percell of the said landes and Tenementes and the wooddes and underwooddes of the same, and the gooddes and chattells aforesayde, to any person or persones at their owne will and dysposicion. And the said Bargayne and sale shalbe good and avayable ageinst the heires and executours of me the sayd John Horne to all intentes and purposes. Item, I constitute and make Reynold Horne, my sonne, executour, and he to have for his paynes takinge xx*s*. Item, I doo appoynte my brother Richard Horne and Thomas Horne supervisours of this my last will, and they to have for their paynes syxe shillinges eighte pence a pece. To this wittnes Richarde Ames, William Fermour and Thomas Horne, Richard Horne, Roger Dason, and others.

[*Commission to administer the goods of John Horne.*]

COMMISSIO AD ADMINISTRANDUM BONA JOHANNIS HORNE.

Octavo die mensis Februarii anno domini juxta computacionem ecclesie Anglicane MDLXX emanavit commissio Edwardo Horne fratri naturali et legitimo supradicti Johannis Horne defuncti ad administrandum bona ejusdem defuncti juxta juris exigentiam et hujusmodi testamenti tenorem durante minore etate Reginaldi Horne executoris in hujusmodi testamenti nominati, prestito primitus juramento de fideliter administrando, etc., ac de conficiendo verum et plenum inventarium ac de reddendo computum, etc., salvo jure, etc. Et habet 2° Fidis proximo pro Inventario exhibendo.[1]

[*Marginal note to the above* :—Actus super admissione computi dicti Horne registratur in folio 214, hujus libri. Computus originalis pendet in philatio vacacionis sedis Episcopalis Lincolniensis anno domini 1570.]

[*Consent of the ordinary that William Yomans, clerk, may solemnise matrimony with Joan Piggot: Feb. 22, 1570/1.*]

CONSENSUS ORDINARII UT WILLELMUS YOMANS CLERICUS POSSIT SOLEMNIZARE MATRIMONIUM CUM JOANNA PIGGOTT.

Mattheus permissione divina, etc., ad quem omnis et omnis moda jurisdictio, etc., universis et singulis Christi fidelibus presente- litteras visuris lecturis vel audituris aut quos infrascripta tangunt seu tangere poterunt quomodolibet in futuro, salutem in domino sempiternam ac fidem indubiam presentibus adhibere. Ad universitatis vestre noticiam deducimus et deduci volumus per presentes, quod cum Willielmus Yomans, clericus, rector ecclesie perochialis de Stoke Goldington in Comitatu Buckingham dicte Lincolniensis diocesis et Johanna Piggot de Braynford, Londoniensis diocesis, matrimonium legitimum ut dicitur adinvicem contraxerunt, illudque in facie ecclesie, habitis consensu et assensu loci ordinarii et aliorum per injunctiones regias in hac parte requisitis, cum omni celeritate accomoda Deo duce solemnizari facere proporunt et intendunt: Nos vero de ipsius Joanne Piggott laudabile conversacione morum honestate et probitate per fidedignum testimonium informati ut igitur dicti Willelmus Yomans et Johanna Piggott matrimonium hujusmodi sic ut prefertur inter eos contractum, servatis primitus de jure et regiis injunctionibus ac more et

---

[1] The last three words have been added later.

ritu ecclesie Anglicane in ea parte servandis, in facie ecclesie rite et legitime solemnizari facere possint et valeant, consensum et assensum nostros quantum in nobis est auctoritate nostra ordinaria qua in eadem diocesi Lincolniensi sede episcopali ibidem jam vacante utimur graciose adhibuimus prout etiam tenore presentium sic adhibemus. In cujus rei testimonium sigillum nostrum presentibus apponi fecimus. Data in manerio nostro de Lambehith xxij° die Februarii anno domini 1570 et nostre consecracionis anno duodecimo.

[*Complaint against the President and Chapter of the Cathedral Church of Lincoln for delaying to induct and install a Prebendary: Feb. 3, 1570/1.*]

QUERELA CONTRA PRESIDENTEM ET CAPITULUM ECCLESIE CATHEDRALIS LINCOLNIENSIS DIFFERENTES INDUCERE ET INSTALLARE PREBENDARIUM, ETC.

Mattheus, etc., universis et singulis clericis et litteratis quibuscumque per provinciam nostram Cantuarie ubilibet constitutis salutem graciam et benedictionem. Ex parte discreti viri Richardi Taylour clerici nobis nuper extitit graviter querelandum monstratum. Quod licet ipse fuerit et sit ad Canonicatum et Prebendam de Corringham in ecclesia cathedrali beati Marie Lincolniensis per mortem naturalem Magistri Francisci Mallett ultimi et immediati incumbentis eorundem dudum vacantes nobis per verum et indubitum eorundem canonicatus et prebende hac vice ut dicitur patronum legitime presentatus, nosque auctoritate nostra ordinaria qua in diocese Lincolniensi sede episcopale ibidem vacante utimur eundem Richardum Taylour sic nobis presentatum ad eosdem canonicatum et prebendam admiserimus ipsumque canonicum et prebendarium eorundem canonicatus et prebende canonice instituerimus et in eisdem investiverimus cum suis juribus et pertinenciis universis, necnon presidenti et capitulo ecclesie cathedralis beate Marie Lincolniensis predicte per litteras nostras patentes sigillo nostro sigillatas dederimus in mandatis quatenus eundem Ricardum Taylour sic per nos admissum [et] institutum in realem actualem et corporalem possessionem eorundem canonicatus et prebende inducerent et installerent seu sic induci et installari facerent cum effectu, Licetque pretera prefatus Ricardus Taylour litteras nostras datarias dictis presidenti et capitulo in ea parte inscriptas et directas eisdem presidenti et capitulo debitis loco et tempore presentaverit et exhibuerit, seque vigore earundem in realem actualem et corporalem possessionem eorundem canonicatus et prebende juriumque et pertinencium suorum universorum sic induci et installari juxta tenorem litterarum nostrarum mandatariarum predictarum ab eisdem presidente et capitulo instanter petierit et postulaverit, Dictus tamen presidens et capitulum et presertim Magistri Runnyger presidens dicti capituli Johannes Elmer Willemus Todde et [. . . .]¹ Garthe dicte ecclesie cathedralis beate Marie Lincolniensis canonici et prebendarii [Fo. 206.] eundem Ricardum Taylour sic per nos admissum et institutum atque exhibentem petentem et postulantem in premissis non solum exaudire non curarunt neque curant, verum etiam ipsum Ricardum Taylour in realem actualem et corporalem possessionem eorundem canonicatus et prebende iuxta tenorem litterarum nostrarum mandatariarum predictarum inducere et installare seu sic induci et installari facere absque ulla causa racionabili seu legitima quacumque subsistente expresse renuerunt et recusarunt seu saltem plus justo distulerunt et differunt in presenti in nostri ac jurisdictionis et prerogative nostre vilependium et manifestum contemptum dictique Richardi Taylour prejudicium non modicum et gravamen : Unde ipse Ricardus Taylour nobis humiliter supplicari fecit sibi de remedio oportuno in hac parte graciose providere. Nos vero nolentes eidem parti querelanti in sua deesse justicia, sicuti nec debemus, vobis conjunctim et divisim committimus et firmiter injungendo mandamus quatenus auctoritate nostra moneatis seu sic moneri faciatis prefatum presidentem et capitulum ecclesie cathedralis beate Marie Lincolniensis predicte et presertim dictos Magistros Runnyger, Elmer, Todde et Garth quos nos etiam tenore presentium sic monemus, quatenus ipsi infra trium dierum spacium a tempore monitionis nostre hujusmodi eis in hac parte fiende prenominatum Ricardum Taylour seu procuratorem suum legitimum ejus nomine in realem actualem et corporalem possessionem eorundem canonicatus et prebende juriumque et pertinencium suorum universorum realiter et cum effectu inducant et installent seu sic induci et installari faciant juxta tenorem priorum litterarum nostrorum mandatariarum eisdem presidenti et capitulo in hac parte inscriptarum et directarum. Alioquin, lapsis et preteritis hujusmodi tribus diebus ac justicia et ejus complementum eidem Ricardo Taylour in hac parte minime ministratis, citetis seu citari faciatis peremptorie

---

¹ Blank in Register.

prefatos Magistros Runnyger, Johannem Elmer, Willielmum Todde, et Georgium Garth et eorum quemlibet quod compareant et eorum quilibet compareat coram nobis aut Vicario nostro in spiritualibus generali sive Officiali principali quocunque in ecclesia cathedrali Divi Pauli Londoniensis loco concistoriali ibidem xiiij^{to} die mensis Marcii proximo futuro post datum presentium inter horas nonam et decimam ante meridiem ejusdem diei certis articulis capitulis sive interrogatoriis premissa ac contemptum jurisdictionis et prerogative nostre concernentibus eis et eorum cuilibet cum venerint ex officio nostro objiciendis et ministrandis personaliter responsuri, ulteriusque facturi et recepturi quod justum fuerit in hac parte. Et quid in premissis feceritis nos aut vicarium nostrum in spiritualibus generalem sive officialem principalem hujusmodi dictis die hora et loco vel citra debite et auctentice certificetis seu sic certificet ille vestrum qui presens nostrum mandatum fuerit executus. Data tertio Februarii 1570.[1]

[*Decree to induct Richard Taylour to the Prebend of Corringham in the Cathedral Church of Lincoln: May 2, 1571.*]

DECRETUM AD INDUCENDUM RICARDUM TAYLOUR [AD] PREBENDAM DE CORINGHAM IN ECCLESIA CATHEDRALI LINCOLNIENSI.

Mattheus permissione divina, etc., dilectis nobis in Christo presidenti et capitulo ecclesie cathedralis Beate Marie Lincolniensis necnon universis et singulis rectoribus et vicariis et aliis quibuscunque in ordine presbiterali constitutis per provinciam nostram Cantuarie ubilibet degentium sive commorantium salutem graciam et benedictionem. Cum dilectus nobis in Christo Magister Thomas Yale legum doctor Vicarius noster in spiritualibus generalis et Officialis principalis sufficienter constitutus rite et legitime procedens quendam Ricardum Taylour clericum alias ad canonicatum et prebendam de Corringham in ecclesia cathedrali beate Marie Lincolniensis predicte auctoritate nostra rite et legitime admissum et in eisdem institutum in realem actualem et corporalem possessionem eorundem canonicatus et prebende jurium e*.* pertinencium suorum universorum sub modo et forma inferius descriptis inducendum et installandum fore decreverit

---

[1] The register has "1507"; the words "Data tertio Februarii 1507" are added in another hand.

justicia mediante ; Tibi igitur Presidenti antedicto firmiter precipiendo mandamus quatenus eundum Ricardum Taylour sic ut prefertur auctoritate nostra ad dictum canonicatum et prebendam de Corringham admissum et in eisdem institutum in realem actualem et corporalem possessionem eorundem canonicatus et prebende juriumque et pertinencium suorum universorum juxta morem et consuetudinem ac statuta et ordinaciones ecclesie cathedralis predicte inducas et installes seu sic induci et installari facias cum effectu. Et si tu prefatus Presidens eundem Ricardum Taylour sic inducere et installare nolueris vel recusaveris seu saltem plus justo distuleris, tunc vobis universis et singulis rectoribus vicariis et quibuscunque in ordine presbiterali ut premittitur constitutis conjunctim et divisim committimus et firmiter precipiendo mandamus quatenus nos in supplementum negligencie dicti Presidentis in ea parte prefatum Ricardum Taylour seu procuratorem suum legitimum ejus nomine in realem actualem et corporalem possessionem eorundum canonicatus et prebende juriumque et pertinencium suorum universorum juxta antiquam morem et consuetudinem ecclesie cathedralis beate Marie Lincolniensis predicte sine mora et ulteriori dilatione effectualiter inducatis et installetis seu sic induci et installari faciatis. Stallumque in choro ac locum et vocem in capitulo ecclesie cathedralis beate Marie Lincolniensis predicte eisdem canonicatui et prebende de Corringham ac prebendario eorundem ab antiquo assignari solita et consueta eidem Richardo Taylour assignetis et limitetis cum effectu. Mandantes omnes et singulos dicte ecclesie cathedralis beate Marie Lincolniensis officiarios et ministros quoscunque quatenus vobis in executione presentium auxiliantes et intendentes sunt sub pena contemptus. Et quid in premissis feceris nos aut Vicarium nostrum in spiritualibus generalem cum ad hoc congrue fueritis requisiti debite et auctentice certificet ille vestrum qui presens nostrum mandatum fuerit executus. In cujus rei testimonium, etc. Data secundo die mensis Maii anno domini 1571.

EXONIENSIS.

[*Vacancy of the See of Exeter by the natural death of William Alley the last Bishop there: 1570.*]

VACATIO SEDIS EPISCOPALIS EXONIENSIS PER MORTEM NATURALEM [WILLIELMI][1] ALLEY ULTIMI EPISCOPI IBIDEM

---

[1] Blank in Register.

VACANTIS ANNO DOMINI MILLESIMO QUINGENTESIMO SEPTUAGESIMO.

[Fo. 206-206ᵛ·]
COMMISSIO AD EXERCENDUM JURISDICTIONEM INFRA CIVITATEM ET DIOCESIM EXONIENSIS.

Commission from the Archbishop to exercise jurisdiction during the vacancy of the See within the City and Diocese of Exeter issued to Master Thomas Yale, LL.D., the Vicar General, Gregory Doddes, S.T.B., Dean of Exeter Cathedral, and Richard Bray, Bachelor of Law (in the same form as the commission for the See of Llandaff, pp. 226-9), viz.: for visiting "tam in capite quam in membris" *the cathedral city and diocese of Exeter; probates of wills and granting of administrations: the proceeding in suits in the consistorial court of Exeter: the examination of the letters of clerks and beneficed persons, the convoking of synods, etc., and the vindication of criminal clerks, and saving the institutions and collations to benefices John Incent or his deputy registrar to be the scribe of their acts. Lambeth, 10 April, 1570, and the 11th year of his consecration.*]

[Fo. 206ᵛ·-207ᵛ·]
ALIA COMMISSIO PRO EXERCITIO JURISDICTIONIS CIVITATIS ET DIOCESIS EXONIENSIUM.

[*Another commission for the exercise of the jusisdiction of the city and diocese of Exeter granted to Dr. Thomus Yale (as above), William Maston, A.B., and Richard Bray, LL.B., in the same terms as the foregoing, which is revoked by the clause:*—"Quibuscunque [Fo. 207.] prioribus litteris nostris commissionalibus aut aliquo in eisdem contentis per nos aut nostra auctoritate quibuscunque personis in hac parte ante hac factis et concessis in aliquo non obstantibus, quas harum serie revocamus et pro revocatis ad omnem juris effectum exinde sequi valentem haberi et censeri volumus." *John Incent to be their registrar, or his deputy.* [Fo. 207ᵛ·] *Lambeth, 18 November 1570.*]

[*Sequestration of the fruits of the vacant parish church of Church-Taunton: April 7, 1570.*]
SEQUESTRACIO FRUCTUUM ECCLESIE PAROCHIALIS DE CHURCHE TAUNTON VACANTIS.

Mattheus, etc., ad quem omnis et omnimoda jurisdictio, etc., dilectis nobis in Christo Henrico James notario publico et Johanni

Harris perochiano de Churchetaunton dicte Exoniensis diocesis nostreque Cantuarie provincie salutem graciam et benedictionem. Cum ecclesia parochialis de Churche taunton predicta per mortem naturalem ultimi incumbentis ibidem aliquamdiu vacaverit et vacua existit in presenti, nos providere volentes ne fructus dicte ecclesie parochialis dilapidantur aut ulterius cujusvis inanis consumptionis supponentur dispendiis, sed ad usum futuri Rectoris ejusdem ecclesie conserventur et ut cura ejusdem ecclesie in divinis et aliis requisitis debite deserviatur, omnes et singulos fructus redditus proventus obvenciones commoditates et cetera emolumenta quecunque ad dictam ecclesiam parochialem de Churchtaunton pro tempore existente quomodolibet spectancia et pertinencia ex officio nostro duximus sequestranda, et hujusmodi sequestri nostri custodiam vobis et utrique vestrum conjunctim et divisim committendam justicia id exigente, prout etiam sic sequestramus et vobis ac utrique vestrum conjunctim et divisim committimus per presentes. Ad publicandum igitur hujusmodi sequestrum nostrum, etc., etc. [*The rest of the document is in the same form as the sequestration of Conway Church, p. 237.*] In cujus rei testimonium sigillum pro curia audiencie nostra Cantuarie presentibus apponi fecimus. Data septimo die mensis Aprilis anno domini MDLXX anno nostro consecracionis undecimo.

[*Similar sequestration of the parish church of Hemyock: April 21, 1570.*]
CONSIMILIS SEQUESTRACIO ECCLESIE PAROCHIALIS HEMIOCK.

Emanavit similis sequestracio fructuum ecclesie parochialis de Hemiock Exoniensis diocesis vacantis per mortem ultimi incumbentis supranominatis Henrico Jones et Johanni Harres ad beneplacitum duratura aliis prioribus litteris sequestratoriis revocatis, etc. Sub datum xxj die Aprilis anno domini 1570 predicto.

[*Institutions to benefices during the vacancy of the See of Exeter in the said year 1570.*]
INSTITUTIONES BENEFICIORUM, ETC., GESTA TEMPORE VACACIONIS SEDIS EPISCOPALIS EXONIENSIS PREDICTE ANNO PREDICTO 1570.

6 Apr. 1570. Will. Nightgall, cl. Hockworthe in co. Devon, V.P. legitime vac.

Patr. Radulph. Turner, gener. hac vice, vigore advoc. per Rog. Bluett, militem sibi concesse. Scriptum fuit.[1]

---
[1] The rest of this sentence is omitted in the Register.

9 Apr. 1570. Will. Nightgall, Talleton R. Bawdwin Hill,
cl. mort.

Patr. Rad. Turner, gener. hac vice, vigore advoc. per Robertum Hill, armig. domino Johanni More militi concesse et assignacionis advoc. predicte per prefatum Johannem predicto Radulpho et aliis facte. Scriptum fuit Archid. Exon. seu ejus officiali ad induc.

[Fo. 207ᵛ.-208.]

SEQUESTRACIO FRUCTUUM RECTORIE SIVE ECCLESIE PAROCHIALIS DE BLACK TORRINGTON.

[*Sequestration of the fruits of the rectory or parish Church of Black Torrington on the death of the last rector (in the same form as the sequestration of Church-Taunton, p. 310), committed to Walter Dowrishe of the parish of Crediton, co. Devon. Dated 11 April, 1570.*]

[Fo. 208.]

4 May 1570. Joh. Wolton, con- Brampton V.P. legitime vac.
cionator.

Patr. Gregor. Doddes, cl., decanus eccles. cath. B. Petri, Exon. Recepto ab eodem Johanne juramento canonice obediencie, etc., et de, etc., etc. (*as usual*) et de solvendo annuam pensionem vj*li*. xiiij*s*. iiij*d*. Scriptum fuit Archid. Bar. seu ejus officiali ad induc.

[*Obligation to pay the mortuary due on the death of the last Bishop to the Archbishop.*][1]

Noverint universi per presentes me Willielmum Marten de civitate Exoniensi generosum teneri et firmiter obligari reverendissimo in Christo patri et domino domino Mattheo permissione divina, etc., in viginti libris legalis monete Anglie, solvendis eidem reverendissimo Patri aut suo certo attornato executoribus vel assignatis suis, etc., ad quam quidem solucionem, etc., bene et fideliter faciendam obligo me heredes executores et administratores, etc. Datum [————][1] Aprilis anno regni domine nostre Regine Elizabethe Dei gracia, etc., duodecimo.

The Condicion of this Obligacion ys suche, That yf Sybell Alleye, the Relicte and executrice of the last will and testament of the late Reverend Father in God [2]Alleye, late Bishoppe of Exetour, doo, on this side the last daye of Maye next commynge after the date within written witheowt fraude and gyle or furder delaye really delyver or cause to be delyvered,

---

[1] No heading in Register.
[2] Blanks in Register.

unto the withinnamed most reverend Father in God, Matthewe, Archbisshoppe of Canterburye or to his executours Adminstratours or Assignes All and every the Seales of the said late Bisshoppe of Exetour, and to hym appertaynynge at the time of his lyf and deathe, and also the best Ringe saving one of the saide late bisshoppe beinge due onto the saide most reverende Father in God by Auncyent custom and prerogative of the Churche of Canterbury in the name of a Mortuarie by reason of the Deathe of the sayd late Busshoppe of Exetour, etc., That then this presente Obligacion to be voyde and of none effect : Or ells to stande and abide in full force and strength.

[*Notification or supplication for the removal of some laymen : May 4, 1570.*]

SIGNIFICACIO SIVE SUPPLICATIO PRO VIRIS LAICALIBUS AMOVENDO.

Illustrissime et invictissime in Christo Principi et domine nostre Elizabethe Dei gracia Anglie Francie et Hibernie Regine fidei defensori, etc., Mattheus, etc., ad quem omnis, etc., omnimodas reverenciam subjectionem et honorem et graciam et felicitatem perpetuam in eo per quem reges regnant et principes dominantur. Vestre serenissime regie majestati tenore presentium significamus et notum facimus quod quidam laici salutis sue immemores possessionem Willelmi Nightgall clerici Rectoris ecclesie parochialis de Tolleton dicte Exoniensis diocesis nostreque Cantuariensis Provincie in dicta ecclesia sibi dudum auctoritate nostra canonice collata quam Baldwinus Hill clericus dudum tenuit et possidebat in nostri Officii et Libertatis ecclesiastice ac juris predicti Willelmi Nightgall non modicum prejudi-
[Fo. 208ᵛ·] cium ut asserit impediunt et perturbant. Idcirco sublimitati vestre regie ad humilem peticionem dicti Willelmi Rectoris humiliter supplicamus quatenus ad hanc vim et potestatem omnimodo amovendum brachium regalis potencie solita vestra clemencia apponatis, ut inimicorum Christiane discipline rebellio sic per vestrum reprimatur subsidium, ac libertas ecclesiastica sub vestre defensionis clipeo tuta maneat et illesa, vestraque clementissima regia majestas exinde retributionem condignam a Deo consequi valeat ; qui eandem vestram excellenciam ad ecclesie sue et populi felix regimen per tempora diuturna conservet in prosperis. In cujus rei testimonium, ete. Data quarto die mensis Maii anno domini MDLXX et nostro consecracionis anno undecimo.

16 May, 1570. Edw. Parrett, cl. Kentisbery R. ult. Rector, mort.
    Patr. Will. Hancock, gener. hac vice, vigore advoc. sibi per Tho. Nevill de Bray in com. Bark, militem et dominam Isabellam uxorem ejus concesse. Scriptum fuit Archid. Bar. seu ejus officiali ad induc.

Ult. Maii, 1570 Robt. Knight, Tavistock, V.P., ult. Incumb., cl.   in com. Devon. mort.
    Patr. Francisc., com. Bedforde. Scriptum fuit Archid. Totnes seu ejus officiali ad induc.

3 Junii, 1570. Ric. Hill, cl. Goran, V.P. ult. Incumb., mort.
    Patr. Robert Bowyer de Heston, in com. Cornubie hac vice, vigore advoc. per nuper Joh. Exon. episc. quibusdam Thome Gibbons et Joh. Reskymer conjunctim et divisim concesse ac assignacionis advoc. per dictum Tho. Gibbons eidem Roberto et cuidam Francisco Godolphin, armig. conjunctim et divisim facte.
    Script. fuit Archid. Cornubie etc., ad induc.

[Mandate to induct William Ligh to the rectory of Dartington, already admitted by the late Bishop there: June 7, 1570.]

MANDATUM AD INDUCENDUM WILLELMUM[1] LIGHE AD RECTORIAM DE DARTINGTON ALIAS ADMISSUM PER NUPER EPISCOPUM IBIDEM.

Mattheus permissione divina, etc., ad quem omnis, etc., dilecto nobis in Christo Archidiacono Archidiaconatus Tottnes' in ecclesia cathedrali Exonie predicte seu ejus officiali salutem graciam et benedictionem. Cum bone memorie dominus Willelmus nuper Exoniensis Episcopus per litteras suas patentes sigillo suo sigillatas gerentes datum xij° die mensis Junii anno domini MDLXIX ultimo preterito dilecto michi in Christo Milonem Leghe clericum ad ecclesiam parochialem de Dartington dicte Exoniensis diocesis per mortem naturalem Thome Clacye ultimi incumbentis ibidem dudum vacantem, ad quam per egregium virum Arthurum Champernowne militem dicte ecclesie verum et indubitum ut dicitur patronum sibi presentatus extitit, admiserit ipsumque Rectorem ejusdem ac in et de eadem instituerit cum suis juribus et pertinenciis universis, cumque preterea dictus episcopus citra premissa mortem obierit et viam universe carius ingressus sit: Vobis igitur conjunctim et divisim committimus et firmiter injungendo mandamus quatenus eundem Milonem Leigh sic per dictum nuper episcopum admissum et institutum seu procuratorem

---

[1] *Sic* in the margin but "Milonem" in the mandate.

suum legitimum ejus nomine ac pro eo in realem actualem et corporalem possessionem dicte ecclesie perochialis juriumque et pertinencium suorum universorum inducatis inducive faciatis et defendatis inductum. Et quid in premissis feceritis nos aut vicarium nostrum in spiritualibus generalem cum ad hoc congrue fueritis requisiti debite certificetis seu sic certificet ille vestrorum qui presens nostrum mandatum fuerit executus. Datum sub sigillo nostro pro curia audiencie nostre Cantuariensis septimo die mensis Junii anno domini MDLXX.

27 June 1570. Joh. Tripcony, Gulvalle, alias ult. Incumb. cl. Lavesby V.P. mort.

Patr. Regina. Script. fuit Archid. Cornubie seu ejus Officiali ad induc.

8 July 1570. Degori. Nycols, Llannevett R., Will. Woodman, A.M. alias Llanny- cl., mort. vett.

Patr. Humfr. Nicholls, in com. Cornubie, generos. Scriptum fuit Archidiac. Cornubie seu ejus Officiali ad induc.

[Fo. 209.]

8 July 1570. Petr. Panchard, Sti. Petroc. R. legitime vac. cl. in civit. Exon.

Patr. Decanus et capitulum ecclesie Sancti Petri Exoniensis, hac vice. Recepto ab eodem Petro Panchard juramento canonice obediencie et de, etc. *(as usual)*, necnon de solvendo annuam pensionem sexdecim solidos, etc. Scriptum fuit Archidiac. Exoniensi seu ejus Officiali ad induc.

16 July 1570. Rich. Lylling- Yelampton, in ult. Incumb. ton, cl. co. Devon V.P. mort.

Patr. Henr. Lyllington de villa Southampton, mercator hac vice, racione advoc. per Leonard. Bilson Prebendarium Prebende de Kingistanton in eccles. cath. Sarum quibusdam Georgio Vincent Addelmanno[1] ville predicte Tho. Turner ac Joh. Griffyn de eadem conjunctim et divisim concesse necnon cuiusdam assignacionis concessionis predicte dicto Henrico per dictos Georgium et Thomam facte. Script. fuit Archid. Totten. seu ejus Officiali ad induc.

26 July 1570. Joh. Spyne, cl. Mevagesa V.P. Joh. Saunder, cl., mort.

Patr. Petr. Eggecombe, armig. Scriptum fuit Archid. Cornubie ad induc.

29 July 1570. Jasper Best, cl. Lamorran R. Will. Woodman, cl., mort.

---

[1] *Sic.*

Patr. Egid. Best et Tho. Best de Hellonde, co. Cornubie, yomen hac vice, vigore advoc. per Ric. Chammond, armig. et Mergaretam ux. ejus sibi concesse. Script. fuit Archid. Cornubie, etc., ad induc.

16 Aug. 1570. Joh. Wilkins, cl. Sydmothe V.P. Tho. Smith, cl., mort.

Patr. Joh. Ley et Joh. Scutt de Sydmothe, gener. Script. fuit Archid. Exon. seu ejus Officiali, etc., ad induc.

[Fo. 209ᵛ·]

19 Aug. 1570. Petr. Curriton, cl. Sowpiderwyn V.P., in co. Cornubie. Ric. Teaggen, mort.

Patr. Robt. Smith de Sancto Germano in com. predicto hac vice vigore advoc. per Robertum Swymmer Priorem Sancti Germani et ejusdem loci conventum sibi et aliis concesse. Scriptum fuit Archid. Cornubie seu alii auctoritatem habenti, etc.

11 Sept. 1570. Tho. Beale, cl. Lanteglos V.P. ult. Incumb. resign.

Patr. Regina. Scriptum fuit Archid. Cornubie seu ejus Officiali ad induc.

26 Sept. 1570. Joh. Hopkins, cl. Churchetawnton R. Joh. Swayne, cl., mort.

Patr. Humfr. Colls et Henr. Portman, armigeri hac vice, racione advoc. per Henr. nuper Ducem Suff. eisdem concesse. Per proc. Will. Mount, A.B. Script. fuit Archid. Exon. seu ejus Officiali ad induc.

20 Sept. 1570. Will. Martyndall, cl. Methe R. legitime vac.

Patr. Geo. Cary. Script. fuit Archid. Bar. seu ejus Officiali ad induc.

26 Sept. 1570. Will. Penson, A.M. Hemiock R. ult. Rector mort.

Patr. Regina racione minoris etatis domini Zoucне filii et heredis dom. Geo. Zouche nuper defuncti domini de Sentmere et Cantiloppe et Harringwerth in com. North. Scriptum fuit Archidiacono Cantuar. seu ejus Officiali ad induc.

Ult. Sept. 1570. Rog. Greyves, cl. Braunton V.P. legitime vac.

Patr. Geo. Doddes, S.T.B., eccles. Cath. D. Pe ·i Exon. Decanum. Per proc. Edw. Orwell, not. public. Recepto ab eo·'em Rogero in persona procuratoris predicti juramento canonice obedie. cie, etc., ac de, etc.,
[Fo. 210.] etc. *(usual forms)*, ac de solvendo annuam pensiо.em sex librarum tresdecim solidorum et quatuor denariorum. Scriptum fuit Archid. Barnestable aut alii potestatem habenti, etc.

27 Oct. 1570. Laur. Calverley, cl. Adrington R. Will. Martyndale, resign.

Patr. Arth. Bassett, armig. Per proc. Joh. Fenner. Script. fuit Archid. Barstable aut alii potestem habenti, etc.

27 Oct. 1570. Tho. Brooke, cl. Brodewood- legitime vac.
kelleye R.

Patr. Regina. Scriptum fuit universis et singulis rectoribus vicariis, etc., per provinciam Cantuarie, etc.

Penult. Oct. Benedict Wol- S. Marie Majoris legitime vac.
1570. combe, cl. R. in civit.
Exonie.

Patr. Decanus et capitulum eccles. Cath. B. Petri Exon. Per proc. Tho. Blackmore, not. public. Script. fuit Archid. Exonie seu ejus Officiali ad induc.

5 Nov. 1570. Tho. Glewe, cl. Brodehenbery legitime vac.
V.P.

Patr. Decanus et capitulum eccles. Cath. B. Petri Exon. Per proc. Francisc. Clerk, not. pub. Script. fuit, etc. *(as the last)*.

8 Nov., 1570. Will. Collins, cl. Morvall, V.P. ult. Incumb., resign.

Patr. Regina. Script. fuit Archid. Cornubie seu ejus officiali ad induc.

9 Nov., 1570. Henr. Crane, cl. Tavie B. Marie, legitime vac.
R.

Patr. Walter, Code de Morvale in Com. Cornubie armig. Script. fuit Archid. Totnes ad induc.

[Fo. 210ᵛ.]

9 Nov., 1570. Joh. Bacter, A.M. Probus Ergath, ult. Incumb.,
et Merther, V.P. mort.

Patr. Regina. Script. fuit Archid. Cornub., etc., ad inducend.

15 Nov. 1570. Nichol. Wendon, Towstock, R, ult. Rector,
LL.D., Arch. in co. Devon. mort.
Suff., cl.

Patr. Will. Barnabye arm. vigore advoc. per Joh. Comitem Bathen.† sibi concesse, hac vice. Scriptum fuit Archid. Bar. aut alii cuicumque potestatem habenti, etc., ad induc.

SEQUESTRACIO FRUCTUUM ECCLESIE PAROCHIALIS DE GOD-
LEY EXONIENSIS DIOCESIS.

[*Commission by the Archbishop for the sequestration of the fruits of the parish church of Godley, Exeter Diocese, without a rector owing to the death of the last imcumbent (for form, see p. 236) issued to James Martyne, clerk, and Anthony Chappell, of Chittell Hampton, co. Devon, yeoman. Dated 15 Nov., 1570.*]

Penult. Nov. Anth. Randall, Lydford R.   ult. Rector, mort.
1570.   cl.

Patr. Regina. Scriptum fuit Archid. Totnes, etc., ad induc.

[Fo. 210ᵛ.-211.]

16 Dec. 1570. Joh. Hearde, cl. Luxulyan, V.P. ult. Vic. resign.

Patr. Regina. Scriptum fuit Archidiac. loci, etc., seu ejus in ea parte Officiali aut alii cuicunque potestatem habenti, etc., ad induc.

[Fo. 211.]

19 Jan. 1570.   Nich. Woodd,cl.   Ruan major R.   Ric. Teake, cl., mort.

Patr. Joh. Reskynner, armig. Per proc. Tho. Blackmore. Scriptum fuit Archid. Cornubie aut alii cuicunque potestatem habenti ad induc.

23 Jan. 1570.   Roger Evans, cl.   Bridestowe R.   ult. Rector, mort.

Patr. Joh. Parker armig. hac. vice vigore advoc per Rob. Fyssher eccles. Cath. Exon. Canonicum resid. eidem concesse per proc. Tho. Blackmore, not. publ. Scriptum fuit Archid. Tottnes. aut alii potestatem habenti ad induc.

7 Jan. 1570.   Joh. Walton, con- Faringdon, R.   legitime vac.
                cionator.

Patr. Will. Tryvett civis et mercator Exon. Per proc. Tho. Blackmore not. public. Scriptum fuit Archid. Archidiaconatus Exonie, etc., ad induc.

[*Dispensation to hold a benefice notwithstanding defect of age : Nov. 14, 1570.*]

DISPENSATIO AD OBTINENDUM BENEFICIUM NON OBSTANTE DEFECTU ETATIS.

Mattheus permissione divina Cantuariensis Archiepiscopus tocius Anglie Primas et Metropolitanus ad infrascripta auctoritate parliamenti Anglie legitime fulcitus dilecto nobis in Christo Scipioni Stuclye Scolari graciam et benedictionem. Laudabilia adolescentie tue judicia ex quibus veresimiliter conjicitur te procedente tempore in virum perfectum eruditum creturum esse merito nos inducunt ut illa tibi libenter concedimus que tuis necessitatibus fore conspicimus oportuna. Hinc est quod nos, volentes te qui ut asseris nullo clericali ordine adhuc insignitus existis ac defectum etatis in decimo nono tue etatis anno aut eo circiter constitutus pateris ac beneficium aliquod ecclesiasticum ad sustentandum te in Scholis disciplinarum obtinere desideras, favore prosequi, gratiose tuis in hac parte supplicationibus inclinati, Tecum, modo decenti ac recepto habitu clericali interim incedas ac litterarum studio in loco ubi illud viguerit generale insistas, ut rectoriam ecclesie parochialis de Westworlington Exoniensis diocesis quam primum te ad ipsam presentari contigerit recipere et eandem donec ad legitimam etatem perveneris retinere, ac deinde etate tibi suffragante si te ad sacros diaconatus et presbiteratus ordines in ea parte requisitas promoneri feceris eandem in titulum perpetui beneficii quoad vixeris retinere libere liciteque valeas et possis auctoritate predicta quantum in nobis est et jura regni patiuntur tenore presentium, etc., speciali gracia dispensamus : tibique pariter indulgemus, contrariis canonum institutis non obstantibus quibuscunque. Proviso tamen quod ecclesia predicta debitis interea non fraudetur obsequiis et animarum cura in eadem nullatenus negligatur, sed ejusdem congrue supportentur onera debita et consueta, atque cura in eadem per ministrum idoneum sub competente annuo stipendio loci ordinarii arbitrio limitando vel comprobando juxta leges ecclesiasticas hujus regni et injunctiones regias laudabiliter per omnia deserviatur. Volumus autem quod he littere non proficiant nisi per litteras patentes regie majestatis debite fuerint confirmate. Data sub sigillo ad facultates xiiij^{to} die mensis Novembris anno domini MDLXX°, et nostre consecracionis anno undecimo.

Elizabeth dei gracia Anglie Francie et Hibernie regina [Fo. 211^v.] fidei defensor, etc., omnibus ad quos presentes littere pervenerint salutem. Inspeximus quasdam litteras dispensacionum presentibus annexis quas et singula in eis contenta juxta quendam actum inde in parliamento domini Henrici nuper regis Anglie Octavi patris nostri nunc† preclarissimi editum ratificamus approbamus et confirmamus. Ita quod Scipio Stucley scolaris in dictis litteris nominatus omnibus et singulis in eisdem specificatis uti frui et potiri valeat et possit libere quiete et impune et licite secundum vim formam et effectum eorundem absque impedimento quocunque possidere : et quod expressa mencio de certitudine premissorum aut de aliis donis vel. concessionibus per nos eidem Scipioni ante hec tempora factet† in presentibus mimine facta existit aut aliquo statuto actu ordinacione provisione sive restriccione inde incontrarium facta edita sive provisa aut aliqua alia re causa vel materia quacunque in aliquo non obstante. In cujus rei testimonium has litteras nostras fieri fecimus patentes. Teste me ipsa apud Westmonasterium decimo quarto die Novembris anno regni nostri duodecimo.

3 Feb., 1570. Scipio Steucle, Westworlington, Joh. Baker, cl., scholar. R. mort.

Patr. Lodowic. Steucle, armig. Per proc. Tho. Blackmore not. pub. Script. fuit Archid. Bar., etc.. ad induc.

5 Feb., 1570. Paul Methwyne, Bremdon R. Dom. Will. Marchant, mort.
A.M.

Patr. Edw. Popham de Hunboorthie, co. Somers. armig. Script. fuit Archid. Bar., etc., ad induc.

Ult. Jan., 1570. Joh. Spyne, cl. Leskarde V.P. ult. Vic., mort.

Patr. Regina. Per proc. Tho. Blackmore not. pub. Script. fuit Archid. Cornub. ad induc.

5 Feb., 1570. Christoph. Powle- North Pether- Ult. vic., mort.
whele, cl. wyn, V.P.

Patr. Walter Harryse hac vice vigore advoc. per Johannem nuper Abbatem Monasterii beate Marie Sanctique Rumonis in Tavistock, in com. Devonie et ejusdem loci conventum sibi concesse. Scriptum fuit Archid. Cornubie ad induc.

[*Dispensation for Christopher Polwhele not to be ordained for two years: Feb. 1, 1570/1.*]

DISPENSATIO PRO CHRISTOFERO POLWHELE DE NON PROMOVENDO AD BIENNIUM.

Mattheus permissione divina Cantuariensis Archiepiscopus tocius Anglie primas et Metropolitanus ad infrascripta auctoritate parliamenti Anglie legitime fulcitus dilecto nobis in Christo Christofero Polwhele Oxonie studenti salutem graciam et benedictionem. Tecum ex certis causis justis et rationabilibus pro parte tua coram nobis expositis et per nos primo examine debite approbatis, et ratione vicarie de Northpetherwyn Exoniensis diocesis per te jam obtente vel imposterum obtinende te ad aliquem ex sacris et presbiteratus ordinibus usque ad biennium a dato presentium computandum promoveri facere mimine tenearis vel astringaris nec ad id a quoquam invitus compelli vel coarctari possis, modo recepto et clericali habitu interim incedas et litterarum studio in academia Oxonie durante termino predicto insistas : et tamen omnes fructus redditus et proventus ejusdem beneficii proinde ac si in eodem personaliter et continue resideres percipere et habere libere et licite valeas et possis, auctoritate predicta quantum in nobis est et jura regni patiuntur, tenore presentium de speciali gracia dispensamus, tibique pariter indulgemus contrariis canonum institutis
[Fo. 212.] non obstantibus quibuscunque. Proviso quod ecclesia de Northpetherwyn predicta debitis interea, etc. *(As at*

p. 319). Datum sub sigillo ad facultates primo die mensis Februarii anno domini secundum cursum et computum Anglicane ecclesie MDLXX et nostre consecracionis anno duodecimo.

5 Feb. 1570.　Rob. Stooke, Aylysbere V.P.　Dom. Joh. Trescolar.　villion, cl., mort.

> Patr. Tho. Stooke de Aylesbere husbandman, hac vice, vigore advoc. per Robertum et Ricardum Cary sibi concesse. Per proc. Tho. Say. Scriptum fuit Archid. Exonie seu ejus officiali ad induc.

DISPENSATIO PRO ROBERTO STOKE UT POSSIT RECIPERE VICARIAM DE ALSBERY NON OBSTANTE DEFECTU ETATIS ET ORDINUM.

[*Dispensation for Robert Stoke to receive the vicarage of Alsbery*[1] *notwithstanding defect of age and orders (in the same form as the dispensation to Scipio Stucley, p. 318), 8 Feb. 1570/1.*]

Willelmus Lark ad facultates registrarius.

[*Followed by Royal Letters Patent (for form see p. 319), tested at Westminster, 8 Feb., 13 Elizabeth.*]

19 Feb. 1570/1.　Humfr. Robertes, Kenwyn et　ult. Vic. mort.
　　　　　　　　　cl.　　　　　Keay, V.P.

> Patr. Regina. Scriptum fuit Archid. Cornubie, etc., ad induc.

[Fo. 212-212ᵛ.]

24 Feb. 1570/1.　Will. James,　Alternon V.P.　legitime vac.
　　　　　　　　　A.M.

> Patr. decanus et capitulum eccles. cath. beati Petri Exoniensis. Per proc. Rich. Davys. Script. fuit Archid. Cornubie, etc., ad induc.

[Fo. 212ᵛ.]

26 Feb. 1570/1.　Tho. Pylking-　Hurburton V.P.　legitime vac.
　　　　　　　　　ton, cl.　　　　cum capella
　　　　　　　　　　　　　　　　　de Halwell
　　　　　　　　　　　　　　　　　annexa.

> Patr. Regina. Scriptum fuit Archid. Exon., etc., ad induc.

2 Mar. 1570/1.　Ric. Burneberye,　Bridge Ruell　Rich. Bryant, cl.,
　　　　　　　　　cl.　　　　　　　V.P.　　　　　mort.

> Patr. Joh. Gyfte et Joh. Burneberye juniorem de Bridge Ruell hac vice. Per proc. Tho. Blackmore not. pub. Script. fuit Archidiac. [———],[2] etc., ad induc.

---

[1] Not mentioned by name in the document but only in the margin.
[2] Blank in Register.

[*Sentence pronounced for the Dean of Exeter: Jan. 12, 1570/1.*]

SENTENCIA PRO DECANO EXONIE LATA.

In Dei nomine, Amen. Auditis visis et intellectis ac plenarie et mature discussis per nos Thomam Yale legum doctorem reverendissimi in Christo patris et domini domini Matthei permissione divina, etc., ad quem omnis et omnimoda, etc., vicarium in spiritualibus generalem et Officialem principalem sufficienter et legitime constitutum meritis et circumstanciis cujusdam cause sive negocii confirmacionis electionis de persona venerabilis viri Magistri Georgii Carewe decani capelle regie in decanum ecclesie cathedralis Sancti Petri Exonie per mortem naturalem Magistri Gregorii Doddes ultimi decani ibidem vacantem facte et celebrate, quod coram nobis aliquam diu vertebatur et in presenti vertitur et pendet indecisum, rimato primitus per nos toto et integro processu coram nobis in dicto negocio habito et facto atque diligenter recensito servatisque per nos de jure in hac parte servandis, ad nostri finalis decreti sive sentencie diffinitive confirmacionis in hujusmodi negocio ferende prolacionem sic duximus procedendum et procedemus in hunc qui sequitur modum. Quia per acta exhibita producta et probata coram nobis in hujusmodi confirmacionis negocio comperimus luculenter et invenimus electionem ipsam per presidentem et capitulum ecclesie cathedralis predicte de prefato Magistro Georgio Carewe electo hujusmodi viro utique provido et discreto vitaque et moribus merito commendato libero et de legitimo matrimonio procreato atque in etate legitima et ordine sacerdotali constituto rite et legitime fuisse et esse factam et celebratam, nihilque eidem venerabili viro electo hujusmodi de institutis ecclesiasticis obviasse seu obviare quominus in decanum ecclesie cathedralis Sancti Petri Exoniensis predicte auctoritate dicti reverendissimi patris merito debeat confirmari: Idcirco nos Thomas Yale legum doctor Vicarius in spiritualibus generalis antedictus attentis premissis et aliis virtutum meritis super quibus prefatus electus fidedigno commendatur testimonio, Christi nomine primitus invocato ac ipsum solum deum oculis nostris preponentes, de et cum consilio jurisperitorum cum quibus in hac parte communicarimus, predictam electionem de eodem venerabili viro habitam factam et celebratam auctoritate dicti reverendissimi patris nobis commissa confirmamus, defectus quoscumque in dicto negocio intervenientes si qui forsan fuit quantum in nobis est et de jure poterimus supplentes et supplemus per hanc nostram sentenciam diffinitivam sive hoc nostrum finale decretum, quam sive quod ferimus et promulgamus ad petitiones partium ita petentium.

Lecta fuit hujusmodi sentencia per prefatum Magistrum Thomam Yale in ecclesia parochiali de Archubus Londonie ecclesie Christi Cantuarie jurisdictionis imediate xij° die Januarii anno domini millesimo v^c lxx^{mo} in presentia mei Johannis Incent notarii publici registrarii, etc., presentibus tunc et ibidem Christofero Rochelle, Thoma Wheler, notariis publicis, Roberto Walker et Thoma Rodman litteratis et aliis multis testibus, etc.

[Fo. 212^a.][1]
[*Presentation to the Archdeaconry of Cornwall: July 3, 1570.*]

PRESENTACIO AD ARCHIDIACONATUM CORNUBIE.

Elizabeth dei gracia Anglie Francie et Hibernie regina fidei defensor, etc., Reverendissimo in Christo patri ac domino domino Mattheo permissione divina, etc., ad quem omnis et omnimoda, etc., vestrove Vicario in spiritualibus generali aut alii cuicunque custodi spiritualitatis Exonie vel potestatem vel aucthoritatem sufficienter in hac parte habenti salutem. Ad Archidiaconatum Cornubie jam legitime vacantem et ad nostrum presentacionem jure vacationis sedis episcopalis ibidem pleno jure spectantem dilectum nobis Thomam Somaster in artibus magistrum vobis presentamus, rogantes quatenus eundem Thomam Somaster ad dictum Archidiaconatum admittere ipsumque Archidiaconum ibidem instituere canonice et investire cum suis juribus et pertinenciis universis ceteraque peragere et perimplere que vestro in hac parte incumbunt officio pastorali velitis cum favore. In cujus rei testimonium has litteras nostras fieri patentes. Teste me ipsa apud Westmonasterium tercio die Julii anno regni nostri duodecimo per ipsam reginam.   Hawfeld.

[*Sentence concerning the Archdeaconry of Cornwall: May 27, 1574.*]

SENTENTIA.—In dei nomine Amen. Auditis visis et intellectis ac plenarie et mature discussis per nos Thomam Yale legum doctorem Reverendissimi in Christo patris et domini domini Matthei divina providentia Cantuariensie Archiepiscopi tocius Anglie Primatis et metropolitani Vicarium in spiritualibus generalem et Officialem principalem sufficienter et legitime

---

[1] This is a leaf which has been inserted; it is numbered in the Register "212" like the preceding.

deputatem et constitutum meritis et circumstanciis cujusdam cause beneficialis que coram nobis in judicio inter Thomam Somester artium Magistrum partem agentem et querelantem ex una et Rogerum Alley pretensum Archidiaconatum Cornubie partem ream et querelatam partibus ex altera aliquandiu vertebatur vertiturque adhuc et pendet indecisa, partibus predictis per earum procuratores coram nobis in judicio legitime comparentibus parteque dicti Thome Somester sentenciam ferri et justiciam fieri pro parte sua, parte vero prefati Rogeri Alley justiciam etiam pro parte sua in dicta causa fieri instanter respective petentibus et postulantibus, Rimatoque primitus per nos et diligenter recensito toto et integro processu in hujusmodi causa coram nobis et per nos inter partes predictas habito et facto servatisque per nos de jure in hac parte servandis, ad nostre sentencie diffinitive sive nostre finalis decreti prolacionem in dicta causa ferende sic duximus procedendum fore et procedimus in hunc qui sequitur modum. Quia per acta inactita deducta allegata proposita exhibita probata pariter et confessata comperimus luculenter et invenimus partem dicti Thome Somester intencionem suam in duabus allegacionibus alias in hac causa ex parte sua datis et propositis, quarum quidem allegacionum prima sic incipit,—

Clerk nomine procuratorio ac ut procurator legitimus Thome Somester omnibus melioribus via modo, etc.

Secunda sic incipit.—Clerk addendo ad allegacionem articulatam istis die et loco ante meridiem datam allegavit quod dictus Rogerus Alley, etc.

quas quidem allegaciones pro hic lectas et insertas habemus et haberi volumus, sufficienter et ad plenum fundasse pariter et probasse, nihilque effectuale ex parte aut per partem dicti Rogeri Alley in hac parte exceptum deductum propositum allegatum probatum aut confessatum fuisse aut esse quod intencionem dicti Thome Semester in hac parte elideret seu quomodolibet enervaret: Idcirco nos Thomas Yale legum doctor Judex antedictus, Christi nomine primitus invocato ipsumque solum deum oculis nostris preponentes et habentes, de et cum consilio juris· peritorum cum quibus in hac parte communicavimus, prefatum Rogerum Alley circiter decem, novem, seu octo annos elapsos, se (de facto licet nulliter) ad et in Archidiaconatum Cornubie institui seu potius intrudi obtinuisse: necnon ipsum Rogerum tempore sue pretense institucionis seu verius intrusionis hujusmodi in Archidiaconatum predictum ac per duos seu tres annos ad minus postea in nullis ordinibus saltem nec in ordine diaconatus nec presbiteratus fuisse constitutum sed revera per totum et omne tempus hujusmodi fuisse et esse mere laicum ; necnon etiam eundem Rogerum tam tempore sue pretense institucionis seu verius intrusionis ad et in dictum Archidiaconatum, minorem videlicet infra vicesimum tertium sue etatis annum fuisse et vicesimum quartum etatis annum non attigisse pronunciamus decernimus et declaramus : necnon dictum Archidiaconatum Cornubiensem fuisse et esse beneficium curatum, eundemque Rogerum post et citra ejus institucionem pretensam seu potius intrusionem ad et in dictum Archidiaconatum vicariam ecclesie parochialis de Otterton Exoniensis diocesis assequntum fuisse et esse, seque ad et in eandem vicariam institui et realiter induci procurasse et obtinuisse, dictamque vicariam de Otterton fuisse et esse beneficium curatum curam animarum habens annexam etiam pronunciamus decernimus et declaramus. Litteras igitur pretensas institucionis et ipsam pretensam institucionen et admissionem seu potius intrusionem de persona dicti [Fo. 212b.] Rogeri Alley ad et in dictum Archidiaconatum de facto et non de jure utcumque factas nullas omnino iniquas injustas ac de jure invalidas fuisse et esse viribus juris caruisse et carere debere pronunciamus decernimus et declaramus, hujusmodique pretensas litteras institutionis ipsasque pretensas institutionem et admissionem omniaque et singula ex inde sequentia aut sequi valentia ad omnem juris effectum exinde quovismodo sequi valentem cassamus irritamus et annullamus ac cassas cassa irrita nullasque et nulla de jure fuisse et esse pronunciamus irritas decernimus et declaramus. Necnon prefatum Thomam Somester personaliter coram nobis in judicio constitutum et ad dictum Archidiaconatum reverendissimo in Christo patri et domino Mattheo divina providentia, etc., ad quem tempore litis in hac parte inchoate omnis et omnimoda jurisdictio, etc., ac nobis ipsius Reverendissimi patris Vicario in spiritualibus generali et Officiali principali antedicto per illustrissimam in Christo principem et dominam nostram dominam Elizabetham dei gracia Anglie Francie et Hibernie Reginam fidei defensorem, etc., rite et legitime presentatum, ac primitus articulis religionis in statutis parliamenti decimo tertio anno dicte illustrissime domine nostre Regine apud Westmonasterium tento editis subscribentem, et tam de agnoscendo supremam regiam authoritatem in omnibus et singulis causis juxta formam statutorum hujus regni Anglie in ea parte editorum quam de canonica obediencia dicto Reverendissimo patri et suis successoribus et episcopo diocesano suo ordinario ac suis successoribus ad Sancta Dei evangelia juratum, ad et in dictum Archidiaconatum admittimus et instituimus, Ipsumque ad et in realem actualem et corporalem posessionem dicti Archidiaconatus cum suis juribus et pertinenciis universis inducendum fore et pro hujusmodi inductione scribendum fore etiam decernimus pronuntiamus et declaramus per hanc nostram sentenciam diffinitivam sive hoc nostrum finale decretum quam sive quod ferimus et promulgamus in hiis scriptis.

Lecta fuit hujusmodi sentencia per supranominatum Magistrum Thomam Yale in Loco consistoriali ecclesie cathedralis Divi Pauli Londonie vicesimo secundo die mensis maii anno domini MDLXXIV in presentia mei Johannis Incent notarii publici Registrarii, etc., presentibus tunc et ibidem Magistris Roberto Forth et Johannne Griffith legum doctoribus, Willelmo Saie, Georgio Harrison, Thoma Willet et Thoma Wheler notariis publicis, etc., super quibus Magister Franciscus Clerke procurator prefati Thome Somester requisivit me notarium publicum, etc., sibi unum vel plura publicum seu publica Instrumentum sive Instrumenta conficere, etc.

[Fo. 213.]
[*Mandate to install the Dean of Exeter: Feb. 12, 1570/1.*]

MANDATUM AD INSTALLANDUM DECANUM EXONIE.

Mattheus, etc., ad quem, etc., dilectis nobis in Christo Presidenti et capitulo ecclesie cathedralis Sancti Petri Exoniensis seu eorum vicesgerenti aut alii cuicumque, ad quem subscriptorum executio de more statutis ordinacionibus et consuetudinibus approbatis ecclesie cathedralis Exoniensis spectare et pertinere dinoscitur, salutem graciam et benedictionem. Cum vacante nuper decanatu sive dignitate decanali ecclesie cathedralis Sancti Petri Exoniensis predicte per mortem naturalem Magistri Gregorii Doddes ultimi et immediati decani ibidem vos Presidens et capitulum predicti venerabilem virum Magistrum Georgium Carewe regie capelle decanum in vestrum et dicte ecclesie cathedralis Sancti Petri Exoniensis decanum unanimiter et concorditer elegeritis et ecclesie predicte provideritis de eodem, quam quidem electionem de persona dicti Magistri Georgii Carew in ea parte factam et celebratam et personam electam nos Mattheus Archiepiscopus Cantuariensis antedictus auctoritate nostra ordinaria qua in eadem diocesi Exoniensi sede episcopali ibidem ut premittitur iam vacante utimur ad humilem peticionem vestram, servatis de jure in ea parte servandis, rite et legitime mandavimus et fecimus confirmari eidem electo et confirmato curam regimen et administracionem spiritualium et temporalium dicti decanatus Exoniensis commisimus, ipsumque in realem actualem et corporalem possessionem dicti decanatus sive dignitatis decanalis ecclesie cathedralis Exoniensis juriumque et pertinencium suorum universorum inducendum et installandum fore decrevimus et mandavimus ; Vobis igitur conjunctim et divisim firmiter precipiendo mandamus quatenus prefatum Magistrum Geogium Carewe seu procuratorem· suum legitimum ejus nomine in realem actualem et corporalem possessionem dicti decanatus sive dignitatis decanalis ecclesie cathedralis Sancti Petri Exoniensis predicte juriumque et pertinencium suorum universorum inducatis et installatis seu sic induci et installari faciatis cum effectu. Stallumque in choro et locum ac vocem in capitulo ecclesie cathedralis Sancti Petri Exoniensis predicte juxtum morem et ritum ejusdem ecclesie cathedralis antehac in similibus usitatas et observatas eidem Magistro Georgio Carewe assignetis, juribus nostris Archiepiscopalibus et ecclesie nostre cathedralis et metropolitice Christi Cantuarie necnon ecclesie cathedralis Sancti Petri Exonie predicte dignitatibus et honoribus in omnibus semper salvis. In cujus rei testimonium Sigillum nostrum presentibus apponi fecimus. Data in manerio nostro de Lambehithe xij^{mo} die mensis Februarii anno domini juxta computacionem ecclesie Anglicane MDLXX ac nostre consecrationis anno duodecimo.

MEMORANDUM.—The reste of this processe remeyneth uppon the Fyle of the Vacation of Exetor.

5 Mar., 1570. Edw. Crooke, Thelbridge, R. Dom. David cl. Cole, mort.

Patr. Lodowic. Stucley de Aston. in com. Devon, armig. Per proc. Thom. Blackmore. Script. fuit Archidiacono Bar., etc., ad induc.

8 Mar., 1570. Richard Moore, Mamhed, R. Will. More, cl., cl. resign.

Patr. Georg. Carewe capelle Regie Decan. vigore advoc. per Petrum Carewe militem sibi et aliis conjunctim et divisim concesse. Scriptum fuit Archidiac. loci, etc., ad induc.

8 Mar., 1570.   Ric. Archer, cl.   Paddestowe, R.   Joh. Morthfewe, mort.
Patr. Roger Prydeaux armig.   Per proc. Thom. Blackmore, not. publ.
(Scriptum, etc. *as the last*).

LIBERACIO SPIRITUALITATIS EXONIENSIS.

[*Mandate from the Archbishop to Masters Richard Bray and William Marston, Bachelors of Law, his commissaries general in the city and Diocese of Exeter, to deliver to Master William Bradbridge, S.T.P., the Bishop-Elect of Exeter, all registers and muniments touching the spirituality of the city and Diocese of Exeter, received from the ministers of the late Bishop William Alley, and to permit the Bishop-Elect to administer the spiritual* [Fo. 213ᵛ.] *affairs of the Bishopric; saving the muniments during the vacancy which are to be delivered to the Archbishop's principal Regigtrar. (For form, see p. 286.) Dated Lambeth, 20 March, 1570, in the 12th year of the Archbishop's consecration.*]

Hic inferius sequitur reliqua pars proccssus confirmationis domini Edmundi Freake Episcopi Roffensis, de quo sit mentio in folio 145 hujus libri (*p. 163*).

LITTERE PATENTES DE ASSENSU REGIO FACTO ELECTIONI EPISCOPI ROFFENSIS.

[*Letters patent of the royal assent (for form, see p. 39.) Dated Westminster, February 28, 1571/2, 14 Elizabeth.*]

[*Consent of the Bishop-Elect.*]

CONSENSUS ELECTI FACTUS HUJUSMODI ELECTIONI.

In dei nomine Amen. Ego Willelmus Kinge sacre Theologie Bacchalaureus procurator et eo nomine venerabilis viri magistri Edmundi Freake, etc. (*for the rest of the form of consent, see p. 161*).

SECUNDA SCHEDULA LECTA CONTRA OPPOSITORES.
JURAMENTUM ELECTI.
[Fo. 214.]
SENTENTIA CONFIRMATIONIS ELECTIONIS.

[*The second schedule read against opponents, the oath of the Bishop-Elect, the final sentence of confirmation of the election pronounced by Dr. Thomas Yale, are in the usual forms.*]

[*Consecration of the Bishop of Rochester, March 9, 1571/2.*]
CONSECRATIO EPISCOPI ROFFENSIS.

Die dominica videlicet nono die mensis martii anno domini juxta computacionem ecclesie Anglicane millesimo quingentesimo septuagesimo primo, In capella Reverendissimi in Christo patris et domini, domini Matthei permissione divina Cantuariensis Archepiscopi tocius Anglie primatis et metropolitani infra manerium suum de Lambhithe, dictis primitus precibus matutinis per Mattheum Allen clericum dicti Reverendissimi patris sacellamun domesticum, ac concione facta per Johannem Cooke capellanum etiam domesticum ejusdem Reverendissimi patris, Idem Reverendissimus pater superpelliceo albo indutus ad sacre communionis celebrationem processit : ac finitis ejustola et evangelio ac publice recitato per ipsum Reverendissimum patrem symbolo nycenensi usitato, idem Reverendissimus pater ad consecracionem Reverendi in Christo patris domini Edmundi Freake Sacre Theologie Professoris in episcopum et pastorem ecclesie cathedralis Christi et beate Marie virginis Roffensis electi confirmati obeundo se paravit. Et tunc coram prefato Reverendissimo patre in dicta capella sua prope mensam ad sacre communionis ministrationem destinatam ad orientalem partem dicte capelle situatam in cathedra sua sedente, Reverendis patribus dominis Roberto Wintoniensi ad dextram ac Edmundo Sarisburiensis respective episcopis ad sinistram in cathedris respective sedentibus ac eidem Reverendissimo patri in hujusmodi consecratione assistentibus, presentatisque eidem Reverendissimo patri per Johannem Incent notarium publicum registrarium suum principalem litteris commissionalibus patentibus illustrissimi in Christo principis et domine nostre domine Elizabethe dei gracia Anglie Francie et Hibernie regine fidei defensoris, etc., magno sigillo Anglie sigillatis eidem Reverendissimo patri pro hujusmodi consecracione fienda directis et inscriptis, dictisque litteris patentibus commissionalibus per magistrum Thomam Yale legum doctorem Vicarium in spiritualibus generalem ejusdem Reverendissimi publice perlectis, comparuit personaliter Gilbertus Hide generosus decani et capituli ecclesie cathedralis et metropolitice Christi Cantuariensis registrarius et ejusdem capituli clericus (ut asserint) juratus ac flexis genibus coram prefato Reverendissimo patre ad gradus dicte capelle nomine eorundem decani et capituli ac de expresso mandato venerabilis viri Thome Goodwyn Sacre Theologie professoris ejusdem ecclesie decani tunc et ibidem personaliter presentis dixit asseruit et protestatus est quod tam de antiqua consuetudine a tempore memorato usitata et observata quam etiam de antiquis privilegiis dicte ecclesie Christi Cantuariensis multis retroactis annis concessis et indultis nullus episcopus Cantuariensis provincie consecrari debeat in aliquo loco extra dicta ecclesiam Christi Cantuariensem sine licencia et expresso consensu decani et capituli ejusdem ecclesie: Ac nonnulla alia hujusmodi privilegia concernentia dicere et protestare ut apparuit tunc et ibidem in animo habuit. Verum quia dies preterierat, hora videlicet undecima instante, prefatus Reverendissimus pater eundem Gilbertum Hide ulterius in ea parte audire distulit, asserens se non ad id tunc sedere sed ad commissionis regie accepte execucionem in eoque negocio sese velle prius procedere, reservando nihilominus dicto protestanti necnon decano et capitulo predictis omne jus titulum et interesse quecunque illis quomodocunque competentia.

Et tunc dictus Reverendissimus pater processit ad consecrationem dicti domini Edmundi Freake electi et confirmati memorati juxta tenorem litterarum commissionalium regiarum [Fo. 214v.] ac vigore et auctoritate earundem litterarum regiarum patentium sibi in ea parte directarum, assistentibus sibi prefatis Reverendis patribus dominis Roberto Wintoniensi et Edmundo Sarisburiense respective episcopis, munus consecracionis eidem domino Edmundo Freake electo et confirmato antedicto, prestitis per eundem dominum Edmundum Freake juramentis solitis et consuetis, et adhibitis ceremoniis de usu moderno ecclesie Anglicane adhibendis, tunc et ibidem impendebat, In presentia mei prefati Johannis Incent notarii publici Registrarii principalis antedicti, presentibus tunc ibidem prefato magistro Thoma Goodwin decano ecclesie Christi Cantuariensis predicte ac prefato Thoma Yale legum doctore Vicario in spiritualibus generali memorato, Necnon magistris Georgio Ackworth legum doctore, Andrea Peerson, Thoma Willoughbye, Sacre Theologie Bacchalaureis, Johanne Whittneye generoso, et multis aliis in copiosa multitudine testibus.

MANDATUM AD INSTALLANDUM EPISCOPUM ROFFENSEM.
[*Mandate of the Archbishop to Master Hugh Price, LL.D., and [――――] [――――], to install Edmund Freake in the See of Rochester. Dated Lambeth, December 1571, and the 14th year of his Consecration.*]

[Fo. 214v.]
[*Account of the Administration of the goods of John Horne*]
COMPUTUS SUPER ADMINISTRACIONEM BONORUM JOHANNIS HORNE.

Vicesimo septimo die mensis Octobris anno domini 1572, In edibus Magistri Thome Yale legum doctoris, etc., ac coram eo in presentia mei Thome Blackemore notarii publici assumpti etc., comparuit personaliter Edwardus Horne administrator bonorum jurium et creditorum Johannis Horne nuper dum vixit de Kenesworth, etc., durante minore etate Reginaldi Horne executoris in testamento dicti defuncti, etc., et exhibuit computum suum de et super administracione sua in bonis juribus et creditis dicti defuncti: quem dominus ad ejus peticionem, prestito primitus per eum juramento de veritate ejusdem, admisit et eum ab ulteriori computo salvo jure cujuscunque dimisit et decrevit illi litteras acquietanciales.

Computus originalis pendet in Philatio vacacionis sedis episcopalis Lincolniensis anno domini 1570.

[Fo. 215.]
[*The Queen to Archbishop Parker for altering the lessons in the Book of Common Prayer and for the reformation of the "vnseemely keepinge" of chancels, Jan. 22, 1560/1. Printed in* Parker Correspondence *No.* xciv.]
A mandate for the sendinge of theise lettres is registered in folio 228.[1]

[Fos. 215v., 216, 216v. blank.]

[Fo. 217.]
Hic inferius registrantur commissiones emanate tempore domini Matthei Parker permissione divina Canturburiensis Archiepiscopi, etc., Magistro Anthonio Huse registrario primario dicti reverendissimi patris.

---
[1] Contemporary marginal note.

[*Commission of Masters Yale and Leads, Vicars General of the Most Reverend Lord Matthew, Archbishop of Canterbury : Jan. 10, 1559-60.*]

COMMISSIO MAGISTRORUM YALE ET LEADES VICARIORUM IN SPIRITUALIBUS GENERALIUM REVERENDISSIMI DOMINI MATTHEI CANTUARIENSIS ARCHIEPISCOPI.

Mattheus permissione divina Cantuariensis Archiepiscopus tocius Anglie Primas et Metropolitanus, dilectis nobis in Christo Magistris Thome Yale legum doctori et Edwardo Leades in legibus licensiato salutem gratiam et benedictionem. Ad cognoscendum et procedendum in omnibus et singulis causis ecclesiasticis in Curia Audientie nostre Cantuariensis tam ex officio mero mixto vel promoto quam ad quarumcunque partium instantias vel promotiones motis et movendis aut ad ipsam curiam nostram rite devolutis vel devolvendis ac de jure more vel consuetudine in eadem tractandis et ventilandis : Ipsasque et ipsa discutiendum decidendum et fine debita terminandum : Criminaque delicta et excessus quorumcunque subditorum tam infra diocesim et peculiares jurisdictiones quam provinciam nostram Cantuariensem degentium et delinquentium, quorum correctio castigatio et punitio ad nos et forum ecclesiasticum de jure et statutis incliti regni Anglie pertinere dinoscuntur debite corrigendum castigandum et puniendum : Ac penitentias salutares eis pro commissis hujusmodi injungendum, illosque nobis subditos quos ab officiis vel beneficiis ecclesiasticis de jure vel regni Anglie statutis[1] noveritis amovendos, rite amovendum, ac per sententias deffinitivas privandum et destituendum : Necnon quoscunque clericos ad quecunque beneficia tam infra diocesim nostram Cantuariensem et peculiares jurisdictiones nostras et ecclesie nostre Christi Cantuariensis jurisdictionis immediate quam etiam alibi infra quascunque diocesis nostre Cantuariensis provincie, quum et quotiens easdem diocese pastorum solatiis destitutas fore et vacuas devenire contigerit, sita et existentia ad patronorum eorundem beneficiorum presentationes examinandum admittendum et instituendum, curamque et regimen animarum parochianorum eorundem ei vel eis quem vel quos idoneos reperieris committendum : Ipsosque, per vos vel vestrum alterum sic instituendis in realem actualem et corporalem possessionem eorundem induci et investiri pro more cujuslibet diocesis mandandum : Necnon omnia alia et singula faciendum exercendum et expediendum que circa premissa necessaria fuerint seu quomodo-

---

[1] MS. has "Stantis".

libet opportuna et que nosmetipsi facere et exequi possemus; Vobis et vestrum utrique de quorum sana doctrina fidelitate circumspectione industriis et rerum feliciter gerendarum dexteritatibus plurimum in domino confidimus conjunctim et divisim committimus vices nostras cum potestate quascunque censuras ecclesiasticas rite et legitime fulminandi; vosque causarum et negotiorum Curie Audientie nostre Cantuariensis predicte auditores commissarios nostros generales officiales principales et vicarios nostros in spiritualibus generales conjunctim et divisim, una cum omnibus et singulis feodis proficuis et emolumentis eidem officio spectantibus et ab antiquo spectare debentibus, ordinamus preficimus et constituimus per presentes, ad nostrum beneplacitum duntaxat duraturas. In cujus rei testimonium sigillum nostrum presentibus apponi fecimus. Datum in manerio de Lambehith decimo die mensis Januarii anno domini juxta computationem ecclesie Anglicane millesimo quingentesimo quinquagesimo nono, et nostre consecrationis anno primo.

[*Licence to preach granted to Nicholas Robinson: Dec. 20, 1559.*]

LICENTIA PREDICANDI FACTA NICHOLAO ROBINSON.

Mattheus, etc. *(as above)*, dilecto nobis in Christo filio Magistro Nicholao Robinson Universitatis Cantabrigie in artibus magistro salutem gratiam et benedictionem. Ad predicandum et exercendum verbum dei juxta talentum tibi a deo traditum in quibuscunque ecclesiis et locis ecclesiasticis infra provinciam nostram Cantuariensem ubilibet constitutis sermone vulgari vel [Fo. 217ᵛ·] latino, tibi, de cujus erga sacrosanctum dei Evangelium zelo, sacrarum litterarum scientia, viteque et morum integritate plenam in domino fiduciam obtinemus, plenam et liberam tenore presentium concedimus potestatem et auctoritatem: Te nihilominus admonentes, ut sacras litteras pure et sincere ac prudenti simplicitate diligenter exponas, ita ut scandali et tumultus occasio inde nullis prebeatur. In cujus rei testimonium sigillum nostrum quo in similibus ad presens utimur presentibus apponi fecimus. Datum in manerio nostro de Lambehith Wintoniensis diocesis xx° die mensis Decembris anno domini 1559, et nostre consecrationis anno primo.

[*Commission to Roland Bishop of Bangor for the ordination of certain clerks to the diaconate and priesthood.*]

COMMISSIO FACTA REVERENDO PATRI ROLANDO BANGORIENSI EPISCOPI PRO ORDINATIONE QUORUNDEM CLERICORUM IN DIACONOS ET PRESBITEROS.

Mattheus, etc., ad quem, etc. *(usual style for a vacant See)*, venerabili confratri nostro domino Rolando eadem permissione Bangoriensi episcopo salutem et fraternam in domino charitatem. Quoniam juris providentia disponente, ita pro sancsitum haberi debet quod alias de jure licitum non sit, id, urgente necessitate licitum honestum habetur et censeri debet, Hinc est quod perpensa raritate ministrorum in ecclesia Dei, qui impresentiarum adeo rarus et infrequens est, quod gregibus eis a domino commissis, pauci aut nulli sunt pastores ovibus eis concreditis Christi pascua ministrare valeantes†, eoque fit quod cura nostra gravius nos urgeat, a qua solicite exonerari cupimus, ut abundante pabulo Christi fidelium anime saturentur. Cumque jam intelleximus quod in diocese Wintoniensi jam vacante, et nobis ratione vacationis ejusdem incumbente, multe parochiales ecclesie ministrorum et pastorum solatiis destituantur, quod dolenter referimus: Unde tanto presenti morbo mature subvenire volentes, fraternitati vestre per hec scripta rogando committimus, Quatenus subscriptos clericos, vite honestate morum probitate et litterarum sacrarum eruditione insignitos, ad omnes sacros ordines etiam una die infra nostram jurisdictionem admittere et promovere secundum ritum modernum ecclesie Anglicane in presentia notarii et scribe nostri principalis vel ejus surrogati non gravetur vestra fraternitas. Ad que omnia premissa rite faciendum fraternitati vestre vices nostras harum serie committimus et plenam tenore presentium concedimus potestatem, in contrarium facientibus non obstantibus quibuscunque. In cujus rei testimonium, etc.

Nomina vero clericorum ad sacros ordines promovendorum sunt hec, viz.: Jacobus Hilman Cantuariensis diocesis, Johannes Edwyn Wintoniensis diocesis, Henricus Jonson Wintoniensis diocesis, et Edwardus Bankes Wintoniensis diocesis, et Alanus Parr.

[*Commission of Master Robert Weston as Official of the Court of Canterbury: Jan. 11, 1559/60.*]

COMMISSIO MAGISTRI ROBERTI WESTON OFFICIALIS CURIE CANTUARIENSIS.

Mattheus, etc. *(usual style)*, dilecto nobis in Christo Magistro Roberto Weston legum doctori salutem gratiam et benedictionem.

Ad rescribendum in forma juris ad quascunque appellationes ad curiam nostram Cantuariensem interpositas et interponendas, et ad quoruncumque querelas eidem curie de jure vel consuetudine legitime devolutas vel imposterum devolvendas : Necnon de cognoscendo et procedendo in hujusmodi appellacionum et querelarum necnon et tuitorie appellantium negotiis quibuscunque, ac in causis et negotiis omnibus et singulis in ipsa curia nostra qualitercunque modo indecisis pendentibus, aut imposterum introducendis et examinandis in eadem : Partibusque quibusvis super hiis et aliis controversiis vel controvertendis litibus plenam justiciam juxta juris et statutorum hujus regni Anglie exigentiam faciendo, exhibendo et ministrando : Ac etiam ad rescribendum in forma juris ad quascunque appellationes a Decano nostro beate Marie de Archubus Londonie nostre et ecclesie nostre Christi Cantuariensis jurisdictionis immediate ad Audientiam interpositas et interponendas, et causas appellationum hujusmodi audiendum, easque et ea omnia et singula decidendum et fine debita terminandum prout de jure et consuetudine dicte curie nostre Cantuariensis ab antiquo usitatum fuerit faciendum : Omniaque et singula alia faciendum exercendum et expediendum que ad hujusmodi Officialitatis officium de jure vel consuetudine pertinere dinoscuntur et que necessaria vel opportuna fuerint in premissis et circa ea, etiam si mandatum de se exigant speciale : Tibi, de cujus fidelitate et circumspectionis industria in hac parte plurimum in domino confidimus, vices nostras committimus cum potestate quascunque censuras ecclesiasticas legittime fulminandi. Teque officialem curie nostre Cantuariensis predicte ordinamus, [Fo. 218.] deputamus et preficimus per presentes ad nostrum beneplacitum tantummodo duraturas. In cujus rei testimonium sigillum nostrum presentibus apponi fecimus. Datum in manerio nostro de Lambehith xj° die mensis Januarii anno domini juxta computationem ecclesie Anglicane 1559, et nostre consecrationis anno primo.

[*Commission of Master Robert Weston as Dean of the Arches.*]

COMMISSIO MAGISTRI ROBERTI WESTON DECANI DE ARCHUBUS.

Mattheus, etc. *(usual style)*, dilecto nobis in Christo Magistro Roberto Weston legum doctori salutem gratiam et benedictionem. De tuis sana doctrina consciencie puritate circumspectionis industria et provida in rebus gerendis dexteritate plurimum in

Domino confidentes, Te decanum decanatus nostri de Archubus Londonie nostre et ecclesie nostre Christi Cantuariensis jurisdictionis immediate preficimus et constituimus per presentes. Tibique ad visitandum ecclesias et capellas omnes et singulas clerumque et populum decanatus predicti, prout ab antiquo extitit vsitatum, et procurationis debitas recipiendum ; necnon ad inquirendum super quorumcunque criminibus excessibus et delictis ibidem commissis vel imposterum committendis quorum cognitio correctio et punitio ad nos et forum ecclesiasticum de jure vel consuetudine aut hujus regni Anglie statutis poterunt pertinere, ipsosque et ea debite corrigendum reformandum et puniendum : ac etiam ad cognoscendum et procedendum statuendum et diffiniendum in omnibus causis et negotiis in dicti decanatus jurisdictione motis inchoatis et intentatis jam pendentibus indecisis seu imposterum movendis aut intentandis, sive ad instanciam partium sive ex officio mero mixto vel promoto, ac eas et ea cum suis incidentibus emergentibus annexis et connexis quibuscunque audiendum discutiendum et fine debita terminandum : testamenta etiam omnium et singulorum in dicti decanatu decedentium, testamentis magnatum ac bona spiritualia et temporalia aut debita in diversis diocesibus seu jurisdictionibus nostre Cantuariensis provincie dum vixerunt et mortis eorum temporibus habentium exceptis et reservatis, insinuandum et approbandum, ac administrationes omnium et singulorum bonorum quorumcunque testantium hujusmodi sive ab intestato aut per viam intestati decedentium executoribus in hujusmodi testamentis nominatis seu illi vel illis cui seu quibus de jure vel consuetudine aut hujus regni Anglie statutis committi debeant committendum ; ac computum calculum sive raciocinium executorum et bonorum administratorum hujusmodi audiendum examinandum admittendum et approbandum, ac computantes hujusmodi ab omni ulteriori computo in hac parte (si et quatenus videbitur expediens) dimittendum : Necnon omnia et singula alia ad officium decani hujusmodi et exercitium jurisdictionis spiritualitatis dicti decanatus de jure aut consuetudine spectantia, et que in premissis et circa ea necessaria fuerint seu quomodolibet oportuna faciendum exercendum et expediendum : Tibi horum serie vices nostras committimus cum cujuslibet cohertionis canonice exequendi que in hac parte decreveris potestate, donec eas ad nos duxerimus revocandum. In cujus rei testimonium sigillum nostrum presentibus apponi fecimus. Datum in manerio nostro de Lambehith duodecimo die mensis Januarij anno domini juxta computationem ecclesie Anglicane millesimo quingentesimo quinquagesimo nono, et nostre consecrationis anno primo.

[*Commission of the Dean of South Malling, Pagham, and Tarring : Jan. 12, 1559/60.*]

COMMISSIO DECANI DE SOWTHMALLINGE PAGHAM ET TERRINGE.

Mattheus, etc. *(as above)* dilecto nobis in Christo magistro Edmundo Weston in legibus bacchalaureo salutem, etc. De tuis sana doctrina, etc. *(as in the commission above)* plurimum freti te decanum nostrum decanatuum nostrorum de Sowthmalling, Pagham et Terring nostre et ecclesie nostre Christi Cantuariensis jurisdictionis immediate infra diocesim Cicestrensem nostre Cantuarie provincie sitorum preficimus constituimus et deputamus per presentes. Ad visitandum igitur ecclesias et capellas, etc.: Necnon ad inquirendum, etc.: ac etiam ad cognos- [Fo. 218ᵛ·] cendum, etc. *(for full form see the commission above)* et ea cum suis incidentibus, etc., terminandum quatenus jura et statuta hujus regni Anglie permittunt et non aliter neque alio modo: Ac in omnibus casibus a jure concessis bona quorumcunque in dictis decanatibus aut eorum aliquo decedentium sequestrandum seu sequestrari faciendum: Testamenta etiam et ultimas voluntates quorumcunque ab hac vice (Deo jubente) migrantium sive decedentium, testamentis magnatum, etc., approbandum, administrationesque bonorum quorumcunque testantium, etc.; Ac computum, etc.; Ac computantes, etc.: Necnon omnia ac singula alia ad officium decani hujusmodi, etc., expediendum *(see commission above for these clauses);* Tibi cum cujuslibet cohertionis legittime exequendi que in hac parte decreveris potestate vices nostras committimus per presentes ad nostrum beneplacitum duntaxat duraturas, Assumpto tibi dilecto nobis in Christo Magistro Anthonio Huse registrario nostro principali vel ejus in hac parte deputato in registrarium et actorum tuorum scribam in ea parte durante hac nostra commissione. In cujus rei testimonium sigillum nostrum presentibus apponi fecimus. Datum in manerio nostro de Lambehith duodecimo die mensis Januarij anno domini juxta computationem ecclesie Anglicane millesimo quingentesimo quinquagesimo nono, et nostre consecrationis anno primo.

[*Ordinations at Lambeth by Scory, Bp. of Hereford on the Archbishop's behalf: Dec. 22, 1559.*]

ORDINES CELEBRATI PER REVERENDUM PATREM DOMINUM JOHANNEM HEREFORDENSEM EPISCOPUM VICE ET AUCTORITATE REVERENDISSIMI IN CHRISTO PATRIS ET DOMINI DOMINI MATTHEI PERMISSIONE DIVINA CANTUARIENSIS ARCHIEPISCOPI TOCIUS ANGLIE PRIMATIS ET METROPOLITANI IN CAPELLA DICTI REVERENDISSIMI PATRIS INFRA MANERIUM SUUM DE LAMBEHITH, WINTONIENSIS DIOCESIS, XXIJ° DIE MENSIS DECEMBRIS ANNO DOMINI 1559.

DIACONI.

Edwardus Balkey Norwicensis diocesis.
Willelmus Grene Lincolniensis diocesis.
Johannes Hoper Glocestrensis diocesis.
Johannes Holland Londoniensis diocesis.
Willelmus Bellet Wintoniensis diocesis.
Christoforus Medcalf Eboracensis diocesis.
Ricardus Wood Coventrensis et Lichfeldensis diocesis.
Franciscus Coxe Landavensis diocesis.
Ricardus Osborne Norwicensis diocesis.
Johannes Person.
Willelmus Clinton Herefordensis diocesis.

DIACONI ET PRESBITERI.

Thomas Lakin Lincolniensis diocesis.
Gregorius Scotte Cariolensis diocesis.
Willelmus Forde Sarisburiensis diocesis.
Johannes Johnson Bristoliensis diocesis.
Johannes Lovell Norwicensis diocesis.
Ricardus Berde Coventrensis et Lichfeldensis diocesis.
Willelmus Alexander Eboracensis diocesis.
Johannes Hyron Coventrensis et Lichfeldensis diocesis.
Thomas Walbet Norwicensis diocesis.
Laurentius Hall Cicestrensis diocesis.
Christoforus Wright, prius diaconus ad presbiteratus ordinem tantum, Eboracensis diocesis.

[Fo. 219.]

[*Ordinations at St. Mary le Bow by Merrick, Bp. of Bangor, by the Archbishop's authority: Jan. 8, 1559/60.*]

ORDINES CELEBRATI PER REVERENDUM IN CHRISTO PATREM [ET] DOMINUM DOMINUM ROLANDUM PERMISSIONE DIVINA BANGORIENSEM EPISCOPUM IN ECCLESIA PAROCHIALI BEATE MARIE DE ARCHUBUS LONDONII, ECCLESIE CHRISTI CANTUARIENSIS JURISDICTIONIS IMMEDIATE VIGORE ET AUCTORITATE LITTERARUM COMMISSIONALIUM REVERENDISSIMI IN CHRISTO PATRIS ET DOMINI DOMINI MATTHEI PERMISSIONE DIVINA CANTUARIENSIS ARCHIEPISCOPI TOCIUS ANGLIE PRIMATIS ET METROPOLITANI DIE DOMINICA VIZ. VIIJ° DIE MENSIS JANUARII ANNO DOMINI 1559.

DIACONI ET PRESBITERI.

Jacobus Hilman Cantuariensis diocesis.
Henricus Jonson Wintoniensis diocesis.
Johannes Edwyn, Wintoniensis diocesis.
Edwardus Bankes Wintoniensis diocesis.
Allanus Par Wintoniensis diocesis.

LECTORES.

Thomas Dawes Wintoniensis diocesis.
Johannes Moyer Wintoniensis diocesis.
Willelmus Pette Londoniensis diocesis.
Robertus Rogerson Wintoniensis diocesis.
Willelmus Lakers Eliensis diocesis.

[*Commission to confer orders: Feb. 11, 1559/60.*]

COMMISSIO AD CONFERENDUM ORDINES

Undecimo die mensis Februarii anno domini millesimo quingentesimo quinquagesimo nono in quodam basso cubiculo infra manerium reverendissimi domini Archiepiscopi Cantuariensis apud Lambehith in presentia mei Johannis Incent notarii publici constitutus personaliter dictus reverendissimus pater commisit vices suas reverendo in Christo patri domino Nicholao permissione divina Lincolniensi Episcopo ad admittendum et promovendum personas subscriptas per examinatores dicti reverendissimi patris comprobatos† ad sacros ordines juxta morem et ritum ecclesie Anglicane in hac parte auctoritate parliamenti regni Anglie editum, eisque sacras manus imponendum, etc. Et promisit de rato, etc., presentibus tunc et ibidem Magistro Edwardo Leedes in legibus licentiato et Georgio Highem generoso, etc., testibus, etc.

[*Ordinations at Lambeth by Bp. Bullingham, of Lincoln, on behalf of the Archbishop: Feb. 11, 1559/60.*]

Deinde eodem die in capella dicti reverendissimi domini Archiepiscopi Cantuariensis infra manerium suum de Lambehith predicta prefatus reverendus pater dominus Nicholaus Lincolniensis Episcopus antedictus onus commissionis dicti reverendissimi patris in se assumens juxta vim formam et effectum ejusdem procedendum fore decrevit, ac personas subscriptas ad sacros diaconatus et presbiteratus ordines respective admisit et promovebat, viz. :—

DIACONI.

Johannes Pierse Wintoniensis diocesis.
Johannes Pyggotte Coventrensis et Lichfeldensis diocesis.
Georgius Birche Cantuariensis diocesis.
Henricus Wattes Lincolniensis diocesis.
Johannes Hottofte.
Thomas Odingsells.   Odingzell.[1]
Thomas Paipson.
Radulphus Northe.
Willelmus Forestall.
Georgius Turner.

PRESBITERI.

Johannes Mantell Wintoniensis diocesis.
Johannes Brayneforth Londoniensis diocesis.
Cuthbertus Lynsey.
Nicholaus Sympson.

[*Notification of orders to be celebrated: March 3, 1559/60.*]

NOTIFICATIO ORDINUM CELEBRANDORUM.

Be yt knowen to all true Christian people by thes presentes, That vppon Sondaye, being the third daye of Marche next ensuing, the most Reverend father in god Matthue by goddes sufferaunce Archebusshop of Canturbery, in his chappell within

---

[1] Added in another hand.

his mannor of Lambehith, by the grace and help of almightie god, intendith to celebrate hollie orders of deacon and presthood generallie to all suche as shalbe founde therevnto apte and mete for there lerning and godlie conversation, bringing with them sufficient lettres testimoniall, aswell of their vertuous lyving and honest demeanor in those places where they nowe dwell and have dwelled by the space of three yeres last past, As also other thinges by the lawes in this behalf requisite to be had and shewed. And likewise be knowen that the thursdaye and fridaye next before the saied Sondaye, being the third daye of Marche next ensuing, at Lambehith aforesaied, the foresaied most [Fo. 219v.] Reverend father in god and his officers intend to sitte vppon the appositions and examinations of them that shall come to be admitted to the saied orders.

[*Ordinations at Lambeth by Bp. Bullingham, of Lincoln, in place of the Archbishop: March 10, 1559/60.*]

Die dominica, viz. decimo die mensis Martii anno domini juxta computationem ecclesie Anglicane 1559, in quadam interiori coenaculo infra manerium reverendissimi domini Archiepiscopi de Lambehith vulgariter nuncupato "The Chamber of presence" in presentia mei Johannis Incent notarii publici constitutus personaliter reverendissimus in Christo pater et dominus dominus Mattheus permissione divina Cantuariensis Archiepiscopus totius Anglie Primas et Metropolitanus commisit vices suas reverendo patri domino Nicholao permissione divina Lincolniensi Episcopo ad admittendum et promovendum quascumque personas per examinatores suos comprobatas et comprobandas isto die ad sacros ordines diaconatus et presbiteratus juxta morem et ritum ecclesie Anglicane in hac parte pie et salubriter editum et sancsitum, eisque sacras manus imponendum. Ceteraque omnia et singula faciendum exercendum et expediendum que in premissis et circa ea necessaria fuerint seu quomodolibet opportuna. Et promisit de rato, etc.

Quo quidem decimo die mensis Martii prefatus reverendus pater dominus Nicholaus Lincolniensis Episcopus in ecclesia parochiali de Lambehith Wintoniensis diocesis in presentia mei dicti notarii publici onus commissionis prefati reverendissimi patris in se assumendo personas subscriptas ad sacros ordines respective admisit et promovebat, viz. :—

DIACONI.

Thomas Fowell, artium magister.
Ricardus Steven[son].
Johannes Stalbon.
Ricardus Gryffyn.
Thomas Wattes.
Franciscus Bannister.
Johannes Stokes.
Johannes Wilton.
Ricardus Allen.
Johannes Woode.
Robertus Baker.
Edwardus Tyckeridge.
Willelmus Pate.
Johannes Alchin.
Thomas Hilles.
Johannes Bruer.
Gilbertus Hasard.
Henricus Paige.
Willelmus Stace.
Elias Wergley.
Johannes Hochekynson.
Franciscus Serle.
Johannes Fowler.
Hugo Barker.
Ricardus Whight.
Walterus Richardson.
Willelmus Curlewes.
Thomas Grindale.
Johannes Dyches.
Johannes Swet in artibus Bacc.
Edmundus Barker.
Walterus Davies.
Humfridus Alcockeson.
Willelmus Dartnoll.
Johannes Owen.
Gilbertus Jennynges.
Johannes Bardolphe.
Edwardus Croftes.
Willelmus Myller.
Oliverus Bagthwaite.
Johannes Clarke.
Robertus Broke.
Nicholaus Humfrey.
Griffinus Thomas.
Thomas Locke, artium Bacc.
Willelmus Yonam.
Willelmus Marshall.
Johannes Mullins.
Brianus Barton.
Johannes Lythall.
Davyd Robertes.
Willelmus Stronge.
Johannes Ireland.
Edwardus Underne.
Albanus Plumbtre.
Robertus Rogerson.
Robertus Towne.
Johannes Good.
Thomas Daborne.
Georgius Burre.
Johannes Ramsey.
Willelmus Walter.
Thomas Davies.
Johannes Lynche.
Willelmus Margettes.
Willelmus Pette.
Willelmus Atherton.
Christoforus Wraye.
Johannes Colman.
Stephanus Wakefeld.
Hugo Prichard.
Johannes Fobery.
Lodovicus Richard.
Thomas Howper.
Henricus Brodwater.
Philippus Blunte.
Johannes Howson.
Thomas Stondon.
Florentius Stevenson.
Willelmus Wodall.
Humfridus Cratford.
Edwardus Howe.
Johannes Pyegden.
Rogerus Hurte.
Thomas Moore.
Willelmus Tompson.
Johannes Hill.
Jacobus Cooke.
Johannes Gilmore.
Johannes Stere.
Petrus Bennet.
Petrus Grenewood.
Robertus Enewe.
Robertus Welles.
Robertus Cole.
Thomas Coke.
Robertus Hunter.
Thomas Brodhurst.
Willelmus Allen.
Thomas Rochester.
Johannes Ferall.
Thomas Horsmanden.
Willelmus Paye.
Jacobus Tytrington.
[Fo. 210.]
Erasmus Castelton.
Henricus Holme.
Jacobus Wharton.

Johannes Turke.
Willelmus Sweting.
Johannes Podyfatte.
Ricardus Dean.
Ricardus Rogers.

Thomas Blewet.
Willelmus London.
Edmundus Jonson.
Ricardus Porder.

Johannes Gyberishe.
Johannes Goldwedge.
Charolus Sager.
Henricus Jonson.

PRESBITERI.

Henricus Wattes.
Ricardus Stevenson.
Edwardus Walker.
Thomas Mowlde.
Thomas Catell.
Matthias Stutfild.
Ricardus Barton.
Thomas Pawson.
Willelmus Bennet.
Willelmus Lawson.
Willelmus Forestall.
Johannes Hottofte.
Henricus Baker.

Thomas Bawden.
Ricardus Bosome.
Humfridus Robertes.
Johannes Gifford.
Willelmus Lockear.
Henricus Mors.
Johannes Champneis.
Lodovicus Harvey.
Georgius Birche.
Willelmus Lesseley.
Johannes Philpotte.
Johannes Dane.

Sethus Ferne.
Edmundus Bastion.
Georgius Turner.
Robertus Cooche.
Ricardus Wood.
Willelmus Chynton.
Alexander Maister.
Rogerus Matthewe.
Radulphus Northe.
Thomas Smythe.
Johannes Pyggot.
Nicholaus Machin.

DIACONI ET PBESBITERI.

Robertus Monke, artium Bacchalaureus.
Willelmus Gragge, artium Bacchalaureus.

Johannes Reve.
Thomas Gressehoppe.
Thomas Harrold.
Willelmus Beckewith.

[*Ordinations at Lambeth : March 17, 1559/60.*]

Ordines celebrati per reverendum patrem dominum Nicholaum permissione divina Lincolniensem Episcopum vice et auctoritate reverendissimi in Christo patris et domini domini Matthei permissione, etc. (*usual style*), in capella dicti reverendissimi patris infra edes suas apud Lambehith Wintoniensis diocesis die dominica, viz. decimo septimo die mensis Martii anno domini juxta computationem ecclesie Anglicane millesimo quingentesimo quinquagesimo nono.

PRESBITERI.

Jacobus Wharton.
Jacobus Tetrington.
Johannes Hill.

Thomas Grindale.
Thomas Serlebye.

Johannes Stokes.
Robertus Broke.

[*Sequestration of the fruits of the parish church of Newenden, Canterbury diocese: March 22, 1559/60.*]

SEQUESTRATIO FRUCTUS ECCLESIE PAROCHIALIS DE NEWENDEN, CANTUARIENSIS DIOCESIS.

Vicesimo secundo die mensis Martii anno domini 1559 reverendissimus in Christo pater dominus Mattheus permissione divina Cantuariensis Archiepiscopus, etc., ex certis causis rationabilibus et legittimis ipsum in hac parte specialiter moventibus, et presertim eo quod ecclesia parochialis de Newinden sue Cantuariensis diocesis impresentiarum de rectore vacua et destituta sit et cura animarum ibidem penitus inofficiata existit, sequestravit omnes et singulos fructus, etc., ejusdem ecclesie, et commisit custodiam, etc., Edwardo [———] parochie de Benenden in Comitatu Kantie, etc., salvo jure vocandi eum ad computum, etc.

[*Ordinations at Lambeth by Bp. Bullingham for the Archbishop: April 9, 1560.*]

Ordines celebrati per dominum Nicholaum Lincolniensem Episcopum vice et auctoritate reverendissimi domini Matthei Archiepiscopi Cantuariensis, etc., in capella dicti reverendissimi patris apud Lambehith Wintoniensis diocesis nono die mensis Aprilis anno domini 1560 in presentia mei Johannis Incent notarii publici.

DIACONI.

Johannes Pady.
Thomas Howton.
Franciscus Eynsworth.

Thomas Forster, Cant. dioc.
Thomas Bayerd.

Johannes Mounte.
Willelmus Bonde.

[Fo. 220ᵛ·]

PRESBITERI.

Willelmus Sweting, Cant. dioc.
Johannes Lythall, Coven. et Lich.
Willelmus Stace, Londoniensis.
Willelmus Ponye, Londoniensis.
Johannes Stere, Londoniensis.
Willelmus Walter, Cantuariensis.
Willelmus Woddall, Eboracencis.
Thomas Horsemanden, Cantuariensis.
Thomas Davies, Bangorensis.

Willelmus Curlewes.
Robertus Hunter.
Willelmus Pette.
Johannes Bardolphe, Londoniensis.
Henricus Jonson, Eboracensis.
Ricardus Cotton.
Robertus Towne.
Erasmus Castelton.
Willelmus Bond, Cestrensis.
Petrus Grenewood.

[*Inhibition to the Bishop of Hereford : May 17, 1560.*]
INHIBITIO FACTA EPISCOPO HEREFORDENSI.

Mattheus, etc. *(usual style)* venerabili confratri nostro domino Johanni eadem permissione Herefordensi Episcopo vestrove Vicario in spiritualibus generali Officiali principali sive commissario cuicunque salutem et fraternam in domino charitatem. Suscepti cura, etc. Et quia nos ecclesiam vestram cathedralem, etc., visitare et defectus, etc., corrigere et, etc., restituere proponimus et intendimus ut igitur visitationem nostram, etc., fraternitati vestre tenore presentium inhibemus *(for full form, see the inhibition to Mr. Thos. Powell, p. 190)* et per vos officiariis et ministris vestris quibuscunque sic inhiberi volumus et mandamus, ne a tempore receptionis presentium quicquam in prejudicium visitationis nostre hujusmodi quovismodo attemptetis, vel attemptare faciatis nec eorum aliquis attemptet, seu faciat aliqualiter attemptari: Et presertim ne vos confrater antedictus aut aliquis alius vice et autoritate vestris predictam ecclesiam cathedralem ac civitatem et diocesim Herefordensem predictas clerumve aut populum in eisdem degentem sive residentem visitare seu visitari facere presumatis aut illorum aliquis presumat, sub poena contemptus vobis illisque infligenda. Volumus nihilominus et concedimus quod vos ac Vicarius vester in spiritualibus generalis Officialis principalis sive commissarius ac ceteri officiarii et ministri vestri quicunque omnem et omnimodam jurisdictionem vestram spiritualem et ecclesiasticam in et per totam civitatem et diocesim Herefordensem predictas (visitatione earundem excepta) libere et licite exercere possitis et valeatis donec et quousque aliud a nobis habueritis in mandatis, presentibus litteris nostris inhibitoriis in aliquo non obstante. In cujus rei testimonium nostrum presentibus opponi fecimus. Datum in manerio nostro de Lambehith decimo septimo die mensis Maii anno domini 1560, et nostre consecrationis anno primo.

ALIA INHIBITIO FACTA EPISCOPO LONDONIENSI ET ALIIS EPISCOPIS PROVINCIE CANTUARIENSIS DE VISITATIONE NON EXERCENDA.

[*Inhibition to the Bishop of London and the other Bishops of the province of Canterbury to visit in their dioceses, dated 27 May 1560. Printed in* Parker Correspondence, *No. lxxx.*]

[Fo. 221.]

Hic inferius Registrantur commissiones diverse emanate tempore Magistri Johannis Incent Registrarii principalis.

[*Letters dimissory for Thomas Foster deacon: June 2, 1560.*]

LITTERE DIMISSORIE PRO THOMAS FOSTER DIACONO.

Mattheus, etc. *(usual style)*, dilecto nobis in Christo Thome Foster diacono oriundo in parochia de Cranebroke nostre Cantuariensis diocesis salutem graciam et benedictionem. Ut a quocunque episcopo catholico officii sui executionem obtinente ad sacrum presbiteratus ordinem licite valeas promoveri (dummodo etate moribus et literatura repertus fueris idoneus aliudque canonicum in ea parte tibi non obsistat impedimentum) tam Episcopo hujusmodi ordinem conferendi quam tibi recipiendi[1] plenam et liberam tenore presentium concedimus facultatem. In cujus rei testimonium sigillum nostrum presentibus apponi fecimus. Datum in manerio nostro de Lambehith secundo die mensis Junii anno domini millesimo quingentesimo sexagesimo, et nostre consecrationis anno primo.

[*Others for William Tompson and John Pady.*]

Eodem die concessa fuit similis licentia Willelmo Tompson Canturburiensis diocesis diacono.

Eodem die similis licentia concessa fuit Johanni Pady Cantuariensis diocesis diacono.

[*Others for John Alchyn, Thomas Monger, John Owen, Francis Rawson, and Richard Elson.*]

Decimo septimo die mensis Octobris anno 1560 concessa fuit similis licentia Johanni Alchyn diacono oriundo in diocesi Cantuariensi.

Eodem xvii° die mensis Decembris anno 1560 et consecrationis reverendissi predicti anno secundo emanavit similis licentia Thome Monger parochie de Shere Wintoniensis diocesis ad recipiendum omnes sacros ordines a quocunque episcopo catholico etc.

Vicesimo tercio die Martii anno domini 1560 emanavit similis licentia Johanni Owen Diacono Cantuariensis diocesis et jurisdictionis ad recipiendum presbiteratus ordinem a quocunque episcopo catholico.

---

[1] MS, "repiend".

Decimo quarto die Maii 1561 emanavit similis licentia Francisco Rawson Cantuariensis diocesis ad recipiendum omnes sacros ordines a quocunque episcopo catholico.

[Fo. 221ᵛ·]

Vicesimo die Junii anno 1561 emanavit similis licentia Ricardo Elson infra parochiam de Leneham Cantuariensis diocesis oriundo ad recipiendum omnes sacros ordines a quocunque episcopo catholico.

[*Commission to Gilbert Bishop of Bath and Wells to admit clerks to Holy Orders: June 19, 1560.*]

COMMISSIO REVERENDI PATRIS DOMINI GILBERTI BATHONIENSIS ET WELLENSIS EPISCOPI AD ADMITTENDUM QUOSCUNQUE CLERICOS AD OMNES SACROS ORDINES.

Mattheus, etc. (*usual style*), venerabili confratri nostro domino Gilberto eadem permissione Bathoniensi et Wellensi Episcopo salutem et fraternam in domino charitatem. Ad recipiendum et admittendum quoscunque clericos vite honestate morum probitate et sacrarum litterarum eruditione sufficienter insignitos ad omnes sacros ordines infra ecclesiam parochialem Sancti Pancrasii Decanatus de Archubus Londonie nostre et ecclesie nostre metropolitice Christi Cantuariensis jurisdictionis immediate die dominica proxima sequente viz. xxiii° die presentis mensis Junii juxta et secundum morem et ritum modernum ecclesie Anglicane in ea parte pie et salubriter editum, in presentia notarii et scribe nostri principalis sive ejus deputati, fraternitati vestre vices nostras committimus et plenam in domino tenore presentium concedimus potestatem. In cujus rei testimonium sigillum nostrum presentibus apponi fecimus. Datum in manerio nostro de Lambehith xix° die mensis Junii anno domini 1560, et nostre consecrationis anno primo.

[*A similar Commission to William Bishop of Exeter: Aug. 9, 1560.*]

Nono die Augusti anno 1560, emanavit similis commissio reverendo patri domino Willelmo Exoniensi episcopo ad admittendum quoscunque clericos ad omnes sacros ordines die dominica proxima viz. undecimo die presentis mensis Augusti in ecclesia parochiali Omnium Sanctorum in Bredstrete Decanatus de Archubus Londonie, etc.

[*Ordinations celebrated by Gilbert Bishop of Bath and Wells in the Church of St. Pancras, London: June 23, 1560.*]

ORDINES celebrati per reverendum in Christo patrem et dominum dominum Gilbertum permissione divina Bathoniensem et Wellensem Episcopum vice et auctoritate reverendissimi in Christo patris et domini domini Matthei permissione divina, etc., in ecclesia parochiali Sancti Pancrasii Decanatus de Archubus Londonie ecclesie Christi Cantuariensis jurisdictionis immediate die dominica videlicet xxiii die mensis Junii anno domini 1560 in presentia mei Johannis Incent notarii publici.

DIACONI.

Georgius Michell Norwicensis diocesis.
Robertus Donmowe Petriburgensis diocesis.
Johannes Garret Wintoniensis diocesis.
Simon Tise Cantuariensis diocesis.
Willelmus Carier Londoniensis diocesis.

Henricus Browne Londoniensis diocesis Presbiter.

[*Royal Commission to install the prebendaries of the collegiate church of Westminster: June 21, 1560.*]

COMMISSIO REGIA AD INSTALLANDUM PREBENDARIOS ECCLESIE COLLEGIATE DE WESTMONASTERIO.

Elizabetha dei gracia, etc., reverendissimo in Christo patri Mattheo permissione divina Cantuariensi, etc. *(usual styles)*, ac reverendo patri Gilberto Bathonensi et Wellensi episcopo et Willelmo Maye decano ecclesie cathedralis Londoniensis salutem. Cum nos alias situm nuper monasterii beati Petri Westmonasterii ac locum et ecclesiam ipsius in quoddam collegium sive ecclesiam collegiatam de uno decano presbitero ac duodecim presbiteris prebendariis omnipotenti Deo imperpetuum deservituris ordinaverimus creaverimus ereximus et fundavimus, necnon dilectum nobis Willelmum Byll sacre theologie professorem ac Elemosinarium nostrum ejusdem collegii sive ecclesie collegiate decanum, ac reverendum patrem Willelmum episcopum Cicestrensem primum et presentem presbiterum prebendarium, ac Humfridum Parkins sacre theologie doctorem secundum presbiterum prebendarium, ac Johannem Hardyman sacre theologie doctorem tertium presbiterum prebendarium, et Ricardum Cheyney sacre theologie bacchalaureum quartum presbiterum prebendarium, ac

Ricardum Alvey sacre theologie bacchalaureum quintum presbiterum prebendarium, ac Edmundum Scamler sacre theologie bacchalaureum sextum presbiterum, ac Alexandrum Nowell artium magistrum septimum presbiterum prebendarium, Willelmum Latymer artium magistrum octavum presbiterum prebendarium, Ricardum Ryve artium magistrum nonum presbiterum prebendarium, Willelmum Doneham artium magistrum decimum presbiterum prebendarium, ac Willelmum Yonge presbiterum undecimum prebendarium, ac Gabrielem Goodman artium magistrum duodecimum presbiterum prebendarium fecerimus et ordinaverimus : Eosque decanum et prebendarios decanum et capitulum collegii sive ecclesie collegiate beati Petri Westmonasterii predicte imperpetuum vocari et nuncupari eciam fecerimus, eisque collacionem institutionem et investituram ejusdem contulerimus creaverimus ordinaverimus ac donaverimus, prout per litteras nostras patentes gerentes [datum[1]] xxj^{mo} die Maij anno regni nostri secundo, ad quos vos referrimus, [Fo. 222.] plenius liquet et apparet : Vobis igitur conjunctim et divisim committimus et mandamus quatenus eundem Willelmum Bill vel ejus procuratorem legittimum in realem actualem et corporalem dicti decanatus sive dignitatis decanalis juriumque et pertinencium suorum universorum possessionem, necnon dictos Willelmum episcopum Cicestrensem Humfridum Perkins Johannem Hardyman Ricardum Cheyney Ricardum Alvey Edmundum Scamler Alexandrum Nowell Willelmum Latymer Ricardum Ryve Willelmum Downeham Willelmum Yonge ac Gabrielem Goodman respective prebendarios antedictos vel eorum procuratores legittimos seu procuratorem legittimum in realem actualem et corporalem possessionem earum respective prebendarum predictarum cum earum juribus et pertinenciis universis inducatis et installetis ac induci et installari faciatis : Ipsosque decanum et prebendarios sic inductos et installatos auctoritate nostra defendatis : Stallaque in choro locaque in capitulo decano et prebendariis ejusdem collegii sive ecclesie collegiate nostre ab antiquo usitata eisdem decano et prebendariis assignetis. In cujus rei testimonium has litteras nostras fieri fecimus patentes. Teste meipsa apud Westmonasterium vicesimo primo die Junii anno regni nostri secundo. Per ipsam Reginam, etc.   P. Cordell.

---

[1] Omitted in register.

[*Commission to install the Dean and Prebendaries of the Church of St. Peter, Westminster: June 22, 1560.*]

COMMISSIO AD INSTALLANDUM DECANUM ET PREBENDARIOS ECCLESIE DIVI PETRI, WESTMONASTERII.

Mattheus permissione divina Cantuariensis Archiepiscopus tocius Anglie primas et metropolitanus, Gilbertus eadem permissione Bathoniensis et Wellensis episcopus, Willelmus Meye decanus ecclesie cathedralis divi Pauli Londoniensis ad infrascripta mediantibus litteris patentibus illustrissime in Christo principis et domine nostre domine Elizabethe Dei gracia Anglie Francie et Hibernie regine fidei defensonis, etc., sufficienter et legittime fulciti, universis et singulis dicte domine nostre Regine subditis infra regnum Anglie ubilibet constitutis salutem in domino sempiternam. Litteras patentes prefate illustrissime domine nostre Regine sigillo magno Anglie sigillatas nobis directas nuper recipimus in haec verba.

Elizabeth, etc. (*The commission entered above is here* [Fo. 222v.] *recited in full.*) Nos vero dicte illustrissime domine nostre Regine jussibus pro officii nostri debito attemporare volentes vobis conjunctim et divisim committimus et firmiter injungendo mandamus, Quatenus citetis seu citari faciatis peremptorie prenominatum Magistrum Willelmum Bill decanum Collegii sive ecclesie collegiate Sancti Petri Westmonasterii predicte necnon prefatos reverendum patrem dominum Willelmum Episcopum Cicestrensem Humfridum Parkins Johannem Hardyman Richardum Cheyney Richardum Alvey Edmundum Scamler Alexandrum Nowell Willelmum Latymer Ricardum Ryve Willelmum Downeham Willelmum Yonge et Gabrielem Goodman presbiteros prebendarios memoratos in litteris regiis patentibus predictis nominatos et eorum quemlibet per affictionem presentium litterarum citatoriarum in valvis exterioribus ecclesie cathedralis divi Pauli Londonie aut ecclesie collegiate divi Petri Westmonasterii predicte vel in aliis locis publicis ubi vobis melius videbitur expedire aliisque viis et modis quibus id melius et efficatius de jure poteritis, Ita quod citatio hujusmodi ad eorum et cujuslibet eorundem noticias de verisimili prout jure poterit, quos nos etiam tenore presentium sic citamus, Quod compareant et eorum quilibet compareat coram nobis per se vel procuratores suos sufficientes auctoritatem in ea parte ab eis habentes in ecclesia collegiata divi Petri Westmonasterii predicta die dominica, viz., ultimo die presentis mensis Junii inter horam nonam et undecimam ante meridiem ejusdem diei, installacionem inductionem et investituram decanatus et prebendarum suarum predictarum quatenus eos et eorum quemlibet in hac parte respective concernit (si sua putaverint interesse) nacturi et recepturi, ulteriusque facturi et recepturi quod tenor et effectus litterarum regiarum patentium hujusmodi de se exigunt et requirunt. Et quid in premissis feceritis nos dictis die hora et loco vel citra debite et auctentice certificet ille vestrum qui presens nostrum mandatum fuerit executus. In cujus rei testimonium sigillum nostri Matthei Cantuariensis Archiepiscopi antedicti presentibus est appensum. Datum xxii° die mensis Junii anno domini 1560, et regni felicissimi dicte illustrissime domine nostre Regine anno secundo.

[*Commission to celebrate Orders: July 20, 1560.*]
COMMISSIO AD CELEBRANDUM ORDINES.

Die Saboti † viz.: xx° die mensis Julii anno domini 1560 in quodam alto deambulatorio infra manerium reverendissimi patris domini Matthei permissione divina Cantuariensis Archiepiscopi apud Lambehith constitutus personaliter dictus reverendissimus commisit vices suas reverendo patri dimino Gilberto permissione divina Bathoniensi et Wellensi Episcopo ad admittendum et promovendum personas subscriptas ad sacros ordines; et promisit de rato, etc. Actum in presentia mei Johannis Incent notarii publici Registrarii primarii dicti reverendissimi patris.

[*Ordinations at Lambeth by Bp. Berkeley, of Bath and Wells, on behalf of the Archbishop: July 20, 1560.*]

Deinde in eodem die in ecclesia parochiali de Lambehith Wintoniensis diocesis dictus reverendus pater dominus Gilbertus Bathoniensis et Wellensis Episcopus acceptans in se onus commissionis reverendissimi patris antedicti personas subscriptas ad ordines sacros admisit et promovebat.

DIACONI.
Edwardus Cowper, Herefordensis diocesis.
Thomas Buckemaster, Petriburgensis diocesis.

PRESBITERI.
Patricius Ferne, Norwicensis diocesis.
Edwardus Cowper, Herefordensis diocesis.
Thomas Thacher, Petriburgensis diocesis.
Thomas Buckemaster, Petriburgensis diocesis.

[*Request to the Queen for the taking of an excommunicated person : Aug. 25, 1560.*]
REQUISITIO FACTA REGIE MAJESTATI PRO CAPTIONE CORPORIS EXCOMMUNICATI.

Illustrissime et serenissime in Christo principi et domine nostre domine Elizabethe dei gracia, etc., Mattheus permissione divina, etc. *(usual styles)*, obsequium et felicitatem perpetuam cum omni subjectionis honore in eo per quem reges regnant et principes dominantur. Vestre serenissime regie majestati tenore presentium significamus quod quidam Thomas Wasshington clericus Petriburgensis diocesis nostreque Cantuariensis provincie propter multipharias et manifestas contumacias et offensas suas in non comparendo coram dilecto nobis Christo Magistro Thoma Yale legum doctore Vicario nostro in spiritualibus generali certis die hora et loco competentibus ad quos legitime et peremptorie citatus extitit majoris excommunicationis sententia merito innodatus et involutus sit, ac pro excommunicato publice et solemniter inter divinorum solemnia in ecclesia parochiali de Benifeld dicte Petriburgensis diocesis coram populo ad divina audiendum congregato denunciatus et publicatus. In qua quidem excommunicationis denunciate et publicate sententia, per quadraginta dies et ultra post denunciationem et publicationem hujusmodi perseveravit et adhuc perseverat animo pertinaci et indurato, claves sancte matris ecclesie nequiter contemnendo in anime sue grave periculum aliorumque Christi fidelium exemplum longe perniciosum. Quum igitur sancta mater ecclesia ulterius nos habeat quod faciat in hac parte vestre, regie Sublimitati, etc. *(as at p. 266)*, coerceat corrigat et ad cor reducat. Sicque clementissimam vestram Majestatem ad populi sui regimen diu conservet in prosperis dextera Dei omnipotentis. In cujus rei testimonium sigillum nostrum presentibus apponi fecimus. Datum in manerio nostro de Lambehith xxv[to] die mensis Augusti anno domini 1560, et nostre consecrationis anno primo.

[Fo. 223.]

[*Ordinations celebrated by Bishop Alley, of Exeter, at All Saints, Bread Street, London, on behalf of the Archbishop.*]

Ordines celebrati per reverendum patrem dominum Willelmum permissione divina Exoniensem Episcopum vice et auctoritate reverendissimi in Christo patris et domini domini Matthei permissione divina, etc., in ecclesia parochiali Omnium Sanctorum in Bredstrete decanatus de Archubus Londonie ecclesie Christi Can-